崔保新——著

蔣介石重兵定天山

新疆1945

1922年，孫中山、宋慶齡（後排坐者）與吳忠信（前排右一坐者）於桂林合影。

1932年冬，從塔城進入新疆的吳藹宸（左一）只能乘馬拉扒犁出行。

1933年6月，黃慕松宣慰新疆途徑蘭州機場（右五著軍服者）。

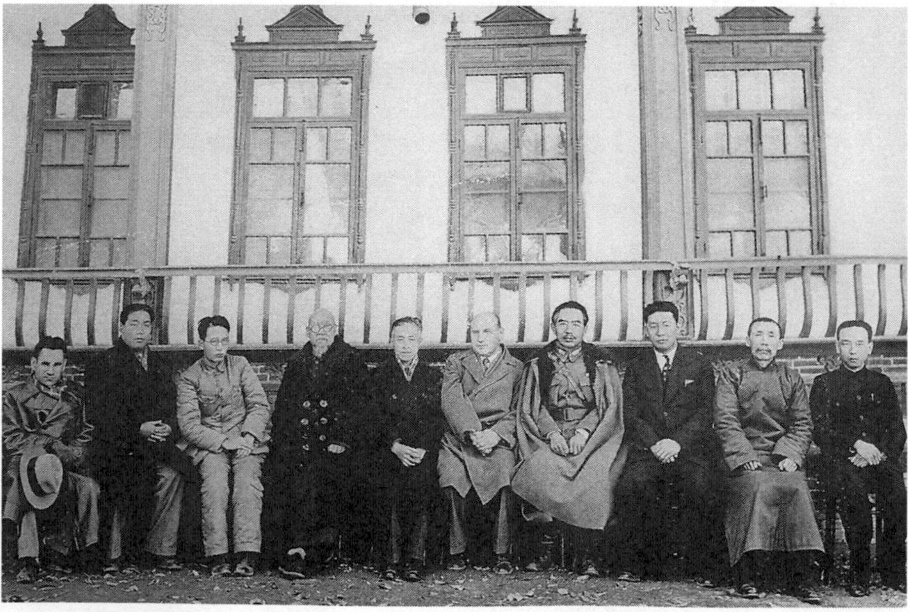

1937年，中央特使陳立夫（左五起），赴迪化與蘇聯駐華大使及盛世才、杜重遠等等會晤，左四為新疆省主席李溶。

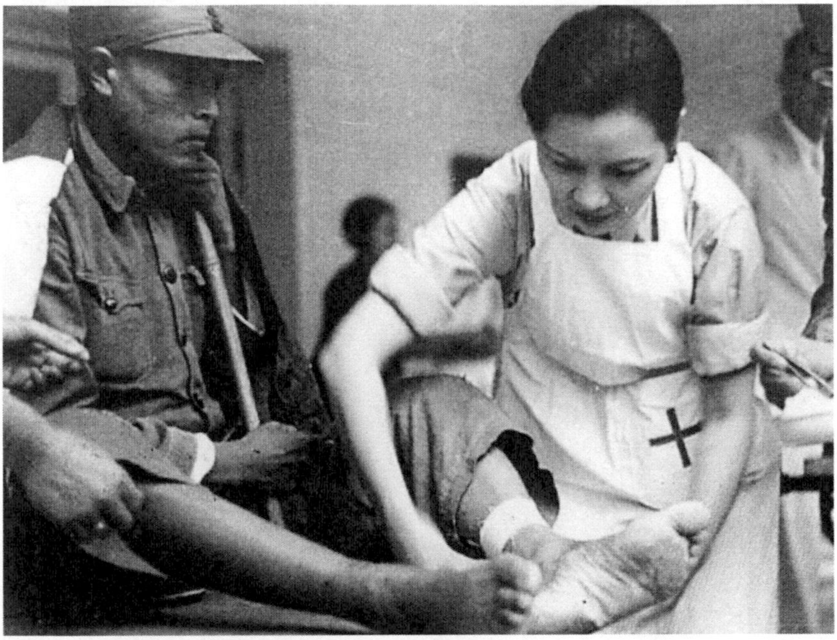

1938年，宋美齡赴抗日前線包紮傷兵。

1943年8月18日，盛世才（左一）與羅家倫（中）合影（右為凌鴻勛）。

1949年3月7日，吴忠信（左一）與蔣介石在奉化雪竇寺合影。

1950年1月25日，羅家倫在印度致祭甘地與其家人合影。

1943年，陳立夫（左一）與邵力子在重慶合影。

中央軍校第九分校（迪化）大門。

白崇禧部署抗日會戰。

伊犁民族軍騎兵。

朱紹良夫婦晚年照。

1939年，宋希濂重慶留影。

左　和平將軍張治中陽剛一面。
右　抗戰期間梁寒操（右）與余漢謀（左）在四川合影。

阿合買提江（中）與三區革命領導人。

第一批入新疆之中央軍將（前排右起）裴文章、衛光華、陳芳祖、徐汝誠、夏禹卿。

左　黃慕松就讀日本陸軍大學時的戎裝照，攝於1917年。
右　1945年冬，郭寄嶠在迪化留影。

新疆國軍訓練照片。

新疆省政府委員吳藹宸，攝於1933年。

左　蔣介石與長子蔣經國合影。
右　楊增新的繼任者金樹仁。

蔣經國遊天山瑤池歸來。

曾師安（右一）帶作者（中）赴興寧黃槐訪問曾問吾兒子（作者左右二人）。

目次

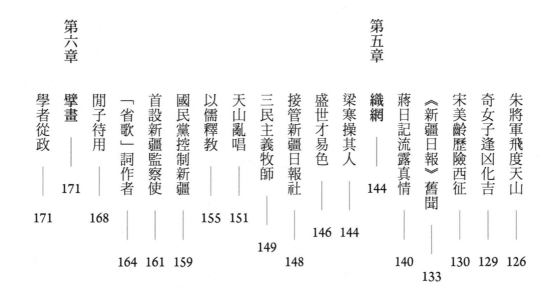

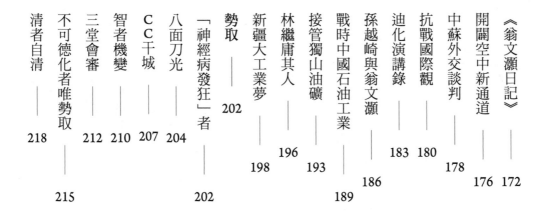

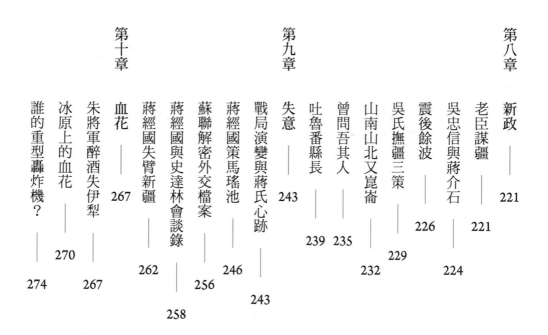

引子

走進民國新疆的歷史隧道深處，似可目睹二種物質：血色與枯花；亦不難悉聽到兩種聲音：槍聲與鐘聲。前者代表暗殺、屠戮、戰爭、黑暗；後者代表建設、進步、和平、光明。不過，血色與鮮花總是形影相照，和平之花總由鮮血沃成。淒厲刺耳的槍炮聲之後，才會敲響渾厚的和平晚鐘。

幾千年來，在新疆這片廣袤的土地上，統一與游離交替上演，戰爭與和平相依相伴，如同花開花落，好似音符錯落，從不曾休止過。

一九二八年七月七日，一度力挽辛亥狂瀾，為新疆軍民帶來十七年和平生活的楊增新，在一次畢業生喜宴上身中七彈，血色朦朧之中，他仍怒目圓睜地向兇手喝道：「你們要禍亂新疆麼！」

繼任者金樹仁有霸心而無霸才，昏瞶無能，迷信武力，橫徵暴斂，時不過五年，遽然激起民變，政變革新者乘勢而起，在密集的槍炮聲中，金督辦跌落交椅，落荒而逃。

權位一旦空懸，欲坐者如餓虎撲食，前仆後繼。先是盛世才當庭槍殺政變三傑——陶明樾、李笑天、陳中橫屍衙府，含冤於血光之中；中央宣慰使黃慕松手無兵卒，只好無功而返。繼而，盛世才與馬仲英大戰於迪化郊野，盛世才與張培元廝殺於戈壁荒原，蘇聯軍隊擅自入境，閃電一擊，助盛建立親蘇政權，新疆孤懸塞外數千里，國民政府鞭長莫及。潰退於喀什的馬仲英，對以「東土耳其斯坦共和國」之名的叛國者，鐵拳一擊，立下大功。

當新疆大地的槍炮聲漸漸平息之際，一支由中國共產黨領導的西路軍，為打通國際孔道，正在河西走廊浴血奮戰。這支兩萬餘人的精銳之師，遭到西北四馬的日襲夜擾，彈盡糧絕，倖免於難，抵達新疆星星峽者，不過四百餘人。

一九三六年是中國覆變之年。六月一日，先有兩廣軍閥宣布獨立，國民政府幸以和平手段化解了一觸即發的內戰。十二月十二日，西安臨潼華清池再次發生槍戰。蔣介石衛隊大部被殲，所率中央大員悉數被扣，是謂震驚中外、改變中國歷史進程的西安事變。

在中外各方政治勢力的博弈下，和平晚鐘最終在南京、西安、陝北上空敲響，國共兩黨在民族統一戰線旗幟下，達成了團結抗日共禦外侮的和解，這為中國後來的光明前途埋下了伏筆。

在全民抗戰期間，新疆軍民在蘇聯援助下，築大橋，修公路，開工廠，辦學校，各民動員，人人捐獻。飛機、大炮、機槍、彈藥、坦克、汽油……，途徑東西國際孔道源源不斷送往抗戰前線。國府閣僚紛紛西行，歷史的里程碑上鐫刻了他們的名字：吳藹宸、黃慕松、陳立夫、李根源、羅家倫、梁寒操、翁文灝、宋美齡、蔣經國、孫越崎、林繼庸、張志智……

當歷史隧道中閃過一九四四年的光影，世界反法西斯同盟在東西方戰場上對邪惡軸心國已取得壓倒性勝利。然而，一個隱性的問題開始浮出水面：新疆姓蘇還是姓中？為了得到明確清晰的答案，久違的槍炮聲再次劃過天山、阿山、崑崙山靜謐的夜空。

在這場新疆向西還是向東的生死搏鬥中，盛世才四弟盛世騏被其妻子一槍斃命。中共派駐新疆的高級幹部陳潭秋、毛澤民、林基路、杜重遠等慘遭毒手。盛世才為維護其權勢，費盡心機地與國民黨展開角力，羅織罪名將國民黨駐疆要員一網打盡。在一個人與國民黨的不對稱對抗中，盛世才黯然下臺，中央軍開進新疆，匆匆部署邊境防衛。

綜觀人類歷史，戰爭與和平始終是歷史進程的兩大主軸。戰爭和衝突是萬物之父，總是充當著和平的催生婆。

國民黨軍隊尚立足未穩，由蘇聯官兵直接指揮、參戰及武裝訓練的民族軍，即將烈火燃遍北疆三區。民族軍全殲伊犁、塔城、阿山守軍，乘勝東進，突破精河、烏蘇防線，陳兵於距省城迪化僅有百公里的瑪納斯河畔。蔣介石迅即調兵遣將，一大批抗日名將朱紹良、吳忠信、張治中、宋希濂、郭寄嶠、李鐵軍、謝義鋒、郭岐、陶峙岳趕赴新疆……，這是一場維護國家主權和尊嚴的正義之戰，是一場遏制中外分裂主義勢力危害新疆安全的浴血奮戰，十萬國軍死戍新疆，千萬將士血染疆場。

那皚皚白雪上，燦燦黃沙間，一灘灘由國家烈士鮮血浸染的血花，遂化作談判桌上的政治籌碼。和平——若沒有軍事實力為鐵盾，就像鏡中花、水中月般虛無。

令人欣慰的是，在國共軍力於東北、平津、淮海、西北戰場一決雌雄之時，新疆的天空再次奏響了和平鐘聲，十萬駐疆部隊通電起義。沒有生靈塗炭，沒有家破人亡，沒有流離失所，鮮花覆蓋了大漠血花。

從此，建設、進步、和平，構成了東西孔道上的時代主旋律。

第一章 政變

暗殺與奪印

綜觀二十世紀二〇年代中的中國政軍變局，幾件有深遠歷史影響的大事件、幾個風雲人物和時間節點不容忽視。

一九二四年六月十六日，在蘇聯支持、孫中山領導和國共合作下，蔣介石任校長的國民黨陸軍軍官學校在廣州黃埔長洲島正式成立。

天妒英才，一九二五年三月十二日，北上媾和的中國國民黨總理孫中山在北平逝世。天佑俊秀，國民黨領導權從速向蔣介石時代過渡。

一九二六年七月九日，國民政府成立以蔣介石為總司令的國民革命軍，從廣東起兵北伐，勢如破竹，攻城奪寨，連克長沙、武漢、南京、上海等地。一九二七年四月十八日，南京國民政府成立，蔣介石正式登上歷史舞臺。在國民黨內部，汪精衛與蔣介石決裂後又合流，繼而展開清黨，國共關係破裂。

一九二八年四月五日，國民革命軍在徐州誓師，宣布對以張作霖為首的北方舊軍閥舉行「第二次北伐」。五月下旬，在西北的馮玉祥和山西的閻錫山加入下，白崇禧率領的國民軍已逼近京津地區。

盤踞北京的「中華民國陸海軍大元帥」張作霖見大勢已去，在六月二日發出「出關通電」，宣布退出北京、返回東北。六月四日凌晨，張作霖在瀋陽「皇姑屯」被日本人炸死。

國民黨雄起北方，不但衝擊東北，亦波及新疆。在空間上，廣州、武漢，或是北京、南京，至新疆省垣迪化，距離都在六千里以上。雖說新疆邊防督辦楊增新沒有千里眼，但他借助媒體和情報網的「順風耳」，密切觀察著國內外局勢的演變。六月十二日，楊增新即得到奉軍退出北京的詳細情報。

北伐軍乘勢開進北京，標誌著自民初以來中國南北分立的政治僵局終於被打破。南京國民政府的合法性由此確立並得到大國的外交承認。

公允地說，中國重現統一格局，正是民族主義者楊增新心中所企盼的。民初國家分裂以來，來自中央專餉和各省協餉相繼斷絕，楊增新一瓣赤心，精忠體國，苦苦獨撐者新疆危局。十七年來，「認廟不認人」是楊增新對中央政府的一貫態度，認廟即心中只有國家，至於金鑾殿上坐著哪方軍閥，掛哪色旗幟，他概不看重。

一九二八年七月一日，楊增新主動通電，改旗易幟，宣布承認南京國民政府。七月二日，復電告南京，新疆省政府已於六月二十日成立。新疆督辦善後事宜公署同日暫改為新疆總司令部。當然，新疆省主席與總司令更名不換人，依然是楊增新本人。

然而，未待蔣介石主導的中央政府和楊增新控制的邊疆省份相互磨合和交道，黑天鵝事件遽然出現了。

七月七日上午，原定的新疆俄文法政專門學校第一期學生畢業典禮如期舉行。楊增新是主賓，其幕僚政務廳長兼外交署長樊耀南為主辦。不曾料想，宴席間竟響起密集的槍聲，面對持槍射擊的槍手，楊增新翹起山羊鬍子，怒目圓睜，竭盡最後一口氣喝道：「你們要做麼！我死後新疆必大亂！」楊身中七彈，在血泊中當場斃命。

楊增新之死，遂成了南京國民政府與新疆省政府日後種種變故和衝突的開端。

密謀此次暗殺行動的主謀，據稱正是樊耀南。不消半日，在省督辦公署搶到關防大印的樊耀南一夥兒，即被他的同僚民政廳長金樹仁率兵當堂擒獲。

「樊耀南的同黨除戰死外，他和何光興等二十一人被拘捕，由軍法會判處死刑。樊被處決前，綁在拴馬樁上，劊子手邊罵邊拔他的短鬚，挖他的眼睛，死得很慘。這年他四十九歲。」[1]

樊耀南，祖籍湖北公安，畢業於日本早稻田大學法科，曾擔任過民國大總統黎元洪的政治祕書。楊增新曾

1 見《東方雜誌》一九二八年二十五卷十七號，頁一二五。

不止一次對身邊的僚屬言：「我養了一隻虎。」這隻虎亦曾多次請辭回內地，楊增新卻不願放虎歸山，總推辭說：「讓我們這些遊魂孤鬼，在這樣的戈壁灘上，想回去總是一塊兒回去。」[1]結果，養虎遺患，反被虎傷，他們的陰魂都棄留於三山兩盆之間。

楊增新與樊耀南幾乎死於同一天。他們死於非命的背景並不簡單。西邊，北方白熊蘇俄已結束內亂，新政府重拾大國沙文主義；疆東，馮玉祥武力占領了西北，控制河西走廊，劍指新疆（單以馮氏藉革命之名，挖袁世凱祖墳，驅攆退位皇帝溥儀出紫禁城之暴行，即足以讓楊增新膽戰心驚了）；遠東，日本軍國主義亡華之心正熾，早已覬覦西域。至於新疆內部，政治、黨派、民族、宗教諸多問題攪在一起，水面風浪平，水下暗潮湧。

誰是害楊的幕後真兇？白熊？馮氏？倭寇？還是殺樊滅口者金樹仁？史上莫衷一是，遂成民國新疆史一謎案。以筆者愚見，白熊嫌疑最大。近者說，楊增新死於倒向與蘇俄勢不兩立的南京中央政府幾日之後，合謀行刺者乃長期擔任新疆外交署長的樊耀南及新疆俄文法政專門學校教務主任張純熙，行刺地點在俄文法政專門學校之內，時機選擇於畢業典禮酒酣耳熱期間。遠者觀，楊被槍殺，應視為中蘇搏弈新疆大歷史中的一環。因為，蘇俄對鄰國的一貫做法是，順我者扶，逆我者誅，這種以強淩弱的政治邏輯，楊前楊後還會交替上演。總之，相交之下，蘇俄有前科，有野心，有動機，亦有能力。

楊增新猝然而亡，來不及安排身後的接班人。循著民初慣例，「槍桿子裡面出政權」，只要受到軍隊擁躉，無才缺德者亦能坐上那把金光閃爍的交椅。於是，名利誘惑之下，蛟龍出洞，魑魅魍魎爭霸，在血雨腥風中尋找新的政治平衡了。

時任民政廳長金樹仁，得楊獨厚。金樹仁（一八八〇－一九四一），字德庵，甘肅河州（今甘肅臨夏）人，一九〇九年科拔貢，與楊增新在署河州知州及任甘肅提學使期間有過師生之誼。得益於與楊增新的師生關係，加之誅樊平叛有功，遂獲得了新疆軍政界陝甘幫的鼎力擁戴。之後，正是這幫唯利是圖的鄉黨、同僚、親友和家人關係綁架了他，讓他悔恨終身。

自一九二八年上臺至一九三三年被廢黜，在不到五年的執政期間，由於金氏難以駕馭新省複雜的經濟、外

[1] 包爾汗：〈楊增新統治時期的新疆〉，《文史資料選輯》第四十六輯，中國文史出版社。

交、民族、宗教問題，尤其是放任泛突厥思潮和極端宗教組織氾濫，掏空了基層組織，為執政危機埋下了隱患。金樹仁乃讀書人，豈不知立功、立德、立言青史留名之道。金樹仁不是不想做好官，而是自身少政德、無預見、欠霸才。

楊增新平衡新疆政治關係，內外兼控，剛柔並濟，剿撫並用，嚴防境內外宗教分裂勢力沆瀣一氣，惑眾亂疆。金氏反其道而行之，信奉武力，擴軍剿匪，結果「暴民」愈剿愈多，起義之火燎原至整個南疆，最終燒掉了「金氏王朝」。

金樹仁沒有把握好歷史賦予他的機會，晚年閒居時常露懺悔之意。「金樹仁在蘭州閒居時，往往同友人談及往事。他佩服楊增新的先見之明，因為楊生前說過，他死後新疆恐怕要大亂。他悔恨自己用人不當，乏知人之明，沒有把老將軍留下的事業弄好。」[1]

也許，金樹仁並不知道老師曾在一封致堂弟的信函中吐露衷腸：「做官之苦苦於黃連，做官之難難於登天。做官之險險於投井跳河。我歷練數十年，知之甚深。在新疆支持此十餘年，談何容易！」[2]

善作錦繡文章的金樹仁，豈不懂得水能載舟亦能覆舟的道理，但懂得是一回事，平衡又是另一回事。金樹仁管理經濟無方，因擴軍黷武陡增的財政赤字，通過濫印鈔票來填補，由此引發惡性通貨膨脹，糧價飆漲，損害了社會各階層的利益。結果，新疆人民生活一年比一年苦，社會一年比一年亂，民心一天比一天怨。金樹仁政權猶如坐在火山口上。

金樹仁的倒臺，與蘇俄有沒有關係呢？真相如是：倒金者，歸化軍也；扶盛者，史達林也。金氏身陷牢獄之災，亦因蘇俄威逼金氏秘密簽訂蘇新貿易協定所致。

在民國新疆，蘇俄因素如影相隨，擺脫不易。

1　包爾漢：《新疆五十年》，文史資料出版社，一八八四年，頁一八一。
2　楊鐮：《守望天山——楊增新與現代新疆》，新疆人民出版社，二〇一五年，頁一六二。

神祕的陳中

南京國民政府並不看好鼠目寸光的金樹仁。在金氏治疆期間，國民黨高層雖對金樹仁游離於中央的施政不滿，但天高皇帝遠，又拿他無可奈何。而金樹仁要維持在新疆的統治，不得不利用中央名器。遲至一九三二年十二月二十五日，中央政府授予的邊防督辦的印信才由廣祿[1]帶回迪化。

金樹仁為了虛壯聲勢，自導自演了一場頂禮膜拜印信儀式。「當印信到達迪化西門外鑑湖公園時，又改用紅綢包裹的八抬大轎運送印信，迪化文武官員、軍警、民眾、學生列隊相迎。印信運達省府時，金樹仁又鳴禮炮三響，以示隆重。」[2]

國民黨中央正是利用金樹仁的權欲，不斷向新疆省政府「摻沙子」，隱蔽待變。

陳中（一九〇七－一九三三），合肥人，他是新疆督辦公署從南京政府引進的第一位高級軍事人才。陳中在寫給金樹仁的親筆信中說：「晚生係皖合下士，年十七歲考入黃埔陸軍軍官軍校，三期畢業。」[3]一九二五年，陳中在蔣介石的嫡系部隊國民革命軍第一軍任連長、營長。後在中央軍校任中隊長、大隊長。一九二六年，升任總司令部聯絡參謀兼二十一師六十一團團副。一九二七年，升任二十一軍教導團團長。是年五月，在二次北伐中負傷，送回南京治療。

陳中傷癒後，受中央挑選，選派蘇聯學習軍事及考察政治，為三十九人之一。陳中進入蘇聯高級射擊學校。據說，這部分人大部分加入了共產黨，或具有國民黨和共產黨兩種政治身分。國共分裂之前，這種現象司空見慣。一九二九年秋，「中東路事件發生，中蘇關係決裂」（是年五月，國民政府以蘇聯宣傳「赤化」和龍斷路權為由，接管原有兩國共管的中東鐵路。七月，蘇聯宣布與國民政府斷絕外交關係）。

1　廣祿（一九〇〇－一九七三），是清末新疆錫伯營最後一位領隊大臣之子，從伊犁惠遠師範學校畢業後，遠赴北平求學，後回到新疆為家鄉的建設獻力。一九四九年去臺後棄政從文，開始學術研究生涯。

2　黃建華：《國民黨政府的新疆政策研究》，民族出版社，二〇〇三年，頁三五。

3　蔡錦松：〈關於陳中及其政治身分〉，《西域研究》一九九二年第二期，頁五五。

中蘇交惡，殃及在蘇留學生。陳中學期未完，即「處於萬惡危險境界，晚生乃與工科學生熊效遠、炮科學生劉曉平、許亮衡等化裝逃至俄邊。當蒙鈞座批准入喀，得以回國」[1]。

信中還說，從一九二九年冬至一九三〇年，他在喀什待了半年多，待中東路問題解決後，得到金樹仁政府頒發的護照，整裝西行。七月五日抵達俄境，附搭火車，又遭逮捕，直接押送莫斯科附近的政治監獄，關押三月，又被判處充軍三年。其間，強迫砍伐樹木，處境險惡。

陳中於一九三一年四月二十四日再次逃離絕境，潛伏至中亞斜米，即向中國駐斜米領事館領事牟維潼申領回國護照。陳中化名沈維光，從塔城至斜米迎送新疆「五公子」啟程後，即化裝東去。

信中的下一段是陳中特意講給金樹仁聽的，亦是金氏最想聽的。是年七月，陳中回到南京後，即向國民政府主席蔣介石報告蘇聯情況及在蘇遭遇，還把金樹仁的「治疆之偉略豐功」，不厭其煩地向蔣敘述。並在同僚中閪談，「仰荷鈞座（金樹仁）及各長官之優待」，死裡逃生，當「永矢弗諼」[2]。

陳中畢竟是軍中猛將，一九三二年「一二八」事變，日軍大舉進攻上海，陳中率炮團開赴淞滬戰場。至於陳中再次來疆，顯然負有特殊使命。因其「對蘇俄情形明瞭，東省事極端緊張，新疆與蘇俄數千里國界毗連。時局關重，因命繞道甘邊跋涉來疆」。他的使命是：「調查俄蒙邊情，以便報告；並將蘇俄對新疆之祕密宗旨，命詳細報告鈞座（金），以便預防蘇聯對新疆之詭祕，另條呈閱。」[3]

蔡錦松教授是《新疆簡史》的執筆者之一，他認為「陳中是新疆現代史上一個值得研究的人物」。研究陳中其人，首先要搞清楚他的政治背景：國府派遣幹部？蘇聯特務？抑或中共黨員？

實際上，早在一九三三年春，陳中已將自己的經歷告訴了吳藹宸（亦為金氏從南京政府招募入疆的礦業人才），並被其寫入《新疆紀遊》一書中。陳中「自稱軍政部派來新疆服務，政變時亦甚出力」。「時陳自莫斯科返省，已改任行營參謀長……，常往宣慰使署報告軍情。」[4]這段記述是符合邏輯的，軍政部隸屬軍事委員

1 蔡錦松：〈關於陳中及其政治身分〉，《西域研究》一九九二年第二期，頁五六。
2 蔡錦松：〈關於陳中及其政治身分〉，《西域研究》一九九二年第二期，頁五六。
3 蔡錦松：〈關於陳中及其政治身分〉，《西域研究》一九九二年第二期，頁五六。
4 楊鐮主編《西域探險考察大系》之一，吳藹宸著《邊城蒙難記》，新疆人民出版社，二〇一〇年，頁九三—九四。

會，歸委員長蔣介石領導。

一九三三年五月十五日，包爾漢與陳中在莫斯科相見。「他究竟依靠哪一方面的力量，我不能肯定，是左是右，我不能肯定。」[1]而到了一九五六年，他引用吳玉章的話：「陳中是好人，是我們派去的，是個老黨員。」[2]另一位指明陳中共黨員身分者，是時任盛世才政府保安總局副局長兼代局長的聯共黨員張義吾。他回憶說：「陳中後來從遠東回國，在南京軍事學校學習。金樹仁到南京挑選軍事幹部，看他年輕有為，將他帶到迪化，任金的參謀長。把金樹仁搞掉後，陳中藉口回南京彙報，乘飛機飛往莫斯科彙報，盛世才才得知陳中是共產黨人，是莫斯科派來的。盛世才跟我談了殺陳中的情況，表示他不反對共產黨，只是因為陳中奸猾不忠才殺了他。」[3]假使陳中真為中共黨員，至少金樹仁是不知情的。

蔡錦松在陳中寫給金樹仁的信件上發現金氏批字：「好，並畫三圈」，遂加評論：「其興奮急迫之情，躍然紙上。」[4]

因為陳中背景複雜，來歷不凡，故金樹仁疑而不用。「只給他們（另一個指黃埔軍校畢業生山西人王履中）以參謀名義，在督辦公署行走。一直到一九三三年春烏魯木齊被圍，陳中表現出他作戰的機智與勇敢，才被提升為參謀處長。」[5]陳中的境遇，與另一位亦來自南京的上校軍官盛世才，有著驚人的相似。金樹仁最初有意冷落盛氏，降為中校，只給了軍務處參謀一職。陳中與盛世才均來自南京軍事委員會，昔日的難兄難弟，同病相憐，同謀起義，遂成為政變得手後權力的競爭對手。

陳中雖比盛世才年輕很多（十四歲），但無論在北伐時期或在新疆，一直是盛世才的上級。故在迪化「四一二」政變時，「參謀處長陳中來謂，已與盛世才在一炮成功會面，允贊完成政治革命」[6]。

陳中時年二十五歲，在有些人眼中，也許尚屬乳臭未乾之流，他憑何力推動迪化「四一二」政變？迪化政變

1 包爾漢：《新疆五十年》，文史資料出版社，一九八四年，頁一七一。
2 蔡錦松：〈關於陳中及其政治身分〉，《西域研究》一九九二年第二期，頁五五。
3 蔡錦松：〈關於陳中及其政治身分〉，《西域研究》一九九二年第二期，頁五五。
4 蔡錦松：〈關於陳中及其政治身分〉，《西域研究》一九九二年第二期，頁五六。
5 包爾漢：《新疆五十年》，文史資料出版社，一九八四年，頁一七二。
6 張大軍：《新疆風暴七十年》，臺北：蘭溪出版社，一九八〇年，頁三二一二。

成功後，陳中在寫給國民政府的報告中道出原委：

新人不滿意金樹仁政治設施，而圖改革之動機，非自今日起。民國二十年欲與新疆派駐蘇聯領事牟維潼[1]已接洽，並著手在各方面進行。余回南京時曾單有整頓新疆計畫書。呈報國民政府汪院長等，惜當時中央忙於應付上海對日戰爭事，未能多方幫助。後余得軍政部命令赴新，陳部長（指中央組織部部長陳立夫，作者注）又給以調查實業名義（實為中統局特務，作者注），至新加緊工作，與各方取聯絡。

陳中奉命西來，自然底氣十足，他在報告中續寫道：

當迪化處於極端困難時，經各方代表請求倒金，余與陶明樾、趙得壽[2]及一二將領，於四月十日在迪化縣政府開會討論，結果認為時機成熟，有推翻舊政府之可能，故決於十二日午後一時起事。[3]

陳中撰寫的〈新疆政變之因果〉一文，刊載於一九三三年六月十一日的天津《大公報》。他毫不諱言地宣稱：是南京國民政府策動了倒金政變。

綜上史料推斷，儘管陳中有共產黨員的背景，但在一九三三年共產黨被圍剿的情勢下，陳中有可能自動脫黨，作為南京國民政府打入新疆省府的一個楔子，兼有特殊政治使命。

在民國新疆史上，陳中就像一顆流星，劃過夜空就熄滅了。因他慘死於另一個軍事強人盛世才的槍口下，盛世才為掩飾其罪惡，不僅給他定性為「叛徒」，而且有意毀滅了他的資料。所以，陳中在民國新疆史冊頁上，猶

1 牟維潼（生卒年不詳），北京俄文政法學校畢業，南京政府派往俄屬中亞斜米（今譯「塞梅伊」），在哈薩克斯坦共和國境東北部）的總領事。

2 趙得壽（一八九一—一九四一），新疆人，參與新疆一九三三年「四一二」政變，被選為臨時維持會委員會委員。後任塔城行政長。一九四一年被盛世才殺害。

3 陳中：〈新疆政變之因果〉，天津《大公報》一九三三年六月十一日。

如雪泥鴻爪，霧裡看花，只聞其名，不知其裡。

改組國民黨新省黨部

楊增新治新十七年，先驅逐同盟會員，並以鐵腕誅殺哥老會等組織，亦對國民黨嚴加防範和限制，在野的國民黨在新疆無機可乘。

楊增新被刺後，金樹仁蕭規曹隨內附南京國民政府，不得不為國民黨滲透新疆開啟一扇方便之門。據天津《大公報》記者李天熾調查：

> 民國十七年（一九二八），「金樹仁得漁人之利，主持省政，即設立省黨部，為服從中央之表示。各廳道長及科長以上人員皆為黨員」。[1]

顯然，這種自封的、不受中央組織部任命控制的「省黨部」，自然不會得到國民黨中央的信任和認可。其時，國民黨中央組織部由陳立夫兄弟負責，他們向新疆派出黨務人員，先後兩次遭到金樹仁拒絕。「國民黨看著由內地派清一色的人去新疆不成，經過幾度與新疆金樹仁的磋商，接受了地方的要求，來了個『混合編組』，發表了新疆省主席金樹仁、省府祕書長魯效祖、財政廳長朱瑞樨，和在內地新疆青年宮碧澄、白毓秀以及國民黨中央政治學校未畢業的學生甘肅人李洽、曹啟文為新疆黨務特派員，在新疆成立省黨部。」[2]

民國十九年（一九三〇）十二月二十五日，國民黨中央執行委員會第一百二十次常務會議通過《新疆省黨務特派員工作綱要》，其工作任務有二：

---

1 天津《大公報》一九三〇年三月十一日。

2 宮碧澄：〈國民黨在新疆活動點滴〉，《新疆文史資料選輯》第五輯，新疆人民出版社，一九八〇年，頁三九。

一、採用分區次第推進步驟；
二、隨時隨地地決定中心工作。

工作實施要點有六：

一、創辦學校，培養青年；
二、設立報館與通訊社；
三、舉行社會調查；
四、設立圖書閱覽室；
五、巡迴演講；
六、介紹黨員入黨。[1]

概而言之，新疆省黨部的工作重點，無非是控制輿論，搜集情報，發展組織，爭取青年。

據宮碧澄回憶：「我同白毓秀參加過國民黨的第四次代表大會以後，才見到陳果夫和陳立夫。陳果夫見了我們只說了幾句勉勵的話。見陳立夫時，首先問我們同金樹仁的關係，我們告訴他無一面之識。他提到要去新疆工作不簡單，你們雖然是新疆人，也要處處留心，不要給當地各族人民起了反感，有事要好好商量，對金樹仁這些老人，非原則性問題要遷就他們，一切不要操之過急。對於新疆各族青年，要儘量幫他們解決困難，要掌握青年，青年是我們的本錢，不能忽略。」[2]

一九三二年十二月初，國民黨中央派遣的新疆省黨部委員宮碧澄、廣祿、白毓秀、吳藹宸等繞道神戶，再乘船到符拉迪沃斯托克，換乘西伯利亞鐵路轉土西鐵路，到達新疆塔城縣。到迪化後住在省黨部（原省議會舊址）。

1 張大軍：《新疆風暴七十年》，臺北：蘭溪出版社，一九八〇年，頁二七一四－二七一六。
2 宮碧澄：〈國民黨在新疆活動點滴〉，《新疆文史資料選輯》第五輯，新疆人民出版社，一九八〇年，頁四〇。

「初到迪化的幾天，新疆的政府委員、廳長、科長、縣長和地方士紳、商會會長等都來拜訪我們，與金樹仁見了一面。」他們瞭解到：「金樹仁自發表了新疆黨務特派員以後，就成立了新疆省黨部，各縣派了縣黨部委員，來開展黨務工作。他們每月拿幾十兩銀票，終日吃喝無所事事，有時看看南京轉來的公文，參加地方上一切集會和宴會，湊湊數字，擺擺架子。」

「對金樹仁來說，可謂心滿意足，他可以前輩自居，以主席的資格自居，黨務青年事事要買他的帳同他商量，他可以為所欲為。」故新疆省黨部有辦黨之名，卻無辦黨之實，只是掛了一個黨部招牌而已[1]。

國民黨駐新特派員駐迪化不足二月，一九三三年二月二十二日，馬仲英部將馬世明率軍包圍了迪化，攻占了西大橋、紅山嘴和蜘蛛山一帶。迪化的制高點被占領，西北的道路被切斷。槍炮聲日夜可聞，市民們人心惶惶。「省城被圍，給新疆一夥統治者帶來很大驚慌和憂慮，卻給我們帶來了開始工作的機會。」[2]

迪化城解圍後，新疆統治者日夜在研究城防防衛，對戰爭給民眾造成的苦難視而不見。那些因戰爭而無家可歸、無糧可吃的男女老幼，終日在大街小巷挨門討吃。因迪化被圍，糧源緊張，每戶人家不肯施捨，整天要不著東西。西大橋、紅山嘴和蜘蛛山一帶的數百具死屍，在烈日下暴曬，沿途老鴉蔽天，啄食死肉，野狗成群，爭相啃噬。若等死屍腐爛發臭後，必將汙染烏魯木齊河，給城市居民帶來瘟疫。

「我們遂商定辦一個慈善團隊，使生者得到吃，死者得安息。這也符合我們要做的接近群眾、組織群眾的一項黨務工作。」[3]

由國民黨特派員倡議並主導，教育廳長劉文龍、建設廳長閻毓善、省府祕書長桂生附議，並經金樹仁同意，新疆慈善會籌備處遂即成立並開始行動。

昔日商業繁華的迪化城，經過戰爭蹂躪後，在宮碧澄眼中呈現出一派慘狀：「三月四日，過西大橋，前者屋宇櫛比，今則一片焦土，男女屍體橫陳，牲畜隨處倒斃，淒涼景象，不亞古戰場。旋登紅山嘴頂，地勢險要，玉

1 宮碧澄：〈國民黨在新疆活動點滴〉，《新疆文史資料選輯》第五輯，新疆人民出版社，一九八〇年，頁三九—四三。
2 宮碧澄：〈國民黨在新疆活動點滴〉，《新疆文史資料選輯》第五輯，新疆人民出版社，一九八〇年，頁四四。
3 宮碧澄：〈國民黨在新疆活動點滴〉，《新疆文史資料選輯》第五輯，新疆人民出版社，一九八〇年，頁四五。

皇廟大殿焚毀，牆壁盡是槍眼。山後遺屍十數，身首異處，想係擒獲就地正法者。」[1]

由國民黨中央特派員發起並領導的慈善會，動員市民掩埋屍體：「五日，紅山嘴埋屍一百八十七口。六日，埋屍二百八十五口。七日，埋屍一百五十六口。八日，埋屍人員繼續出發。有報告稱：已驗死屍一千零八口，屍親領去者，尚不在內。」[2]

慈善需要經費，慈善會決定向社會募捐籌款。吳藹宸被推舉為募捐大會臨時主席。據吳藹宸的紀錄，慈善會假省黨部開會，會場係舊議會，大門懸「新疆慈善會」牌高飄紅十字旗，到會者一百四十餘人，吳藹宸向與會者報告：「至本會聽任自由樂捐，籌備僅及兩旬，各界捐助已有十餘萬兩。且願來會服務者，如此踴躍，可知善與人同。」

吳藹宸向來賓說，我們慈善會口號，則為「喚起民眾，共同為善」，與孫中山先生遺囑「喚起民眾，共同奮鬥」，異曲而同工。

吳藹宸國學根基深厚，對「慈善」二字做了一番詮釋：「茲心為慈，可見人心無不慈的。善字像人面，合眉、眼、鼻、口而成，可見人性無不善的。如行善，則面貌端正，字象維肖，否則字象模糊，失去本來面目。」[3]說文解字具體而形象，深入而淺出，別出心裁的文宣令聞者耳目一新。

國民黨中央特派員善於化危為機，通過戰後救災、施粥、安葬、撫恤等慈善事業，密切了黨群關係，博得了民眾好感，提升了社會影響力。

國民黨原中央特派員高高在上，省城內外許多人又對國民黨很陌生，望而生畏，最初都不敢來訪。這些年輕的特派員瞭解到這些情況後，分別主動地去拜訪他們，同他們懇切地談地方上的一切問題。有些機關青年和學校的學生，自動跑來高興地同特派員交談，對國民黨抱有很大希望。

「在來的這些人中，都一致認為，今天的這種局面是金樹仁和他的親戚或同鄉造成的。新疆政治需要改革，這一班人需要更換，不然地方上更糜爛不堪。」

1 楊鐮主編《西域探險考察大系》之一，吳藹宸著《邊城蒙難記》，新疆人民出版社，二〇一〇年，頁五二—五三。
2 楊鐮主編《西域探險考察大系》之一，吳藹宸著《邊城蒙難記》，新疆人民出版社，二〇一〇年，頁五二—五三。
3 楊鐮主編《西域探險考察大系》之一，吳藹宸著《邊城蒙難記》，新疆人民出版社，二〇一〇年，頁五二—五三。

維吾爾族是新疆人數最多的民族。維族商人胡賽因．吐爾遜巴巴等說：「維族鬧事，都是被他們逼出來的，越打越糟。金樹仁因為各地方變亂，更怕用地方上的人。政府現在因為哈密維族鬧事，連我們省城住的人都不放心，叫我們日夜擔驚。我們不願再鬧大了，鬧大了對誰都沒有好處。」[1]

身處邊疆第一線的國民黨中央特派員，本有社會調查之職能，他們遂將金氏集團軍權旁落、畏懼蘇俄、地方糜爛、不得民心、執政根基動搖等輿情資訊，通過黨務管道直達南京國民黨中央。

水能載舟，亦能覆舟。目下，新疆的金氏政權猶如一隻漏船，飄搖於汪洋之中，只差一陣強風為其送葬了。

國民黨介入「四一二」政變

迪化的「四一二」政變，究竟與國民黨有無關係？以往鮮見這方面的探討。據已披露的史料看，國民黨深度參與，深涉其中。

「四一二」政變的策畫和發起者，主要是三個人：迪化縣長陶明樾、邊防督辦參謀長陳中、新疆航校校長李笑天。他們事前與國民黨特派員有何聯繫呢？

據國民黨駐新疆特派員宮碧澄回憶：

有時李笑天或盛世才就來看我們，談談所見或感想。一天李笑天忽然來看我們，他看省城除慈善會以外，都死氣沉沉。他繼續說應該有個「巨變」來結束這種不死不活的局面。他說，有這種希望的人恐怕不只他一個人。[2]

這等於將山雨欲來風滿樓的「巨變」資訊暗示給國民黨新疆省黨部了。

1 宮碧澄：〈國民黨在新疆活動點滴〉，《新疆文史資料選輯》第五輯，新疆人民出版社，一九八〇年，頁四三。
2 宮碧澄：〈國民黨在新疆活動點滴〉，《新疆文史資料選輯》第五輯，新疆人民出版社，一九八〇年，頁四五。

據後任新疆外交部特派員的吳藹宸回憶：

> 「四一二」政變激戰正酣，「旋參謀處長陳中來謂，已與盛在一炮成功見面，允贊成完成政治革命」。[1]

此時，盛世才手握兵權，他的立場決定政變勝敗。據前節所述，陳中乃國民政府軍委會打入新疆督辦公署的一名楔子，與吳藹宸同屬國民黨陣營。這是國民黨介入「四一二」政變的又一例證。

「四一二」政變發生頭一週，國民黨新省黨部公開介入其中。

「政變的第三天，在省黨部召開了臨時省政府委員和各民族聯合會的聯席會議，正式成立新疆臨時省政府，宣告金樹仁舊政府結束，正式實行新政府一切措施。」會議地點選在新省黨部，而不在督辦公署或省政府召開，說明國民黨已由幕後走向前臺。

在是日會議上，「當場李笑天宣布了我事先擬就的新政府施政綱領。這個綱領是我當天開會前依據以下三個方面來擬定的：國家憲法、新疆時局、人民願望」[2]。

國民黨特派員宮碧澄草擬新政府施政綱領，由李笑天宣布，可視作國民黨與政變三傑裡應外合之舉。

更有甚者，區區幾個新省國民黨員，竟發動迪化群眾搞了一次聲勢不凡的慶祝大會。

「我乘新政權『新疆臨時省政府』的正式成立，來由省黨部舉辦一個慶祝省政府的遊行大會，來打破迪化省內外人民苦悶的空氣，使國民黨的黨部正式與群眾見面。」[3]

「四月二十二日，各界開市民遊行大會，在黨部聚齊，蘇聯領事館亦派員參加，先向南關出發，各界各種族參加者數千人，分執小旗，散傳單，喊口號，為新省有歷史以來破天荒之舉。」

顯然，倒金政變是獲得蘇聯支持的。「余等步行至南關，蘇聯嘎寧副領事約往領館憩息，孜拉肯總領事出面

---

1 楊鐮主編《西域探險考察大系》之一，吳藹宸著《邊城蒙難記》，新疆人民出版社，二〇一〇年，頁六一。

2 宮碧澄：〈國民黨在新疆活動點滴〉，《新疆文史資料選輯》第五輯，新疆人民出版社，一九八〇年，頁五四。

3 宮碧澄：〈國民黨在新疆活動點滴〉，《新疆文史資料選輯》第五輯，新疆人民出版社，一九八〇年，頁五四。

招待，餉以冷食。」[1]

蘇聯人注意到了國民黨勢力在迪化迅速成長。區區幾個國民黨人組成的新省黨部，無槍無炮，經過一場戰爭的洗禮，憑藉慈善會的活動，鶯飛草長，力量已今非昔比。

此時，國民黨在迪化的實力已不可小覷。陳中、吳藹宸以及他們爭取的許多對象，紛紛進入省新政府委員行裡。宮碧澄亦被聘為高等顧問。

「這時，盛世才、李笑天、陶明樾、陳中等不時的到黨部來，而臨時主席劉文龍為了拉攏我，聘我為臨時省政府高等顧問。雖說是一個空名義，可是對我的地位提高不少，顯示著『黨高於一切』，也給我的工作帶來許多便利。」[2]

宮碧澄信心滿滿地擘畫國民黨未來在新疆的發展規劃：「首先我決定招收一批青年作為省黨部的骨幹，訓練一個時期再把這些人分派到各縣去，來接替過去金樹仁所任命的那些黨務指導委員。如果這個計畫實現，就能夠控制新疆各縣，也符合國民黨對我們這些小卒的初步要求。這個計畫，得到中央黨部贊同，並鼓勵我們加緊工作。」[3]

綜上所述，在迪化「四一二」政變中，國民黨人雖非直接發動者，卻無疑是知情者、支持者、參與者、造勢者。

吳藹宸親歷記

新疆戰時慈善會主席吳藹宸究竟是一個什麼樣的人呢？

吳藹宸（一八九一－一九六五），福建閩縣（今福州市）人，出生於一個富有家庭，原名吳世翔。四歲進私塾，八歲隨父赴山東。吳藹宸從小博覽群書，興筆成文，頗有天賦。在山東高等學堂讀書期間，吳藹宸目擊清政

1　楊鐮主編《西域探險考察大系》之一，吳藹宸著《邊城蒙難記》，新疆人民出版社，二〇一〇年，頁六九。
2　宮碧澄：〈國民黨在新疆活動點滴〉，《新疆文史資料選輯》第五輯，新疆人民出版社，一九八〇年，頁五五。
3　宮碧澄：〈國民黨在新疆活動點滴〉，《新疆文史資料選輯》第五輯，新疆人民出版社，一九八〇年，頁五五。

府屢屢割地賠款、喪權辱國的腐朽行徑，心中充滿憤怒與恥辱，激起其反清救國的強烈鬥志。他與同班山東籍同學高亦吾一起，組織「樂群」學會，發起並領導了山東高等學堂的反清鬥爭。學潮遭到省政府武力鎮壓，當局密令通緝「鬧事者」，高亦吾出逃瀋陽，吳藹宸被勒令退學。

一九一〇年，十九歲的吳藹宸考入京師大學堂（北京大學前身）工科採礦冶金專業。辛亥革命爆發後，吳藹宸一度休學南下，出任南京臨時國民政府交通部一等科員。翌年，仍回北京大學工科續讀。在北大學習時，吳藹宸曾前往河北省遷安縣實地勘察。在該縣的鸚鵡山，發現了我國的鎢礦，農商部遂公布為新礦種。一九一三年吳藹宸獲工學學士，遂被派赴開灤礦務局、京西煤礦實習，旋任通興煤礦公司董事等職。一九一七年夏，農商部派吳藹宸赴美國實地考察鎢礦開採，歷時一年多，回國時，購回全套選礦機器。一九一九年，又被提任為黑龍江梧桐河金礦局總經理。次年，又赴美國考察，訂購挖金機器。一九二一年回國之後，改任黑龍江觀都金礦局機器試驗場場長。

從發現鎢礦，到出國考察煤礦、金礦開採並購置設備，吳藹宸已成長為中國新一代礦業專家。

自一九二二年起，吳藹宸忽轉入政界，先後任北京政府內務部祕書、直魯豫巡閱使署祕書、國民政府實業顧問兼河南地質調查所所長。一九二四年五月，吳藹宸改調湖北江漢海關任監督並兼外交部特派湖北交涉員，復兼漢口特區管理局第一任局長。一九二八年，吳改任河北省長公署顧問兼天津造幣廠坐辦、天津特別市政府祕書等職。

吳藹宸秉性剛直，堅守原則，雖然在國府中任要職，卻一生不肯加入國民黨。他在〈華北國際五大問題〉一文中，公開揭露政府官員營私舞弊之醜事，此案轟動一時，本人亦涉訟經年。

一九三二年，剛從訟案中解脫的吳藹宸，受聘於新疆省政府顧問，主持規劃開發阿爾泰山金礦。吳氏素懷實業救國之志，本想避開是非之地，遠走邊陲，不料，中原大戰不已，邊疆亦無寧日，舉國上下竟沒有發展實業的環境。

吳藹宸一到迪化，即被馬仲英軍隊圍困於迪化城中，面臨生死考驗。他在《新疆紀遊》一書中寫道：

> 唯紅山嘴西大橋之戰，距省城僅五里，槍炮之聲，連日夜不絕，飛彈入城，穿牆破壁，幾有剝床及膚之勢。

死生有命，逃無可逃，擁被高眠，如處無事。晝則據案手鈔其所採訪新疆諸事，自言每寫四字，其時間必喪命一人，統計男女死達二千餘人，屍積如阜，血流成渠，其慘殺之狀，有目不忍睹，耳不忍聞者。[1]

在迪化城兵連禍接、生靈塗炭之時，吳藹宸做了件居功至偉的好事：他首倡成立新疆慈善會，並被推舉為臨時主席。慈善會團結各民族精英，組織人力物力開設粥廠，救濟難民，掩埋死屍，救護傷兵。城內居民不分民族和信仰，同仇敵愾，團結對敵。迪化被圍之際，慈善會發揮了穩定社會，凝聚人心，消除隔閡，解救民眾的作用，國民黨由此樹立了新形象。

一九六三年，傑克・達布斯在其《新疆探險史》一書中，這樣評價吳藹宸：

吳藹宸被任命在烏魯木齊政府任職，他是受過西方教育的、新一代有文化的官員的代表，後來他寫的著作，表明他對周圍環境做過細緻的觀察，並且做了準確的報導。[2]

吳藹宸不僅是迪化「四一二」、「六二六」兩次政變的親歷者，亦是秉筆直書的記錄者。一個人被歷史大潮捲入西域，所著《新疆紀遊》成為信史，人生因此不朽，夫復何求！

白毓秀血濺紅山

自四月十二日下午起，反金者與護金者短兵相接，攻防轉換，「激戰一晝夜，雙方兵士陣亡三百五十餘人，歸化軍死五十三人。」國民黨人亦付出了鮮血乃至生命。

吳藹宸被困房間，命懸一線。他在《新疆紀遊》中，濃墨重彩地記述了一位國民黨烈士的事蹟。

1 楊鐮主編《西域探險考察大系》之一，吳藹宸著《邊城蒙難記》，新疆人民出版社，二〇一〇年，頁六三。
2 楊鐮主編《西域探險考察大系》之一，吳藹宸著《邊城蒙難記》（代序），新疆人民出版社，二〇一〇年，頁四。

此烈士姓白，名毓秀，字玉山。宮碧澄回憶說：「白毓秀為內地新疆青年，受過高等教育，我們被發表為新疆黨務特派員，持外交護照，轉道神戶由西伯利亞鐵路赴疆。」[1]

吳藹宸在神戶與白毓秀相識。「白玉山與余初識於神戶，萬里偕行，懸復同辦慈善，見其肝膽照人，唯性稍偏急，語多憤世嫉俗，余每規之。」

在吳之眼中，白毓秀光明磊落，性情急躁，言詞激憤，危難時刻敢於擔當。至少有兩個細節可以證明：一是在慈善會分工中，白毓秀自告奮勇去掩埋死屍；二是在交戰之中，民政廳長李悟仙問：「唯盛函誰人去送？」「眾無有應者，適玉山在旁，答曰：『如無人，我願往。』」[2]白毓秀奮不顧身之率性，躍然紙上。

然而，白毓秀深夜出城送信，自此杳無音信。至「十五日，余正在院內與客走談，忽見潘歸，手提巨物直入，為之驚駭，近視乃係血衣三件，前餘之兩腿一臂，亦已無存，襯衫及衛生掛褲經眾細認，確係玉山所遺內衣，余一時情不自禁，失聲痛哭，眾人亦哭，嗚呼！玉山死矣！玉山真死矣！痛哉痛哉！」

據「由紅山嘴逃回督署衛兵魏某陳述玉山被害經過，係一槍斃命，西服、金錶等，悉被剝去，伊見其名刺，方知為黨務特派員白毓秀云」[3]。

國民黨特派員「碧澄談，渠於政變前一日，用牙牌數占時局，有『三人行，則損其一』，當時亦不瞭解，今日思之，毛骨為之悚然」。「不料均應在玉山身上。」要革命就會有犧牲，只不過死神冥冥之中降臨在奮勇當先者白毓秀身上。

吳藹宸與白毓秀雖萍水相逢，卻是患難之交，志同道合，非一般友情可比。省政府開第二次會議時，吳藹宸臨時動議，「全體肅立為此次被犧牲白毓秀君靜默三分鐘，並由余陳述白之被難情形，會場中有感泣者」。會議決定，在兩湖會館為白烈士召開盛大追悼會，「各界議設毓秀圖書館，俾垂不朽」。

白毓秀烈士的追悼會開得十分隆重。各界到者數千，新疆軍政高官悉數出席，為空前盛舉。陶明樾、李笑天、陳中均是主角。李笑天駕「飛機環繞數匝，散放傳單」。「靈堂特設『血衣亭』，陳列所遺血衣。收到挽聯

1 宮碧澄：〈國民黨在新疆活動點滴〉，《新疆文史資料選輯》第五輯，新疆人民出版社，一九八〇年，頁三九－四二。
2 楊鐮主編《西域探險考察大系》之一，吳藹宸著《邊城蒙難記》，新疆人民出版社，二〇一〇年，頁六〇。
3 楊鐮主編《西域探險考察大系》之一，吳藹宸著《邊城蒙難記》，新疆人民出版社，二〇一〇年，頁六三。

二百餘幅，素幛花圈不計。」

吳藹宸送的挽聯是：

急難竟忘身，淒絕血染紅山，猶是同君埋骨處；

憂時空隕淚，念茲屍橫赤野，那堪喪比素心人。

意猶未盡，吳氏再寫一幅：

君勇胡如斯，熱血一腔，猝死非命；

吳謀適不用，回腸百結，愧負良朋。[1]

在吳氏筆下，白毓秀是為了黨國利益而奮不顧身的拚命三郎。吳氏哭白、念白、祭白，超越了黨派之見，全因白毓秀之正義、勇氣、無畏超越常人。

物轉星移，物是人非，若非吳氏在《新疆紀遊》中飽含深情地記錄下白毓秀的事蹟，今人誰知白氏為何人也！更令人歎息的是，在新疆「四一二」政變中，國民黨付出多多，卻收穫甚微。

1 楊鐮主編《西域探險考察大系》之一，吳藹宸著《邊城蒙難記》，新疆人民出版社，二〇一〇年，頁六四－六五。

第二章　布控

遴選新疆宣慰使內幕

自一九三一年東北「九一八」事變後，新疆問題始終牽動著中國媒體敏感的神經。一九三三年四月三日，北平出版的《益世報》就刊發長文，做了三段標題：

西陲隱患深
——新疆變亂不可忽視，疆吏昏瞶激怒回民
——政治措施失當，外人垂涎，不早整頓，終為東北之續[1]

論者認為，官吏昏瞶及政治措施失當是新疆民變的主因，若「不早整頓」，新疆將步東北後塵。僅僅過了九天，迪化即發生了「四一二」政變。可謂一語成讖。政變發生後，各媒體一方面紛紛通過各種管道打探消息，發表社論，一方面密切關注中央的態度。

白毓秀追悼會開完後，新疆省臨時政府委員們即推舉國民黨特派員宮碧澄赴南京報告政變經過。「在劉文龍

1　《北平晨報》一九三三年四月二十六日。

和盛世才的主持下，臨時政府和各民族聯合會推舉我（指宮碧澄）和陶明樾以新疆代表的名義去南京，向國民政府報告新疆事變經過，並請求任命新疆省政府委員和邊防督辦。」[1]

宮碧澄到了南京後，知悉國民政府高層並不急於承認新疆舉薦的新疆省政府主席、邊防督辦人選，而且另有打算。對於新疆宣慰使的人選，高層內部亦有意見分歧。

四月二十五日，行政院長汪兆銘在行政院例會後面晤記者，談起新疆問題：「新疆事變，中央擬派大員查辦，惟人選尚未確定，蓋一方須求熟悉新疆情形者，同時又得徵其本人之同意，故未能即行發表。」「國民政府在確定宣慰使人選時，內部還有一段爭持。據說原來蔣介石想叫參謀本部次長賀耀祖去新疆，覺得賀為人穩重，能夠無條件地執行他的命令，可是汪精衛不贊成，認為黃慕松各方面條件比賀耀祖好，與盛世才的情感也無問題，頗能勝任。最後遂決定由黃慕松去新疆。」[2]

宮碧澄在南京所能得到的只是間接傳聞，道聽塗說，真假難辨。《蔣介石日記》公開後，方揭開了那些曾經撲朔迷離的謎底。

四月二十九日，蔣介石致汪兆銘電曰：「據張鳳九感（二七）電稱，馬仲英部隊擅自進疆，危機四伏。中央派員宣慰，允為急務。請就邵副院長元沖、賀次長耀祖二人中擇一派往宣慰。」[3]由此可見，黃慕松最初並不在蔣介石優先提名的宣慰使名單中。

提議黃慕松擔任宣慰使，可能由汪精衛最先提出，後蔣介石又決定改派黃慕松前往宣慰[4]，迨徵得黃慕松本人同意後，遂公開發表。

其時，邵元沖、賀耀祖、黃慕松都是國民政府中有影響力的中央大員，都有留學背景，資歷相當，見下表：

---

1 宮碧澄：〈國民黨在新疆活動點滴〉，《新疆文史資料選輯》第五輯，新疆人民出版社一九八〇年，頁五五。
2 宮碧澄：〈國民黨在新疆活動點滴〉，《新疆文史資料選輯》第五輯，新疆人民出版社一九八〇年，頁五八。
3 《蔣介石日記》，一九三三年四月二十九日，《蔣中正總統檔案事略稿本》，臺灣國史館，二〇一一年，頁九四。
4 《蔣介石日記》，一九三三年四月二十九日，《蔣中正總統檔案事略稿本》，臺灣國史館，二〇一一年，頁九四。

邵元沖、賀耀祖、黃慕松資歷一覽表

姓名	時齡	祖籍	學歷	軍階	任職	備註
黃慕松	五十歲	廣東	日本陸軍大學	中將	參謀本部次長	陸軍大學校長
賀耀祖	四十四歲	湖南	日本陸軍士官學校	中將	參謀本部次長	國民黨中央執行委員會委員
邵元沖	四十三歲	浙江	美國哥倫比亞大學	—	立法院副院長	國民黨中央執行委員會委員

在上表三人中，黃慕松年齡最長，出道亦最早。民國元年二月十二日清帝退位，南北和議告成，三月十日袁世凱在北京就任大總統，四月一日民國政府北遷。十二月二十九日，黃慕松被北洋政府授為陸軍少將。

黃慕松具有邊疆工作經驗。一九一三年一月，庫倫（今蒙古首都烏蘭巴托）變作，黃慕松以國防委員身分赴蒙古、新疆，參與處理事變。是年八月，黃慕松出任參謀本部第六局（陸地測量總局）局長；十二月，被北洋政府授予三等嘉禾章。一九二一任中俄界務公署參議兼中俄會議專門委員，並兼交通部路線審查會主任。

黃慕松接到行政院宣慰新疆命令時，正在率中央軍事專家參謀團考察長城沿線軍事布防途中。

一九三二年冬，南京國民政府為防止一九三一年「九一八」事變在華北重演，積極在長城沿線部署對日作戰，調集軍事專家組織參謀團，北上指導華北守軍對日備戰。

然而，華北守軍將領心懷異志，對南京政府抱有戒心，對日抱有幻想，試圖忍讓求和，疏於防備。陸軍大學校長楊杰[1]先任參謀團團長，考察線路經由南京、北平、天津、塘沽、大沽、開平、開灤、冷口、海陽等地，視察各地駐軍並做防禦部署，半途由黃慕松接任參謀團團長。後因達成「何梅協定」，長城戰事暫告結束。

四月二十八日行政院發布命令，二十九日黃慕松即奉蔣介石電召飛贛請示機宜。這表明蔣對新疆問題高度重視，並掌握著新疆人事安排的主導權。在南昌行營，蔣介石親筆寫給黃慕松一道手令：「該宣慰使到達新疆對於軍事政治全權處理。」[2]黃視其為尚方寶劍，頗為自得。

---

1 楊杰（一八八九—一九四九），雲南大理人，白族，日本陸大畢業，曾任陸軍大學校長，民國軍事家。

2 郭殿丞：〈我隨黃慕松宣慰新疆的經過〉，《文史資料選編・軍政人物》（下），中國文史出版社，二〇〇二年，頁五六一—五六七。

黃慕松在軍界資歷俱足，威信極高，任命發表後，甘肅省主席朱紹良、西北四馬（馬步芳、馬鴻逵、馬鴻賓、馬仲英）及新疆盛世才、劉文龍均致電歡迎。

五月二日，經行政院長汪兆銘簽批，國民政府發布〈告新疆民眾令〉：

查民族平等、信教自由為吾黨之基本政綱，乃《約法》之主要原則，國民政府歷來對於邊疆各省之施政靡不一稟大公俗遵此意。新疆僻處西陲，交通梗阻，致與中央聲氣難以相通，民隱未能悉達，惟該省回民及各民眾純樸循良，安分守業，素為中央所深悉。邇來國家多故，西顧未遑，而我新疆民眾能本愛國熱誠，體念政府苦心，矢勤矢謹，以生以息，其無形中協助中華民國之繁榮、民族之團結者至大且巨。中央歷來對於邊疆大吏，無不以勤求民隱、鞏固邊圉為訓，不意該省主席金樹仁受命以來，凡百設施未能仰體中央意旨，所造此次事變，聞之實深惋惜。現該主席金樹仁引咎辭職，中央已經核准，正在慎選賢良，妥籌治理，並先派參謀本部次長黃慕松為新疆宣慰使，務期和輯軍民，嘉靖地方，務望我新疆民眾仰體斯旨，各安所業，靜候辦理。毋得聚眾逾軌，致貽隱憂，有負厚望焉。此令。

國府令三百五十餘字，從大局切入，言詞懇切，語氣委婉，既未嚴詞譴責前任金樹仁，又未暗示後任主席及督辦人選，一切仰仗宣慰使深入新疆，瞭解民意，慎選賢良。「賢良」是誰？懸念之下，遂起爭端。

制盛原有預案

自南昌回到南京後，黃慕松即從中央各部選調宣慰公署人馬，連日開會，行政院長汪精衛也派人參加，制定宣慰新疆方案。

苗普生、馬振揉主編《民國時期新爾檔案彙編（一九二八—一九四九）》第十四冊，南京：鳳凰出版社，二〇一五年，頁二三四—二三五。

同時，向行政院申請撥款，準備給各民族領袖和蒙古王公的禮物等。協調外交部，辦理有關人員外交護照。作為陸大校長，黃慕松特別囑咐陸大教官郭殿殛帶上全套軍校課程同往。

說起在新疆兀然出頭的盛世才，黃慕松太熟悉不過了。首先，他們是日本陸軍大學校友，黃慕松為十六期，盛世才為十九期。黃慕松一九一九年畢業，盛世才一九二七年學成回國。二人均參加了北伐戰爭。國民黨在南京建都後，黃慕松與盛世才均供職於南京國民政府軍事委員會參謀本部，為上下級從屬關係。黃慕松任南京軍官訓練團副團長（蔣兼團長），盛世才任歐洲戰史教官。黃慕松任軍事委員會參謀本部中將次長（蔣介石兼總參謀長），代理陸軍大學校長（蔣兼校長），盛世才任上校作戰科長，兼陸軍大學教官。

據郭殿亟回憶：在如何控制新疆，特別是制服盛世才方面，參謀本部內部是有分歧的。郭殿亟等人與盛世才一同共過事，對盛世才的認知入木三分。他們私下議論：盛世才因未擢拔少將作戰科長而負氣西行，他胸襟狹窄，野心勃勃，且手握重兵，絕不能俯首貼耳聽命於中央[1]。

黃慕松則不以為然。他認為，盛世才是其陸大學弟，又是其屬下，當面畢恭畢敬，私交甚好，家屬亦有往來。中央派遣他出任宣慰使，亦是看重此一層因素。新疆是國家之新疆，盛世才豈敢對抗中央，稱霸新疆。

參謀們的職責就是謀畫預案，供長官定奪。方案有三：

A方案：先派兩個高級參謀赴疆，面見盛世才，以探虛實。大批人員出河西走廊，集結玉門，由胡宗南派一個旅隨行。然後，打電報叫盛世才赴玉門，商量宣慰新疆事宜。從之，放回；不從，扣之；拒來，出師有名。

黃慕松問從屬：「需時幾多？」幕僚答：「需四個月。」黃慕松否之。

B方案：宣慰使署人員經西伯利亞土西鐵路，由新疆塔城入境，那裡駐有金樹仁兩個師。宣慰使在此建署辦公，一邊向中央請餉，一邊訓練軍隊。擇時命盛世才赴塔城相見，來則扣之，拒來討之。

C方案：宣慰使署人員由塔城赴伊犁，那裡駐有張培元一個師，還有東北義勇軍約二萬人，整編成二個師，嚴加訓練。此時再命令盛世才赴伊犁，若不從，則出師有名[2]。

---

1 郭殿丞：〈我隨黃慕松宣慰新疆的經過〉，《文史資料選編・軍政人物》（下），中國文史出版社，二〇〇二年，頁五六一－五六七。

2 郭殿丞：〈我隨黃慕松宣慰新疆的經過〉，《文史資料選編・軍政人物》（下），中國文史出版社，二〇〇二年，頁五六一－五

參謀人員以時間換空間的穩健方案，顯然不合行政院長汪兆銘之意。汪氏認為，新疆內戰遽起，列強覬覦，時間急促，時不我待。新疆宣慰使「職責綦重，亟宜早行，特於本日（五月十四日）親至薩家灣黃氏官舍詳商，促早成行」[1]。

黃慕松傾向於新疆問題政治解決為上，軍事解決次之，對馴服手握兵權的盛世才信心滿滿。他以盛世才歡迎電報為據，以蔣介石尚方寶劍為盾，質疑參謀們提出的A、B、C三個制盛方案，不相信盛世才敢犯上作亂，並催促隨員由多路進疆。參謀們研判的穩妥的制盛方案遂被束之高閣。

「黃慕松去新疆的目的，表面上看是宣慰，骨子裡是要奪取政權。他的龐大的宣慰使團，把黨務、民政、建設、軍事、教育、宗教、交通運輸等等的人才都配備上，準備到了新疆以後，於必要時南京政府一紙明令，發表黃慕松為新疆省主席兼新疆邊防督辦。」[2]

這是宮碧澄個人的事後觀察，亦是某些媒體的聞風推測。黃慕松臨行前向媒體發表談話，宣布宣慰新疆方略。黃慕松宣慰新疆的目的，是承認現實，安撫地方，還是另起爐灶，接班奪權？盛世才心中無底，隱憂在心。

「菩薩」將軍黎海如

迪化「四一二」政變猝然爆發，攪動了政壇上的一潭死水，令各路豪傑怦然心動，如蛟龍出水，爭搶龍宮，割據稱王。

國民革命軍陸軍第三十六師馬仲英部駐防沙州，有近水樓臺之地利。甘肅回族少帥馬仲英素懷大志，一九三一年春曾率軍橫掃哈密、吐魯番一帶，圍困迪化。在其幕僚中，隱蔽著一些聯共黨員，為其占領新疆出謀畫策。政變甫發，馬仲英部即打出「討伐金樹仁，排解糾紛，挽救危局」的旗幟，捷足先登。馬仲英率軍劍指迪化，意在取金樹仁而代之。第二次揮師進疆，馬部一改沿路燒殺搶掠的惡習，一路上軍紀嚴明，不輕殺戮，故贏

[1] 郭風明編輯《中華民國史事紀要》，民國二十二年一至六月，臺灣「中央文物供應社」，一九八四年，頁八二七。

[2] 宮碧澄：〈國民黨在新疆活動點滴〉，《新疆文史資料選輯》第五輯，新疆人民出版社，一九八〇年，頁五八。

六七。

得民心，行軍勢如破竹。

儘管南京蔣、汪政府視掌新疆軍政人事主導權為中央權威之象徵，然而，南京遙距新疆六千里，國軍嫡系部隊正在圍剿江西的紅軍，即使胡宗南掌控的中央軍亦遠在二千千米之外的蘭州，遠水解不了近渴。

雖說蔣介石在新疆沒有直接控制一兵一卒，但憑藉中央權威，馬仲英三六師、新疆省軍名義上歸國民政府軍事委員會管轄，高級軍官須報請軍委會任命。高級軍官中，不乏保定、黃埔軍校的畢業生，與蔣介石、黃慕松等有千絲萬縷的聯繫，關鍵時可做內應。

六月七日，中央宣慰使黃慕松剛飛抵蘭州，即接蔣介石電令：

一、請制止馬仲英西進；二、胡（宗南）師跟蹤監視，究至何處？三、黃宣慰使已否飛新？現馬軍進至奇臺，不惟郵電不通，即去電亦恐無益……駐伊犁之第五師張培元及駐迪化附近第一師黎海如均各有懷抱。喀什區亦未完全平復，盛世才、劉文龍能否控制裕如，自非黃宣慰使抵新具報後，難為適當之處理。[1]

黎海如何許人也？他為什麼出現在蔣介石的電報中？他所率領的第一師為什麼擬為黃慕松撫疆時依託的力量？話要從頭說起。

清光緒十六年（一八九〇）秋，黎海如出生於廣東平遠縣石正鎮。平遠縣地處粵、閩、贛三省交界處，與黃慕松家鄉梅縣為鄰，二人同為粵籍客家人。

黎父名翰鵬，為清末貢生，在鄉村開私塾為業。長子喜添（海如）六歲時，黎父親自發蒙，伯父李榮昌供其上新式學校，小海如在新舊教育中成長有序[2]。

黎海如趕上了一個千年未遇的大變局時代。甲午戰爭，戊戌變法，清廷新政，廢除科舉，興辦新學，禦侮軍興，這些眼花繚亂的世變，潛移默化地影響和塑造著青年學子。黎海如亦順應時變，毅然棄文從戎，考入廣東黃

1 中國第二歷史檔案館主編《中華民國史檔案資料彙編第五輯政治五》，國民政府行政院檔案，一九九四年，頁五四〇—五四一。

2 黎雲衢理事會編纂《黎氏雲衢公家譜》，二〇一〇年，頁二八。黎善本收藏。

埔陸軍小學堂。由此，一個家族鵬程翰林的夢想，為縱橫軍旅的現實所替代。

黎海如所入讀的廣州黃埔陸軍小學，僅長黎氏七歲的黃慕松曾任過該校學監，資歷上是黎氏的校長。黎氏畢業後，繼而考入北京清河陸軍第一預備學校。民國三年（一九一四）八月，再考入保定陸軍軍官學校第三期步兵科[1]。這是中國首屈一指的著名軍校，黎海如在讀時，校長先後由曲同豐[2]、王汝賢[3]、楊祖德[4]擔任，均非軍界等閒之輩。蔣介石曾於一九〇七年在此畢業並考入日本振武學校。黃慕松一九二八年做過陸軍大學校長。

一九一六年八月，黎海如自保定軍校畢業，本由陸軍部分發陝西陸軍服役，但時值新疆主帥楊增新招募軍事人才，改派新疆。其三弟黎經如撰文說：「長兄黎海如於民國六年（一九一七）由陸軍部分發新疆任用。」[5]黎海如選擇萬里投荒，為國戍邊，大有「願攜鸞為群，不與雞爭食」（鄧纘先詩）的氣概，一九一七年春夏之交，他便出現在新疆都督楊增新的軍營裡。

是年，黎海如的同鄉廣東河源人、新疆省公署政務科科長鄧纘先（一九一四年由內務部分發新疆，時任省長楊增新大祕）曾與黎海如相見，鄧氏即興作二首詩以為紀念：

〈邊防紀事，並贈黎參謀二首〉

邊防萬隊出林端，幕府秋高玉露團。
刁斗森嚴傳虎節，戟門前後擁貂冠。

---

1 黎義本：《黎海如先生考略》，黎善本收藏。

2 曲同豐（一八七三－一九二九），山東人，早年參加過北洋水師及甲午海戰。畢業於日本士官學校三期。一九一三年八月，繼蔣方震之後保定軍校第三任校長。

3 王汝賢（一八七四－一九一九），北京人，北洋軍將領。曾任陸軍第八師師長、代理湖南省督軍等職。於一九一五年九月至一九一六年六月任保定軍校第四任校長。

4 楊祖德（一八八〇－一九一九），山東人，畢業於日本士官學校三期輜重科。一九一六年六月，以教育長升任保定軍校第五任校長。

5 黎經如一九四六年寫給新疆省主席張治中的信，新疆檔案館黎海如卷宗。

冰行鐵騎千蹄響，霜拂雕戈五夜寒。
帷幄運籌資擘畫，不須露布與人看。

時值一九一七年深秋，家鄉粵東依然炎炎如夏，而天山北麓早已白雪皚皚。斯時黎海如只是一介排級參謀，但其畢業於著名軍校，具有「帷幄運籌資擘畫」的潛質。

傳聞逃虜入奇臺，餘燼猶思燃死灰。
孟獲偶逢諸葛縱，吐番羅拜令公來。
甲兵淨洗銀河挽，煙霧潛消寶鏡開。
安不忘危籌遠略，且攜壺酒上樓臺。[1]

所謂「逃虜」，即被楊增新繳械的沙俄入境軍人。一九一七年，沙俄爆發十月革命，在與紅軍交戰中，白俄軍隊節節敗退，糜兵於新疆北疆邊境，不斷越境騷擾邊民，新疆邊防部隊嚴陣以待，戍邊衛士，時有小勝。如今，嶠嶺鄉親相會於萬里塞外，有理由攜酒壺上樓臺，舉杯暢談。
鄧纘先還作過〈邊塞九首〉，〈東疆重鎮巴里坤〉為第九首：

一片山城瘴霧收，移支卑陸入邊州。
令嚴刁斗資雄鎮，威振旌旄擁上游。
天馬雲騰蒲海曙，朔鴻聲帶玉關秋。
當時充國屯田處，蘆荻蕭疏雪滿溝。[2]

1 鄧纘先：《毳盧詩草》，黃海棠、鄧醒群點校，華東師範大學出版社，二〇一二年，頁八九。
2 鄧纘先：《毳盧詩草》，黃海棠、鄧醒群點校，華東師範大學出版社，二〇一二年，頁九七。

巴里坤與元湖近在咫尺，同屬一個防區。從鄧詩中，依稀可見黎海如當年駐防時的一面側影。鄧纘先雖是一介文人墨客，但詩風雄渾，溢滿尚武精氣神，他在另一首〈鎮西歌〉中寫道：「從來漠北屬漢地，恢復還將用兵器。」[1]用兵器，要靠鐵血軍人，收復失地，像西漢名將霍去病一樣，威震漠北，使匈奴不敢南下牧馬。這三首律詩中，寄託著年近五旬的鄧氏對這位年僅二十七歲的鄉黨俊彥的殷殷厚望。

元湖地處新蒙邊境，北望北塔山，南依奇臺古城，是一座前不著村、後不著店的大兵營，亦是省垣迪化的北大門。元湖兵營是黎海如仕途的起點，他從陸軍新軍參謀幹起，歷任步兵營隊官、連長、營長、北疆軍第二統領部統領，一直做到元湖邊防指揮部最高指揮官。

駐防期間，黎海如曾在給軍校好友、同鄉、同學凌欽楠的一封信中寫道：「……弟衛治邊陲要塞，外與強俄為鄰，彼心存非分，虎視眈眈，須萬分警惕；內多民族共處，信仰不一，團結和睦，要千方引導。禦外安內同重，軍事政治同抓。身兼數職，重任在肩，安不忘危，治不忘戰，民不知兵，富而教之。想當年，投保定軍校之時，立今日報國捐軀之志，確保金甌，豈敢惜身。」[2]

黎海如雖不善以詩敘事抒情，但畢竟有私塾的功底，即興吟詩亦有板有眼：

> 不聽笛聲〈關山月〉，怕惹鄉親念雙親。
> 自古忠孝兩全難，只求無愧於蒼天。[3]

雖說男兒有淚不輕彈，但民國時期，新疆戍邊官兵的家國情懷，軍人之窘、之難、之情，盡在七絕詩中。這封信後被收信人保存下來，成為見證邊防軍人黎海如精神面貌的稀見文本。中國廣袤的邊疆所以能得而復失，失而復得，成為福蔭後人的戰略空間，其背後所湧動和承襲的則是古往今來武將不怕死、文官不愛錢的一腔

1 同上，頁三五。
2 謝健：〈投身萬里戎邊疆——為內子伯父黎海如立傳〉，梅州作家協會主編《夕陽詩話・散文選》一九九九年，頁一二四—一二八。
3 同上，同頁。

豪氣和文脈傳統。在這方面，文官鄧纘先、武官黎海如是一脈相通的。

新疆地廣人稀，經濟落後，稅源有限，養不起重兵。省長楊增新不得不採取弱兵之策，寓兵於民。為防止軍人坐大，結夥干政，禍亂西疆，楊增新在新疆反其道而行之，以文人治軍，以武夫治政。因此，黎海如一度離軍從政，出任奇臺縣縣長。奇臺既是北疆糧倉，亦是新疆四大貿易集散地，為稅源大縣。黎海如在出任奇臺縣縣長期間，為維護市場秩序，保護國權民利，煞費苦心。

一九二八年五月，楊增新通電南京中央政府，宣布改旗易幟，並向中央推薦了新疆省政府委員名單。其時，黎海如奉命卸任奇臺縣縣長，晉省垣待分配新職。按常理考察，黎氏重回軍旅的可能性較大，一是新疆防務吃緊，急需治軍人才；二是黎氏保定軍校的同學如白崇禧、何健、顧祝同等北伐名將均已晉升為中央或地方大員；三是黎氏與軍事委員會委員長蔣介石、參謀總部次長、陸軍大學校長黃慕松均攀得上關係。

黎海如在迪化等待分配期間，恰逢省長楊增新遭暗殺身亡。遽聞政變，黎氏處變不驚，在誅滅樊耀南叛亂中有勇有謀，表現出眾。

平叛成功後，陝甘幫擁戴金樹仁做新疆省主席。金樹仁論功行賞，以鞏固自己的執政基礎。張培元升任軍事處長，黎海如為軍部處處長，馮梁為軍法處處長。「黎海如、馮梁要求出省任職，金即委黎海如為塔城道尹兼關稅專員，馮梁為于田縣縣長。」[1]

黎海如協助金樹仁平息政變之事，一向被史家所忽略。黎氏正因不惜冒死一搏，輔佐金樹仁登上新疆督辦兼省主席的寶座，而一舉「接替楊增新的得意部屬李鍾麟，做了塔城行政長。黎海如雖然不是他的同鄉（廣東人），但因擁金有功成了金樹仁的親信」[2]。由縣長躍上軍務處長、塔城行政長的廳道級要職，黎海如從此在塔城獨領一方風騷。

一九三二年冬，新疆省政府顧問吳藹宸由塔城入境時，曾與黎氏兄弟晤面。據吳氏記述：

1 新疆社科院歷史研究所主編《新疆簡史》（下集），新疆人民出版社，一九八〇年，頁九六。

2 陳澧：〈金樹仁主新內幕回憶片斷〉，《新疆文史資料》第五輯，新疆人民出版社，一九八〇年，頁一—六。

> 余等來塔城後，行政長公署首先設宴歡迎，黎海如都統（行政長兼副都統，粵籍，保定軍校畢業），於民國六年投效新疆，近駐紮哈密。未及見，由科長陳寶訓偕黎之兩弟殷勤招待。[1]

一九三一年五月，在迪化軍民擊退馬仲英部圍困之際，黎海如奉令接替軍務處長張培元出任迪化城防司令。「黎只把城牆修理了一下，加高城垛，在城牆上蓋了一些兵營而已。」[2]是時，哈密烽火連天，反金政權的暴動愈演愈烈，「暴民」愈剿愈多。此時，金樹仁又將黎海如調往哈密前線任師長，全權處理愈演愈烈的哈密民變。

黎海如做過塔城行政長，深知黎民百姓不過是反對苛政，企盼安居樂業，在處理哈密民變中反金道而行之，力主安撫之策。「黎海如鑑於當時的形勢，專恃武力不能徹底解決問題，又派出代表尋找和加尼牙孜和堯樂博斯，謀求和談。」[3]

在狡黠的堯樂博斯[4]的策動下，反叛領袖和加尼牙孜[5]同黎氏的代表淡妥了條件：「省方給他們撥四百石小麥，省票銀四萬兩；他們向省軍繳槍二千一百支；事後，省政府對參加事變的人不咎既往，對頭目人將給以適當職務，改編他們的部隊為省軍。」[6]

由於前任官員不僅屢屢食言，而且還要秋後算帳，官府的公信力在百姓間早已蕩然無存。暴政出刁民。「當省方運來麥、款後，堯樂博斯同和加尼牙孜在分配上起了糾紛，互相火併。省軍隨之出動，想乘機解決他們。但是在緊急關頭，堯樂博斯攜帶一部分人轉往與甘肅省的交界地區；和加尼牙孜也不願在山裡困守，率部轉向鄯

---

1 吳藹宸：《邊城蒙難記》，新疆人民出版社，二〇一〇年，頁一二。

2 關清廉：〈我所知道的金樹仁〉，《伊犁文史資料》第二輯，一九八六年，頁一六。

3 哈密地區地方誌辦編《哈密地區誌‧軍事》，新疆大學出版社，一九九七年，頁一〇七五—一〇七七。

4 堯樂博斯（一八八九—一九七一），維吾爾族，新疆巴楚人。一九一〇年成為哈密回王府翻譯和商辦，後被封為巴札伯克。一九三一年引馬仲英犯疆。一九七一年逃亡臺灣，病逝臺北。

5 和加尼牙孜（一八八九—一九四一），維吾爾族，新疆哈密人。一九三一年哈密暴動領袖，被推舉為「東突厥斯坦伊斯蘭共和國」的「名譽總統」，一九四一年被盛世才處死獄中。

6 哈密地區地方誌辦編《哈密地區誌‧軍事》，新疆大學出版社，一九九七年，頁一〇七五—一〇七七。

善，同那一帶的反金政府的勢力聯合。」[1]

招撫無成反蝕銀米。黎海如因此不僅受到金樹仁的嚴厲訓斥，在軍民間的威信也因此大損，被坊間戲稱為「黎菩薩」，諧音「泥菩薩」，意思是在虎狼交易中輕信奸人，心太軟，意太誠，遇事優柔寡斷。

正是在哈密剿匪期間，黎海如與盛世才的關係發生了戲劇性變化。一代梟雄盛世才遲至一九三〇年深秋才來到迪化，比黎海如整整晚來了十七個年頭。初來時，邊防督辦金樹仁對盛頗有戒心，僅委以上校參謀閒職及軍校戰術總教官，在省垣迪化備受冷落。而換句話說，督辦兼省長金樹仁要找個放心的人看守大門。暗藏野心的盛世才使出渾身解數，八面玲瓏，結交權貴，中將司令黎海如自然是其重點巴結的對象。

在楊增新和金樹仁主政新疆時期，有一個共同特點，就是高一級的領兵官大都是文人，魯效祖[2]、鄂英、張培元、劉希曾[3]、朱瑞墀[4]都是這一類的人物。文人治軍，做錦繡文章內行，帶兵打仗外行，刀光劍影之中，方顯文人愚弱。

在哈密事變起後，劉希曾、朱瑞墀、魯效祖等對維族進行「剿撫」，都碰了一鼻子灰跑回迪化來，金樹仁又派黎海如為哈密師長，劉杰三為前敵總指揮，同時考慮到他們軍事知識和經驗都不足，又派盛世才為總指揮[5]。這是盛世才手握兵權的開始。黎海如坐鎮哈密後，省軍是由盛世才和劉杰三（河南人，人們把他叫做「刀客」，是個行伍出身的人）被任命為前敵總指揮，分別率領兩個團，大約五千餘人。

盛世才掌握軍權以後，對部下最初是恩威並施，在作戰中處處討好士兵，叫官兵們吃得好、住得好，對傷患更表示關心。[6]

盛世才贏得了兵心，士兵願意為長官效命，故成為省軍中戰鬥力較強的部隊。盛世才在日本陸軍大學時學習

1 同上，同頁。
2 魯效祖，甘肅臨夏人，清末貢生。與金樹仁有同窗之誼。從南京引薦盛世才，後被盛世才關押獄中，雙目失明。隨楊增新進疆，任督軍公署參謀長兼督練公所總辦。一九三〇年任第一師師長，駐守哈密。
3 劉希曾（一八八八—一九三八），甘肅人，清廩生。畢業於甘肅武備學堂，復考入湖北陸軍測繪學堂。
4 朱瑞墀（？—一九三四），文官，金樹仁親家，先後任喀什、阿克蘇道尹，一九三二年任財政廳長。
5 宮碧澄：〈盛世才入新奪取政權的經過〉，《新疆文史資料》第五輯，新疆人民出版社，一九八〇年，頁一三七—一三九。
6 宮碧澄：〈盛世才入新奪取政權的經過〉，《新疆文史資料》第五輯，新疆人民出版社，一九八〇年，頁一三七—一三九。

參謀專業，頗諳戰略戰術，加之又有東北剿匪、北伐隨軍作戰的實戰經驗，所以在作戰時謀定而後動，作戰時進退有序，不像其他部隊勝則一窩蜂似地往前衝，敗則亂七八糟地四下裡逃命。

有比較才能鑑別優劣。在東路剿匪作戰中，杜治國輕敵冒進，結果命喪黃泉；劉杰三率兵巒戰，結果損兵折將。盛世才用兵謹慎，不貪功，不冒進，穩扎穩打，積小勝為大勝，博得常勝將軍之譽。「他在東路剿匪過程中，一直是勝不窮追，敗不驟退，既保存敵力以自重，又保存己力以維持自己的地位。」[1]

盛世才非一介武夫，而是究研過政治經濟學的新式軍人，知道得民心者得天下之理。「他在東路打了一兩個勝仗，並且優待俘虜，在行軍經過的地方，勝利時不騷擾，敗退時不搶掠，同時還假仁假義地來安撫當地人民。這樣，盛世才不只受到部隊官兵的擁護，也博得了金樹仁的信任和一般人的好感。」[2]

「那時候，盛世才的名聲大噪一時，甚至有人以一見從前線回來的盛總指揮為榮。盛世才便藉著這個資本往來於各衙門，同那些有地位的官僚尤其是掌握軍權的人深相結納，取得了他們的重視。」[3]此時，盛世才雖然仍是黎海如下屬部將，但其鋒頭早已蓋過上峰。

既生瑜，何生亮？時勢造就了盛世才，貶抑了黎海如。

奇臺陷落全域生變

馬仲英部二次進疆的陣勢，非比一九三一年的寒酸窘困，訓練有素的隊伍一路拔城奪寨，氣勢如虹。南京國民政府給了馬仲英國軍番號，令其出師有名，卻指揮不靈。俗話說：「養兵千日，用兵一時。」馬軍、省軍不吃中央的糧，豈肯聽中央的令。蔣介石唯一能做的就是發電令：既令馬仲英不得西進，又要盛世才按兵不動。

馬仲英之弟馬仲傑率前鋒部隊拿下木壘後，仍馬不停蹄，西襲奇臺。當馬仲英部連陷哈密、木壘等地時，黎海如曾向盛世才拍急電懇請援兵。

1 同上，同頁。
2 同上，同頁。
3 宮碧澄：〈盛世才入新奪取政權的經過〉，《新疆文史資料》第五輯，新疆人民出版社，一九八〇年，頁一三七—一三九。

在「四一二」政變中，盛世才攫取新疆臨時督辦權柄後，黎海如即成為盛氏的部下，更成為馬仲英問鼎新疆的攔路虎。也許，盛世才認為，奇臺古城防禦工事完善，駐軍數量達五千餘人，裝備精良，糧草充足，馬仲英部一時難克。加之盛世才斯時正覬覦著新疆督辦權位，屯兵迪化作為後援，不願分兵奇臺，故對黎海如求援電報置之不理，任其生滅。盛世才的算盤打得很精，奇臺無憂，與盛有利；古城若失守，可追究黎的責任，除去軍中重要政敵。

然而，奇臺城防看似固若金湯，武器精良，糧彈充足，但金氏王朝已崩潰，軍無士氣，不知為誰而戰。且奇臺守軍各不相屬，內訌不斷，有令不行，未戰先怯。李子靈援引一些知情人士回憶：

民國二十二年陰曆五月初六凌晨丑時，攻城的槍聲漸次響起，僅僅三個小時，古城內外的戎裝變色，盡是馬家兵卒了。在此次守城戰鬥中，作為奇臺守軍三部將之一的部隊團長李榮華鬥志堅強，轉戰東西毫不退卻，直至中彈身亡，另一位守城部將與黎海如，雖不及李榮華的捨生堅戰，但也能以身出陣爭盡力抵擋，唯獨為首部將張治賢，卻在戰爭打響不久，就趕快躲藏在司令部裡不敢出面。城破之後，張治賢又逃出司令部，遁入一戶居民家中，很快就與黎海如一起被馬部抓獲。[1]

李子靈曾訪問過一些守城的軍官，這些當事者大都認為：

若論古城失落的原因，倒不是馬仲英兵強馬壯，指揮高明，也不是張治賢力量單薄，無法反擊，而主要是因為城防司令張治賢的派系糾葛，親金（樹仁）疏盛（世才），不予抵抗思想在作怪，這樣弄得自己內部在兵臨城下，孰存孰亡的緊要關頭，三教不和，意見分歧，被馬仲英鑽了空子。[2]

1　李子靈：〈張治賢其人其事〉，《奇臺縣文史資料》第二十五輯，一九九一年，頁二五五—二五六。
2　李子靈：〈張治賢其人其事〉，《奇臺縣文史資料》第二十五輯，一九九一年，頁二五五—二五六。

包爾漢曾在《新疆五十年》中述及省軍的敗因以及黎海如的降念。「一九三三年初由哈密退守奇臺的黎海如部隊，約計三團到四團人，骨幹都是甘肅人，武器配備還不壞，當時它的前鋒駐紮在七角井、木壘河。這部分軍隊戰鬥力薄弱，已不能投入野戰了。從鎮西調來的陳品修部隊，大部分是蒙古騎兵。他們曾一度進駐達阪城，烏魯木齊危急時又被調還。陳品修和黎海如一樣，只求有脫身行伍的機會，已經不願給金家江山效命了。」[1]

應該說，馬仲英攻破奇臺古城，與其說是軍事上的成功，不如說是政治上的勝利。守軍士兵軍心渙散，內部分崩離析，不戰自降。

從政治和道義上而言，省防部隊因金樹仁的倒臺，樹倒猢猻散，官兵無心作戰，各懷鬼胎，各忖生路，已在百姓眼中淪為流寇。「金政府的基本部隊軍紀不佳，每攻下一城，大小軍官都在尋找發橫財的機會，個別人在民族仇殺方面極盡殘酷之能事。這類人對金政權的前途已經喪失了信心，只是在滅亡前圖快意於一時罷了。與其說他們是在替金樹仁政府效命，毋寧說他們是在加速金政府的崩潰！」[2]

古城破後，城防司令張治賢、黎海如被俘。馬仲英親自審問。

馬仲英當面質問張治賢：「你是土匪嗎？」張治賢連忙回答說：「我是土匪，我是土匪。」馬仲英轉臉又問黎海如：「你是土匪嗎？」黎海如義正嚴詞道：「你才是土匪，我怎麼是土匪呢！」馬仲英聽了二人的回答，環顧左右下令：「黎海如有骨頭，應該跟上我們去幹事，張治賢是個草包，把他留給盛世才。」[3]

後來，張治賢被盛世才槍斃於奇臺城防司令部後花園中，並貼出布告，大意是，馬仲英僅用不到三小時就破城戮兵，張治賢作為城防司令，坐等賊至，防守不力，罪該處死。如果黎海如不被馬仲英擄走，恐怕其結局也不會好過張治賢。

為什麼馬仲英欣賞黎海如？原因如下：在軍事上，黎出身科班，久經沙場，能戰善謀有威名；在行政上，坐鎮一方，經驗豐富，克己清廉有政聲；在為人處世上，厚德重節，忠上愛民，感恩圖報無二心。這種文武雙全的人才，在新疆屈指可數。馬仲英二次犯疆，屢敗屢戰，正是因為他有主政新疆的勃勃雄心。馬背上可以奪天

---

1 包爾漢：《新疆五十年》，中國文史出版社一九八四年，頁一六三。
2 包爾漢：《新疆五十年》，中國文史出版社，一九八四年，頁一六三。
3 李子靈：〈張治賢其人其事〉，《奇臺縣文史資料》第二十五輯，一九九一年，頁二五五—二五六。

下，不可以治天下。日後馬仲英一旦主新，收復軍隊人心，安定地方民心，馬仲英就要倚仗像黎海如這樣有政聲、有威望的棟樑之才。馬仲英心頭雖有為弟復仇的憤怒之火，但終究是一位不失理智、擁有胸懷、目光長遠的青年俊傑。

馬仲英留用黎海如，委以參謀之名，自有其政治考量。據馬仲英的親信楊波清稱：馬氏認為：「新疆內部問題的解決，不能單純依靠軍事，必須採取政治解決手段，縱橫捭闔，來取得最後的勝利。」[1]對於在軍事上打敗盛世才，馬仲英信心滿滿，若如此，誰來改編統轄省軍，化敵為友，黎海如便是他手中的一張好牌。

楊波清對此不以為然：「所以馬仲英對新疆舊人員的接收任用，更放寬了尺度，毫無顧忌。自以為知人善用，能駕馭人才，卻不知道留任的古城子電臺臺長張好學乘勢作為盛世才的軍情內線，這是馬仲英的一大失誤。」[2]

古人云：「識時務者為俊傑。」金氏政權倒行逆施，致使大廈傾覆，黎海如沒有戰死沙場，叛金降馬，不過是順應時變換了主人，並沒有叛國投敵，可謂大節未虧，大道未偏。至於某些書籍及坊間傳聞，說盛世才監禁並殺死了黎海如，只是某些人的憑空想像，以訛傳訛，並無證信。

話要說回來。馬仲英部僅用五小時就拿下重兵防守的古城，恐怕連馬仲英本人亦難以置信。奇臺陷落之速，不僅使南京國民政府束手無策，亦令盛世才等大為惶恐。

六月九日，黃氏抵達蘭州的第三天，即從迪化「四一二」政變主要策畫者陶明樾、國民黨新疆特派員宮碧澄處得到古城奇臺失陷的消息，因事關全域，他即刻向南京汪、南昌蔣電告：

> 新疆省政府陶祕書長、黨務特派員自迪化庚日飛來蘭州，晤悉馬仲英已陷古城，形勢異常嚴重，實因金的主席舊部與盛世才不能合作，松已去電勸告伊犁張師長培元迅速出兵援迪。查張師長經金前主席電，保為主席，兼督辦，必與盛不能相下。松擬到新察看，必要時於諸將中擇其有力者予以相當軍職，俾易合

1 楊波清：〈馬仲英入新隨軍見聞〉，《文史資料選輯》第八卷總第二十六—二十八輯，二〇一一年，頁七三。
2 同上，同頁。

作。[1]

然而，馬仲英打著國民革命軍第三十六師的旗號，卻不聽委員長蔣介石的指揮，率軍長途奔襲，連拔數城，令新疆的局勢更加混亂。

黃慕松在分別給汪、蔣的覆電中稱：

> 晤悉馬仲英已陷古城，逼近省垣，師長黎海如所統四五千人有投降的消息，形勢異常嚴重，實因金前主席舊部與盛世才不能合作，松已去電勸告伊犁張師長培元迅速出兵援迪。……松定於今日飛肅州，明日飛新，余容續呈。[2]

也許，在黃慕松選賢拔能的原計畫中，新省第一師師長黎海如即是備選人之一。追根溯源，黃與黎為同鄉，黃氏曾任過廣東黃埔陸軍小學堂校長，黎海如是他的學生。

但人算不如天算，新疆權力鬥爭過程之劇烈，演進之迅猛，出人意表，汪兆銘、蔣介石及黃慕松本人均始料未及。

戰事如棋局，一招不慎，滿盤皆輸。奇臺陷落後，馬仲英部獲得大量馬匹、兵員、彈藥、糧草，實力大增，士氣高漲，劍鋒直指迪化。

奇臺距省垣迪化二百千米，馬隊約兩日路程。生死關頭，盛世才若畏首畏尾，不敢靠前禦敵，借助有利地形與敵決戰於省畿，馬仲英部二年前的圍城大戲將再次上演。時下，迪化外無險可守，內暗流湧動，盛世才臨時督辦的大位將有不測之虞。

黃慕松六月十日飛抵迪化，盛世才親到機場迎候，噓寒問暖禮畢，即以軍情緊急為由，統率省軍北上赴滋泥

---

1 中國第二歷史檔案館主編《中華民國史檔案資料彙編・第五輯・政治五》，國民政府行政院檔案，一九九四年，頁五四〇—五四一。

2 同上，同頁。

泉迎戰馬仲英部。

斯時，盛、馬二人各握重兵，覬覦權位，恨不能置對方以死地，故將中央宣慰使黃慕松的諄諄調停之語權當作耳旁風。

六月十二日，黃慕松即向汪、蔣發出馬仲英與盛世才雙方衝突在所難免的密報：

（一）松抵迪，即令各方停止軍事行動，惟盛世才以馬仲英槍多人少，省軍利在速戰，雙方衝突勢所難免，然孤注一擲，甚為可慮。（二）此次哈密變亂，影響全疆，實由金樹仁監禁該王，壓迫回眾而起。本日哈王（即哈密王）來談，訴述痛苦，聲淚俱下，願即刻赴東南兩路宣布中央德意。松允，電明中央准予查明昭雪，並說明金樹仁所免該王位褫奪財產、治權，未經中央核准，當然無效，以安其心。[1]

有令不行，有禁不止，盛世才一意孤行，稱霸野心昭然若揭。

黃慕松空手失「三傑」

一九三三年六月七日，黃慕松在蘭州機場留下一張紀念照。在幾乎清一色著長袍馬褂、頭戴禮帽的合影者中，黃慕松一身戎裝格外醒目。目下新疆問題再起爭端，全因軍人干政，黃慕松此行除宣慰地方外，彈壓干政軍人的意圖十分明顯。

「四一二」政變後，原迪化縣長陶明樾出任省政府祕書長，而盛世才卻高居新疆督辦之職，這並非陶明樾本意。憤懣下的陶明樾帶著小兒子，以報告（實為告狀）為名飛赴南京。在蘭州停留期間，恰逢宣慰使黃慕松走馬上任。兩人見面後，相談甚歡，陶明樾遂決定隨中央專使打道回府。

[1] 中國第二歷史檔案館主編《中華民國史檔案資料彙編・第五輯・政治五》，國民政府行政院檔案，一九九四年，頁五四〇—五四一。

根據吳藹宸的紀錄，黃慕松攜王應榆、錢桐於六月十日飛抵迪化。盛督辦因忙於布置軍事，與黃在機場匆匆一晤，即行出發。盛世才是有韜略之人，他有意將軍隊引開，使其難與宣慰使接觸，並深知戰場的勝敗決定著他與中央討價還價的籌碼。

在黃慕松看來，盛世才與馬仲英交戰，多少帶有賭博成分，並無十分勝算。

天有不測風雲。孰料，盛、馬兩軍酣戰之時，六月炎天突降大雪，省軍駐紮天山以北備有皮衣皮褲，而馬軍天山以南夏衣單褲，天山山麓入夜更冷，凍餓交加之下，馬軍不戰自潰，省軍得此天時而僥倖獲勝。盛氏乘勝於十五日進駐孚遠（今吉木薩爾縣）。馬率殘兵千餘人，駱駝三千峰，攜帶古城所繳獲的大量輜重，向木壘河退卻。

十五日，宣慰使署成員張誠、高長柱、楊秉離、艾沙四人乘機至迪化。聞尚有隨員多人，由西伯利亞出發，有已到斜米及塔城者。宣慰使署開始辦公，與中央電信往返頻繁，並調省府人員鄧聚奎、楊祈侯諸人助理，又遴選維族六人，令其取道伊犁，前往南疆宣慰，所有費用概由公署供給[1]。

「陶明樾陪同黃慕松到迪化後，每天他往來於省府和宣慰使署之間。等他知道了盛世才在參謀本部的一切時，他把盛世才也不放在眼裡，心中只有黃慕松，腳竟朝著宣慰使署。」[2]

據盛世才說：「我於十六日接到省城盧、馬兩團長密報，省城又有陰謀暴動組織，該組織以陶明樾、李笑天、陳中為核心成員，現在他們正在計畫暗殺督辦（投炸彈或射殺）。密報建議督辦最好祕密回城。此外傳說以黃慕松為新疆經略使，以張培元主持北疆軍事，以馬仲英主持南疆軍事，而劉仍當省主席。」[3]

盛世才所述乃一面之詞，所涉各方均不承認。但自民國以來，從東北到上海，從南京到迪化，暗殺事件層出不窮，當政者不得不防。

「因為省城有陰謀暴動組織和計畫，所以我暫時決定不追擊馬匪，而命剿匪軍回省，先安定內部再說。立即乘一部大卡車，帶二十名衛兵祕密回省。我於十九日午後到達省城。」[4]

1 楊鐮主編《西域探險考察大系》之一，吳藹宸著《邊城蒙難記》，新疆人民出版社，二〇一〇年，頁八八。
2 宮碧澄：〈國民黨在新疆活動點滴〉，《新疆文史資料選輯》第五輯，新疆人民出版社，一九八〇年，頁七六。
3 盛世才：《牧邊瑣憶》，《五十年政海風雲》，春秋雜誌社，一九六七年四月，頁七七。
4 盛世才：《牧邊瑣憶》，《五十年政海風雲》，春秋雜誌社，一九六七年四月，頁七八。

盛氏隱去了一段事實——迪化市民傾城而出歡迎戰神凱旋。「盛帶著歸來的勝利銳氣和憤怒，已經將眼睛擺在額頭上，尤其迪化民眾團體的盛大歡迎，和到處的歌功頌德，不僅是百戰英雄，而儼然成為新疆的領袖，不過當時沒人喊出『偉大』二字而已。」[1]

盛世才戰勝勁敵後，手握兵權，因此不把空手而來的中央宣慰使黃慕松放在眼裡。加之挾持超高的民意，為了坐實新疆最高權力，他決計放手一搏。

一週後，即六月二十六日上午，盛世才精心策動了一場大戲，史稱新疆「二次政變」。吳藹宸作為親歷者，在《新疆紀遊》中記下以下細節：

> 星期一（六月二十六日）上午十時開臨時緊急會議。甫進省府大堂，遇陳中參謀長，交談數語，隨進東花園。盛督辦獨坐廊下，手持摺扇納涼，而色殊為憔悴。余趨前與之祝賀，盛起而答禮，但坐下如故。頃陶明樾、李笑天甫進花園門，突遭衛兵逮捕，兩手倒捆。有頃，陳中最後到會，亦被逮捕。俄槍聲，接連七響，聲在咫尺，眾皆相顧失色。[2]

吳藹宸在事後聞悉，「陶、李、陳被捆後，陶等要求一見督辦，未允，遂各慷慨就刑。陶中一槍斃命，陳、李二人各中三槍，遺屍由花園後牆擲出，血濺牆上，淋漓可辨」[3]。

盛世才以「三人圖謀推翻現政府，顯有謀叛行為」為由，不經審判擅殺迪化政變三傑的消息，據艾莎說最先由他傳遞給黃慕松。「我找黃慕松將軍說了這一情況。他說：『這不可能！我不相信！沒有這樣的事，這是假的。』」我對他說：「這是在場親眼看到的人對我這麼說的。」[4]

盛世才翻手為雲，覆手為雨，陰險狠毒犯上作亂的一面，是儒雅謙和的黃慕松始料未及的。

---

1 張大軍：《新疆風暴七十年》，臺北：蘭溪出版社，一九八〇年，頁三二五四。
2 楊鐮主編《西域探險考察大系》之一，吳藹宸著《邊城蒙難記》，新疆人民出版社，二〇一〇年，頁九四—九五。
3 楊鐮主編《西域探險考察大系》之一，吳藹宸著《邊城蒙難記》，新疆人民出版社，二〇一〇年，頁九五。
4 《新疆通史》輔助項目：《艾莎自傳》，內部資料，頁三〇五。

據宮碧澄回憶：「黃慕松到新疆後，在陶明樾、李笑天、陳中等人的擁護下，臨時省政府主席劉文龍的恭順聽從下，艾沙、高長柱、楊秉離的四處拉攏下，無形中孤立了盛世才，並洩露了『四一二』政變的策畫內幕和盛世才的雄心意圖。盛世才為了維持他的既得利益，鞏固他的地位，遂槍殺了陶明樾、李笑天、陳中，並軟禁了黃慕松，使黃慕松獨處斗室不能越雷池一步，困守在宣慰使行轅，而與外人隔絕，與南京失去聯絡，時時有生命危險。」[1]

上述描述很容易讓人們穿越時空想起一九二八年七月七日，樊耀南歡宴槍殺楊增新，金樹仁再殺樊耀南，地點亦在省公署。

斯時，盛世才已撕掉偽裝，兇相畢露。突如其來的「二次政變」，打亂了南京國民政府的如意算盤，令汪兆銘、黃慕松等措手不及。

有人即時向黃慕松傳遞消息，抑或是受盛氏之託發出死亡威脅：「姓藤的一位政府要員警告黃慕松，由於您沒有給予積極的承諾，由此盛督辦決定捕殺您和代表團的其他成員，請您還是當心為重。聽了這話，黃慕松立即燒毀了手中的電文和密碼本。」[2]

誅殺「四一二」政變功臣，總要給出令人信服的理由。在這方面，盛世才是操縱高手。「此一事件爆發後，黃的處境更為困難，不惟自己難以收場，而且街頭巷閭謠傳黃慕松發動政變，黃氏助馬圖占領新疆，成立一個以日本勢力支持的新政權。」[3]這一無稽之談的出籠，意在轉移視線，編造殺人有理的藉口。

坊間一度盛傳黃慕松已被害。蔣介石在七月十二日的日記中憂心忡忡地寫道：「新疆生變，慕松久未來電。中央現擬派員前往核查，再行核辦。」[4]

蔣介石心中不安，汪精衛心急火燎。「為了黃慕松的安全，蔣介石急電汪精衛妥善處理，汪精衛一天召集我幾次，督促我急電盛世才不得對黃慕松有任何威嚇和危害。軍政部次長陳儀亦接見我，他說委員長的意思，叫我

1 宮碧澄：〈國民黨在新疆活動點滴〉，《新疆文史資料選輯》第五輯，新疆人民出版社，一九八〇年，頁五九－六〇。
2 《新疆通史》輔助項目：《艾莎自傳》，內部資料，頁三〇五。
3 張大軍：《新疆風暴七十年》，臺北：蘭溪出版社，一九八〇年，頁三二五四。
4 《蔣中正總統檔案事略稿本》，臺灣國史館，二〇一一年，頁三四一。

無論如何把黃慕松解救出來，至少應當恢復自由。言談之中，表示出如黃慕松有危險，似乎對我們也不利，還有用兵新疆的意思。」[1]

宮碧澄「同張鳳九（新疆省駐南京辦事處處長）聯名急電盛世才，叫他對黃慕松不要過於苛待，中央叫我來新疆解救作為交換條件。至於督辦等名義，等黃慕松回南京後即可發表」[2]。

盛世才乃軍中參謀長出生，膽大心細，棋局一步步都計算好了。「盛世才接到我們電後，黃慕松也得到了自由，與南京通電，可是盛世才一時還不放他。後來新疆無線電臺臺長黃海洲告訴我說，黃慕松當時打給南京許多電報都扣留了，這一次還是經過檢查才發出的。」[3]

這一次，蔣介石、汪精衛、黃慕松看走眼了，向為他們輕視的小小作戰科長，不料竟有如此謀略和能量。世間萬物，乃一物降一物。盛世才是聰明人，他知道斬殺來使對他沒有任何好處，更無助達到他的政治目的，相反，他還要善用黃慕松這個「高價人質」，待價而沽，交換條件簡單明瞭：新疆省邊防督辦。博弈之中，盛世才已占了上風。

既然黃慕松生命無虞，南京汪精衛和新疆盛世才各退一步，借梯下臺，預留後路。七月五日，國民黨中央致電黃慕松，因馬仲英已退，即日回京報告新情。

頗有意思的是，黃慕松六月十日抵迪化，直至七月十七日方召開所謂的「歡迎會」。「七月十七日，各族民眾聯合會，在江浙會館開歡迎黃宣慰使大會，隨黃同來與宴者，高長柱參謀、艾沙副官，黃、劉、盛皆有演說，互相推重。」[4]

「歡迎會」延期舉行，戲意濃濃。這意味著，黃慕松、劉文龍都不得不向盛世才「二次政變」妥協。陶、李、陳三烈士含冤於九泉之下，難以瞑目矣！

---

1 宮碧澄：〈國民黨在新疆活動點滴〉，《新疆文史資料選輯》第五輯，新疆人民出版社，一九八〇年，頁六〇—六一。
2 宮碧澄：〈國民黨在新疆活動點滴〉，《新疆文史資料選輯》第五輯，新疆人民出版社，一九八〇年，頁六一。
3 盛世才：《牧邊瑣憶》，《五十年政海風雲》，春秋雜誌社，一九六七年四月，頁七八。
4 宮碧澄：〈國民黨在新疆活動點滴〉，《新疆文史資料選輯》第五輯，新疆人民出版社，一九八〇年，頁六一。楊鐮主編《西域探險考察大系》之一，吳藹宸著《邊城蒙難記》，新疆人民出版社，二〇一〇年，頁八九。

具有諷刺意味的是，「歡迎會」剛剛開完，宣慰使即要候機返京。七月二十一日，黃慕松乘蔣介石派來的專機返京。

二十三日，蔣介石得到黃氏返京的消息，即致電：「聞兄已安返首都，至慰遠念。稍微息養，即盼赴牯一談。」夏日炎炎，蔣介石正在廬山牯牛嶺避暑。

為何蔣、汪對黃慕松的生死特別在意呢？在二十世紀三〇年代，黃慕松已是國內閱歷豐富、知識淵博、通曉日、俄、英、德、法等五國語言，瞭解現代軍事進步、具有國際視野的的軍事家。他的軍事才華已被人們公認，中外人士咸稱其為「學湛韜略，中西貫通」的軍事專家，被列民國四大軍事家之一，其餘三人分別是蔣百里[1]、白崇禧[2]、陳儀[3]。單就參謀本部職能而言，負責搜集軍事情報，制定作戰方案，管理軍官培訓，進行國防動員……在黃慕松身上，不只隱藏有多少軍事祕密及對日作戰要訣。中日交戰不可避免，未戰先損大將，與國家不利。

張大軍議論道：「黃之宣慰任務本係代表中央安撫亂局，卻未料情勢發展到了如此的地步。宣慰使署外面包圍著盛的軍隊，而且一事也難以發展，真是乘興而來鎩羽而歸，就是當時中央也未料到宣慰變成了陰謀的一樁怪事。」[4]

1 蔣百里（一八八二—一九三八），浙江海寧人，清末秀才。一九〇一年在日本陸軍士官學校留學。一九〇六年留學德國，回國先後任保定陸軍軍官學校校長及代理陸軍大學校長。一九一二年任保定陸軍軍官學校校長。一九一三年，任袁世凱總統府一等參議。一九三七年出版了軍事論著集《國防論》，為民國時期著名軍事理論家、軍事教育家。一九三八年十一月四日，蔣百里病逝於廣西宜山。

2 白崇禧（一八九三年三月十八日—一九六六年十二月二日），字健生，廣西桂林人，回族，阿拉伯名「烏默爾」，意義與「崇禧、健生」吻合。畢業於保定陸軍軍官學校第三期。一九一一年參加武昌起義，亦屬桂系首領，有「小諸葛」之稱。歷經北伐戰爭、抗日戰爭，指揮過諸多著名戰役。國民黨陸軍一級上將，民國國防部部長，逝於臺灣，安葬於臺北六張犁回民公墓。

3 陳儀（一八八三年五月三日—一九五〇年六月十八日），字公俠，自號退素，浙江紹興人。日本陸軍大學畢業，中華民國陸軍二級上將。第二次世界大戰結束後，曾任臺灣省行政長官兼臺灣省警備總司令部總司令，任內發生臺灣歷史悲劇「二二八」事件，為事件中最受爭議政治人物之一。一九四九年元月，陳儀嘗試策反京滬杭警備軍總司令湯恩伯投共。翌年四月，押解臺灣，囚禁於基隆。臺灣軍事法庭判處陳儀死刑。

4 張大軍：《新疆風暴七十年》，臺北：蘭溪出版社，一九八〇年，頁三二五四。

輿情鼎沸

黃慕松返回南京並赴廬山見蔣後，國民政府行政院即發表劉文龍為新疆省主席、盛世才為新疆督辦的任命。在七月三十日的日記中，蔣介石有些無奈地寫道：「惟黃慕松安回南京。新疆事略只好暫告一段落，亦只好以不了了之而已。」

行政院的任命案一經發表，輿情為之大譁。民國大凡有影響的報紙，大都為民辦，自譽為大眾的喉舌，持有獨立的政治立場。諸報對盛世才僭越行為大加討伐。試看北平、天津兩大報是如何發聲的：

> 中央對新事猶豫踟躕，綱紀失墜，擅殺官吏，監視使者，為中央威信不立之結果。——北平《晨報》七月二十日[1]

北平《晨報》點中了要害。

> 最近金走，劉、盛代，劉、盛皆為金之部屬，然盛世才出生於奉天之新軍。又曾供職於中央軍事委員會。才行經歷，共信其為有望之新軍人。其乃觀最近殺陳中等一案，輕以莫須有之罪名，殺國家有用之才，縱令確有嫌疑，亦應呈報政府，聽候發落，或驅之出境可矣，奈何專擅刑戮，嗜殺如是哉！吾人由此不幸事件，深感於新疆今日依然為楊增新餘毒所籠罩。中國今後甘於亡國則已，否則，有道德責任之人，故不能坐視境內有古代野蠻部落式之行政留存期間而不問也。——天津《大公報》[2]

1 張大軍：《新疆風暴七十年》，臺北：蘭溪出版社，一九八〇年，頁三二七〇。
2 張大軍：《新疆風暴七十年》，臺北：蘭溪出版社，一九八〇年，頁三二七〇。

此番高屋建瓴的社論，若出自《大公報》主筆張季鸞之手，表明盛世才的這位中國公學的老師，對目無國家觀念「新軍閥」的野蠻行為給予了不留情面的譴責。

嗜殺也好，野蠻也罷，通過兩次政變，盛世才得到了他想要的東西——權力。不過短短四年，盛世才即由上校參謀，一躍成為陸軍上將。

濫開殺戒，草菅人命，總歸為國法倫理所不容。盛世才雖然一時獲得了權力，但道德審判，司法追溯，將伴隨於生前身後。這杯自釀的苦酒，讓盛氏在其餘生中慢慢自斟自品吧！

面對媒體的討伐和質問，盛世才不得不一次次辯解。一九五六年，閒居臺北的盛世才在其所撰的《牧邊瑣憶》中寫道：「至彭昭賢先生所謂『黃慕松事敗遭軟禁』事，乃全係道聽塗說，並無其事。當時我對黃極誠懇，因為彼此均係日本陸軍大學前後期同學，他又係我的長官——當我在南京時，黃係南京軍官團副團長，我是軍官團歐洲戰史教官。蓋汪、黃雖然有政治錯誤，但地方當局，只得容忍。我曾到機場為黃送行。我對黃始終有禮貌，即所以維持中央政府的尊嚴。」

盛氏此言實否？在他經年相關的論述中有沒有留下破綻？

一九三八年迪化出版的《反帝戰線》（六卷六期）中，盛世才寫道：「黃氏本人係昔日舊同學，抵新後招待備至，不過從各方面感覺黃的態度不僅帶驕傲氣象，而且無誠意表示。」[1]

一九四二年六月，他曾對來疆的石油開採專家孫越琦等人發洩心頭的怨氣：「我第一次去迪化時，盛世才曾當著我和其他幾個人的面，大罵黃慕松。他說：『黃做新疆宣慰使，進行挑撥，使我與中央發生了隔閡，加上馬仲英圍攻迪化，不得已誤入歧途，投向了蘇聯。』」[2]

盛氏之話，半真半假，認真不得。盛世才一生都在用謊言為他的罪過辯護，只不過前後版本不一，邏輯混亂，辯誣不成，反而證明了自己的虛偽和欺詐本性。

對於黃慕松宣慰新疆事件，國民黨組織部長陳立夫在其晚年回憶錄中亦有自己的一套說法。

1 張大軍：《新疆風暴七十年》，臺北：蘭溪出版社，一九八〇年，頁三二四二頁。
2 《新疆文史資料選輯》第十四輯，新疆人民出版社，一九八四年四月，頁七七。

蔣委員長因此沒派我去，就另外派了一個人去，此人是盛世才的老師黃慕松先生，這位先生不太懂得政治。因為盛世才用自己的力量占據了新疆，是希望中央承認他，中央沒有派他希望的人去，反而派了他的老師去，這位老師卻又莫名其妙，在沒有去之前，新聞記者訪問他，他便發表了一段談話，題目是〈治新方針〉。盛世才是個多疑的人，他以為中央是派人去領導他的，他自己辛苦打下新疆，而中央卻派比他高的人去接收，自然不滿意了。我曾去找過這位盛世才的老師，告訴他盛世才本想要中央承認他，這篇談話會使盛以為，中央要派你去控制他。黃慕松說他沒有要去治理新疆，而是記者胡說，但是已不及更正矣。果然他去到新疆，盛就把他軟禁起來，好不容易，才放了他回來。[1]

話說回來，黃慕松被軟禁事件，看似為個人衝突，其實是非國民黨員盛世才個人與國民黨中央的對抗。盛世才在新疆的奪權行動，乃是一個人對一個組織的對決，儘管盛世才險勝，但使其背上了要脅黨國的負資產。

盛世才與黃慕松二人，雖先後畢業於日本陸軍大學，供職於國民政府營壘，但在政治傾向、文化底色和道德操守上，絕非一類人。西安事變發生後，盛、黃（黃慕松時任廣東省主席、保安司令）當時分掌新疆、廣東政權，盛氏要殺蔣自謀獨立，黃氏要保蔣維護國家統一，二人政治分野即見分曉。

歷史是一面鏡子，自能照出正與邪、是與非、功與罪。盛世才生前身後屢遭眾人追討，乃自作孽耳！黃慕松宣慰新疆是民國史中的大事件，輕用一個「鎩羽而歸」定論，不溯來龍，不知去脈，難免以偏概全。昔日因史料局限，黃慕松一度被新疆近代史誤讀。

國府再派大員赴疆

黃慕松於迪化脫險安返南京之後，國民黨中央只好履行諾言，批准新疆地方呈報的官員名單。八月一日，國民政府行政院明令盛世才為新疆邊防督辦，劉文龍為新疆省主席，張培元為省府委員兼伊犁屯墾史、新編第八師

1 陳立夫：《成敗之鑑：陳立夫自傳》，臺北：正中書局，一九九四年，頁二〇九－二一四。

師長。

按照法定程序，地方官員一經中央任命，必履行地方大員宣誓就職、中央大員出席監誓的程序。八月十六日，國府宣布委派司法兼外交部長羅文榦赴新視察，並做監誓人。

一九三三年九月二日，羅文榦乘飛機抵達迪化。迪化連日陰雨，氣溫微寒，城內到處泥濘不堪。因黃慕松宣慰失利在先，迪化的政治氛圍頗顯詭異。各界人士與中央大員接觸，無不瞻前顧後，小心翼翼。監誓儀式在盛世才的操縱下如期舉行。吳藹宸出席並記錄了宣誓典禮。

「九月七日上午十時，劉主席文龍、盛督辦世才行就職典禮，全城文武官員均在場觀禮，蘇聯領事館全體人員及女賓劉、盛兩夫人以下數人，亦均在旁觀禮。劉、盛舉手宣誓如儀，羅氏代表國府監誓，並致訓詞，劉、盛致答詞。外賓暨文武全體人員入席，濟濟蹌蹌盛極一時，席間賓主盡歡，開懷暢飲，多有酩酊大醉者。」[1]

我們把時針倒回是年的「四一二」政變前後，馬仲英率部圍困迪化，歸化軍團長巴平古特乘勢譁變，盛世才藉機反戈一擊，金樹仁落荒而走。繼而，新疆政壇的奪權秀連番上演，其劇情懸念迭起，一波三折，令觀者目不暇接。到了秋天，新疆政壇大位終於塵埃落定，動盪的局勢似乎要暫時平靜下來。這也許就是賓主所以酩酊大醉的原因吧。

宣誓畢，九月九日，羅文榦在一批新疆軍政官員陪同下，馬不停蹄地赴各地視察。赴吐魯番接見馬仲英，居間調停新疆各大政治勢力之間的矛盾，規勸盛、馬放下干戈，實現和解。

九月十七日，羅文榦又在吳藹宸、馬耀華陪同下，前往塔城、伊犁視察。十月十五日，羅文榦一行到達伊寧時，張培元遠郊相迎，禮遇頗隆。

羅文榦是何許人？中央為何偏偏派他來疆視察？除做監誓人外，他還夾藏著什麼不可告人的圖謀嗎？

羅文榦（一八八八－一九四一），字君（均）任，生於中國對外開放的最前沿廣州，自幼就有條件接受中西混合教育。一九〇四年，十六歲的羅文榦被送到英國牛津大學榮譽班讀書。除英文外，羅文榦還學習德文、拉丁文，尤對羅馬法、法制史感興趣。大學畢業後，他又進入英國著名的培養大律師的「內寺院」讀書。

1 吳藹宸：《邊城蒙難記》，新疆人民出版社，二〇一〇年，頁一一三。

羅文榦於宣統元年（一九〇九）回國，遂任廣東審判廳廳長。一九一一年參加清廷學部留學生考試，獲授法科進士。留學生和進士，兩項榮譽疊加，在政壇上為羅氏開闢了一條速升的通道。一九一二年，羅氏先任廣東都督府司法司司長，旋升任廣東高等檢察廳廳長。一九一三年，羅氏應聘北上，就任北京政府總檢察廳檢察長，開始在北京的政治舞臺上大展身手。

一九一五年，袁世凱做起了皇帝迷夢，指使其心腹組織「籌安會」鼓吹恢復帝制，由此引發朝野及南北政治大地震。贊成民主共和的代表上書肅政廳、總檢察廳，要求查辦復辟，以弭大患。羅文榦接獲呈文，秉承西方司法精神，欲依法審案，在「萬歲」頭上動土，不料遭到司法總長章宗祥[1]的駁斥。道不同不相為謀，羅氏遂寫了告假書，攜家眷飄然南歸。羅氏錚錚鐵骨，一時驚豔於紫禁城，人稱北京政壇上的「怪傑」。

袁世凱死後，羅文榦回京復職，並出任修訂法律館副總裁。一九一九年巴黎和會時，羅文榦以考察司法名義，前往歐洲，重入「內寺院」修完博士學業。復歸國，兼任北京大學、法官講習所法學教授，官員與學者一身二任，自命為「有職業而不靠政治吃飯」的自由主義知識分子。一九二一年十二月任司法部次長，成為法律界的權威和知名人士[2]。

袁氏一死，神壇無主，軍人干政風起。在槍桿子操弄下，北京政府頻繁更替。各屆內閣慕羅氏清名，皆請其出山撐起門面。於是，羅氏曾先後出任大理院院長、鹽務署署長兼幣制局總裁、財政部總長等要職。

民初內閣更換頻頻，其中有一個主要原因就是財政捉襟見肘，不得不向外抵押借款，涉嫌出賣國家主權，屢遭國民或政敵聲討。財政原非羅氏專長，但一屆內閣要正常運轉，必先籌措糧草，以解政府燃眉之急。羅氏向敢於任事，勇於擔當，遂在經手敏感的對外借款上留下把柄，後被政敵揪住善加利用，成為政爭的犧牲品，屢陷牢獄之災。羅文榦於問心無愧、萬千感慨之際，曾撰寫《獄中人語》一書，用於自嘲和反思，訴說民初好人政府的尷尬處境。

不過，汙濁的官場上雖少知己，但朗朗乾坤之下誰人不識君任？羅文榦每次被捕，每次又在正義之聲呼籲下

1 章宗祥（一八七九—一九六二），浙江人，日本東京帝國大學畢業。一九一二年後任袁世凱總統府祕書、法制局局長、大理院院長、司法總長等職。因向日大貴借款、簽訂眾多賣國條約而遭「漢奸」惡評。一九六二年逝於上海。

2 石建國：《羅文榦：〈三次入獄的外交總長〉，《世界知識》二〇〇八年第十四期，頁六〇。

被無罪釋放，於是清名遠播中外。

民初以來，羅文榦算是中央政府派赴新疆視察的最高官員之一。這位曾在英國牛津大學喝洋墨水、吃西餐的法學博士，衣著之普通，就像街頭一個落魄的秀才。除在正式的外交場合之外，羅氏向不著西裝革履，亦不說英語，卻頭戴瓜皮帽，縛帶綁腿，拖著布鞋，身上則是遍布油漬的大綢袍。遇到外賓到來，他就把一套嶄新的藍袍黑褂穿上，等接待儀式結束，又換回油漬麻花的長袍。崇尚儉樸，幾近寒酸，這一點兒，頗似已故新疆省長楊增新的抱樸之風。

民國初年，西風盛行，西方的燕尾服一度作為中國國會議員的禮服，羅文榦大不以為然，認為此舉是「不問吾國之絲綢，不審中外居處之不同，不知歐亞氣候之各異，不察硬領高帽之痛苦」。

羅氏不僅獨鍾中式服裝，也酷愛中國美食。與常人不同的是，其對衣食的嗜好是建立在深厚的傳統文化根基之上的。羅氏根據自己周遊多國的經驗，戲稱「一國的菜品好壞與該國歷史的長短成正比」。他認為，一國的飲食「也是先民經驗的累積，經過不斷改良才慢慢進步的」。因而歷史長的國家才會有好的菜肴，如家鄉色香味俱全的清淡粵菜。

法學博士羅文榦從衣食問題發散開去，立意於中國政治制度的改良上。他在《國聞週報》和《晨報》上撰文，一一羅列中外制度互鑑中的諸多問題。羅氏認為外國制度雖好，但不顧中外歷史沿革和社會條件，盲目抄襲是不行的。舉例說，科舉制本是世上最早最完善的官員選拔制度，選拔不問出身，大家公平競爭，有智力和能力者能通過考試做官，現在學習西方，貿然廢除科舉，改成了西方式一人一票的選舉，「百姓不知選權為何物，防弊之法，又不如外國之嚴」，許多沒有能力的地方惡紳通過操縱選舉當上了大官，造成民初官場的亂象。故羅氏說：「外國制度，其關乎政治法律經濟社會者，莫不循漸以進出於自然」，「制度之設立變遷，應以制度就人，不應以人就制度也」[1]。

羅文榦敬畏法律，痛恨以強權破壞制度之流，自然對盛世才未經審判而擅自殺人、軟禁中央宣慰使而要脅中央之舉深為厭惡。在汪精衛授意下，羅文榦在東疆北疆遊走兩月，鼓動三寸不爛之舌，唆使馬仲英、張培元聯

---

[1] 石建國：〈羅文榦：三次入獄的外交總長〉，《世界知識》二〇〇八年第十四期，頁六〇。

兵，東西夾擊盛世才，中央政府做其後盾。

權力是野心家最愛的東西，人人均想搶坐龍椅，不惜身家性命龍口奪珠。當羅文榦從塔城入俄境經遠東回國尚未到南京時，盛、馬、張大戰已經開打，新疆早已亂成一鍋粥。

羅文榦來了又走了，就實現新疆和平的公開目的而言，可以說是無功而返[1]。

羅文榦圖謀祕而不宣

國民政府派遣羅文榦做監誓人的背後，隱藏有什麼不可告人的祕密和沒有達到的目的嗎？可以這樣說，在《蔣介石日記》公開之前，似乎無人能解答這一問題。

蔣介石與羅文榦的關係，要從羅文榦出任南京國民政府外交部長說起。一九三〇年初，國家在內憂外患中掙扎。外患者，即日本軍人咄咄逼人，不斷挑起中日事端。如何處理中日關係，遂成為最為棘手的外交難題。

一九三一年的「九一八」事變，中國痛失三千里江山。一九三二年一月二十八日，日本又在上海製造了「一二八」事變。翌年，再將侵略鐵蹄踏入華北地區，製造了「榆關事件」。日本的每一次侵略行動，先造成社會危機，繼又演化為外交危機和政治危機。外交部長每每首當其衝，被置於火山口上。此時蔣介石、汪精衛奉行「攘外必先安內」的方針，把解決中日衝突的希望寄託在國聯調停上。羅文榦雖主張通過國聯解決中日問題，但他同時要求堅決抵抗日軍的侵略，並主張上海問題、華北問題，要連同東北問題一併解決。可歎的是，羅氏的強硬主張卻沒有實力做後盾，往往顯得虛張聲勢。

羅文榦名為外交部長，卻不是蔣介石外交決策的核心人物。在派系政治的夾縫中，勇於任事的羅文榦常被置於尷尬境地。一九三二年五月，羅文榦因不得不在喪權辱國的《淞滬停戰協定》上簽字，遭輿情撻伐，顏面掃地。一九三三年五月，中日雙方又祕密簽訂《塘沽停戰協定》。該協定變相承認日本占領東三省和熱河的「現

---

1 楊鐮主編《西域探險考察大系》之一，吳藹宸著《邊城蒙難記》，新疆人民出版社，二〇一〇年，頁一一三。

狀」。羅文榦落筆簽字後，心中羞愧自責，即向國民政府呈請辭職。蔣介石則出面極力挽留。

蔣介石心知肚明，簽署以上有損國家利益的屈辱協定，既非羅文榦本意，亦非自己真心，實乃弱國無外交也。不諳政事複雜曲折的學生們，不知政治即妥協藝術的知識精英們不幹了，或上街遊行抗議，或撰文罵政府軟弱無能。素有政聲的羅文榦，遂成了蔣介石、汪精衛等主政者的擋箭牌。羅文榦正是在背負外交黑鍋的背景下赴疆視察的。也許，蔣介石的如意算盤是，讓黨國一品大員羅文榦待遇不變，到新疆避避風頭（如欽差大臣林則徐），對這位不惜名聲為黨國領袖遮擋明槍暗箭的重臣，多少做一些心理補償和實際安慰。

國府選派羅文榦作為中央監誓人，這項人事安排亦有其合理之處。首先，新疆地處西陲，與蘇俄為鄰，在中亞設有五個領事館，外交恰是羅氏專長；其次，羅文榦在政壇歷練多年，為人正直，行事剛猛，手段靈活，能應付新疆複雜的局面，擺平人事糾紛；第三，自民初的楊增新到繼任的金樹仁，新疆政治有著濃厚的人治色彩，統治者的個人素質關乎新疆的社會進步，進而影響著新疆的穩定與安全。迪化政變因金樹仁徇私枉法而起，激化了民族、宗教、軍民、新舊派等各方面的矛盾，而對症之方即是依法治疆、天下為公，羅文榦恰是中國頂尖的法律專家。

羅文榦視察新疆的決定一經公布，獨立的輿情似乎並不買帳，即提出強烈質疑：

> 數日以前，中央政治會議，議決派外交部長兼司法部長羅文榦巡視新疆。幾月來，羅文榦之應去而不去，已成為公開之祕密。然政府對於戀棧官吏，豈竟無術以臨之！而必假以出巡之名，且假以出巡新疆之名！[1]

評論所說「應去而不去」，正是要羅文平為淞滬、塘沽停戰協定的簽訂負責。質疑羅文榦出巡新疆的合法性，亦在情理之中。不過，說羅文榦是戀棧的官吏，實屬不知情的妄議。評論又說：

1　吳坤吾：〈羅文榦出巡新疆〉，《時代公論》一九三三年二月（七十四期），頁二四。

新疆之須派大員巡視，自黃慕松被脅歸來，馬仲英與盛世才調和後，已無此必要，縱令有之，亦應派碩德眾望與黨國有深切關係之人……羅果前往，徒惹起邊民輕視中央大員之心，萬一語言不慎，又令紛擾甫定之新疆，另生他種事變，是更為因小失大也。[1]

總之，論者認為羅文榦信譽不彰，不適合出巡新疆，弄不好會適得其反。事後證明，此論可謂一語成讖。問題在於，蔣介石為何不顧輿情壓力，執意要選擇羅氏視察新疆呢？其中有何隱情？

讀者不妨細細揣摩一番：當時能議決派遣羅氏這位中央大員赴疆者，僅有汪精衛、蔣介石二人。可惜的是，當事人羅文榦一九四一年歿於樂昌；汪精衛一九四四年死於日本，蔣介石一九七五年逝於臺灣。人走了，祕密隨之灰飛煙滅，此乃人間常態。

好在蔣介石生前有寫日記的習慣，事無巨細，筆筆記錄。蔣氏日記公開後，這樁懸案便水落石出。且看當時蔣氏如何記載此事：

電汪兆銘商新疆省主席人選。曰，有（二十五日）電悉。慕松主新，弟甚贊成。惟此時是否太早？似宜徵其本人同意何如。

軍事方面，設軍委會與依照戰時編制名稱，弟均贊成。或以君任（羅文榦）主新，是否相宜。果於新疆內部不生枝節，彼自願往。則慕松另以名義，當不成問題。如何，請裁核。[2]

蔣電有虛有實。虛者，「甚贊同」、「均贊成」、「請裁核」，或以婉轉的口吻表達，「是否」、「何如」，以示尊重。而實者，即有不同意見：一曰操之太急；二曰人選不當。而羅文榦會不會屈就新疆省主席，前提是「果於新疆內部不生枝節，彼自願往」。至於蔣介石為何舉薦羅文榦，而非黃慕松，就另有隱情了。

1 吳坤吾：〈羅文榦出巡新疆〉，《時代公論》一九三三年二月（七十四期），頁二四。
2 《蔣中正總統檔案事略稿本》，《蔣介石日記》，一九三三年六月二十八日，臺灣國史館，二〇一一年。

蔣介石日記揭開了羅文榦赴疆一事的謎底，使民國新疆史的這段公案有了新的意涵。羅文榦所以未如願以償出任新疆省主席，全因中央政府無力拔掉盛世才這顆釘子。羅文榦赴疆期間，將政治意圖深藏不露，使盛世才得勢後一直誤以為黃慕松要奪他的權，而黃慕松一直矢口否認。今天從《蔣介石日記》中看，黃氏所言據實。此外，蔣介石之所以舉薦羅文榦，另行安排黃慕松，都與中日關係演變有關。

在國家多難之秋，羅文榦在政治上連連受挫，於是心灰意冷，離職返京後繼續請辭外交部長，至十二月二日終於如願。一九三四年十月，羅氏又辭去司法部長職，從此脫開了紛擾的政治舞臺。抗戰爆發後，羅文榦復出政壇，只擔任一些象徵性的職務，如國防參政會議員、第一屆國民參政會參政員等。一九三八年，羅氏受聘為西南聯合大學教授，為學生講授中國法制史。羅氏做事一向認真，他對當時的教材不甚滿意，認為中國法制史應當有更系統和完整的中國式解讀，於是計畫重編一部中國法制史。

作為當時中國法學界的頂尖人物，在法律繼受的問題上，羅氏主張學習西洋法學家對待古希臘羅馬法律的態度和方法：先是「注疏」解釋，繼而以「理性的研究」分析其合理與否，再以「歷史的尋源」判斷其是否符合本國國情，最後以「進化的探討」以求其如何適合現狀。羅文榦告訴國人，中國政治改良須循序漸進，與建羅馬之說異曲同工。

可惜時妒英才，天不假年，未及完成，大限已至。一九四一年十月，亦即在第二次世界大戰爆發前兩月，羅氏在缺醫少藥的粵北山區樂昌病逝，享年僅五十三歲[1]。

當時的報紙形容羅氏「土豪姿態、剛強性格、寂寞死去」。亂世向無是非，姑妄聽之。筆者倒願意這樣評價羅氏：西學應用不忘國學根本，高居廟堂而有平民做派，痛恨內亂為國忍辱負重，憂憤國難至死難以瞑目。

不過，隨著蔣氏日記公開，令那一段塵封已久的隱祕曝光於世，後人在恍然大悟之中，不免會泛起對羅文榦「內定的新疆省主席」，將如何依法治疆的無限遐想。

[1] 石建國：〈羅文榦：三次入獄的外交總長〉，《世界知識》二〇〇八年第十四期，頁六一。

遠征新疆計畫

外交部長羅文榦巡視新疆時，吳藹宸被任命為外交部駐新疆特派員。羅文榦在吳氏並陪同下，視察了塔城、伊犁。本計畫接著巡視喀什、和田等地，因南疆陷入戰亂未能成行。

吳藹宸將旅行經歷一一寫入《新疆紀遊》中。他在結尾中寫道：「此番陪同羅氏巡視伊、塔，為時一月，所得印象良多，余為新省大局計，不惜委婉解釋，反覆討論，但不知羅氏返京後，中央究將採取何種策略，以解決新疆問題也。」[1]

中央對新疆政策，是戰是和？是剿是撫？面對中央大員的諱莫如深，吳藹宸隱隱為新疆的未來擔憂。

國民黨內派系林立，政見各異，對盛世才政府自然看法不一。國民黨人在新疆苦心經營的勝利成果，眼睜睜被非黨人士盛世才用武力竊取，槍殺政變功臣，軟禁中央大員，排擠中央在新人員，在某些國府高層官員眼中，盛世才簡直是離經叛道，蔑視國法，挑釁中央，是可忍，孰不可忍！在國民黨內部，主張以軍事手段解決新疆問題者，大有人在，尤以桂系代表人物黃紹竑、白崇禧等人最為積極。

黃紹竑（一八九五－一九六六），字季寬，廣西容縣人。辛亥革命時，參加廣西學生軍反清敢死隊。一九一六年畢業於保定陸軍軍官學校第三期步兵科。黃紹竑在戰火中成長晉級，從桂軍模範營少尉排長，一直晉升為討陸（榮廷）西路軍總指揮，成為赫赫有名的北伐名將。一九二七年後歷任廣西省政府主席兼留桂軍軍長。一九三一年春，黃紹竑出任國民政府內政部長。

一九三三年，因蘇聯策動在蒙古興起了民族自治運動。是年十一月上旬，黃紹竑攜蒙藏委員會副委員長趙丕廉一行巡視蒙古，在百靈廟就蒙古自治問題與蒙古王公進行談判。由於雙方意見相差甚遠，談判一度陷於僵局。黃軟硬兼施，堅守底線，終於打破談判僵局，雙方達成了不損害國家統一的自治協議。

左宗棠曾云：新疆、蒙古指臂相連，安危攸關。內政部長黃紹竑甚解其意，雖身在蒙古，心卻緊繫著新疆。

---

1 楊鐮主編《西域探險考察大系》之一，吳藹宸著《邊城蒙難記》，新疆人民出版社，二〇一〇年，頁一三二。

他在《五十回憶》一書中寫道：「在綏遠與斯文・赫定晤談新疆的情形，並讀了他的著述，使我對新疆的地理形勢與經濟價值，增加許多知識。有鑑於內蒙的民族問題之複雜，新疆的漢回糾紛，更加嚴重。」[1]

眼睜睜看著盛世才政府一步步脫離中央，滑向蘇聯，東北淪陷、蒙古自治的悲劇正在上演，黃紹竑認為必須用武力收復新疆，刻不容緩！「我就做成報告及簡單計畫，派陶鈞同志帶赴南昌，面呈蔣先生，當蒙採納。」[2]

黃紹竑自告奮勇、主動擔當的精神，可圈可點。黃紹竑首先否定了白崇禧遠征新疆的計畫。「我以為白健生的帶兵五萬赴新疆的計畫，是不易辦到的。五萬大軍在長達二千公里的荒漠上長途進軍，需要極大的設備和極長的時間。而且沿途給養，如糧食、飲水、燃料等之補給，以及宿營之設備，都是非常困難的事情。」

軍事委員會批准了黃紹竑提出的遠征新疆的祕密計畫：「二十三年（一九三四）一月間，我將經營新疆的理由，以及計畫概要，報呈蔣先生，並提出行政院會議，請撥款一千五百萬元做籌備經費，皆蒙核准通過。為保守祕密便利行動起見，並不發表何種名義，而是由我負責暗中進行。」

黃氏計畫要點，乃在建立一支人員精幹、裝備精良、機動靈活的機械化部隊。部員由五萬人縮減至一點五萬人。

「全部官兵約一萬五千人，每人平均體重大約一百四十五磅，攜帶械彈裝具四十五磅，共為一百九十磅。全體官兵重量，約共一百八十五萬磅。如用三點五噸的載重卡車，每輛平均為七千磅，則用汽車四百零七輛，一次可以輸送完畢。」

這就是說，至少用四百零七輛載重卡車，可一次性將一萬五千的參戰部隊投送新疆，形成有效戰鬥力，取得戰略、戰役主動權。

黃紹竑計畫購置各種汽車六百五十輛，用途分配見下表：單位：（輛）

1 黃紹竑：《五十回憶》（上冊），風雲出版社，一九四五年，頁二八六。
2 黃紹竑：《五十回憶》（上冊），風雲出版社，一九四五年，頁二八六。

功能	數量	用途
指揮車	四十	專供各級首長通信聯絡乘用。
炊事車	二十	每輛裝燃氣鍋灶六個，每小時可煮飯一次，足可供八百人食用，可滿足全軍之需。柴油可以作燃料。
修理車	二十	修理技師隨軍。
醫療車	二十	醫護人員隨軍。
裝甲車	五十	裝甲兵技師隨軍。
運兵車	四百	駕駛員千餘名。
補給車	一百	用於後勤保障。

黃紹竑就讀保定軍官學校時，其兵學教材主要效法日德。他十分內行地評價道，這種編制和數量，雖然已接近現代摩托化師的水準，但火炮、汽車數量尚相差很遠。按照國際標準，一支現代摩托化師，官兵約一萬六千人，攜帶各種槍支一萬五千餘支，各種大炮二百三十餘門，所需各種汽車二千七百餘輛。擬組建的新疆遠征軍，人數雖達到了，但火炮、汽車數量則大打折扣。原因顯然受到國內工業水準和外匯儲備的約束。

財政部長孔祥熙出面協調，介紹黃紹竑與美國汽車廠家直接聯繫，據稱價格低於市價三分之一，三個月內可在上海全數交貨。為此，美國廠商在上海楊浦建設了一家特製汽車裝備廠。

軍車未動，油料先行。現代摩托化部隊是「油老虎」，而汽油中國尚不能自產，須從沿海港口大量進口，方能滿足軍需。黃紹竑算了一筆細帳：「由綏遠至迪化約二千公里，最低限度，準備八千公里的油料，方可供來回兩次使用。按每輛車消耗一加侖／十公里計算，每輛車需汽油八千加侖，六百五十輛車共需汽油五十二萬加侖，以及配備部分潤滑油。」

如此巨量的汽油，若用汽車運輸，如驢馬馱草，徒增自耗，五十二萬加侖還不足夠。於是決定先用畜力和人力運至沿途各站，先行儲備。所謂畜力，主要是駱駝，每峰駱駝可馱負三百斤，相當於五十加侖，因此，單單運輸十萬加侖汽油（僅占總運量的五分之一），就需要駱駝二千峰。黃紹竑幾乎徵用了新綏線（迪化—呼和浩特）上所有的駱駝。

汽油依賴進口，運輸依靠駱駝，這是中國積貧積弱的一個縮影。這也是日本軍人敢於肆無忌憚侵華的原因所在。

在洽購汽車、運輸油料的同時，黃紹竑著手在北平、晉綏地區招考青年千餘人，做駕駛特別訓練。黃紹竑又派出先遣隊，做行軍路線與地形的偵查。考察項目包括：路況、氣候（早晚溫差、寒暑溫度變化）、地形（山脈、河流、草原、沙漠、戈壁）、風沙、水井、宿營地、村莊、民情等等。

內地通往新疆省迪化，有南北兩條線路。南路為以前官道，由西安－蘭州－肅州－玉門關－安西－哈密－七角井－鄯善－吐魯番，而達迪化。此路亦即左宗棠西征新疆所走路線，特點是人口稠密，氣候溫和，物資豐富。北路為綏新間駱駝運輸之道，由歸綏－武川百靈廟－陰山北麓草原，經三德廟轉入寧夏北部阿拉善旗與額濟納旗間的草原地帶，而至居延海－經稅山口－哈密北－木壘－奇臺－阜康－迪化。此路人煙稀少，物資缺乏，氣候寒冷。「我為軍事考慮，決定兩路兼用。」[1]

此時的黃紹竑雖雄心萬丈，確是一個光桿司令，手下沒有一兵一卒，調動軍隊須請示軍事委員會委員長蔣介石，所需炮兵由閻錫山調撥，步兵從駐紮於蘭州附近的胡宗南部抽調。

北平、綏遠之事籌備完畢後，黃紹竑經西安飛往蘭州，會見甘肅省主席朱紹良、第一軍軍長胡宗南。黃氏抵蘭主要有兩個目的：一是與朱紹良協商後勤保障，一是與胡宗南協商徵用部隊。之後，黃紹竑赴青海會見馬步芳。黃紹竑在蘭州幽居半月，祕密做遠征新疆的最後準備。

忽於一日，黃紹竑接到蔣介石電報，明令遠征新疆計畫停止執行，並命其速返南京。「我奉到這個電報，宛如晴天霹靂，突如其來，惶惑懊喪，莫可名狀！」[2]至於為何要取消遠征新疆的計畫，黃氏不得其解，如鯁在喉，卻無處查問。

百無聊賴之際，一闋〈浪淘沙〉偶吟而慨之：

行不得哥哥，徒喚奈何！殘春況值客邊過，隔院鵠啼庭院冷，愁比花多。歲月苦蹉跎，萬里奔波，不因阻

1 黃紹竑：《五十回憶》（上冊），風雲出版社，一九四五年，頁二九一。
2 黃紹竑：《五十回憶》（上冊），風雲出版社，一九四五年，頁二九一。

隔便情疏。引頸長空西北望，天際黃河。[1]

黃紹竑將其半載以來興奮、辛苦、困惑、無奈、不解、牢騷，統統填入詞中，以抒心中鬱悶。黃紹竑回到南京後，方知實情，「蘇聯的志願軍隊，已開抵新疆邊界」。而引狼入室者，正是他要圍剿的西域梟雄盛世才也。

沙俄一向視新疆為其禁臠，蘇聯政府繼其衣缽，狡詐多變。蔣介石投鼠忌器，戒急用忍。是時，中日之戰已箭在弦上，中東路的魯莽後果前鑑不遠，一意進兵，恐怕引起中蘇之間的軍事衝突。兩線作戰，兵家大忌。明算不如暗算，國民政府的汽車輪子，終究沒有賽過蘇聯的飛機翅膀。

伐疆勝算幾何？

蘇聯的軍事介入，令黃紹竑遠征新疆的計畫打了水漂。心灰意冷之際，他遂向國民政府告假三月，返回廣西休養。然而，家鄉亦非世外桃源，兩廣軍政界與南京政府素懷貳志，暗暗與南京政府分庭抗禮。黃紹竑即成為他們拉攏的對象。

對此，蔣介石尤存戒心。「蔣先生電促我銷假回京，乃仍攜眷北上，在廬山住了二個多月。身閒無事，整日徜徉於山水之間，宛如置身世外桃源，幾忘人間喪亂矣。」[2]

關於黃紹竑計畫遠征新疆一事，國民黨元老陳立夫晚年曾有過披露，道出了盛世才與汪精衛和「桂系」的恩恩怨怨。

後來廣西的黃紹竑和白崇禧有野心，他們和汪精衛勾結起來，想密謀奪取新疆。那時黃紹竑曾打電話給盛

1 黃紹竑：《五十回憶》（上冊），風雲出版社，一九四五年，頁二九三。
2 黃紹竑：《五十回憶》（上冊），風雲出版社，一九四五年，頁二九四。

世才屬下一個軍長張培元，想拉攏這位軍長推翻盛世才，但是這個電報被盛世才拿到了，汪精衛和「桂系」一派的陰謀被發現後，盛世才對中央就很不滿意。那時我曉得這種情形，而蔣委員長適在江西剿匪，盛某和汪某的關係弄僵了，於是盛世才想獨立，我就到江西去見蔣委員長，告訴他新疆情況很壞，蔣委員長乃派了一重要人物帶封親筆信到新疆去安撫他，才把新疆情勢穩定下來。

平心而論，黃紹竑勞師遠征伐疆之舉，除志宏費巨外，卻未必握有勝算。原因有六：首先，其對手盛世才，絕非等閒之輩，其在新疆身經百戰，熟悉地形、民情、戰術，加之其百戰百勝的戰績，以逸待勞，得經驗、民心之利。其二說兵力，遠征軍伐疆，戰線長達數千里，兵員、物資補給困難，一旦陷入持久戰，便喪失戰場主導權，由機動變為被動。三說地形，沙洲至哈密間的八百里瀚海，平坦無垠中亦有溝溝坎坎，不利汽車通行。何況戈壁荒野無遮無攔，無村寨，無水源，盛世才稱瀚海「可抵擋十萬大軍」。四說外交，倘若蘇聯為保護其在疆戰略利益，出動所謂志願兵支援盛軍，蘇軍掌握空軍優勢，八百里瀚海很可能成為遠征車隊的葬身之地。五說人心，盛世才與南京政府之間是權力之爭，本不關老百姓利益，盛世才在新疆建立了一定威望，遠征軍出師無名，不一定能贏得民心。六說策應，馬仲英、張培元兩部名義上歸國府軍委會領導，但彼此心懷異志，能否聽從黃紹竑調遣，尚待證明。若馬、張兩部事前已被盛世才、蘇軍肅清，疆內一旦沒有形成東西夾擊之勢的策應力量，遠征軍孤軍奮戰，獲勝機會渺茫，即使僥倖獲勝，亦只能是慘勝！

戰爭是政治的最終手段，唯有戰場上的勝利者，方能成為政治制度的主導者。用今天的眼光看那場密謀的戰爭計畫，若以防止蘇聯吞併新疆國土為出發點，尚有正義可言。舍此而言戰，從性質上說是一場典型的內戰。戰爭無可避免地會使城鄉毀滅，生靈塗炭，田畝荒蕪，百姓流離失所，徒增民族仇恨，這樣的戰爭結局，獲勝又有何意義？

邊疆安危，牽動全域。邊疆慎武，古今箴言哉！

第三章

引線

傾斜的新疆

黃慕松回到南京不久，即著手撰寫《新疆概述》一書。該書共分二十一章，分述新疆之行政、軍事、財政、邊防、外交、民族、宗教、教育、實業、交通、移民、建省、道路、里程、建設計畫等。該書的部分資料由新疆省政府提供，由參謀本部通過行政院向新疆省政府索取[1]。

黃慕松認為，新疆發展離不開兩個軸心：對蘇友好外交和中央指導輔助。整理新疆，須先由調整外交入手，如外交有辦法則內部之建設始可逐步推行，如整頓財政、改善吏治、訓練軍隊、促進文化等等，均非由中央指導輔助不可。

新疆國防、外交、建設離不開中央支援，無論誰主政新疆，都須循規蹈矩。

一九三四年四月二十九日，李溶、盛世才分別以新疆省代主席、邊防督辦名義致電行政院，呈請中央緊急撥付二百萬元現洋，用於圍剿叛匪和平定南疆政局，並承諾「俟賊匪肅清、秩序恢復，至遲不過三四年之間，即可將上項款項如數歸還」[2]。

---

1 苗普生、馬振犢主編《民國時期新疆檔案彙編（一九二八—一九四九）》第二十一冊，南京：鳳凰出版社，二〇一五年，頁一二五。

2 同上，頁七八—八〇。

一九三四年九月三日，李溶、盛世才再向中央行政院申請救濟款。電文由「老秀才」李溶親自操刀：「新省滿目瘡痍，需費挹注，懇乞籌撥現款俾資救濟，並附報告書縷陳軍政情形，祈賜鑑核一案。」[1]新疆省政府此次向中央借款的目的，是要治理禍害新疆已久的通貨膨脹。

本府於本月一日，經省委會決定整理辦法，擬即發行新幣，以收回舊幣，惟發行新幣，苟無相當準備金，則無以維信用而資流通，決議請由中央借發現金或中央銀行鈔票一千四百四十萬元，以備開設匯兌之處。此項借款，無須一次撥發，按照情形，應分四期，自本年八月起，每六個月為一期，每期請撥發三百六十萬元，以資接濟。[2]

以上檔案，是盛世才執政初期中央與新疆互動的信證。新疆在經濟上依賴於中央（無論北洋或南京）的關係，延續了前清的脈絡，其軌道非個人意願所能改變。

從國際關係大局出發，蔣介石及時終結了黃紹竑遠征新疆的軍事計畫，但並沒有放棄爭取新疆內附的努力。就在新疆省政府向中央提出借款申請的當月，即一九三四年九月二十六日，駐錫江西廬山牯牛嶺的蔣介石給盛世才發了一份〈妥慎處理新疆事務〉的長電，告誡盛氏治新方針要緊靠中央，不要鬧獨立。發展對俄關係是必要的，「然必須為中國為中央而和俄，決不可為蘇俄而和俄，尤不可採取緊閉後門大開前門之政策」[3]。

蔣介石還語重心長地寫道：「無論為國家為個人計，均必力循此軌，乃為最安全之長策，不然，行見內外交通，禍患之來，誤國自誤，將有不堪設想者。希望你成為班超、左宗棠，集大勳於邊陲，作黨國之長城。」[4]蔣介石所說的循規，即規勸盛世才要愛國，不要叛國，更不要賣疆。

1 同上，頁四六〇。
2 苗普生、馬振犢主編《民國時期新疆檔案彙編（一九二八—一九四九）》第二十一冊，南京：鳳凰出版社，二〇一五年，頁四七〇。
3 秦孝儀主編《「總統」蔣公思想言論總集》卷三十七，別錄，一九八四年，頁一〇五—一〇七。
4 秦孝儀主編《「總統」蔣公思想言論總集》卷三十七，別錄，一九八四年，頁一〇五—一〇七。

苦口婆心的規勸是必要的，但中央控制和嘉靖新疆，要拿出真金白銀，方能安撫邊圉，使民眾歸心。也許，在國民黨某些中央大員眼中，盛世才為強盜，而給強盜借錢，豈不令天下人恥笑？國民黨不承認盛世才，但不能不要新疆，懲罰之策只能使盛世才與中央政府更加疏遠。

為了國家整體利益，汪精衛亦幾次試圖緩和或挽回與盛世才的關係。

據宮碧澄證實：「汪精衛幾次找我，說中央對新疆地方極為關切，外間謠傳種種，都是無稽之談。叫我轉告盛世才好好治理地方，有任何困難中央可以盡力設法補助。可是盛世才根本不理。」[1]

在國際地緣政治大格局中，地處中亞腹地的新疆猶如圍棋盤中的一個活眼，始終牽動著對弈雙方的神經。作為蘇俄的後門，新疆的治亂事亦關其國家安全。

在對新疆多種政治勢力反覆考量後，蘇聯政府終於選定了新疆代理人，天平即向盛世才一方傾斜。蘇聯政府相信，只要牢牢控制住盛世才，就可避免未來在東西兩面與日德同時作戰的不利局面。

一九三五年十一月一日，汪精衛在南京國民黨中央黨部大樓前合影時被刺客擊傷，遂辭去國民政府行政院院長兼外交部長各職，蔣介石接任行政院長。行政院下設蒙藏委員會，由黃慕松出任委員長，執掌邊疆政策和事務。蔣介石主持行政院後，試圖恢復與新疆政府的關係，把盛世才從親蘇立場中拉回來。

宮碧澄成為蔣介石與盛世才政府之間的聯絡人。據宮回憶：「行政院祕書長找過我幾次，叫我發電給盛世才和李溶（我在新疆小學與他有師生關係），說蔣先生對邊疆很重視，對新疆更關切，中央離新疆遠，有照顧不周的地方，或有任何困難，希望他們提出，中央願意大力扶持地方，新疆省政府局部可以改組，更換財政和建設廳長，派中央銀行去新疆設分行，加強地方經濟力量，繁榮地方工商業，叫華僑到新疆去投資，大量開發資源。可是在我的電報去後，竟如石沉大海。後來我接到李溶的一個電報和一封信，只說他們很希望我回家鄉去，別的都沒有提。」[2]

與財政捉襟見肘的南京國民政府相比，蘇聯政府有錢、有實力，而盛世才政府所以能在新疆立足，除軍事

1 宮碧澄：〈國民黨在新疆活動點滴〉，《新疆文史資料選輯》第五輯，新疆人民出版社，一九八〇年，頁六七。
2 宮碧澄：〈國民黨在新疆活動點滴〉，《新疆文史資料選輯》第五輯，新疆人民出版社，一九八〇年，頁六七—六八。

上得到蘇聯支援外，經濟上亦得到蘇聯的大量援助。在相當長的一段時間裡，中央政府與盛世才的關係冷若冰霜，與蘇聯關係卻火熱如夏。

據參謀本部次長黃慕松獲取的情報，在軍事上，蘇聯在新疆軍隊、軍校中派駐軍事顧問，改日式訓練為俄式操練，採用俄式教材和裝備；在保安上，保安局長為俄籍，控制情治系統；在財政上「全省每年預算決算，及賦稅的增減，似全在顧問一人之手，所有議案及收支單據，未經顧問簽字，不生效力」[1]。

盛世才是現實的，因為遠水解不了近渴。盛世才是無奈的，因為離開蘇聯援助就無法維持政權。然而，蘇聯的援助是以控制為目的的，飲鴆止渴，受制於人。「更換財政和建設廳長，派中央銀行去新疆設分行」，盛世才豈能做主？這也是盛世才對中央政府釋放的善意避而不答的原因。

蔣介石急於經略新疆的目的，可視為國家應對日本侵華戰爭持久戰略的有機組成部分。

校長與學生

一九三七年「七七」事變爆發後，蔣介石發表廬山講話，號召國民地不分南北，人不分老幼，人人負有抗戰之責。一度遠避政治的「山中宰相」李根源，此時亦走出蘇州小王山，為抗戰四處奔走。

李根源（一八九八－一九六五），字雪生，雲南騰衝人。李根源十九歲時考中秀才，自此走出崇山峻嶺，到省會昆明接受新式教育。一九〇四年，因學業優異，被當局保送進入日本陸軍士官學校。一九〇五年，李根源在日本加入同盟會。一九〇九年，李根源出任雲南講武堂[2]監督兼步兵科教官，旋升為總辦。

在一九一五年的討袁護法戰爭中，李根源移師廣東，擔任駐粵滇軍總司令兼攝滇軍第四師師長，督辦粵贛湘邊防軍務，翌年，授陸軍上將銜，一等文虎章[3]。

1 沈雲龍主編《近代中國史料叢刊續編第四六輯》，黃慕松著《新疆概述》，文海出版有限公司，一九七七年，頁一－五。

2 雲南陸軍講武堂是中國近代一所著名軍事院校，「黃埔軍校的搖籃」，開辦於一九〇九年。與創辦於一九〇六年的北洋講武堂（天津）和創辦於一九〇八年的東北講武堂（奉天）並稱三大講武堂。

3 李根源：《雪生年錄》，文海出版社，頁一三九－一四〇。

一九一六年，袁世凱在一片討伐聲中死於尿毒症。一九一七年李根源出任陝西省省長。繼而任北洋政府航空督辦，農工商總長，兼署國務總理，成為民國時期雲南籍人士在中央政府中任職最高的人。

一九一八年，李根源在駐防粵贛湘交界地區創辦了雲南講武堂韶關分校，即韶州講武堂，向全國招生，第一期錄取學員三百四十七人。民國八年（一九一九），韶州講武堂招收第二期學員。六月十日公布了五百一十二人新生名錄，盛世才榜上有名：「盛世才，晉庸，遼寧開源。」[1]

盛世才雖出生於遼寧，但中學畢業後即到上海公學學習政治經濟學，一九一七年赴日本東京明治大學[2]讀政治經濟學。肄業回國後，盛世才考入雲南講武堂韶關分校，投筆從戎。他與李根源的師生關係由此確立。

一九二三年，四十四歲的李根源因反對北洋系軍閥曹錕賄選總統，遽然退出政壇，隱居蘇州。他躲進蘇州小王山，種樹植草，並在漫山遍野的松海中築一瓦屋，名曰「小隆中」。

李根源雖下野躬耕，但小王山中並不寂寞，民國高官、國民黨元老、要人、名人等來來往往，熱鬧非凡。像黎元洪、于右任、李烈鈞、章太炎、葉恭綽、孫光庭（李根源的老師）、邵元沖、張繼、戴戟、張大千、蔡鍔、林虎、張維翰、鄭孝胥、沈鈞儒、程潛等，都先後來到小王山，留詞題詩。這麼多大名鼎鼎的人物接踵遝來，當地百姓感歎之餘，戲稱李根源為「山中宰相」。

有學者為李根源的前半生定論，自成一家之言：

> 李根源者，縱橫家也。戰非能將，治非能臣。有霸心而無霸才，故遜於唐繼堯一等。有戰略而無戰術，故遜於蔡鍔二等。然以一介通天下，聲名不逛，身家不損，遠非顧品珍諸同志可及也。且其良心甚熱，致力國家，提攜後進，修研卷帙，珍重性情，則為亂世之君子無疑也。代署國務總理，亦非忝矣。[3]

---

1 李根源：《曲石文錄》，一九三二年，頁六五—七二。

2 明治大學是本部設在日本東京都千代田區的知名私立大學。其前身是一八八一年岸本辰雄、宮城浩　、矢代操，設立的明治法律學校。一九二〇年改稱明治大學。一九四九年的學制改革，該校隨之成為新制大學。

3 謝本書、李成森：《民國元老：李根源傳》，雲南教育出版社，一九九九年，頁三五四—三五七。

李根源上天山

盛世才悉知校長出山後，鑑於李根源巨大的社會影響力和廣泛的人脈關係，連發數電邀請校長赴新協助抗戰。「國民政府軍事委員會委員長蔣介石獲知資訊後，即委李根源為軍事委員會參議官，以便於在新疆開展工作。」[1]

蔣介石為取得新疆控制權，保障邊疆領土安全，降服盛世才，可謂煞費苦心。

一九三七年十二月二十一日，李根源在長沙訪問程潛[2]時，巧遇中華職業教育社的黃炎培[3]。黃炎培「聞李應新疆督辦盛世才的邀請將赴新，乃勸李向盛建議三事：一日軍正自包頭進兵寧夏，威脅馬家軍，盛宜以國家民族利益為重，不分畛域，為馬之後盾；二盛在新和蘇聯關係密切，並應請蘇聯亦為馬之後盾；三中共和寧馬之間的關係，盛亦闔力調解」[4]。

黃氏三項建議，立足於蒙寧新互相拱衛的地理形勢，內含有國民地不分南北，人不分老幼，人人負有抗戰之責的勸誡，亦反映出盛世才時下的政治傾向：親蘇、聯共、仇馬，與國民政府反蘇、限共、用馬政策格格不入。在蔣介石眼裡，盛世才不聽中央調遣，私交蘇俄，私訂密約。蔣介石禮請李根源上天山，自有勸誡盛世才，配合中央政府統一部署之意。從民族抗日大義計，李根源上天山義無反顧。

李根源赴新疆襄助盛世才抗戰之舉，得到了時任湖南省主席張治中的幫助，他撥了兩輛汽車，送李根源的妻子馬樹蘭等人回雲南，車費由湖南省政府負擔[5]。

1 李根源：《曲石詩錄》第一版，卷二，重慶鉛印，一九四〇年，頁二。
2 程潛（一八八二－一九六八），名月如，字頌雲，湖南醴陵人，一八九八年中秀才。畢業於日本陸軍士官學校。跟隨孫中山北伐護法。曾任湖南省主席。一九四九年通電起義。後任第二屆人大副委員長，國防委員會副主席。
3 黃炎培（一八七八－一九六五），字任之，別號抱一，江蘇沙縣人，一九〇二年舉人。一九一四－一九一七年歷遊美英。教育家，民盟發起人。建國後，曾任政務院副總理，政協副主席。
4 許漢三編《黃炎培年譜》第十九輯，文史資料出版社，一九八五年，頁一一二一。
5 謝本書、李成森：《民國元老：李根源傳》，雲南教育出版社，一九九九年九月，頁三五四－三五七。

一九三八年一月二十二日，李根源自武昌乘歐亞航空公司飛機飛西安，然後經咸陽、肅州，於二月十五日再由酒泉飛迪化（今烏魯木齊）。到迪化機場後，盛世才親往機場迎接，同車入城，將李根源安排在迪化公園居住（今人民公園）[1]。

迪化公園位於烏魯木齊河西大橋畔，是著名風景區。前清大學士紀曉嵐被貶謫迪化，即住於此，故居取名閱微草堂。

在迪化期間，李根源向盛世才提出有關對蘇貿易及蘇聯支援抗戰物資通過新疆轉運內地等若干建議，與之商討，盛皆表示贊成。盛向李宣傳了他在新疆執行的六大政策情況，又介紹蘇聯駐迪化總領事與李根源見面。李根源曾是中國政壇上的大人物，如今又奉蔣介石之命西來，加之與盛世才的師生關係，蘇聯總領事對李氏分外熱情，表示歡迎李根源到蘇聯參觀訪問，約定四月底赴蘇，並參加五一勞動節的活動[2]。這是一種很高的外交禮遇。

盛世才對校長李根源的態度究竟如何？雖然時間早已將歷史的細節碾碎，但多少留下一些可供捕風捉影的線索。

董學珍是雲南騰衝人，與盛世才是韶關講武堂的同學。盛在新疆掌權後，邀請董學珍去新疆協助他，董去新疆擔任了迪化警備司令、軍官學校教育長，成為盛世才的得力助手。在工作中，他對盛的某些作為不予苟同，盛即以「謀叛罪」將其逮捕下獄，並準備槍斃。而董學珍與李根源關係密切，除同鄉、學生關係外，董曾任過李根源部的警衛連連長、北京政府農商部主事。李根源獲知董學珍被捕後，即向盛世才說情，以老師的面子擔保，董學珍出獄後，保證不反對他。董學珍被囚禁半年之後，才得獲釋，並回到了雲南騰衝[3]。

盛世才有霸才而少仁心，馭人有術卻猜忌成性，待人心狠手辣。這件事雖獲解決，但不能不在李、盛的心中留下芥蒂。

曾任國民黨高級將領的宋希濂在其回憶錄中寫道：

---

1 李根源：《曲石詩錄》，重慶鉛印，一九四〇年，頁五。
2 謝本書、李成森：《民國元老：李根源傳》，雲南教育出版社，一九九九年九月，頁三五四－三五七。
3 謝本書、李成森：《民國元老：李根源傳》，雲南教育出版社，一九九九年九月，頁三五四－三五七。

蔣介石得知盛世才成為新疆最高統治者後，便極力想辦法拉住盛世才，曾派外交部長兼司法部長羅文榦、陸軍大學教育長黃慕松先後到新，企圖說服盛世才接受南京政府的領導，但盛世才沒有理睬他們。後來，蔣介石又曾派在韶關講武堂當過督辦的李根源到新疆去說服盛世才，因盛世才早年曾在李根源主辦的講武堂學習過。[1]

但李到新疆後，盛只是以師禮相待。生活上百般照顧，卻從不談實際問題，把李根源軟禁在紀昀（字曉嵐）被清廷充軍到新住的「閱微草堂」中。李在此地被軟禁了好幾年。[2]

宋希濂畢竟不是當事人，他是在李根源離開新疆八年後進疆的，他所得到的李根源與盛世才的故事屬道聽塗說，難免出錯。因為盛世才從來沒有軟禁李根源，李根源在新疆只住了四個月。

迪化冬季酷寒，醫療條件差，李根源患心臟病，既不能在新疆久留，也無法如約參訪蘇聯，醫生建議回內地治療、休養，盛世才只好同意。李根源返回內地時，盛世才派新疆省立醫院俄裔華籍大夫沙瑪林及督辦署副官仇某，一路護送李根源飛西安就醫，並送了一筆醫療費用[3]。

據《李根源傳》記載，李根源是一九三八年六月離開新疆的。臨別迪化時，盛世才還送給校長一床毛毯。這條毛毯從此一直相伴在李根源身邊，即使有了幾處破洞他仍捨不得丟掉。李根源雖留學國外，且身居高位，但一直保持著簡樸的作風。他日常穿戴小布帽、大布衫、黑襪子、青布鞋，從不穿絲綢羅緞。他的衣服要穿到補了再補，直到不可綴補才不穿。有一次，何應欽來拜訪他。何與他握手，不知怎的何伸進了他袖口的夾縫內。當何的手退出來後，他們相視而笑，先生也毫不在意。在昆明崇仁子瑜園居住時，他的枕頭破了好幾個洞，我說：「買個新的吧！」他說：「抗戰時期，一切從儉，補一補盡可以墊些時候。」[4]

1 宋希濂：《鷹犬將軍：宋希濂自述》，中國文史出版社，一九八六年，頁三六八。
2 宋希濂：《鷹犬將軍：宋希濂自述》，中國文史出版社，一九八六年，頁三六八。
3 謝本書、李成森：《民國元老：李根源傳》，雲南教育出版社，一九九九年九月，頁三五四—三五七。
4 謝本書、李成森：《民國元老：李根源傳》，雲南教育出版社，一九九九年九月，頁三五四—三五七。

後來，李根源之孫李成森將遺物送給了騰衝李根源故居紀念館[1]。這一細節既體現了李根源簡樸如常的品質，亦見證了李、盛之間的師生情誼。

李根源曾在北洋政府中任過國務總理，又肩負南京國民政府安撫邊疆之責，他上天山與先生盛世才交往，在一定程度上體現了中央與邊疆的互動關係。

雪生遺詩

李根源秀才出生，有湛深的詩文根底，非一般武夫能比。李根源一生喜歡作詩，或言志，或抒情，或記事，在現存的三千餘首詩詞中，有一部分是他在新疆寫的邊塞詩。

一九三八年二月十五日，他以〈酒泉飛迪化〉為題，作七絕一首：

鐵鳥高飛出玉關，流沙才過又天山。遙瞻烏魯木齊近，十萬人家雲水間。

詩詞原注：「時二月十五日，即戊寅（一九三八年）正月十六日。自肅州飛迪化，歷五小時。」[2]

李根源初到新疆，親睹了與雲南、江南迥然不同的西域風光，詩性勃發，詩風大氣豪邁：

南北天山任吐吞，貔貅十萬陣雲屯。一朝痛飲倭奴血，立馬崑崙喚國魂。[3]

前一首詩頗有史料價值。其一，一九三八年，烏魯木齊已達十萬人口；其二，李根源是在肅州（今酒泉）過

1 謝本書、李成森：《民國元老：李根源傳》，雲南教育出版社，一九九九年九月，頁三五四－三五七。
2 胥惠民編著《現代西域詩鈔》，新疆人民出版社，一九九一年，頁八一－八二。
3 李根源：《曲石詩錄》第一版，卷二，重慶鉛印，一九四〇年，頁四－五。

完元宵節後，飛赴迪化的；其三，肅州至迪化約一千五百千米，當時飛機飛行五小時，平均時速三百公里。後一首詩主要言志，來新疆非遊山玩水，而是動員抗戰，喚回國魂。

徜徉於清代大學士紀昀的舊居前，李根源遂題記賦詩云：

迪化公園在迪化市城西一里許，廣數千百畝，山水樹木，偉大天然，內地各省稀有也。

山如飛鳳水如虹，多少亭臺煙雨中。勝日尋芳樓上座，滿園花柳掩春風。[1]

迪化公園濱臨烏魯木齊河，過西大橋東北方約一里出處即是紅山，以山體呈紅色而得名，亦稱虎頭山。「紅山塔」是邊城迪化的標誌性建築，李根源登山觀塔，賦詩一首：

紅山，舊名北極山，又名上方山，在迪化城北三里。高數十丈，長數里，峭壁懸岩，與福壽山隔烏魯木齊河一水。相傳唐初置庭州時始起道院，稱紅廟子。清乾隆年間，建九層塔，名紅山塔雲。偕李鏡泉溶、邱陟明宗濬同遊。

春到北庭草木柔，北山好景恣春遊。雪花化作桃花水，萬派爭歸塔下流。[2]

陪同李根源遊山的兩個人，一個是李溶，字鏡泉，時任新疆省政府主席；一個是邱宗濬，字陟明，盛世才的岳父，時任省政府祕書長。由此可見，盛世才對李根源的禮遇是相當到位的。

李根源酷愛歷史，他在迪化拜謁了左公祠，賦詩並自注：

---

1 李根源：《曲石詩錄》第一版，卷二，重慶鉛印，一九四〇年，頁四—五。
2 胥惠民編著《現代西域詩鈔》，新疆人民出版社，一九九一年，頁八一—八二。

丞相天威讋百蠻，師行一鼓定陰山。而今留得祠堂在，古柳森森水半彎。

原注：烏魯木齊河繞流迪化城。兩岸古柳參差合抱，左公時種。左公最愛柳，故東自潼關，西至迪化，百億萬株，皆左公督袁寶恆[1]、劉錦棠[2]、張曜[3]所植也。[4]

一九三八年時，左公祠尚在，為古柳環抱，柳為左公愛將所值。詩以證史，李根源景仰民族英雄左宗棠的豐功偉績。

李根源所賦〈登迪化城樓〉，詩風雄渾，氣勢不凡：

博多山勢欲摩天，烏魯河邊柳帶煙。一望平雲連大漠，滿空鐵鳥似飛鴈。

原注：「每晨有飛機數十架起飛。」[5]

迪化上空之所以有飛機頻頻起落，是因為前蘇聯在西郊頭屯河建有現代化飛機裝配廠。蘇製飛機測試合格後，逕自向東飛赴抗戰前線。至於後人說盛世才「軟禁」李根源，揣度李氏如籠中之鳥，受困難飛，只能望空興歎！純屬望文生義也。

李根源在迪化的時間僅有短短四個月，有人評論說他無功而返，此言差矣！一九三八年，新疆各族人民捐款

---

1 袁寶恆，欽差大臣，幫辦左宗棠西征軍糧草。

2 劉錦棠（一八四四－一八九四），字毅齋，湖南湘鄉人，隨左宗棠收復新疆，出任新疆建省後首任巡撫。《清史稿》盛讚其治疆政績傑出。

3 張曜（一八三二－一八九一），字朗齋，號亮臣，謚號勤果。原籍安徽錢塘，寄籍順天大興。少時習武，中年發憤向學。身經百戰，尤以跟隨左宗棠進疆收復失地，居功厥偉。後任山東巡撫。

4 胥惠民編著《現代西域詩鈔》，新疆人民出版社，一九九一年，頁八一－八二。

5 胥惠民編著《現代西域詩鈔》，新疆人民出版社，一九九一年，頁八一－八二。

捐物，捐獻飛機，抗日氣氛空前高漲，蘇聯援華軍火源源不斷運往前線，何以說無功呢？李根源的天山之行即所作的邊塞詩文，印證了盛世才領導新疆各族人民與全國人民一道「地不分南北，人不分老幼」並肩抗戰史的真實存在。

李根源是深明大義之人。一九四九年，在國共爭奪天下之際，李根源協助共產黨策動了雲南和平解放，並選擇留在大陸。中華人民共和國成立後，他歷任西南軍政委員會委員、西南行政委員會委員、全國政治協商會議委員，並於一九五一年定居北京。

一九六五年七月六日，李根源先生病逝於北京，享年八十六歲。中央政府成立了以朱德為首的治喪委員會，雲南講武堂學子朱德親自為老師主持追悼會，並按照恩師的生前遺願，將他安葬於蘇州吳縣小王山。一九八二年，李根源的夫人逝世後，其骨灰也送到了小王山，與李根源合葬[1]。

肉身易腐，文字不朽。李根源生前為我們留下了《雪生年錄》、《曲石文錄》、《曲石詩錄》、《文昌府文徵》（五百萬字）和《金石志》（一千五百餘種碑拓）等[2]。

陳立夫與盛世才

若道李根源上天山的身分具有半官半私性質，而陳立夫的天山之行，則兼有內政和外交雙重國家使命。一九三七年「七七」事變後，中蘇關係迅速升溫。蘇聯援華軍火要通過新疆才能運至抗戰前線，情急之下，蔣介石派遣陳立夫前往新疆做疏通工作。

為什麼要特派陳立夫為說客呢？陳立夫在其自傳中回憶說：「蔣委員長知道我和盛世才的關係；第一次盛要我去新疆，他沒有派我去；第二次我向他報告新疆情形，他派人帶信去，才把新疆安撫下來。」[3]「第一次」指迪化「四一二」政變之後，參謀本部次長黃慕松宣慰新疆之前，「那時他打電報給蔣委員長，

1 謝本書、李成森：《民國元老：李根源傳》，雲南教育出版社，一九九九年，頁四八七。
2 謝本書、李成森：《民國元老：李根源傳》，雲南教育出版社，一九九九年，頁四頁。
3 陳立夫：《成敗之鑑：陳立夫自傳》，臺北：正中書局，一九九四年，頁二〇九－二一四。

要中央派人去新疆，他指定要兩個人，一個是我，另一個是齊世英（立法委員）。我那時在中央組織部很忙，齊世英曾在過去和盛世才共同參加郭松齡反對張作霖的革命工作，也因事無法分身」[1]。

「第二次」指黃慕松宣慰行動受挫，盛世才懼怕南京政府追責，「即電告中央處置陶、陳、李經過，且請陳立夫、彭昭賢、劉光、張鳳九諸人中，酌派一員，乘機來新調查真相」[2]。

據陳立夫回憶，抗戰開始時，歐亞航空公司路線途經新疆，飛機上有許多德國軍事顧問，因機械故障，迫降新疆。

那時汪精衛還是行政院長，拍兩封電報給盛世才要他放行飛機，盛世才不理睬，汪很難堪，因為盛報復過去汪和黃紹竑想聯合搞倒他的宿願，而德國方面向汪發出「哀的美敦書」，限其在四十八小時內辦好，汪沒有辦法，很客氣的表示要來看我，我說不敢，乃到了他家，他請我幫忙，用我的名義，把事先擬好的電文要我過目簽字，請盛世才放飛機通起程，電報發出後，第二天盛就放走了飛機。[3]

這三次關係，盛世才對我都很賣面子，所以，蔣委員長很瞭解我和盛某的關係。[4]

陳立夫與盛世才交好於國民革命軍北伐途中。其時，陳立夫二十七歲，留美歸來，盛世才三十四歲，留日返國，同為胸懷救國理想的青年才俊。陳立夫回憶道：

盛世才在北伐時從廣東出發和我一同行軍，他當時是參謀處的參謀，我是祕書處的科長，大家在一起行軍而認識，他見我白天行軍，到一地方停下來就馬上努力文電工作，往往工作到晚上十一點多，他看見一般

1 陳立夫：《成敗之鑑：陳立夫自傳》，臺北：正中書局，一九九四年，頁二〇九－二一四。
2 楊鐮主編《西域探險考察大系》之一，吳藹宸著《邊城蒙難記》，新疆人民出版社，二〇一〇年，頁八九。
3 陳立夫：《成敗之鑑：陳立夫自傳》，臺北：正中書局，一九九四年，頁二〇九－二一四。
4 陳立夫：《成敗之鑑：陳立夫自傳》，臺北：正中書局，一九九四年，頁二〇九－二一四。

人沒有我如此努力，所以對我的工作態度非常欽佩。[1]

陳立夫一直在蔣介石身邊工作，一度擔任國民黨中央委員會祕書長，深得蔣信任。這也是盛世才多次邀請陳立夫出關，協調新疆與中央的關係的原因所在。

抗戰爆發後，日本憑藉強大的海空軍力量，封鎖中國沿海港口，以阻遏歐美軍火流入中國的管道。由此，開闢甘新國際大通道，購買和運送蘇聯軍火支援前線，即提上決策議程。蔣介石委派陳立夫去新疆，還有一個隱情：

那時我和蘇俄大使鮑可莫洛夫談判之後，蘇俄希望我們和日本作持久戰，蘇俄可保持中立，而減少東面的威脅，以觀其變，我乘機要求蘇聯供我飛機、坦克、高射炮等武器援助我國，我要他寫明多少坦克，多少飛機，他起先不大願意寫，我怕他賴帳，一定要他親筆寫下來，鮑才寫了。我把他寫的字條藏起來，後來派張沖到蘇俄要武器，他們外交部還想賴，張沖就把鮑可莫洛大使的親筆字據拿給他們看了，才予承認。他們把武器分了數批運來中國，途中要經過新疆，因此，蔣委員長派我去新疆交涉，要盛世才支援我們油料。我銜命去新疆時，同行的尚有蘇俄的鮑可莫洛夫大使，他是經新疆回蘇俄去的。[2]

在與蘇俄的外交談判中，陳立夫頗有江浙人的精明、細緻和遠見。

新疆印象

一九三七年十二月初，陳立夫與蘇聯駐華大使鮑格莫洛夫一行乘中國航空公司包機西飛新疆。斯時，首都南京正遭到日機的狂轟濫炸。據陳回憶：

1 陳立夫：《成敗之鑑：陳立夫自傳》，臺北：正中書局，一九九四年，頁二〇九－二一四。
2 陳立夫：《成敗之鑑：陳立夫自傳》，臺北：正中書局，一九九四年，頁二〇九－二一四。

在我前往新疆時，我和鮑格莫洛夫於安徽蕪湖上飛機，那時日本人正在轟炸南京，南京機場不能用了，我們的雙翼飛機剛起飛，飛機場就被炸了，日本人當時可能獲得了情報，所以來炸蕪湖機場，亦未可知，幸而我們逃過大劫。[1]

日軍占盡空中優勢，戰端一開難分前方後方。也許，鮑格莫洛夫是最後一批撤離南京的外交人員，在冒險中死裡逃生。

飛機飛抵迪化時，盛世才親來迎接我們，帶了一營馬隊，揚起漫天灰塵，威風凜凜。當天，盛世才為我開了一個盛大的歡迎會，我和俄國大使一人坐盛的一邊，成了座上貴賓。

陳立夫感覺到：「盛世才對我很好，招待我住在督辦公署的西花園內，裡面的布置陳設極為講究。」[2]有人悄悄告訴陳立夫，他所下榻的西花園，晚間有冤魂鬧鬼。「那裡過去殺過許多人，在金樹仁時代，極為奢殺，請客吃完飯，就請大家看殺人，所以邊疆地區很野蠻。我住進西花園後，有人告訴我這裡鬧鬼的故事，但我一點也不怕。」[3]

陳立夫不怕鬼，怕的是盛世才對北極熊所持的立場。盛世才親近蘇聯，疏離中央，最為蔣介石憂心忡忡。陳立夫身歷其境後驀然發現：「當時俄國在新疆的領事館要比我們南京的俄國大使館不知道要大多少倍，人員有幾百人，俄國人在新疆早有野心已是很明顯的事了。」

在歡迎會上，陳立夫看到一個器宇軒昂、身材高大的俄國人，據稱是蘇俄德總領館的三等祕書，很關注陳立夫的言行。不久後，陳立夫在武漢再次見到這個人。

1 陳立夫：《成敗之鑑：陳立夫自傳》，臺北：正中書局，一九九四年，頁二〇九—二一四。
2 陳立夫：《成敗之鑑：陳立夫自傳》，臺北：正中書局，一九九四年，頁二〇九—二一四。
3 陳立夫：《成敗之鑑：陳立夫自傳》，臺北：正中書局，一九九四年，頁二〇九—二一四。

後來鮑格莫洛夫沒有回來任大使，蔣委員長派我去飛機場接新任大使，我一見之下非常面熟，乃想起來他就是我在新疆見到的那個高大的秘書——蘇俄總領事館的三等秘書。

陳立夫頓起疑心：蘇聯新任大使為什麼在新疆做那麼低微的職務？蔣介石即派陳立夫和張沖到蘇俄打聽虛實：原來以前他在蘇俄做國防部副部長，後來把他降下來做總領事館三等秘書。在共產黨國家裡，升黜無定則，由此可見，其「視人如物」，毫無情感。那次蘇俄是派他到新疆去探測地形，所以俄國人從來未放棄對新疆的侵略，因為新疆對他們具有最強大的吸引力；版圖大，物產豐物、人口又少。[1]

在抗日立場上，陳立夫與盛世才是一致的。

有一天，我正式跟盛世才交涉支援油料的事，盛答應了。當時一頭駱駝可馱八桶油，這可說是用最古老的運輸方式來運最新式的油料。他們按照我們的計畫把油料送達目的，一桶一桶地安置好，這樣由蘇俄贈送我們的飛機、大炮等軍用品、便可在新疆加油，然後經甘肅到西安，再飛抵漢口。[2]

盛世才幾乎使出渾身解數極力討好陳立夫。「盛世才對我極為優遇，別人到了新疆不能自由行動，但我例外，我可以隨意到處參觀，到處演講。盛的太太辦了一所師範學校，也請我去講演，這是別人從來沒有的事。」[3]

盛世才大權在握，可以任意支配新疆的金庫，他想用錢買通陳立夫，可惜這位文官不愛錢，又會委婉地處理關係。

1 陳立夫：《成敗之鑑：陳立夫自傳》，臺北：正中書局，一九九四年，頁二〇九－二一四。
2 陳立夫：《成敗之鑑：陳立夫自傳》，臺北：正中書局，一九九四年，頁二〇九－二一四。
3 陳立夫：《成敗之鑑：陳立夫自傳》，臺北：正中書局，一九九四年，頁二〇九－二一四。

有一天，盛世才派人帶了四箱鈔票送給我使用，新疆的幣制和內地不同，內地一塊錢等於他們好幾千塊錢，但四箱鈔票的數目還是很大的。我當時若不收下，他一定認為我不給他面子，若收下等於接受賄賂，我想出來了一個兩全的辦法，那時新疆民族很複雜，我建議盛世才修建一座中山紀念堂，我於臨走時就備函把這筆錢捐作修建中山紀念堂的費用，這件事處理得極妥善，盛電贊成。[1]

盛世才是一個陰謀家，善設圈套，。陳立夫在疆期間，他給盡了陳氏禮遇和面子，精心營造與中央大員和睦的氣氛。臨行那一天的歡送會上，盛世才把他所有的政府要員都請來了，有省政府主席、各廳廳長、軍事領袖，他給陳立夫下了一個套。

盛的疑心病很重，那天有維吾爾族的副主席和幾位廳長在，他即席起來講話，我也講了話。後來他要我先去休息，卻命令一部分參加歡送會的要員不要走，當時把副主席和幾位廳長逮捕，說他們勾結造反，要把他趕走。其實這些人也不一定真是造反的，他的疑心病太重了，他藉著歡送我的機會，聚集政府要員，然後逮捕他們幾人，實在是很令我難過的事。[2]

盛世才是精於政治計算的。他巧借中央大員之名，清除異己，嫁禍中央，鞏固統治地位，達到了一箭雙鵰的目的。

陳立夫出生於文脈盈厚的浙江，在美國留學時獲化學碩士學位。他以家鄉為參照物，應用科學知識，對新疆做了一番生動形象的描述。

新疆是個好地方，有十七個浙江省那麼大。新疆的水不必從地下挖井，它來自天山，白天太陽一曬，山上

---

1 陳立夫：《成敗之鑑：陳立夫自傳》，臺北；正中書局：一九九四年，頁二〇九—二一四。
2 陳立夫：《成敗之鑑：陳立夫自傳》，臺北：正中書局，一九九四年，頁二〇九—二一四。

的雪水融化了就流下來，晚上天氣涼，水就停止了。人民種麥，土地肥沃，黑土有兩三尺深，他們說：「一年收穫吃三年」，只要把麥種灑在泥土上，就不用管了，因為鳥類不多而「水從天上來」，灌溉無虞，真是太富庶了。新疆既有十七個浙江省那麼大，浙江當時有二千七百萬人口，十七個浙江可以養四億人口，但新疆卻只有三百多萬人，所以新疆很富饒。新疆的石油和煤都多，煤是全世界最好的煤，我是學採煤礦的，所以懂的。有些三尺長、一尺半方寬的大煤塊，一頭驢只能馱兩塊煤。燒光的煤剩下的成了極少白灰，幾乎一點渣子都沒有，所以是最好的煤。此外天山還產翠玉、黃金。金礦中產一種「狗頭金」，和狗頭一樣大，新疆富得不得了，所以蘇俄處心積慮地想得到新疆。[1]

新疆這個好地方，在沙俄完成征服中亞戰略之後，已成為北方熊口邊的肥肉，中俄兩國圍繞著新疆的較量已長達百年以上。蘇俄對新疆的攻守之勢，一般視中蘇國力強弱及國際局勢變化而定。

空域歷險記

盛世才為陳立夫送行時，依然場面盛大。陳回憶說：

我從新疆回來時，也乘專機，機上沒有別人，非常空，盛世才送了我很多哈密瓜，送行的場面又是幾百匹的馬隊，煞是壯觀！

因天氣原因，陳立夫專機迫降於新疆東大門哈密。

途經哈密，風沙很大，視線不明，飛機迫降於哈密，停留一夜。在哈密吃到真正的哈密瓜，是又甜又小

[1] 陳立夫：《成敗之鑑：陳立夫自傳》，臺北：正中書局，一九九四年，頁二〇九—二一四。

的，盛世才送我的哈密瓜很大，這才知道有所不同。[1]

哈密王堯樂博士前來接機，並陪同陳立夫看了一齣塞外京戲。

那晚在哈密，住在新疆籍的國大代表堯樂博士家，招待我很周到，晚上他們帶我去看新疆戲，他們本地戲演得很殘忍，為畢生所僅見，那天演出「武松殺嫂」，他們真的用豬心、豬腸做道具，血淋淋的從武松嫂子身上取出，看了以後覺得很殘忍、很野蠻。

在新疆，陳立夫還觀賞了哈薩克民族特有的婚俗「姑娘追」。

新疆的男女騎馬不用馬鞍，戀愛求婚時，男孩追女孩都是騎馬追，只要追上了就要吻到對方，女孩就得嫁給這男孩了。[2]

陳立夫對新疆戈壁與風沙的概念，有了切身理解。

那裡有戈壁沙漠，什麼叫戈壁呢？戈壁的地面是像由沙子、洋灰、石子混合成的一種東西，非常堅硬，地面平坦，是天然的飛機場，這種地形叫「戈壁」。那一天，我們飛機被風沙所阻，迫降哈密，就停在戈壁上，但第二天早晨，發現飛機失蹤了，大家開著汽車四處去找尋，找了很久才找到，原來飛機被風吹到好幾里路以外的地方，他們把飛機拖回來檢查後，才又起飛，現在想起這事還覺得十分有趣。[3]

1 陳立夫：《成敗之鑑：陳立夫自傳》，臺北：正中書局，一九九四年，頁二〇九—二一四。
2 陳立夫：《成敗之鑑：陳立夫自傳》，臺北：正中書局，一九九四年，頁二〇九—二一四。
3 陳立夫：《成敗之鑑：陳立夫自傳》，臺北：正中書局，一九九四年，頁二〇九—二一四。

與日機橫行空中相比，西北狂風並不足懼。空中優勢一旦掌握在日本人手中，乘飛機遂成為危險的遊戲。

回程中，我們飛機先到蘭州，再到西安，快到西安二十分鐘前，日本飛機到了西安上空，正好迎著我們飛機而來。我們飛機收到情報後，機師問我該怎麼辦？如果往前乘向西安，一定會被日機攻擊，若往後飛回蘭州，油料又不夠，真是危急萬分。我想了一想，告知飛機師決定前飛，到了西安時，才知道有日機十二架經西安往南飛到漢中去投彈了，我們降落機場時，地面上一個人也看不見，大家去躲警報了。過一會兒才解除警報，我們又逃過一劫，可算是幸運了！

陳立夫經停西安時，受到了陝西省主席蔣鼎文接待。

我到省政府吃頓午飯，再飛往漢口，一到漢口又有空襲警報，我們立刻把行李和哈密瓜搬下來，飛機乃飛往宜昌去。日機來炸漢口，機場亦被炸，蔣委員長侍從坐的一架飛機剛剛被炸壞了，而我又安全抵達，這真是幸運的事。我在蕪湖上飛機後，機場就被炸了，臨到西安又遭遇敵機；到了漢口剛下飛機，機場又被炸，我不能不說這三次逃過大難是一種奇蹟！當初如果在西安上空遭遇飛機時，我若決定飛回蘭州那就糟了（油料不夠），所以在千鈞一髮之際我決定事情，往往第一個想法比較正確，因為第一個想法很純潔，沒有雜念，所以我採用第一個想法——往前飛，因此化險為夷，逃過了浩劫。[1]

新疆作為抗戰國際大通道的作用，很快在武漢保衛戰中顯現出來。

到新疆安排油料的事幸而及時辦好，因為後來日本人打南京，南京失守，緊接著日本人又攻打漢口，那時美國供應的飛機都被摧毀了，蘇俄的飛機、坦克車、高射炮都及時運來，日本人一點也不知道，當其再度

---

1 陳立夫：《成敗之鑑：陳立夫自傳》，臺北：正中書局，一九九四年，頁二〇九—二一四。

轟炸漢口時，就被我們空軍一舉擊落十二架，贏得了空前勝利。日本人對這場慘敗，深感意外，因為他們以為我們沒有飛機了。這次空戰的光榮勝利，使我在抗戰勝利後，還獲得一枚空軍獎章，在文人中獲得軍事獎章，我是第一人，深感榮幸。[1]

抗戰爆發後，中國地理中心蘭州亦成為日機轟炸的目標之一。新疆省垣迪化所以安然無恙，是因為其在日機轟炸半徑之外。陳立夫空中遇險記，從一個側面反映出農業弱國抗擊工業強國的窘況與險境。

1 陳立夫：《成敗之鑑：陳立夫自傳》，臺北：正中書局，一九九四年，頁二〇九—二一四。

第四章　棋局

戴氏邊政學說

中國形成中央集權制統一國家自秦始皇起，此後雖分分合合，但大一統制度千古不變，且成為評判歷代王朝歷史功罪的尺規。在大一統王朝內，中央與地方、中心與邊疆互相依存，郡縣治天下安，治國必先安邊，乃亙古恆言。

民初以來，邊疆危機頻現於蒙古、東北、西藏、新疆，列強支解中國邊疆的圖謀一刻也未停息過。國民黨定都南京後，即歷史性地肩負起撫邊安邦、抵禦外敵、化解邊疆危機的職責。在國民黨內，戴季陶地位特殊，他不僅被譽為孫中山建國思想的繼承者，是國民黨的黨魂，亦是其邊疆方略的制定者之一。

戴季陶（一八九一－一九四八），字傳賢，四川廣漢縣人。戴季陶年少聰穎過人，年僅十二歲即就讀於成都留日預備學校，受老師徐炯影響，傾向反滿。一九〇五年，戴赴日本入讀師範學校，一九〇七年考入日本帝國大學法科。

在清末的日本留學生中，戴季陶的日文水準和學業名列前茅。當時日本學者評價說：中國留學生中，日文寫得流暢清麗的，首推張季鸞（盛世才中國公學的老師）的論文和戴季陶的書信、小品。甚至傳說他們會背誦日本的百科全書[1]。有意味的是，戴、張這兩個留日的一流才子，後來都成為真心輔佐國民黨與蔣介石的諍友。

戴季陶小蔣介石四歲，二人同留學日本，但學業一文一武。孫中山先生領導的反清革命，將二人共同的政治抱負和命運連結在一起。二人均於辛亥革命爆發前夜回國投身革命。辛亥革命成功後，戴季陶即擔任孫中山的貼身祕書，深受器重。

民國元年春天，孫中山辭去中華民國臨時大總統，袁世凱取而代之。因袁氏治國理念與孫中山的三民主義南轅北轍，遂激起戴、蔣兩個憤青的激烈反抗，因犯案而逃亡東瀛。二人在日本同租一室，情同手足，結下金蘭之交。

一九二二年，蔣介石與戴季陶在上海投機股票，血本無歸，戴覺得無顏見江東父老，在回四川的船上，跳江自殺，幸被船員救起。戴季陶再次赴廣州投入孫中山戎幕。

當戴季陶回到孫中山身邊後，時時不忘提攜其兄蔣介石。廣東軍閥陳炯明叛變時，戴勸蔣介石立即回廣州，登上永豐艦，保衛孫中山。

一九二四年一月，國民黨「一大」在廣州召開。戴季陶當選為國民黨中央執行委員會委員、國民黨中央宣傳部部長。蔣介石雖未在國民黨中央擔任職務，但在孫中山創辦的黃埔軍校中，蔣介石任校長，戴季陶兼任政治部主任。

一九二五年三月十二日，孫中山病逝後，國民黨左、右兩派鬥爭日益尖銳。在蔣介石崛起政壇並成為國民黨新領袖的過程中，戴季陶追隨左右，為其核心幕僚之一。

一九二七年四月，在新成立的南京國民政府中，戴季陶出任中央常務委員會委員、國府委員及考試院院長，躋身決策圈，成為國民黨邊疆政策的制定者和推動者。

南京國民政府應如何治理邊疆呢？戴季陶提出統一政令、慎用武力、慎用邊官三大主張，並強調中央有責任促進邊疆各種建設，提高邊地人民文化經濟水準。在國民黨中央處理邊疆事務和應對邊疆危機中，戴季陶的邊政學說發揮著影響力。

---

1 周雨編《大公報憶舊》，中國文史出版社，一九九一年，頁二七八—二七九。

二十世紀三〇年代，西藏、新疆、青海先後發生軍事衝突或政變，戴季陶在給時任行政院長汪精衛的信中主張：「大約邊疆之事，既無力兼顧，總宜時時想到息事寧人。以牲畜之鄉，人民負擔之苦，已可想見，若再加一個大將，一支大兵，則其禍患，恐至殃及牛羊，不只人而已矣。」[1]此乃慎武、賢官之說。

在國民政府於一九三三年派往新疆的宣慰使、一九三四年派往西藏致祭冊封十三世達賴喇嘛的專使黃慕松身上，又可以看到戴季陶慎用武力和慎選邊官的政策導向。

在處理邊疆問題上，戴季陶主張民族平等維護民族團結，尊重少數民族宗教文化，善用宗教力量，實行「少舉動多化導」、息事寧人的方針。

一九三三年，新疆「二次政變」發生後，「連日盛傳中央將派考試院院長戴傳賢來新調查真相，非俟真相明瞭，省當局表態後，才能授予名位」[2]。也許是新疆問題太複雜，或是安全沒有保障，戴季陶最終沒有成行。

戴季陶檢討黃慕松宣慰新疆失敗的原因，他認為，除了盛世才握有軍權之外，主要是國民黨人沒有直接接觸新疆老百姓，尤其是沒有取得占新疆人口大多數的維吾爾族的民心。他認為，要想控制新疆，必須贏得新疆人民的擁護，最簡單的方法，就是培養代理人。

「一九三三年，汪精衛開始通過新疆駐京辦事處，聯絡其保送至中央大學、中央政法學校、中央軍官學校的維吾爾族學生，為年齡較大者艾沙安排工作，又通過艾沙把在天津做生意的麥斯伍德弄到南京來，招降司馬義・哈德爾（喀什變亂後由印度赴南京），分別在中央黨部、蒙藏委員會給一個名義安插下來。又在南京成立新疆同鄉會，出版《天山月刊》作為他們的言論喉舌，更進一步與內地的各伊斯蘭教團體聯繫起來，以壯大他們的聲勢。」[3]

一九三四年，馬仲英戰敗逃往蘇聯，其追隨者堯樂博斯（維語即老虎）來到南京。這位被盛世才視為土匪的叛亂分子，「艾沙、麥斯伍德等在南京舉行記者招待會，大肆宣揚堯樂博斯為新疆東路一帶的軍事領袖」[4]。汪精衛、蔣介石等採取實用主義態度，發表為軍事委員會參議，留在南京以備諮用。

1 陳天錫：《戴季陶先生的生平》，（臺灣）商務印書館，一九六八年，頁五二二。
2 楊鐮主編《西域探險考察大系》之一，吳藹宸著《邊城蒙難記》，新疆人民出版社，二〇一〇年，頁八九。
3 宮碧澄：〈國民黨在新疆活動點滴〉，《新疆文史資料選輯》第五輯，新疆人民出版社，一九八〇年，頁六六。
4 宮碧澄：〈國民黨在新疆活動點滴〉，《新疆文史資料選輯》第五輯，新疆人民出版社，一九八〇年，頁六六。

在南京，汪精衛、戴傳賢、陳果夫、陳立夫、于右任等經常出席關於開發西北和新疆的集會或宴會，「總是把艾沙、麥斯伍德等如寶貝似的捧出來，叫他們發言，從旁大加宣揚」[1]。在國民政府高官眼中，這些代理人的作用，猶如拽住新疆風箏不失聯的一根根線繩。

戴季陶是文宣高手，他別出心裁，給那些在南京政府的維族人，「每人起了個漢族名字，因為這些人都是新疆人，他就起名為艾煥新、穆維新、哈米新等等。還鄭重其事地寫出紅套封，贈送些湖筆徽墨，恭而敬之的來個命名儀式」[2]。

戴季陶對邊疆事務的操作，當然不止於這些雕蟲小技。為樹立中央權威，加強中央與邊疆的聯繫，促進邊疆經濟、社會、文化、教育的進步，上世紀三〇年代初期，在國民黨中央的鼓動下，全國掀起了開發西北的熱潮。一時間，邊政學會、邊疆刊物紛紛問世，邊疆科考隊開赴西北，研究報告和開發計畫書相繼出臺。然而，國民政府開發西北、建設邊疆的宏偉藍圖，最終因抗戰爆發而擱淺。

爭奪西北控制權

南京國民政府成立翌年，即做出一項影響深遠的政治決議，將寧夏、青海從甘肅析出建省分治。

一九二八年九月，時任國民政府內政部長的薛篤弼[3]，以青海、寧夏與甘肅省城距離太遠，交通不便為由，遂提出分省之議。

一九二八年九月五日，國民黨中央政治會議第一百五十三次會議議決：將青海改為行省，組織省政府，委員暫定五人，設民政、財政二廳，並酌設教育、建設等廳，餘照省府組織法辦理。

1　宮碧澄：〈國民黨在新疆活動點滴〉，《新疆文史資料選輯》第五輯，新疆人民出版社，一九八〇年，頁六七。

2　宮碧澄：〈國民黨在新疆活動點滴〉，《新疆文史資料選輯》第五輯，新疆人民出版社，一九八〇年，頁六七。

3　薛篤弼（一八九〇—一九七三），山西運城人，早年畢業於山西法政學校，參加辛亥革命。曾任北洋政府司法部次長、國民黨政府甘肅省省長、民政部部長、內政部部長、水利部部長等職，一九四八年辭去國民黨政府職務，到上海當律師。建國後，任上海市政協常委、民革中央委員、全國政協委員。

在十月十七日的同級別第一百五十九次會議上，再次議決：西寧為青海省治。設立寧夏省，銀川為省治。劃定甘肅、青海、寧夏三省省界。任命青海、寧夏首任省主席馬麟、門致中[1]。甘、寧、青分省設治，既有社會歷史方面的因素，亦有抵抗外來侵略之戰略考量，更是政治鬥爭的直接產物，當然亦符合南京國民政府的政治謀略。

歷史經驗表明，欲逐鹿中原，須立足西北，建立根據地。由是，圍繞著甘肅、寧夏、青海省主席權位，各方政治勢力明爭暗鬥，與中央政府展開博弈。

甘、寧、青省主席任職變動（一九二九－一九四九）一覽表

	省主席任免	省主席任免	省主席任免
甘肅	孫連仲一九二九年八月十九日－一九三一年十二月十五日。期間，劉鬱芬、馬鴻賓、孫連仲分別暫代。	邵力子一九三一年十二月十五日－一九三三年五月四日。	朱紹良任職七年，一九三三年五月四日－一九四〇年十一月十五日。
寧夏	門致中一九二八年十一月－一九二九年九月，後被吉鴻昌所取代。		馬鴻逵任職十七年，一九三〇年六月－一九四七年。
青海	孫連仲[2]一九二八年九月二十四日－一九三三年三月十日。	馬麟任職五年，一九三三年三月十日－一九三八年三月五日。	馬步芳任職十一年，一九三八年三月五日－一九四九年。
備註	馬鴻逵任職寧夏十七年。	甘肅省主席谷正倫任職六年，一九四〇年十一月－一九四六年十月。	甘肅省主席郭寄嶠繼任三年，一九四六年十月－一九四九年。

資料來源：劉壽林、萬仁元、王玉文、孔慶泰編《民國職官年表》，中華書局一九九五。

1 門致中（一八八八－一九六〇），字靖原，吉林人，保定軍校第一期步科畢業。曾任馮玉祥所率國民軍第一軍警備第二旅旅長、第七軍軍長。一九二八年十一月，任第一任寧夏省政府主席。抗戰期間參加汪偽政權。一九四六年（民國三十五年）遷居香港並病逝於此。

2 孫連仲（－一九九〇），字仿魯，直隸（今河北）雄縣人，一九一二年投北洋陸軍第二鎮，後編入馮玉祥部，由士兵遞升至軍長，一九二八年任第二集團軍第二方面軍總指揮，九月任青海省政府主席。一九二九年八月代理甘肅省政府主席。抗戰名將，曾獲臺兒莊大捷，參加武漢保衛戰。一九四九年去臺灣，任戰略顧問委員會戰略顧問、總統府國策顧問，一九七二年被聘為國民黨中央委員會考核紀律委員會委員。

上表說明，一九三〇年之前的西北三省省主席，均出自馮玉祥陣營。無奈馮玉祥在中原大戰中敗北於蔣介石，結果雞飛蛋打，西北和中原滿盤皆輸，押寶於南京政府的河州馬家遂成為最大受益者。

國民政府控制西北諸省控制權，當然離不開軍事戰略。一九三二年一月，淞滬戰役打響，戰爭異常慘烈，百餘公里外的首都南京危在旦夕之間。國民政府和國民黨中央黨部一度遷到洛陽辦公。遷都說興起一時。當時國民黨中央曾決議以長安為陪都，定名西京，並以洛陽為行都，同時成立西京籌備委員會。

國民政府亦曾有過遷都西安的盤算，認為「南京與北平皆近海，最初三十年必不能建立強大之海軍為之掩護，故首都地點不能不在西安，以其地位適中，介於東北與西北之間，足以控制全國」[1]。

戴季陶指出：西北是中國未來生命之所繫，依託西北做長期抵抗的根據地。而要建設和穩固西北根據地，關鍵還在發展經濟，解決西北經濟教育落後和民眾貧困問題，贏得西北民心。戴季陶治邊思想中的「民生主義」，無疑是孫中山三民主義思想的繼承與擴展。

一九三二年十二月，國民黨四屆三中全會通過了《邊疆建設決議案》，決定設立西北拓植委員會。一九三四年六月，全國經濟委員會也通過了《西北建設實施計畫及進行程序》，內容洋洋灑灑，對西北的水利、公路、畜牧、農村建設等各個方面都做了一番籌畫。

一九三四年四月，蔣介石先派考試院院長戴季陶到西北，視察交通、水利、農業和教育，為開發、建設西北做準備。在西寧各界數萬人的歡迎大會上，戴氏發表了令人怪異亦頗感溫馨的講話：「到了西北，認得是我們的老房兄弟，老房的親戚，要知道應該幫助老家，發展家務。」[2]

一九三四年五月，財政部部長宋子文視察西北，送給西北諸馬一筆開發經費，以增強國民黨中央政府在西北地方的影響和威望。

一九三四年十月，蔣介石偕夫人宋美齡飛抵西北，在蘭州單獨召見了馬麟和馬步芳，再由甘肅飛赴寧夏，安撫馬鴻逵。宋美齡在向民眾演講時說，要破除依附軍閥的舊觀點，樹立國家至上的新觀念。

1 孫武：《感悟蒼涼》，山西人民出版社，二〇〇〇年。
2 沙文濤：〈簡論戴季陶的治邊思想〉，林文勳主編《邊疆與現代中國研究》（上），人民出版社，二〇一三年。

在國民黨中央推動下，社會人士紛紛成立各種官方或半官方的團體，全國有三十七家之多，如開發西北協會、中國邊疆協會、中國邊疆建設協進會、西北問題研究會、新西北社等等。一批關注西北的刊物，如《開發西北》、《西北研究》、《新西北》、《西北問題》等相繼創刊出版。

西北薄弱的基礎設施建設亦在國力拮据中艱難起步。隴海鐵路從潼關延伸到了寶雞。西寧到蘭州的公路通車。上海到迪化的空中航線滬新線一度也開通了。西北水利建設、植樹造林運動，禁種鴉片、禁毒工作，亦開展得有聲有色。

南京國民政府在其執政的二十二年中，先後兩次於三〇年代、四〇年代初期掀起西北建設熱潮。細細分析，兩次熱潮不僅國際國內背景不同，而且戰略目標亦不盡相同。始於三〇年代的西北開發熱，至三〇年代末年已見到成效。國民政府已在西北築起堅固的防線，與西南互相拱衛，連成一片。西北政權、軍權已被中央政府控制，由此可南控西藏，北禦綏遠，西鎮新疆，使抗戰無後顧之憂。

朱紹良與蔣介石

國民政府能在西北站穩腳跟，與一九三三年朱紹良空降西北不無關係。

朱紹良（一八九一－一九六三），原名寶瑛，因羨慕漢初名臣張良而改名紹良，字一民。其祖籍為江蘇武進，出生於福建福州。

朱紹良小蔣介石四歲，二人經歷相似。朱、蔣二人雖然出生於不同省份，但浙江、福建畢竟山水相連，民風習俗相近。一九〇七年（清光緒三十三年），朱紹良先入福建陸軍小學堂，繼入南京陸軍第四中學堂，後被選送日本振武學校。一九〇六年，蔣介石考入保定陸軍軍官學校，繼而被選送日本振武學校。二人有留日同學之誼。

朱、蔣二人均在日本加入中國同盟會。一九一一年九月回國參加武昌起義。二人都在滬軍都督府任過參謀，一同參加過討袁戰爭。失敗後，蔣介石逃亡日本，創辦《軍聲》雜誌。朱紹良再赴日本留學，一九一六年畢業於日本陸軍士官學校。

一九一七年，孫中山任命蔣介石為大元帥府參軍。朱紹良投身黔軍王文華部，先後任團長、師參謀長，黔軍司令部參謀長，一時被譽為「黔軍小諸葛」。

一九二三年，朱紹良到廣東發展，被孫中山任命為大元帥大本營參謀，同時被聘為廣東省政府顧問。其時，蔣介石因在永豐艦護侍孫中山有功，深得孫之信任，被任命為大本營參謀長，成為朱紹良的上司。

一九二六年，朱紹良從上海返回廣東，在總司令蔣介石麾下任國民革命軍第十師參謀長，隨軍參加過著名的汀泗橋、賀勝橋戰役。一九二七年，北伐軍從廣東出發時，朱紹良、陳立夫、盛世才均在軍中。因在漢寧「遷都之爭」及「四一二」事變中，堅定地支持蔣介石，遂升任國民革命軍總司令部參謀長。其時，陳立夫是祕書處科長，盛世才是參謀處參謀。朱紹良的位次既高於陳立夫，更高於盛世才。在之後的蔣桂戰爭、中原大戰中，朱紹良均立下汗馬功勞。

一九三三年，當蔣介石在江西組織對紅軍的第五次圍剿前夕，新疆「四一二」事變發生，蔣介石遂調朱紹良出任甘肅省主席，坐鎮西北，欲取新疆[1]。

蔣介石調遣朱紹良主政甘肅，想必是考慮到了另一層因素，即朱紹良昔日部下盛世才在迪化「四一二」政變中乘勢上臺，控制了新疆的軍政大權。在南京國民政府與新疆當局的衝突中，盛世才指名道姓要求朱紹良長官赴疆，調查政變實情。

蔣介石與朱紹良交情深厚，蔣知其曾保舉盛世才授予將銜並贈送路費諸事。如今盛世才得勢於新疆，蔣特將朱紹良從「戡亂」前線調往甘肅，在西北投下關鍵一子。

「七七」事變爆發後，抗日前線戰況吃緊，朱紹良曾請纓參戰，提出辭去西北綏靖公署主任一職，蔣介石回絕道：「不但不能辭，而且要做長期打算。你放走了盛世才，有責任收服盛世才。新疆問題一日不解決，你一日不能離開西北。」[2]

甘肅為西北中心，西接青海、新疆，北界寧夏、綏遠，東臨陝西，南控巴蜀，歷來為政軍戰略要地。雖然甘、寧、青已設省分治，但國民政府又在蘭州設置綏靖公署，委派親信朱紹良出任綏靖公署主任兼甘肅省主

---

1 李新主編《中華民國史・人物傳》，中華書局，二〇一一年，頁五四九八—五五〇三。

2 金紹先：〈國民黨反動勢力進入和統治新疆〉，《新疆文史資料選輯》第二輯，頁二一。

席，在軍事上統轄三省，並以政策、財政、法律、人事安排影響鉗制各省。

蔣介石十分推崇清末陝甘總督左宗棠，曾發專電給當時的湖南省政府主席薛岳，委託薛在長沙買幾部《左文襄公全集》，分寄給朱紹良、谷正倫、胡宗南等駐紮西北的嫡系大將，要他們效法左宗棠，學會剿撫並用，收服西北諸雄。

朱紹良為人寬厚，豪飲能詩，長袖善舞，頗有儒將之風。坐鎮甘肅七八年間，使出渾身解數，拉攏西北諸馬，刻意經營西北，已獲成效。

朱紹良能安撫西北諸馬，控制西北，因賴有強大的軍力做後盾。胡宗南率中央軍精銳部隊「天下第一師」進駐甘肅天水，一方面增加西北話語權，另一方面震懾西北諸雄，以圖將來。在朱紹良主甘後的第八年，即一九四一年，駐紮在西北地方的中央軍已多達十三個軍。其時，河西走廊已在中央軍控制之下，收復新疆的條件已然成熟。

一九四一年末，「珍珠港事變」爆發，英美對日宣戰，與中國結成同盟國，國際局勢向著有利於中國的方向發展。在此背景下，國民政府遂掀起第二次西北開發熱潮。與第一次西北熱不同之處在於，此次戰略目標劍指新疆。

蔣經國西北探路

國民政府自一九三八年遷都重慶以來，憑藉重慶四面環山地形，在東南沿海港口被日軍封鎖的情勢下，仍可利用四條國際通道補給戰時物資：一是廣西欽州港；二是滇越鐵路連接的越南海防港；三是滇緬公路；四是甘新公路。這是中國進行持久抗戰的四條輸血管道。

日本最高統帥部認為，要使重慶國民政府屈服投降，唯有切斷其與外界聯繫的國際通道。

一九三九年十二月四日，日軍借助海空軍優勢，占領廣西崑崙關，切斷了欽州港至南寧、柳州、桂林的交通線。

一九四〇年六月二十日，日本政府向法國政府施壓，封鎖了滇越鐵路。九月二十六日，日軍在海防登陸，滇越鐵路被截斷。

一九四〇年日本同時照會英國，擬切斷滇緬公路。七月十八日，日英兩國在東京簽字：自即日起，禁止軍械、彈藥、汽油、載重汽車及鐵路材料，經緬甸運入中國。旨在阻斷中國軍隊補給，窒息民眾生活。中國政府即使有錢購買戰略物資，亦沒有運輸通道。國際援華物資大量積壓在東南亞港口。

此時，中國僅剩下一條陸上國際通道——甘新公路。新疆伊犁距重慶近四千千米，遠水難解近渴，運輸週期長，成本昂貴，運力有限，效能遠不及沿海通道。但此時的甘新公路，具有唯一性，蘇聯戰略物資源源不斷運往前線，日本鞭長莫及。

日本軍部征服中國抗日政府的另一毒招，即憑藉空軍優勢，對陪都重慶進行無選擇的疲勞轟炸，以期摧毀軍民意志。在西南時局艱危之際，蔣介石再次將目光投向大西北，計畫「從事於西北之建設，並將新疆與青海之全部鐵路一氣呵成。蓋戰後二十年內，如有外患，則我必取守勢，仍欲引敵至我內地決戰」。

蔣介石認為：「中國歷代開國，都是發源於西北，而不是在東南或其他地方，而最初中國與國際間的交通，就是從路上來而不是從海上來。如從前新疆的阿克蘇與吐魯番就是當時通印度和中亞細亞的唯一孔道。這些地方當時的繁盛衝要，正如上海、天津。這一件重要的史實，大家切不可忘了。要知道：當我們的海口被敵人封鎖以後，目前我們國家的國際交通，又已轉到了西北，而西北所處的地位，亦已恢復到從前一樣重要了。」[1]

中日兩國國力懸殊，中國只能打持久戰。現實問題是：陪都重慶一旦守不住：國民政府退到哪裡去？哪裡可以成為第二個戰時陪都？

留學蘇聯的蔣經國和留學德國的蔣緯國兄弟，就是在此背景下考察西北的。西北社情民意如何？如何控制河西走廊？哪裡適宜做遷都備選地點？

蔣經國兄弟在西北調研達兩個多月，全程陪同的熊向暉[2]五十年後追述昔日往事，其中的一些細節頗耐人

1　《總統蔣公思想言論總集・卷十九・演講：開發西北的方針》，中國國民黨中央委員會黨史委員會，民國七十三年（一九八四）十月，頁一六九－一八一。

2　熊向暉（一九一九－二〇〇五），山東掖縣人，畢業於清華大學，黃埔軍校。抗戰時期任胡宗南副官，為中共情報史上傳奇人物，巧妙地送出國民黨「閃擊延安」、「西安軍事會議」等諸多重要情報，為保衛中共延安黨中央等屢建奇功。建國後出使列

尋味。

蔣經國是獨自從重慶來西安的，一個人都沒有帶。兄弟倆在機場會面後，即形影不離，一路西行，蔣經國兄弟乘一輛吉普車，經常自駕，並帶一卡車士兵護衛。一路上，蔣經國被稱為蔣專員（即贛州行署專員），蔣緯國被稱為蔣少尉（時在胡宗南部第一師服役）。「熊向暉軍階上尉，他把熊看成是長官，稱熊上尉，很規矩。」[1]

蔣緯國曾在東吳大學就讀經濟系。一九三六年中德合作期間，赴德擔任軍事家蔣百里的少尉侍從官；次年在德國入伍，進入慕尼黑軍官學校，獲中尉軍銜。二戰初期，他曾參加過德軍對波蘭的閃電戰。一九三九年，德國與日本、義大利組成軸心國，蔣緯國銜父命遂回國抗日。

蔣氏兄弟抵達河西走廊張掖時，駐地師長叫譚輔烈，江蘇人，黃埔第一期畢業，曾留學日本騎兵學校，時任騎兵師長。可能自認為是蔣介石的學生，見到蔣經國兄弟便格外熱情。「譚輔烈[2]一見蔣經國、蔣緯國，就稱大公子！二公子！蔣經國聽了很生氣，說：『我們不是公子！』」[3]樸實的蔣經國對那套虛禮縟節很是反感。

青海省主席馬步芳治青有方，尤重視造林綠化。蔣經國考察後感歎道：「青海的省會西寧現在一切都進步得很快，去年一年差不多就種了四百萬株樹。」[4]

蔣氏兄弟驅車出了嘉峪關，順路考察了百公里外的玉門油礦。石油是現代戰爭的血液，須臾不可缺少。美國對日本的石油禁運，便是日本偷襲珍珠港的因素之一。在中國的出海口被封鎖之後，國產石油對贏得戰爭至關重要。當時玉門油礦的原油產量占全國產量的百分之九十以上。[5]

熊向暉回憶說，蔣經國身上有一種親和力，遠遠見到老鄉就主動打招呼，笑容可掬，與普通民眾沒有隔閡之感。他對人民的關懷是發自內心的。

國，一九七八年後，任中共中央統戰部副部長兼中國人民外交學會副會長。

1 楊者聖：《隨同蔣經國的西北之行》，上海人民出版社，二〇〇七年八月，頁二三。

2 譚輔烈（一九〇三－一九八二），江蘇高郵樊川人，畢業於黃埔軍校第一期，參加北伐戰爭。後駐防西北，任騎十師師長等。抗戰勝利後，任第二兵團副司令官、徐州警備司令、國防部高參等。一九四九年去臺灣。

3 楊者聖：《隨同蔣經國的西北之行》，上海人民出版社，二〇〇七年八月，頁一七二。

4 蔣經國：《偉大的西北》，寧夏人民出版社，二〇〇一年，頁三一。

5 楊者聖：《隨同蔣經國的西北之行》，上海人民出版社，二〇〇七年，頁一九一。

西北婦女的痛苦令蔣經國尤為揪心。

「西北，我們看到的什麼東西都大，不管是牛、羊、貓、狗，只有一樣是小的，就是女人的腳……她們終年不能走路，只能在地上爬，但是她們依然要到田裡拔草做工，早晚由丈夫來回背……西北婦女的痛苦，當可想而知。」[1]

西行路上，西北人民的淳樸與真誠，使蔣經國大為感歎。「汽車剛開進四川，沒有了水，我們就向鄉下老百姓去要。鄉下老百姓都說沒有，後來他們告訴我，在這裡要先給錢，他們才肯，當時我們就放下十塊錢，真的，他們不久就拿了水來。在這裡，引起我無限的感想，在西北，隨便在哪裡向鄉下老百姓要水，他們很快就會給你，西北民風的淳樸、樸實、真誠，實在是感動人的。」[2]

西北缺水多風，給蔣經國留下很深的印象。他寫道：「在華家嶺一帶，全靠冬天積雪溶下來的雪水，所以在那裡，問人家的財富，不問有多少錢，而問有幾缸水……」

「我們要建設西北，最重要的第一個問題，就是要改良水的問題！……假使西北的水不能解決，建設西北的工作，就永遠沒有辦法解決。要解決水的問題，惟一的有效辦法，就是要多種樹木……我們從興隆山得知敦煌能夠成為沙漠中的綠洲，足以證明種植樹木，為建設西北的惟一重要工作，是毫無疑問的。」[3]

西北與內地相比，民族與宗教是最大的不同。蔣經國對此給予特別關注。在平涼，「我曾經去參觀一個清真寺，它裡面有禮拜堂、淨水堂（洗澡堂），講經堂。這些地方是值得我們研究的，一個教堂所以能夠吸引人去禮拜，就是因為它裡面設備好，使得每個去的人，都感到方便舒適。我們將來建造大禮堂，裡面亦應當有浴室、遊藝室等完全的設備，這樣，才能使每個人來都感到高興。」[4]對於伊斯蘭教，蔣經國一知半解，但他總能從實際出發，深入思考，這是他的優長之處。

另一件令蔣經國感動的事亦與宗教有關，西寧塔爾寺的全體喇嘛以最高的禮節迎接他。「我去的時候，他們

1 蔣經國：《偉大的西北》，寧夏人民出版社，二〇〇一年，頁一七。
2 蔣經國：《偉大的西北》，寧夏人民出版社，二〇〇一年，頁三二—三三。
3 蔣經國：《偉大的西北》，寧夏人民出版社，二〇〇一年，頁三四。
4 蔣經國：《偉大的西北》，寧夏人民出版社，二〇〇一年，頁一七—一八。

派了幾百個喇嘛騎著馬很遠地來歡迎我，到了廟前他們獻了一塊很大的布（哈達）給我……有三千個喇嘛站著歡迎，每個人都裸著左臂、頭上戴著僧帽，手裡拿著各種的法器樂器，並且拿了一頂黃傘，一定要我們站在下面。」[1]

蔣介石後來也視察了塔爾寺，向僧侶做了布施。研究宗教、認識宗教、尊重宗教，利用宗教，當是中國政治家和地方首長的必修之課。

蔣經國西北之行，最遠到了敦煌，饒有興致地參觀國之瑰寶莫高窟[2]。最險處在瓜洲。他們受到飛沙走石的困擾，「漫天都是灰沙，所以太陽看起來好像月亮一樣」，汽車幾次陷入沙中，幾次車子沒有水了，不得不下車到沙漠中找水[3]。

蔣經國的西北調研，大體上發現了三大問題：一是自然條件多風缺水，植被稀少；二是現代交通十分落後；三是西北民眾貧困交加。同時，也得出四項結論：一是西北物質資源豐厚多樣；二是西北民風淳樸真誠；三是中華民族文化博大久遠；四是民族與宗教問題可以解決[4]。

蔣經國西北之行，非尋訪名勝古蹟，遊名山玩名城，可視作受父所託為國民黨中央遷都西北、接管河西防務、收復新疆做可行性研究。由此視之，蔣經國西北之行，是蔣介石視察西北之前奏，是蔣介石收復新疆之序曲，不可等閒視之！

然而，當神祕和神往的新疆已遙遙在望了，蔣經國一行不得不停下腳步。盛世才的五弟盛世驥回憶說：「大哥主政新疆期間，嚴格要求進入新疆者，必須拿有新疆的通行證，方准進入。當蔣經國與宋子文要求進新疆，大哥不同意，沒給他們通行證，所以飲恨而結下樑子。」[5]

連蔣介石的兒子都不能自由進出新疆，這就引生出一個嚴肅的話題：新疆還是不是中國的領土？

1 蔣經國：《偉大的西北》，寧夏人民出版社，二〇〇一年，頁三。
2 《敦煌市志・大事記》，北京：新華出版社，一九九四年，頁二七。
3 蔣經國：《偉大的西北》，寧夏人民出版社，二〇〇一年，頁二九。
4 蔣經國：《偉大的西北》，寧夏人民出版社，二〇〇一年，頁三四。
5 盛世驥：《蔣介石的封疆大吏：我家大哥盛世才》，萬卷樓圖書有限公司，二〇〇〇年八月初版，頁二〇三。

蔣氏父子觀點比較

在蔣經國返回重慶三個月後，一九四二年八月十六日，蔣介石夫婦飛離重慶，祕密前往西北。蔣氏兄弟春季察訪西北，與蔣氏夫婦初秋的西北之行，二者有何異同呢？

根據有關史料爬梳，蔣氏父子所行走的線路、視察的項目、接見要員等方面，有諸多契合之處。譬如，父子倆同訪河西走廊，駐足嘉峪關前，往訪玉門油礦，赴青海塔爾寺布施僧侶，接見青海馬步芳、寧夏馬鴻逵等。蔣氏兄弟打前站蹤跡清晰可見。

蔣氏父子作為兩代政治家，在抗戰時期是如何看待西北的呢？筆者以蔣介石的〈開發西北的方針〉演講與蔣經國的《偉大的西北》文章為藍本，試比照如下：

感歎西北的博大，抒發對西北的真摯感情。

蔣經國：

西北，在我很小的時候，就常常聽到了，但是，西北在什麼地方呢？那裡離我們有多遠呢？我們除了在地圖上看到西北角上的那幾塊有顏色的圖畫外，就從來沒有人去仔細研究那些地方。過去，我們又聽到說過重慶，只知道重慶是一個非常遙遠的地方，遠得差不多不能到達，至於西安、蘭州、安西那些地方，在我們的夢想中，是比外國還遼遠了。當然，更沒有人去計算它的路程，或則想跑到那樣遠得不可捉摸的邊疆上去。

是的，我們的祖國，是太遼闊廣大了．我們的財產，是太豐饒了。但是，這些都是我們的祖先血汗造就的產業，遺留到我們這一代的子孫手裡，我們就要爭氣來保衛她，要像苦力珍惜他血汗換來的金錢一樣地珍視我們的國家，以及我們國家所有的土地物產和優秀的民族——西北是我們民族的發祥地。

蔣介石：

我們不到西北，就不知道中國之偉大和我們事業前途之無可限量。……而且我們西北既有如此廣大肥美的土地，復有開採不盡的寶藏，不僅我們一生事做不完，就是我們後代子孫三五百年以後，仍將是做不完的。但是我們要求我們國家民族能夠世世代代繼續生存下去，就必須趁此抗戰的時機，由我們這一代手裡來建立千年萬世永固不拔的基礎！否則，我們將枉費一生，對不起後代子孫。

分論西北在抗戰中的戰略地位。

蔣經國：

幾千年來，無數次驚天動地的事業、偉大無比的工程，都在那裡創造完成；祖先們無數量的鮮血，都滲在那邊的土地裡，使那塊肥沃沃的土地上，曾經開過無數鮮豔的花朵。但是，到今天，我們已經把她遺忘了，我們已經對她生疏模糊了！

幾年來抗戰的經驗告訴了我們，敵人侵略我們的主要目的並不只是限於東南的土地而是西北的資源。同樣的，我們也早已認清了西北才是我們主要的抗戰根據地，那裡有高山大川，有廣袤的平原，有廣大的土地；有誠樸可愛的同胞，有茫無邊際的翰海，也有沙漠中的綠洲，有千千萬萬的羊群，有蘊藏無數量的礦產；有塞上的明月，有晚風中的駝鈴，有豐富的文化遺物，有各民族藝術的結晶。那裡包括陝西、甘肅、青海、寧夏、綏遠以及西藏、蒙古、新疆等省，雜居著漢、滿、蒙、回、藏各族的同胞。他們是那麼親愛，多麼誠摯地生活在一起。

在抗戰五週年之際，三十二歲的蔣經國向青年們大聲呼籲：

所以，今天我們應該回到我們中華民族的故鄉去！那裡的資源，正需要我們去開採；那裡的文化，正需要我們去發掘。是的，我們要堅決地回去！偉大的西北呀，祝福你！在抗戰建國中成長，在抗戰建國中壯大。

蔣介石：

我常說不到西北，不能認識我們中華民國基礎的雄厚與偉大。……試看我們抗戰五年多，敵寇日本帝國主義者，集中全力企圖來滅亡我們，結果徒然自陷泥淖，自取崩潰，到現在所能侵占的土地，只限於交通便利之區的幾點幾線，其他廣大的領土，他絕對無法占領，即就敵騎已經蹂躪的土地來講，亦不過我國全部領土的四分之一，其餘四分之三的國土，還是在我們手裡。由各位同志共同努力來保障和建設，足是我們革命復興雄厚的根據地。由此可知經過這次抗戰之後，任何帝國主義者都不能再侵略滅亡我們了。

經過中國軍民五年艱苦卓絕的抗戰，蔣介石對抗戰勝利更加自信：要知道，現在中國因五年餘的艱苦抗戰，已被認為世界四強之一，而且我們是一個人口最多、土地最廣、物產最富的國家，更是抗敵作戰時期最長的一個國家。我們以五年多的時間，犧牲了無數將士和民眾，才創造出今天這個光榮的歷史與國際地位。

蔣經國：

異口同聲地稱頌左宗棠，要效法他經營西北，力倡植樹造林，涵養水土。

假使西北的水不能解決，建設西北的工作，就永遠沒有辦法解決。要解決水的問題，惟一的有效辦法，就是要多種樹木。左宗棠建設西北，先就是從農業著手。但是，左宗棠的事業，在西北並沒有得到很澈底的實現，西北的農業，並沒有顯著的進步。我們要建設西北，就應當利用西北肥沃的土地，積極地發展農業。

蔣介石：

各位可以看左宗棠時代經營西北，就是以保護森林為根本要務，所以當年的左公柳，到現在有些還可以看到。聽說當時縣長交代，所管轄的森林樹木，都要慎重點交，如要破壞損失，即要受處分。我們現在一般行政官吏和黨務人員，亦必須注重於此。尤其是軍隊，更要嚴切注意：部隊每開到一地或駐紮一處，一定要嚴禁官兵夫役砍伐樹木，破壞森林，大家對保護森林樹木，較之愛護自己的生命還要重視，如此才可以保存現有的一點建設基礎。

西北山地遼闊，大抵荒旱廢棄，我們現在所要開發的，這就是最重要的一部分。必須訂定細細計畫與具體辦法，動員人力經費，實行大規模造林，以涵養水源，調節氣候，防止風沙，開發地利。

特別強調發展西北交通，視其為治國安邊的第一要務。

蔣經國：

建設西北的交通問題。目前我們正在趕造寶雞到天水的一段鐵路，我希望西北的鐵路網，公路網能夠好迅速地完成起來。

蔣介石：

所謂「有土者」，係指政治與經濟力量之支配，今日政治與經濟力量之開拓，乃以交通為首要前提。凡我交通未達到之區域，實際上就是化外獨立之地方，隨時皆可自動離叛，或被他人侵占。故交通之開拓，乃為治國經邦第一要務。一切政治家、外交家、軍事家，不可不首先注意。今日國家所有紛亂，邊疆所以危殆，泰半皆交通梗塞有以致之。試觀日俄英法諸帝國主義，無不以鐵路包圍或深入我邊疆，挾交通為其鯨吞蠶食我領土之基本工具，再今日之戰爭即是交通之戰爭，帝國主義之所以敢於肆意深入，視我數十萬軍隊為無物，亦即欺我交通之缺劣也……總之，籌邊禦侮，治國安邦，悉於交通是賴，吾人亟宜悉力圖之。[1]

---

[1] 《總統蔣公思想言論總集・卷十九・演講》，中國國民黨中央委員會黨史委員會，民國七十三年（一九八四）十月，頁一〇九－一一〇。

薑還是老的辣。單以交通立論，老蔣的闡述就比小蔣深刻許多。號召和呼籲有志青年赴西北建功立業，促進西北進步。

蔣經國：

西北，你這個偉大而莊嚴的名字，西北，你這個中華民族的古老的故鄉！我們祖先的墳墓，我們祖先留下的燦爛的文化的遺產都在那裡蘊藏著。但是久遠了，中華民族的子孫，已經久違了這祖先的故鄉，遺忘了我們無窮盡的文化寶藏，更忘記下留在西北的同胞，但是，今天中華民族正處在激變的時代裡，敵人想從四面八方來統治我們，為了解救自身的苦處，為了創造今後新的幸福的生活，我們已經自覺起來反抗敵人，自覺地起來從事建國工作，這個時候，我們又記起我們祖先流血流汗的地方，那裡豐腴的物產，堅強淳樸的人民，燦爛的文化，都是我們抗戰建國惟一的力量！今天，我們要建設新的中國，非但要建設新的東南，同時要建設新的西北，為西北同胞謀幸福的生活，所以，我們應當說有志的青年，應該到我們這古老的故鄉去，有志的青年，應當到西北去！「西北的進步，就是中國的進步，沒有新的西北，就不能完成新中國的建設。」

蔣介石：

我們古人勖勉軍人的話，總是說「開疆拓土」，而我們現在連前人所遺留的國家疆土，都任其荒蕪，任其廢棄，人口既然稀少，疆土也就模糊，這自然是愧對前人，有失我們的天職。我們現在如果真正有事業心，有遠大志向，我們就應該到荒僻邊遠的地方，開闢我們固有的疆土，來充實我們的國防，鞏固我們的國基，凡是軍力所及的地方，要使行政權能完全實施，治安絕對良好，人口日益繁庶，物產日益豐富，而後祖宗基業，才得以保存完整，才算是發展我們效忠國家的責任。我們軍人本是男兒志在四方，要馬革裹屍遙葬，為國盡勞，應不憚馳騁萬里。[1]

相較蔣氏父子的演講文稿，蔣經國激情澎湃，青春洋溢，理想飛揚；蔣介石理性深邃，張弛有度，義簡言賅。

一九四二年年十一月十三日，蔣介石的高級幕僚唐縱在日記中寫道：「設計局呈送西北十年計畫，委座批示此事應祕密進行，並應從急需者做起：（一）移民；（二）墾殖造林；（三）驛運與公路。此誠英明，令人嘆服。今日西北問題，一切皆空，第一是交通，第二是水利，第三是人力，此三事不解決，一切皆空。」[2]

綜上觀之，蔣氏父子關於開發西北的觀點是多麼合轍押韻。

朱將軍飛度天山

一九四二年八月中旬，蔣介石夫婦飛抵嘉峪關，劍鋒直指天山、崑崙。考慮到新疆毗鄰蘇俄、英印度，外交上的敏感性、民族宗教的複雜性，蔣介石下達封口令，中央政府與新疆地方政府的接觸，祕而不宣，要在高度保密中進行。

一九四二年七月十六日，唐縱在日記中寫道：「下午黨政軍會報，劉次長宣達委座之意旨二點：新疆事件，知道者不必多言，不知道者不必過問。如有人問起，答蘇聯對我態度很好。」[3]

新疆是中國內地通往莫斯科的便捷孔道。抗戰前後，國共兩黨官員均取道新疆，來往於重慶或延安與莫斯科之間。盛世才迎來送往，左右逢源。

一九三五年夏，國民政府駐蘇大使館武官鄧文儀[4]乘機回國述職，途徑迪化停留多日。在盛世才安排下，鄧

1 《總統蔣公思想言論總集・卷十九・演講：開發西北的方針》，中國國民黨中央委員會黨史委員會，民國七十三年（一九八四）十月，頁一六九－一八一。

2 《蔣介石的高級幕僚唐縱日記》，一九四二年十一月十三日，群眾出版社，一九九三年，頁三一九。

3 《蔣介石的高級幕僚唐縱日記》，一九四二年七月十六日，群眾出版社，一九九三年，頁二九一。

4 鄧文儀是黃埔軍校第一期畢業生，一九二五年赴蘇聯中山大學學習，一九二七年回國後，歷任黃埔軍校政治部主任、蔣介石侍從祕書等職。鄧文儀是國民黨的理論家、宣傳家。

赴新疆陸軍軍官學校參觀，代表南京政府講話，並向學校贈送了黃埔軍校校訓「親愛精誠」四個大字和蔣介石巨幅照片。自此，新疆陸軍軍官學校校訓由「艱苦耐勞，精誠團結」改為「艱苦耐勞，親愛精誠」。鄧文儀還參觀了「八一」新疆和平統一紀念日的閱兵典禮，並往吐魯番視察當地駐軍[1]。

鄧文儀曾任蔣介石侍從祕書，盛世才向其開放軍校和駐軍，意在向蔣示好。

六年後即一九四一年末底的一天，南京政府駐蘇武官郭德全經迪化赴莫斯科履新。郭在迪化期間，受到盛世才異乎尋常的熱情接待。那天晚上，盛世才喝了很多酒，他噴著酒氣對郭德全說：「我盛世才對委員長一向敬重，別看我現在和共產黨打得火熱，只要委員長一句話，我馬上就和蘇聯翻臉，把在新疆的共產黨統統送進大牢。」

郭武官聞言大吃一驚，以為盛世才醉後胡言，忙打岔說：「委員長對盛都督非常關心，你有什麼想法，以後我們還可以再談。」

盛世才不依不饒地說：「不，就在今天談。酒後吐真言，我可以告訴你，我剛才說的句句是實話。」郭德全見盛世才不像是喝醉了的樣子，便認真起來：「好，您剛才的意思，我一定會向委員長報告。」[2]郭德全到達莫斯科後，將盛的態度用密電報告了蔣介石。蔣介石聞之大喜。

十年織網，苦苦等待，獵物欲進網袋，豈能讓牠再逃之夭夭！在重慶黃山官邸，蔣介石三次召見新疆駐重慶辦事處主任張元夫，細問新疆情況。又召回《中國經營西域史》作者曾問吾，委以少將軍銜，專門研究新疆邊務。隨後又派侍從室高級幕僚唐縱與張元夫晤談。

盛世才投靠中央，不缺牽線人，缺的是擔保人。擔保人與牽線人不同，必須位高權重，一諾千金，並與蔣介石有特殊關係。

盛世才選中了第八戰區司令長官朱紹良做起擔保人，在蔣盛之間穿針引線。蔣介石十年前布下的棋子開始發揮作用。

---

1 王東：《黃埔軍校九分校書稿》。

2 崔保新：《蔣介石與盛世才》，臺北：東方出版社，二〇一五年。

一九四二年七月初，朱紹良奉命飛往迪化會見盛世才。「七月三日，先生由蘭州飛抵迪化，隨行有祕書及電務員副官各一人，而新疆督辦公署所準備接待設備，則可供三十人以上，意先生隨從必甚多也。」統兵數十萬的朱長官千里走單騎，這大大出乎盛世才的意料。

朱紹良深知盛世才疑心重的性格，為避免重蹈黃慕松當年好大喜功的覆轍，決定單槍匹馬獨闖曹營，先打消盛世才的疑心。

朱紹良遇事機敏，處事靈活，善於見招拆招。「盛迎先生住都署東花園，晚設宴洗塵，先生即席贈盛詩一首：立馬吳山憶舊時，相逢塞外鬢如絲。平生意氣期未負，大好河山共維持。並記盛氏鬢髮浩然，年僅四十有七，甚矣，憂勞可老人也。」

這是朱紹良擬好腹稿後，在合適的場合和氛圍下，打出的一張感情牌。一個「共」字，彌合了二人的分歧，道出了國家觀，祖國的大好河山是祖宗打下的，是屬於人民的，我們二人共擔有維持新疆領土安全的責任。而「鬢如絲」一詞，觸碰到盛世才心中柔軟之處。盛氏日後撰文解讀說：「這首詩不僅是反映了昔日友誼，互相的平生抱負，和當前應負的任務，而且也描寫了我歷年艱辛，而加速的由青年渡到衰老的容顏。」

金紹先在其回憶錄中寫道，由於開局良好，「遲至一九四二年春（應為夏季）天，盛世才電請朱紹良去烏魯木齊面商投蔣密謀，據說盛對朱十分恭敬，每天親自陪餐，飲酒親自開瓶，臨睡親來招呼床鋪，當朱微服出遊時，還派便衣衛士跟蹤保護，一切無微不至。」[1]

朱紹良確為蔣盛之間最合適的牽線聯絡人。盛世才自稱：「在朱長官逸民將軍五次出關中，隨著他每次出關任務的不同，而有不同的收穫，所謂不同收穫，並不是別的，乃都是對國家民族，對抗戰建國建新，對鞏固抗戰後方等事業上有特殊的貢獻與莫大的幫助。」[2]

朱紹良「每次入新，每次均有難題發生，朱氏從容處理，均安然渡過，可謂邊疆大吏中之首功者」[3]。

---

1 《金紹先文史政論叢稿・海峽情思》，團結出版社，一九九三年，頁一八七。
2 晉庸：〈四月革命的回顧與前瞻〉，《新新疆》創刊號一九四三年四月二十日。
3 張大軍：《新疆風暴七十年》（九），頁四九〇九。

奇女子逢凶化吉

自一九四二年春起，先有朱紹良三度天山充任牽線聯絡人，繼有盛世才派遣五弟盛世驥赴重慶探明虛實，再有中央大學校長羅家倫、國民政府經濟部部長翁文灝等國民黨大員熱絡往返，蔣盛之間更是電報頻傳。到了八月，蔣盛關係冰釋前嫌，新疆省政府內附中央政府，似乎到了瓜熟蒂落的階段。

萬事皆具備，只欠東西行。何為東西行？即蔣介石由渝西行，盛世才由迪東飛，約定在中國地理中心蘭州晉見。

八月十五日，蔣介石偕宋美齡等如約飛抵蘭州，十六日，即電告在迪化的朱紹良、盛世才到蘭的消息[1]。不料，風雲突變。十八日，盛向蔣報告稱，昨日有蘇聯坦克、裝甲車、汽車等八輛未經通知向迪化開行，已通知外交部駐新疆特派員向蘇方交涉請其撤回[2]。

當日，盛世才又向蔣發出電函，告以他「本擬來蘭請謁，以目前新疆情形複雜，暫難成行」[3]。也就是說，不來了。

盛世才託詞爽約，在古時當算欺君殺頭之罪。這令牽線聯絡人朱紹良好不尷尬。十九日，他只好攜盛函孑然一身到蘭州見蔣介石。

朱與蔣會見的玄機，蔣在當日日記中約有透露：「逸民（注：朱紹良）由迪化來蘭，商議由余赴新或囑盛（世才）來甘，皆覺不妥，以迪化機場已有俄國之驅逐機駐在故也。最後決定由妻代余赴新傳達意旨，以壯盛膽，亦所以慰之也。」[4]

蔣、盛見面事關重大，早已擬定第一方案：地點蘭州，盛晉蔣見。如今盛託詞不至，蔣情急之下，遂提出第

1 《翁文灝日記》，中華書局，二〇一〇年一月，頁八〇〇—八〇二。
2 《吳忠信日記》，一九四五年十月二十日，新疆檔案館。
3 李帆群：〈盛世才投靠國民黨的前前後後〉，《新疆文史資料選輯》第二十二輯，新疆人民出版社，一九八七年，頁八六—八七。
4 《蔣介石日記》，一九四二年八月二十日。

二方案：地點迪化，蔣蒞盛迎。蔣堅持認為，新疆歸順乃黨國大事，值得冒風險。此案一出，即遭眾幕僚同聲否定，「但為其左右勸阻，認為新疆情況複雜，尚未完全瞭解，元首係負國家安危，不可冒此危險」[1]。蔣氏幕僚理由鑿鑿：一不合禮儀，有失國家元首身分；二風險太大，恐生西安事變之禍。第二方案就此作罷。

通觀國際局勢，蘇德大戰正酣，美英對日公開宣戰，國際局勢向著有利於中國的方向發展，收復新疆主權，建功立業，正當其時。機不可失，失不再來，蔣介石豈甘坐失翹盼已久的良機？

然而，因蘇聯控制新疆多年，故盛不敢東來，蔣不能西去，僵局如何打破？於是又生出第三個折中方案——由蔣夫人代蔣去新疆安撫盛世才。第三方案純屬無中生有、節外生枝，既是無奈之案，亦是轉圜新疆危機的唯一可行之法。

早在西安事變中，宋美齡就表現出俠肝義膽的氣質、臨危不懼的勇氣、舌戰群儒的辯才、靈活機變的手段。宋美齡是聰穎之人，她知道收復新疆於國家的戰略意義，更知道此行非她莫屬，要麼前功盡棄，要麼化險為夷。雖然此行弗比西安事變深入虎穴，但所需要的勇氣與智慧則毫無差別。

上帝眷顧蔣介石，每當危難臨頭，總是女子出面護衛男子。處置西安事變危機如此，化解新疆危局亦如是。

宋美齡歷險西征

宋美齡代夫西征的內部方案形成後，蔣盛之間亦達成一致，遂由國民政府與新疆省政府分頭準備。

「八月二十七日朱氏飛抵嘉峪關，二十八日蔣委員長隨蔣夫人蒞臨嘉峪關，旋赴西寧接見馬步青、馬步芳兄弟，彼等軍隊原在河西一帶駐紮，遷回青海中部柴達木盆地屯墾，中央軍逐漸進入河西走廊一帶。」[2]宋美齡二十九日飛赴迪化的行程，卻在高度保密之中。

梁寒操的祕書胡彥雲作為同機西行者，如實記錄了蔣夫人西行前及途中的有關細節。

1 李帆群：〈盛世才投靠國民黨的前前後後〉，《新疆文史資料選輯》第二十二輯，新疆人民出版社，一九八七年，年八六—八七。

2 張大軍：《新疆風暴七十年》，臺北：蘭溪出版社，一九八〇年，頁四九〇七。

「一九四二年秋，筆者隨梁寒操作新疆之行，途經甘肅酒泉時，換乘宋美齡專機，與宋美齡一行同抵迪化（今烏魯木齊）。」

「梁寒操（時任國民黨中央常務委員，軍事委員會政治部副部長）和我從重慶到蘭州後，在蘭候機四日，再繼續西去酒泉。在酒泉郊外空軍招待所住宿，第五天一早到機場，意外地看到蔣介石，他站在一架待發的美國運輸機扶梯旁邊。當我們被引導登上這架飛機時，我瞥見蔣介石兩道陰沉的目光，異常嚴肅地注視著我們這幾個青年。」

蔣介石親自到機旁送行，愛妻要去一個陌生之地，生死未卜，為夫者憂心忡忡，亦是人間常態。只是旁觀者不知內情，很難體察蔣氏此時此刻的心情。

胡彥雲回憶道：「這架運輸機的座艙裡沒有沙發，兩旁是長條硬席座位，靠駕艙的地方，放一普通籐椅。我們坐定不久，宋美齡走上飛機，跟著四個人，兩個是女傭，一個是警衛，再一個是我熟識的曾在重慶開業的西醫，這次他以隨行醫師名義陪宋到新疆。這時，我才明白蔣介石是來送宋美齡的。」美齡號專機內部陳設如此簡陋，隨從如此精簡，出乎青年搭乘者的意料。

胡彥雲放眼觀察：「這架飛機的駕駛員是空軍大隊長衣復恩，他一直給宋美齡開飛機。宋美齡坐在那張籐椅上，面對著大家，沒有和任何人交談，顯得非常嚴肅。同機的還有國民黨外交部駐新特派員吳澤湘、兩位祕書、俄文翻譯、國民黨中央通訊社派赴新疆的陳萬里等二十多人。」[1]陪同蔣夫人西行的軍政大員中，還有蒙藏委員會委員長吳忠信、第八戰區司令長官朱紹良等人。

說起駕駛員衣復恩和貼身女傭蔡嫣，先回溯一下五個月前的舊事：

「一九四二年三月，蔣介石夫婦赴緬甸慰問遠征軍。其時日軍飛機在滇西、緬甸一帶活動頻繁。處於安全考慮，蔣介石輕裝簡從，隨行人員不超過十人赴緬慰問勞軍。在緬公畢返航，萬想不到。飛機起飛後不久即遭七架日機追擊。機長衣復恩空軍中校當機立斷下令：『全體穿上降落傘！』其時情勢萬分危急，飛機一會爬高，一會驟降，以擺脫敵機。在崇山峻嶺上低空飛行，若稍有不慎，遽機毀人亡。因宋美齡穿的是旗袍，無法穿降落

1 胡彥雲：《往事回眸：二十世紀新疆圖片紀實之一》。

傘……加上飛機的非常飛行，宋美齡身體已經不支，雙眼緊閉似已昏暈，呈休克狀。蔡媽毫無懼色，在宋耳畔輕輕呼喚。當時蔡媽想：敵機若用機槍掃射，先打死自己，護住夫人。萬一從機上摔下去，抱緊夫人摔死自己。幸好機上人少物少，飛行員技術高超，終於逃脫敵機。」[1]

五個月前，蔣介石夫婦死裡逃生，聞者驚心。此次蔣夫人與夫作別酒泉，獨自西行新疆，航路更長，地域更為陌生，蔣介石心神不安，宋美齡心無勝算，各僚屬憂心忐忑。畢竟，他們是在與一個鐵幕重重的大國鬥法，與一個首鼠兩端的梟雄玩遊戲。

在美齡的隨行中，可能除了朱紹良等少數人去過新疆外，其他人對地理上的新疆是那麼陌生，對書報上的新疆又是那麼熟悉。畢竟新疆在蘇聯的掌控之下，一直疏離於國民政府，盛世才乃西域梟雄，讓人難以捉摸。機中的沉默，此處無聲勝有聲。

美齡號專機已遠離嘉峪關，距迪化愈來愈近。宋美齡想起達令（對蔣的暱稱）送別時的憂鬱表情，下意識地拿出蔣介石寫給盛世才的親筆函：「千里咫尺，未克面晤為念，今日內子飛新代中慰勞，聊表惓惓之意而已！余托內子面詳，不盡一一，諸維心照。」

這是美齡此次西行的特別通行證，也是授權書和護身符。

這廂飛機上眾人緘口不語，新疆政府那廂又如何呢？「當宋美齡來新消息由國民黨正式通知盛世才後，這一關係新疆政局轉變的關鍵事件，使盛世才立即處於彷徨矛盾之中。他一面恐懼來自蘇聯的壓力，一面又害怕蔣介石藉機派遣空軍部隊來新疆搶奪其政權……」[2]用「坐立不安，焦慮萬分」，形容盛世才，大概不算誇張。

吐魯番與迪化相距一百八十千米，自古為迪化門戶。「宋美齡飛抵迪化的前一天，盛世才就祕密派遣軍校精幹學生二百餘名，乘坐坦克及裝甲車，連夜開赴吐魯番，配合當地駐軍，防止紅軍第八團西進。行前，盛世才指示：『你們都是督辦最親信的幹部，平素訓練你們的目的在於保衛新疆，現在新疆正需要你們，不管當前的局勢如何變化，你們絕對不許動搖彷徨，只有堅決服從和執行督辦的一切命令。』」

1 〈宋美齡的貼身兩隨從〉，《文史精粹》（四），河北人民出版社，頁三四〇—三四一。
2 《新疆文史資料選輯》第二十二輯，新疆人民出版社，一九八七年，頁八八。

同時，有蘇聯坦克十五輛，自塔城開往迪化，經過烏蘇時，盛世才即獲得情報，當即電令綏來縣長曲出勤及警察局長，限三個小時內將綏來大橋燒毀，阻止坦克東進，曲志勤接到電話後，感到突然，因為綏來大橋建成費事年餘，現在竟要在三小時內予以燒毀，此令實在讓人不可思議。曲志勤懷疑盛世才神經錯亂，又懷疑或係電文錯誤，不敢貿然行事。於是急電請示盛世才，盛當即覆電：「迅速執行。」

待曲志勤將汽油、木柴準備停當赴瑪納斯河大橋時，蘇聯坦克已越過大橋，曲志勤才知道事出有因，但悔之已晚，只得立即電告盛世才。盛世才得電後，又命令軍校學生在西大橋至迪化城途中布置炮兵，並命令：「各坦克不走去哈密的路線而駛向迪化城時，即開炮轟擊。」坦克駛至迪化近郊後，未繼續東進，遂即折返頭屯河鐵工廠。後來曲志勤也因此被盛氏撤職[1]。

宋美齡從酒泉起飛之日，盛世才就在迪化做了各項部署。他一面動員全迪化市各機關公教人員及大中小學學生，列隊於自機場至西大樓沿途歡迎外，一面命令軍校學生及其最親信部隊攜帶全副輕重武器，布於機場四周，防止國民黨空運部隊的突然降臨[2]。

其實，蔣介石最為擔心的不是盛世才，而是蘇聯駐紮迪化的驅逐機。蘇聯在新疆握有絕對的空中優勢，一旦發生意外，新疆即為絕地也。

《新疆日報》舊聞

經過約五小時的飛行，美齡號專機在迪化機場簡易的跑道上滑落，揚起漫天的塵土。

一九四二年八月三十日《新疆日報》的頭版，隆重報導了蔣夫人到訪迪化的消息，一千二百餘字的新聞特寫，配發了兩幅照片，一幅是盛世才夫婦與宋美齡一行人在美齡號專機前的合影，一幅是蔣夫人身穿旗袍、手持鮮花的獨照。

1　《新疆文史資料選輯》第二十二輯，新疆人民出版社，一九八七年，頁八八。

2　《新疆文史資料選輯》第二十二輯，新疆人民出版社，一九八七年，頁八八。

有關報導如下：

宋美齡昨日抵迪，朱司令長官等中央要員同來。
邱委員長率各機關正副首領婦女代表赴機場熱烈歡迎。

這幅標題很有意思：標題中沒有出現盛世才三字，而是邱委員長（即盛世才夫人邱毓芳，時任新疆婦女委員會委員長）率各機關正副首領婦女代表迎接，這是有意貶低蔣夫人，還是意在抬高盛夫人？至於標題中為什麼沒有出現盛世才，因為盛世才不能單稱，必須全稱「全疆人民偉大領袖盛督辦兼主席」，偉大領袖來歡迎蔣夫人，邏輯上說不通，禮節上亦突兀，故做了巧妙處理，煞費心機。

新聞報導先白描遠山近景：

（本報八月廿九日）天清氣爽，雨後的秋風從柏格達的山巔吹下，帶給人們些許初秋的寒意。沿街黨國旗飄揚，給正在建設中的迪化市增添了嶄新的容彩。九時許，省城各機關法團首領及婦協總會全體常委並女校學生代表齊集歐亞飛機場；軍樂隊，儀仗隊，和騎兵衛隊早已在場恭候，靜待佳賓。這時，陽光送暖，巧雲在天，柏格達山峰猶如萬里長屏，象徵著團結抗戰的銅牆鐵壁。機場遼闊博大，秋草初黃，微風輕拂，和平而且靜穆。倦雲出岫，雪山晶瑩；欣喜的顏色浮滿在每一歡迎者的面孔上。

應該說，記者的文筆是相當出色的。筆鋒一轉，高潮來臨：

下午一時卅分許，遙望機場以北的公路上，汽車連翩而來，樂聲大作，全疆人民偉大領袖盛督辦兼主席偕夫人——全疆婦女領導者邱委員長亦親自蒞場歡迎遠途而來的貴客——抗戰最高統帥蔣委員長夫人——全國婦女領導者宋美齡女士、朱司令長官、蒙藏委員會吳委員長禮卿、政治部梁副部長寒操、毛總指揮邦初、外交部吳特派員澤湘。未幾，東南角的高空上出現機影，初則細小如蜻蜓，幾秒鐘後，機場大作，草綠色的「道格拉斯」巨型航機已經凌過機場向西北飛行，再一轉折，便翱翔在和平寧謐的迪化市空之上了。這時，偉大領袖及夫人率領在場全體歡迎群眾向空際招手歡迎，靜謐肅穆的機場頓時為欣喜的熱情所瀰漫了。五六分鐘後，巨型機環繞迪市一周，安然著陸，停棲機場中央，偉大領袖盛督辦兼主席及夫人率領各機關法團首領及婦女代表趨赴機前熱烈歡迎。這時樂聲又起，首先由朱司令長官紹良引導蔣夫人下機，繼之吳委員長、梁副部長、毛總指揮、吳特派員及隨員等二十一人亦均次第下機與歡迎者相見。

記者接著為蔣夫人一行大員做特寫：

蔣夫人身著藍地紅白圓開圖案旗袍，青色毛衣，外罩繡金青綢斗篷，精神煥發，面浮微笑，意態慈祥，毫無風塵之色。朱司令長官著草綠色軍服，佩短劍，吳委員長著草綠色中山服，帶青呢禮帽，梁副部長著灰色西裝，精神飽滿，神采奕奕，均不愧為持久抗戰中身負艱巨之樑柱。

記者繼而實錄盛世才夫婦與蔣夫人握手言歡及合影的細節：

下機後蔣夫人首先和偉大領袖及夫人握手寒暄，並接受在場群眾的熱烈歡迎，及婦協和女校代表之獻花，賓主盡歡，盛極一時。繼而由偉大領袖及夫人陪同蔣夫人及全體來賓在機前留影，然後由盛夫人及盛小姐克文陪同蔣夫人合攝一影，作為兩大婦女領袖首次會面之紀念。

盛世才在臺上臺下公開宣稱，蔣總裁派夫人到迪化慰問我及家人來了，其用意不言自明。將宋、邱並稱兩大婦女領袖，又將邱毓芳置於盛世才之前，最值得玩味一番。從正面理解，抗戰期間，中國婦女社會地位的提升，折射出中國社會的巨大進步。

記者縱筆續寫迪化人民夾道歡迎蔣夫人：

在軍樂與歡呼聲中，由盛夫人陪同蔣夫人合乘第一車，偉大領袖督辦兼主席陪同朱司令長官、吳委員長等，乘第二車，其餘貴賓等均分乘歡迎汽車逕赴城內。入城後，汽車雁行魚貫，在黨國旗飄揚之下行進，迪化市民亦均不願失此千載難逢之良機，擁聚街頭，藉圖瞻仰此全國婦女領導者之儀容及遠越萬里關山之貴賓。車經督辦公署門前，夾道兩旁早已列齊婦女歡迎隊伍，女校大中小全體教員和學生懷著熱烈的心情，帶著企望的微笑，在靜候她們最敬愛的蔣夫人！蔣夫人當即由盛夫人陪同下車，與歡迎代表相見，並接受代表之獻花，寒暄已畢，仍由盛夫人陪同登車，在夾道者的熱烈歡呼中，遊龍一般的汽車先後馳入督辦公署。

此段有兩個看點，一是沿途懸掛黨國旗，二是迪化市民自發擁聚街頭，爭睹蔣夫人的風采。結尾是記者的內心感受和議論：

此時秋陽閃爍，輕塵微揚，關心抗戰建新國的迪化市民，歡欣浮在面容上，激動深藏在心底，為了紀念這不能忘卻的盛日，互相報以滿意的微笑。[1]

機場上成千上萬的人圍成一個大圓圈，在搖旗歡呼，表示歡迎，那天盛況，據說在新疆是空前的。[2]

盛世才畢竟是政壇高手，他知道用什麼樣的方式和規模歡迎各種角色的客人，接待方式也是政治學。應該說，盛世才歡迎蔣夫人的儀式是國家元首級的，蔣介石到訪亦不過如此吧！在迪化如此複雜的環境中，能以夾道歡迎的方式迎接蔣夫人，讓宋美齡一行只見彩旗、標語、鮮花搖曳，只聞音樂歌舞、歡呼之聲，劍拔弩張的氣氛被熱烈的歡迎儀式沖淡了、掩蓋了。

內緊外鬆，公教警務人員忠於職守，認真負責，組織工作井井有條，重慶政府亦不一定做得到，可見盛世才

1　《新疆日報》一九四二年八月三十日頭版。
2　《往事回眸：二十世紀新疆圖片紀實之一》，新疆美術攝影出版社，一九九九年六月。

的行政效率和社會控制能力非同一般。

白日的喧囂已過，夜晚則是另一種景象。「宋美齡在迪化期間，每日夜間全市戒嚴，斷絕行人，社會空氣十分緊張。」[1]

第一夫人宋美齡的到訪，可算是民國新疆的一件大事。宋美齡身分特殊，不但盛世才與新疆軍政官員重視，蘇聯駐新總領館、英國駐新領事館，亦密切關注，迪化的各族民眾早聞夫人傳奇故事，自然格外好奇。美齡到訪，在迪化刮起了一陣旋風。

美齡畢竟不是密訪新疆，而是代表蔣介石與國民政府來新疆宣慰，公開活動非有不可。當然，公開活動是盛世才悉心安排的，美齡只是表演一番。

曾任《新疆日報》主編的李帆群撰文寫道：

宋美齡抵達迪化的第二天，曾去新疆女子學院參觀，當時女子學院教職員中，多為『叛逆家屬』，盛世才之妻邱毓芳（新疆女子學院院長）為防備這些家屬將其冤情狀告宋美齡，乃對宋美齡嚴加防範，尾隨左右，寸步不離。

這時，發生一個小插曲：趙丹被捕後，他的妻子葉露茜早就想設法營救，但是苦無門路。她聽說宋美齡到了迪化，於是懷著一線希望，打算告一次「御狀」，可是「御狀」寫好了，卻無法送到宋美齡手裡。宋美齡在女子學院參觀完畢後登上汽車，葉露茜感到錯過這個機會就再沒有希望了，於是她乘汽車開動的一剎那間，不顧生命安危，猛力向汽車撞去。宋美齡看到汽車撞了人，禮貌地下車來扶葉露茜，葉露茜乘著混亂，將「御狀」偷偷塞在宋美齡的大衣口袋裡。當然，宋美齡不會因為一個電影演員而去撕裂與盛世才的關係，於是「御狀」也就石沉大海了。[2]

1 《往事回眸：二十世紀新疆圖片紀實之一》，新疆美術攝影出版社，一九九九年六月。

2 李帆群：〈盛世才投靠國民黨的前前後後〉，《新疆文史資料選輯》第二十二輯，新疆人民出版社，一九八七年，頁八八。

宋美齡在迪化期間，其隨行大員發生了令人側目的一幕：「那天，這一大幫隨從在迪化市有限的幾家商店裡拚命搶購物資，如蘇聯戰前輸入的呢絨、嗶嘰、花布、食品、化妝品、糖果、白蘭地、玩具、照相機、手錶等等，都是他們搜求的東西。原來，太平洋戰爭以後，重慶洋貨絕跡，即使有，也昂貴非常。在迪化發現這等東西，他們當然不會放過。從早晨出發搶購，然後一次次、一車車地運回，市民為之側目。他們幾乎把迪化全市的日用品搜購一空。」[1]持續五年的中日戰爭，已經把中國經濟拖垮了，一切都變得短缺。而新疆開展與蘇聯貿易，日用消費品由蘇聯供給，新疆人民的生活要比內地好過得多。

宋美齡被安置在督署西大樓盛世才的家裡，梁寒操等由盛世才的二弟盛世英（交通管理處處長）陪同，安頓在督署東花園。

二十九日當晚，盛世才在西大樓設宴為宋美齡一行洗塵，一共六席，陪客有梁寒操、吳澤湘及全體隨行人員。還有先到迪化為宋布置一切的毛邦初和侍從室總務組長陳希豪等。新疆方面除盛世才及其妻邱毓芳外，還有盛世英、邱毓熊（盛的妻弟）及盛的其他親信。

據胡彥雲回憶：「席間，宋美齡講了幾分鐘話，大意是說，這次到新疆，感到很高興，承蒙盛情款待，十分感謝。新疆在盛督辦治理之下，取得了很大成就，非常佩服，望今後『百尺竿頭，更進一步』，以三民主義為依歸，把新疆建設成一個『民有、民治、民享』的三民主義的新疆云云。宋美齡的講話雖短，但在盛世才治新歷史上，卻是個開始轉變的徵兆。即以偽裝崇奉馬列，變為赤裸裸依附蔣介石的反動統治。在宋美齡之前，從未有人敢在盛世才面前談論什麼三民主義。聽了宋美齡的話，我感到有點突然，盛世才會接受她的這套宣傳嗎？」[2]

「盛世才對《新疆日報》十分重視，每天出版的報紙他都要看，而且看得非常仔細。例如，宋美齡來迪化時，《新疆日報》把『她』誤排成『它』，該校對即遭到嚴厲的處分。」[3]

宋美齡的活動分祕密與公開兩部分。祕密部分又分級別，依參與人數多少而定。在密談中，宋美齡轉交蔣介石寫給盛世才的親筆信函。該信函後來成了攸關盛世才性命的護身符。

---

1 同《往事回眸：二十世紀新疆圖片紀實之一》條。
2 同《往事回眸：二十世紀新疆圖片紀實之一》。
3 李帆群：〈盛世才投靠國民黨的前前後後〉，《新疆文史資料選輯》第二十二輯，新疆人民出版社，一九八七年，頁八六—八七。

盛世才曾在所著的一本書中寫道：「蔣夫人留迪期間，曾參加過幾次新疆軍政高級幹部祕密會議。在討論重要問題時，蔣夫人的發言，不僅能夠把握重點，決心果斷，認識正確。例如討論本人是否隨同飛蘭州或西安晉謁委座表示答謝並面聆教言一案時，當時本人雖然誠懇表示願隨同蔣夫人飛蘭州答謝和請訓，但蔣夫人乃果斷堅決表示，本人必須在迪化坐鎮，不宜離開新疆，予敵人以可乘之機，引起軍民不安，動搖邊局。待邊局穩定，晉謁委座之日正多。」[1]

盛氏所謂「飛蘭州答謝和請訓」之言，半真半假，意在試探。宋美齡聰明過人，巧言作答，旨在去盛之疑心。盛世才是善於察言觀色之人，同時亦是心高氣傲之人，能入其法眼者不多，宋美齡是一例外：「本人對蔣夫人的性格與識見看來，蔣夫人的確是一位有豐富國際政治知識，具有剛毅、果斷性格的政治理論家，具有政治天才的女政治家。」[2]

一九四三年四月，盛世才撰文再次誇獎宋美齡，這次主要側重於個人魅力與品質方面：「夫人為人端莊嚴肅，秀外慧中，學識優長，豪爽剛直，不只是富於熱情，而且遇事果決；不僅是使我內子對夫人異常欽佩崇仰，凡親夫人顏色，聽夫人演說者亦莫不稱讚夫人為女中之傑。」[3]

八月三十一日，宋美齡在迪化停留二日後，攜帶盛世才致蔣介石專函返回嘉峪關。真可謂：朱紹良天山伏雪豹，宋美齡抱得新疆歸。

「夫人能抵六十個師」，蔣介石不止一次溢美於宋美齡。宋美齡身穿旗袍，手持鮮花，面帶微笑，駐錫迪化亦不過三日，盛世才是如何被征服的？

首先是被宋美齡的勇敢無畏征服。蔣盛二人本說好在蘭州會面，但盛世才膽小多疑，藉故推託，蔣介石被人勸阻，身不由己，而關鍵時刻第一夫人挺身而出，難道不令自稱英雄者羞愧嗎？

其次被她的優雅淡定征服。宋美齡身著合體的旗袍走下飛機，莊嚴地微笑著，與荷槍實彈的警戒，內心緊繃卻佯裝輕鬆的盛世才形成張弛兩極的巨大反差，文武交道，自信者勝！

1 盛世才：《如何順利達成光復大陸的使命》，帕米爾書店，一九六九年，頁一二九—一三〇。
2 盛世才：《如何順利達成光復大陸的使命》，帕米爾書店，一九六九年，頁一二九—一三〇。
3 晉庸：〈四月革命的回顧與前瞻〉，載於《新新疆》一九四三年四月十二日創刊號，頁二五—二六。

再次被她的學識征服。水準高與低，張口便知曉。縱論世界大勢、中國前途、戰場結局、東西文化、青史功罪，蔣介石亦非宋美齡的對手，何況盛世才呢？

第四被她的真誠征服。真誠不偽是宋美齡為人處世的品格。西安事變中發動兵諫的張學良，犯下了千刀萬剮的大罪，在蔣夫人護佑下，頤養天年，長命百歲。盛世才在新疆亦犯下滔天大罪，但在蔣介石護佑下，躲過了黨內一次次聲討，背後必有蔣夫人的庇護。

第五被她堅定不移的信仰征服。宋美齡自認為是上帝的使者，其安危有上帝護佑，故無所畏懼。信仰的力量，盛世才無法理解，但他可以從宋美齡的自信中感受到。

其實，能否征服一個人，並不以時間計，有人幾句話可說服一個人，有人一個動作可讓人記憶一輩子，有人幾分鐘即可征服對方，遑論三日七十二小時呢？宋美齡的勇敢、淡定、自信、談吐、學識、真誠、信仰，早已百煉成鋼，在言談舉止中不經意留露出來，蔣介石說她頂六十個師，看來並非虛言。

史書上鮮有關於盛與宋談判的細節，因為密室交易重在保密，倘若當事人對內幕保持緘默，外人則無從知曉，當他們作古之後，生動的細節也就隨風飄去。即使在檔案中留下了紀錄，亦大都是公文式的，索然無味，令後人抱憾。而蔣介石日記的公開，又為後人打開了一扇洞悉內幕的窗口。

蔣日記流露真情

一九四二年夏秋之交，中央政府收復新疆之舉，是一項牽扯面很廣的系統工程，涉及黨、政、軍、情治、經濟、金融等各個部門。蔣介石帷幄重慶，坐鎮西北，調兵遣將，全面部署，日程滿滿。這可從蔣氏日記中一窺概貌。

八月二十二日，蔣批示國民黨中央組織部有關新疆人事安排原則：「人事安排最為敏感，示諭審慎處理，不要讓盛世才疑惑。晚考慮對新疆黨務、政治之指示。」[1]

---

1 《蔣中正總統檔案事略稿本》，《蔣介石日記》，一九四二年八月二十三日，臺灣國史館，二〇一一年，頁九二—九三。

八月二十三日，蔣致電外交部長王世杰，叮囑掌控媒體：「電王部長世傑研擬對新疆宣傳之計畫曰：新疆應即籌辦《新疆日報》或派員接替其現有日報並速由中央通訊社著有成績之記者常駐新疆工作，整個對新疆宣傳之計畫，希即研擬呈報為要。」[1]

同日，蔣致電軍政部長何應欽，布置軍事：「電何應欽、余鵬飛等人曰：沿甘新公路蘭州自迪化一帶應多鑿水井與發展驛運及設置兵站，希即擬具整個計畫，分期分段實施為要。」[2]

二十五日，日程滿檔：「上午會客十餘人。下午研究新疆金融與派人問題。急電重慶孔副院長祥熙曰：請電匯新疆盛督辦美金十萬元，指明中央在新疆人員隨時支付之用。晚接見梁寒操談新疆黨務。」[3]

蔣介石先後調動了國府的行政院長、軍政部長、外交部長、宣傳部長、財政部長等首長，可謂閣僚總動員。

二十六日，在議定宋美齡代蔣西征方案後，蔣介石先到玉門油礦視察。再由蘭州飛抵西寧：「下午一時由蘭州飛抵西寧，下機閱兵訓話，乘車入城駐行政公署。」[4]

二十七日下午，宋美齡飛抵西寧，偕蔣活動：「上午蒞馬前主席閣臣（麟）墓前巡視一周，以示憑弔之意。下午夫人由蘭州飛抵青海，偕遊青海塔爾寺大、小金瓦殿，賞銀十萬元。」[5]

二十八日，蔣介石與宋美齡飛抵嘉峪關：「十一時半由西寧起飛，下午二時半抵嘉峪關機場，進駐段莊。此為往日遊擊衙門，今則為任姓私產矣。」[6]

二十九日，宋美齡從嘉峪關飛往迪化，蔣介石到機場送行。

九月一日，已到達酒泉的宋美齡致電蔣介石，告知平安歸來。蔣介石在當天日記中寫道：「夫人由迪化就肅州言旋。電迪化盛督辦世才曰：內子今午回甘，轉達詳情，恍如面晤，欣慰之至。日間巡視各地，途中匆促，未克詳告，一俟回渝，再行奉達。承蒙嫂夫人盛情招待，內子特囑代謝。又，夫人亦另電盛世才夫人申謝。」

---

1 同上，《蔣介石日記》，一九四二年八月二十三日，同頁。
2 同上，《蔣介石日記》，一九四二年八月二十三日，同頁。
3 《蔣中正總統檔案事略稿本》，《蔣介石日記》，一九四二年八月二十六日，臺灣國史館，二〇一一年，頁一〇八－一〇九。
4 同上，《蔣介石日記》，一九四二年八月二十六日，頁一〇八－一〇九。
5 同上，《蔣介石日記》，一九四二年八月二十七日，頁一一一－一一三。
6 同上，《蔣介石日記》，一九四二年八月二十八日，頁一一四－一一五。

盛世才接電後，當日即覆：「奉悉夫人平安抵甘，深慰遠懷。惟此次夫人蒞新，正愧招待不周，極感歉反，奉電言謝，更覺惶悚。謹電奉覆。」[1]

蔣與盛在電報上稱兄道弟，虛與委蛇，盛世才至死亦未看到蔣氏隱在日記中的真實想法：「據實際考察新疆之報告，公引為應注意者：（一）盛多疑不決，應預防萬一之變化；（二）迪化迂腐至此，實為意料所不及；（三）盛治新名義，不宜用軍銜；（四）交涉俄軍撤退，應預作準備；（五）河西駐軍之速進。」[2]

盛、蔣鬥法，盛世才才高八斗，蔣介石更勝一籌，相比之下，蔣手中的牌更多，考慮更為縝密。

九月五日，蔣介石與宋美齡重逢於銀川。「中午由寧夏飛西安，駐常寧宮，由寒冷處忽到燥熱之地，公覺不適，夫人亦幾病矣。」

途中，蔣介石與宋美齡私下還在談盛世才：「下午，與夫人談盛世才對新疆已無恐懼之心，公謂，據此一點，已收成效。吾待人一本誠意，至於結果如何，故所不計也。」[3]

是晚，宋美齡為看醫生，獨飛成都。次子蔣緯國送行。

九月五日，《蔣介石日記》做一週總結：「……本週巡視甘肅河西與寧夏，對於新疆與內蒙一般情況，均得明瞭，則將來決策時，較有把握矣。」[4]

行萬里路，讀萬卷書，調查研究，由表及裡，去粗取精，少犯主觀錯誤，學人如此，政治家、軍事家尤應如此。

一九四二年秋天，宋美齡病病懨懨，身體時好時壞，一度懷疑患了癌症。十一月末，受美國總統羅斯福邀請，赴美就醫。蔣介石在日記中寫道：「妻於二十六日平安抵美，此心略慰。並據醫者檢查，絕無癌病，此心更安。」[5]

1 《蔣中正總統檔案事略稿本》，《蔣介石日記》，一九四二年九月一日，臺灣國史館二〇一一年，頁一三三—一三四。
2 同上，《蔣介石日記》，一九四二年九月二日，頁一三九—一四〇。
3 同上，《蔣介石日記》，一九四二年九月二日，頁一四七。
4 同上，《蔣介石日記》，一九四二年九月三日，頁一四一。
5 同上，《蔣介石日記》，一九四二年十一月二十八日，頁六三九。

宋美齡帶病西征，為國安疆，是可證也！更可敬矣！

日記是最私密的文字，是心路寫真。蔣介石在日復一日幾不間斷的日記中，記錄國是，議論人非，記述瑣事，為後人留下了一九四二年鮮為人知的祕史。

第五章　織網

梁寒操其人

宋美齡飛離迪化後，留下朱紹良、梁寒操等國民黨大員，落實未盡事宜。

梁寒操夫人黎劍虹回憶說：「原來蔣委員長要他陪蔣夫人去新疆，他的任務是說服盛世才入黨，如舉行總理紀念週，向黨國旗及總理像行三鞠躬禮等儀式。因為盛世才態度不明朗。抵新疆後，蔣夫人只停留二天即離開新疆，留下寒操完成任命的工作。」[1]

梁寒操何許人也？為何國民黨選他肩荷重任？

梁寒操（一八九八－一九七五），廣東高要人，原名翰藻，號君默、均默。翰者，翰林也，科舉制度進士功名的別稱，也是梁氏家族寄予小翰藻的希望。如果說，翰林是目標和理想，對於一個鄉村醫家的孩子，不經寒苦操練，哪見梅花笑傲叢中？這也許就是梁寒操改名立志的內因吧！

梁父行醫濟世，國文底蘊深厚。從四歲起，父親每天交小寒操三四字，至六歲時，已識得二三千字。認字加描紅摹寫，小寒操六歲即寫得一手好字，能代人寫春聯、招牌，故獲「高要才子」之譽。七歲時，父親送寒操入讀私塾，其吟詩作對、書法功夫明顯異於同齡孩童。九歲時，母親去世，小寒操早失母愛。

---

[1] 梁黎劍虹：《梁寒操與我》，黎明文化出版社，一九八〇年，頁六七－六八。

十三歲時，寒操本意從軍，赴廣州報考海軍小學，未能如願。本應上高等小學的年紀，寒操竟跨級報考肇慶府中學堂，並以第三名成績入校。

十五歲那年，對寒操寄予厚望的梁父離世。翌年，失怙的寒操以第一名成績從肇慶府中學堂畢業。因父母雙亡，失去經濟來源，寒操即赴江門明德小學執鞭任教。

一九一六年，孫中山領導的討袁運動失敗，廣東政局陷入混亂之中。梁寒操避亂香港，暫寓德輔道洋服店。此店是中華革命黨的祕密交通站，他有幸接觸了許多革命前輩，並由此走上革命道路。

一九一八年，梁寒操考入廣東高等師範學校英語部（中山大學前身），這為他日後閱讀中外報刊、出任國民黨宣傳部長，與中外人士打交道打下語言基礎。大學畢業後，梁寒操進入廣州有名的培正中學做教員。

梁寒操曾懷有留學夢，他曾受基督教會推薦到美國讀書，因不滿美國政府歧視華僑的政策，憤然返國，就讀於上海滬江大學。

梁寒操於一九二三年冬加入國民黨，翌年被選為國民黨廣州東山區委兼青年部幹事。每週必回廣東高等師範學校，親聆孫中山先生演講，接受三民主義教育，篤信三民主義。他受到國民黨元老汪精衛的注意，選為汪精衛做演講筆錄，深得汪的賞識。

一九二五年三月，孫中山逝世，遂成為梁寒操從政的一個轉捩點。七月，受汪精衛之命，擔任「國民政府」祕書。一九二六年，又擔任國民黨「中央黨部」祕書，國民黨武漢「中央黨部」祕書長。一九二八年八月，南京國民政府成立，梁寒操出任國民政府鐵道部祕書，後任總務司司長。

在國民黨內，梁寒操是「太子派」的核心人物之一，曾與廣東國民黨元老一起屢屢反對過蔣介石。這也是後來他到臺灣被邊緣化的原因之一。

一九三七年二月十五日，在國民黨五屆三中全會上，宋慶齡、何香凝、馮玉祥等黨國元老提出《恢復孫中山先生手訂聯俄、聯共、扶助農工三大政策案》，力促國民黨轉變立場，重建國共合作。梁寒操欣然連署。十月，擔任中蘇文化協會常務理事長。

一九三九年春，蔣介石任命梁寒操為國民政府軍事委員會桂林行營政治部中將主任。是年，梁寒操將多年演講稿彙編為《三民主義理論之探討》出版。一九四一年，又出版了《總理遺教研究七講》、《總理學說之研究》，由此在國民黨內奠定「三民主義理論家」的地位。一九四五年，擔任《三民主義叢書》編纂委員會主任委員、國民黨三民主義理論委員會主任委員。

一九四二年，太平洋戰爭爆發，美英蘇中同盟國形成，中國擺脫了孤軍抗日的局勢。是年二月，梁寒操兼任中國遠征軍第一路司令長官政治部主任，親自籌建了中國遠征軍政治部。

盛世才易色

梁寒操留疆的任務主要在黨務方面：一是說服盛世才加入國民黨，二是控制新疆日報社，三是傳播三民主義學說。

盛世才原本的政治立場，親蘇、親共，偏向紅色。盛世才第一次留學日本時，受蘇俄十月革命成功的影響，便迷上了馬克思的共產主義學說，並成立了共產主義學習小組，經常開展活動。一九二七年至一九三〇年，盛世才在南京國民政府服務期間，本有機會加入國民黨，但他不認可國民黨黨義，從骨子裡不喜歡國民黨這個脫離工農高高在上的資產階級政黨。

盛世才主政新疆期間，他與延安的中共中央保持著熱絡的聯繫，一度被視為共產黨的同行者。一九三五年，他給中共駐共產國際代表王明寫了一封熱情洋溢且極盡肉麻的信，強烈要求加入中國共產黨。一九三八年祕密訪蘇期間，盛世才又多次當面向史達林表示，要求加入聯共。經史達林介紹，他如願以償地成為聯共黨員。

如今聯共黨員的光環既不能保障他的安全，甚至不能保全他愛國護疆的名譽，他遂決定投靠南京國民黨政府。他投靠國民黨是有條件的，須保住他在新疆的權力和地位。

縱觀中國歷史，叛將復叛，出爾反爾，屢見不鮮。尤其在這片孤懸塞外易於左右逢源的西陲省份。以儒家正統觀點視之，叛將乃偷奸取巧、首鼠兩端、不忠不義之徒。叛將掌軍行政，主帥不安，古今皆然。蔣介石自然不能容忍一個聯共黨員主政新疆，遂向輸誠中央的盛世才提出一個先決條件，退出聯共，加入中國國民黨。

蔣介石將這項「艱巨」任務交由梁寒操來操辦。盛世才文武兼修，頗有理論自信，表面上謙恭和藹，內心則心高氣傲，說服盛世才並非易事。梁寒操書贈盛世才一幅聯句：「忠義必期清塞水，國家方倚作干城。」曉之以理，動之以情，既警且策，亦慰亦勉，寓意深厚，令人感動[1]。

梁寒操循循善誘，闡明因果，最終說服盛世才同意加入國民黨。

盛世才從現實出發，不得不加入他並不認同的國民黨，正如他當年從現實考量要求加入中共、聯共一樣。盛世才明白，唯有加入國民黨，才能做新疆省黨部主任委員，才能保住性命和權力。至於他加入國民黨，即意味著他背叛了聯共，根據聯共黨章永不叛黨的誓言，他是要受極刑懲罰的。魚與熊掌不可兼得，盛世才只能顧及一頭了。

盛世才加入國民黨後，換來了他所期盼的東西。續任新疆省主席，新任第八戰區副司令長官、新省黨部主任委員等八大職務。因頭銜太多，一時間《新疆日報》都不知如何稱呼他了。

一九四二年冬，盛世才將原「反帝會」會址闢為國民黨省黨部。國民黨中央批撥一筆鉅款作為開辦費用，盛世才也撥給一筆經費，購置迪化滿城東六道巷三號房屋一所（原屬盛世才的岳父邱宗浚），作為委員宿舍。

政黨政治與個人獨裁政治最大不同之處，就是在個人與組織的關係中，個人必須服從組織，遵循黨章和黨紀。國民黨是建立在一個信仰、一個主義、一個目標之上的政黨，通過競爭產生全黨擁戴的領袖。抗戰時期，信仰三民主義，擁護蔣介石為全黨領袖，達到抗戰建國的目的，是國民黨內力爭達成的共識。

在新疆，盛世才為鞏固其割據統治，借勢把自己推上了「偉大領袖」的神壇，揚言新疆是與聯共、國民黨、中共等平行的世界六大政治集團之一，是中國社會進步的燈塔。盛世才如今要歸附於國民黨青天白日滿地紅旗下，因為一個天空上不允許同時出現兩個太陽。信仰一個主義，一個有權威和效率的政黨無不擁有一個核心，擁護一個「偉大領袖」，一國亦不能擁戴兩個「偉大領袖」。由此，「新疆人民的偉大領袖」這齣獨角戲便唱不下去了。

盛世才要在保全面子的情況下，讓自己體面地走下神壇。這無疑是一次高難度的表演。首先，他要向民眾交代，為何由共產主義轉向三民主義？其次，他這個「新疆人民的偉大領袖」，為什麼要擁護他曾經反對過、貶低過的新「偉大領袖」蔣介石？好在國民黨中央不缺文宣高手，盛世才亦不乏悟性，在國民黨軍委會政治部副部長

---

1 〈梁寒操行述〉，《梁寒操紀念文集》，頁三。

梁寒操的操刀下，盛世才在國民黨新疆省黨部成立大會上發表了長篇演講，敘述其自信仰馬列主義而後又轉向國民黨與三民主義的原因及思想轉變過程。

自此，盛世才乃正式舉起反對馬列主義的旗幟。盛世才下令警務處沒收全疆各地各種文字的政治書籍，集中到警務處，一部分交存省黨部，後來省黨部把其書籍集中起來成立了一個圖書室，其他政治書籍包括俄文全套《列寧全集》都封存於庫房。上有所禁，下必效焉。自此，新疆青年不敢再公開談論馬列主義，而《聯共黨史》與《列寧全集》等書籍，也就變成廢紙在迪化地攤上成堆出售。

國民黨新疆省黨部籌備期不到二個月，即於一九四三年一月十六日正式成立，盛世才任省黨部主委，宣誓就職典禮大會在迪化西大樓舉行。國民黨中央派中央委員梁寒操、朱紹良赴新監誓。全省為此放假一天，迪化張燈結綵，全疆開會慶祝，儼然成為全省一個隆重的節日。

自此，在新疆的天空下，中華民國國旗和國民黨黨旗替代了盛氏別出心裁的六星旗。

接管新疆日報社

國民黨新疆省黨部恢復後，國民黨首先控制了新疆最大的宣傳機構——新疆日報社。國民黨中央宣傳部曾內定潘公弼出任社長，（潘因故未能成行），乃改派李尚友為《新疆日報》總編輯（當時稱編輯長）。

政黨政治有兩大關鍵部門：一謂組織部，管幹部；一謂宣傳部，管思想，控輿論。在盛世才獨裁時期，《新疆日報》堅持親蘇親共立場，大量收錄轉載新華社新聞與社論，現時則改收中央社新聞與所發布的「黨報社論」。李尚友經常自撰有關《三民主義》、《中國之命運》、《國父學說》等論文，連續在《新疆日報》披露，且經常轉載重慶《中央日報》的專論，重點是清除蘇聯在新疆的影響，以三民主義代替馬列主義。這時的《新疆日報》，已變為純粹的國民黨黨報，大張旗鼓地開展「黨義」宣傳。

同時，省黨部又利用《新疆日報》先進的印刷條件，大量翻印孫中山的《三民主義》與蔣介石的《中國之命運》，並由包爾漢（時在獄中）將《三民主義》譯成維文，散發至全疆各部隊、機關、學校，為必讀書籍，且須研究討論。又編印《新新疆》與《新疆婦女》雜誌。

梁寒操返回重慶後，旋任國民黨中央宣傳部長。梁寒操親自上陣，除在中央廣播電臺演講，在《中央日報》等處發表文章外，還調動中央媒體，部署對新疆的普遍宣傳，其宣傳重點為：蔣介石號召「青年應作邊疆屯墾員」，效法張博望與班定遠；宣傳新疆物產如何豐富，山川如何壯麗，稱讚新疆建設的進步，盛世才施政的成績，將「建設大西北」的「口號高唱入雲，藉此鼓動一些人員到新疆去。

一九四三年二月十六日，中央大學地理系主任、國聘教授胡煥庸提案設立新疆研究所——下設研究室、圖書館、博物館、總務室、考察隊[1]。三月一日，教育部在重慶中央圖書館主辦新疆中外書籍展覽會，中央大學地理系主編《中文新疆書目》及《西文新疆書目》。四月八日，經濟部在重慶中央圖書館主辦西北工業資源展覽會。[2]觀者趨之若鶩，轟動一時。

國民黨行政院又公布「赴新工作人員登記辦法」，先後前往登記的達五千餘人。「到新疆去」，在重慶遂成為最時髦的口號，也是公教人員、學生普遍熱烈討論的中心課題[3]。

中央政治學校畢業生李帆群就是其中的熱血青年之一。李帆群來疆後，先分配到新疆日報社當記者，後任副社長、社長，後擔任國民黨省黨部書記長，成為國民黨經營新疆時期黨部、黨報建設的見證人之一。

三民主義牧師

梁寒操二次赴疆，時值一九四三年三九寒天，迪化氣溫達零下二三十度，是一年中最冷的季節。冰天雪地，冷風浸骨，並未阻住梁寒操宣講三民主義的熱情，他排好了密集的日程，親赴迪化公軍教及各機關宣講主義。梁寒操在迪化整整宣講了一個月，也許因他有基督教信仰，邊民們戲稱他是「三民主義牧師」。

新疆以天山為界，分南北疆。作為三民主義的播火者，梁寒操不僅要在北疆宣講，立志要將三民主義的思想

1　苗普生、馬振犢主編《民國時期新疆檔案彙編（一九二八—一九四九）》，南京：鳳凰出版社，二〇一五年，頁一八二—一八八。
2　吳藹宸：《邊城蒙難記》，新疆人民出版社，二〇一〇年，頁一七二。
3　李帆群：〈盛世才投靠國民黨的前前後後〉，《新疆文史資料選輯》第二十二輯，新疆人民出版社，一九八七年，頁八五—一一九。

光芒普照南疆大地。

盛世才雖用鐵腕統治新疆，但從未到動亂頻仍的南疆巡視過。盛世才以南疆距迪化千里之遙，沿途安全難以保障為由，勸阻梁寒操改變計畫，但梁寒操不顧個人安危，執意前往南疆宣講，盛世才只好同意。不過，盛世才派給梁寒操的汽車，卻破爛不堪，令時人認為盛有意給梁寒操難堪。

這是一輛兩噸的載重運貨無篷卡車，臨時裝上了一頂篷布。出發時，隨行的十二人各帶一套行李，加上乾糧、水果、日用品等，車廂已無處下腳，大家只好臥在行李上。寒風和塵土從篷布縫隙中鑽進，無處躲，無處藏，身體一會兒就凍僵了，只好停車下來跑步取暖。梁寒操坐在駕駛室中，汽車緊急剎車，一不小心，就撞破了腦袋。更要命的是汽車拋錨，前不著村，後不著店，乾著急。「過七蘭臺六十里，汽車忽斷鋼條，修理得四小時。」[1]至於汽車陷於沙窩裡，動彈不得，不得不請幾十里外的老鄉推拉出來的事則常常發生。國民黨大員坐著大篷車，不畏千里宣講偉大的三民主義[2]。南疆行路條件雖苦，但比起日寇飛機在重慶的疲勞性狂轟濫炸和炮火連天的戰場，以及入緬遠征軍在熱帶雨林中浴血奮戰，在邊疆民眾中宣傳主義，至少安全多了。

梁寒操在〈維吾爾雜詠〉一詩的序中，記錄了南疆之行：

> 民國三十二年初，余承新疆督辦盛晉庸先生之邀，周歷南疆，演講主義。以二月十日自迪化出發，經鄯善、吐魯番、托克遜、焉耆、輪臺、庫車、拜城、阿克蘇、巴楚、喀什噶爾、英吉沙、莎車、葉城、皮山、和田、洛浦諸城，計程約五千里。皆維吾爾族聚集之所。[3]

南疆十六城，主要是維吾爾族聚集地。梁寒操利用清真寺召集民眾做公開演講，宣傳三民主義，並強調三民主義與六大政策的聯貫性。

梁寒操最後一次赴新疆，是一九四五年九月十三日。那時抗戰剛剛勝利，不及慶祝久違的和平，新疆爆發了

1 《新新疆月刊》一九四三年第一卷，頁三〇—四七。
2 陳笑音：《民國政壇才子：梁寒操傳》，汕頭大學出版社，二〇〇八年，頁一〇〇—一〇一。
3 《新新疆月刊》一九四三年第一卷，頁四一。

「三區革命」。在蘇聯直接出兵和支持下，三區民族軍一路東進，兵鋒已抵烏蘇，距迪化僅有二日路程。梁寒操與張治中直飛迪化，請蘇聯駐迪化總領事出面調停戰事。十六日，回到重慶向蔣介石彙報。十月十四日復返迪化。經過幾番努力，至一九四六年一月二日，雙方達成停戰協定，六月六日，新疆聯合政府成立[1]。

在這次以和談求和平的過程中，國民黨中央執行委員會常委梁寒操發揮了重要作用，但史書將此功主要記在張治中頭上，忽略了梁寒操的幕後貢獻。

天山亂唱

梁寒操在迪化期間，免不了四處走走，接觸各階層人群。新疆冬季漫長，新疆人閒來無事，喜歡圍著火爐、火鍋「諞閒傳」（指聊天）。梁寒操在〈聽人說新疆舊事〉一詩中，記錄了新疆官場常常議論的古今人物，並用時代觀念一一點評。

清季，新疆曾為被貶官員的流放地之一。大學士紀昀因觸犯清律，被乾隆皇帝流放於六千里外的迪化。梁寒操參觀故居有感，以七絕並注紀之。

> 西露查抄玩舊綱，臣無幸免貶遐荒。
> 遊客來園能指點，依稀猶認閱微堂。
> ——紀昀

梁寒操自注曰：

> 紀昀閱微草堂遺址在迪化今西公園，紀被謫烏魯木齊乃為查抄盧雅雨一案，紀與盧為兒女親家，為之洩漏

1　陳笑音《民國政壇才子：梁寒操傳》，汕頭大學出版社，二〇〇八年，頁一〇〇—一〇一。

消息也。[1]

閩人林則徐、湘人左宗棠都到過新疆。林則徐乃虎門銷煙之英雄，廣東正是梁寒操家鄉。林則徐戴罪流放，謫居惠遠城，比紀曉嵐還遠了七百餘公里。左宗棠則以欽差大臣之名，率七萬餘精兵強將收復新疆，繼而撫櫬出關，安營紮寨於哈密，迫使沙俄交還伊犁。梁寒操將兩個名垂千古的英雄人物合詩並頌。

水利澤農留萬井，武功蕩寇憶三湘。
清季書生能報國，林文忠與左文襄。
——林則徐、左宗棠

梁寒操自注曰：

林文忠公少穆，謫居吐魯番時，發明坎兒井，儲水地中，以利農畝，民至今稱之。[2] 史上有書生誤國之說，如三國時蜀相諸葛孔明錯用紙上談兵的馬謖，痛失街亭。清季卻有書生救國之例，乃林則徐與左宗棠也。

坎兒井並非林則徐「發明」，他只是循規善用而已。

民國元年，楊增新主宰新疆，賫志「力挽狂瀾三萬里，莫教禍水向西流」，居功甚偉。而楊增新的文韜武略，逸聞趣事，最為新疆官民津津樂道。梁寒操為此作七律一首，詩中有注，褒貶一番。

1 《新新疆月刊》一九四三年第一卷，頁四一—四三。
2 同上，同頁。

楊增新：芻狗觀人黃老術，邊疆易曆一雄才。駭人首級宴見時（民六，楊之驍騎兵營長夏鼎、李寅謀獨立討袁，川人某告密，楊遽殺之。乃召夏李宴。即殺之宴間，以血首示客。一座失色，楊談笑自若。又昌吉縣長匡時於袁氏謀帝制時，上書於楊，料袁必敗。楊姑置之。至袁死，楊竟召匡時晉省，又殺之於宴間，其狠如此。後楊復為鄂人樊耀南，以手槍殺於法政學校畢業典禮宴會中），死汝槍聲座右來。自熹權奇勘鎮壓，豈知因果亦輪迴。雕樑畫棟祠猶昔，一世威風安在哉！[1]

芻狗，指古代祭祀時用草紮成的祭品，典出老子《道德經》第五章。芻狗，指古代祭祀時用草紮成的祭品。祭祀前備受重視，之後任意丟棄。此處指楊增新濫開殺戒，草菅人命。因果報應，絕非虛言。

在梁寒操眼中，楊增新深諳黃老之術，為邊疆雄才，其繼位者金樹仁則是一個無德少才的糊塗蛋。

金樹仁：逼人富貴亦前因，五載（十七年七月至二十二年四月）邊陲重寄身。民政無妨由武士，兵權翻要付文人。嚴防異志新心計，曲庇同鄉腐腦筋。革命軍興狼狽遁，新疆才見一番新。（金統馭新疆，別饒心計，文人使帶兵，武人使理民政，防人奪其位也。）[2]

「革命軍興狼狽遁，新疆才見一番新」，金樹仁是革命對象，代表腐朽官僚，趕走了金樹仁，新疆才開闢了一片新天地。

詩言志，詩品如人品。在新疆宣傳主義期間，梁寒操觸景生情，將愛國、仁義、勤奮、廉潔、奉獻之價值觀，寫入〈天山頌〉、〈水德之頌〉、〈駝德頌〉三頌之中。

天山是新疆的代名詞，天山母親以厚德載物孕育了天山兒女。頌天山，即讚新疆。

1 《新新疆月刊》一九四三年第一卷，頁三〇—四七。
2 《新新疆月刊》一九四三年第一卷，頁三〇—四七。

性同仁者壽宜恆，代善施勞永未曾。白雪滿頭勤不息，年年溉沾為群生。[1]

在詩人眼中，天山仁壽齊天，皓首蒼顏，年復一年，含辛茹苦，實惠眾生，厚德載物。梁寒操復誦〈水德之頌〉，並用白話逐句注明詩義：

詩序云：離輪臺赴焉耆經戈壁中喜見清泉作〈水德頌〉。

平時行自在，寧靜更光明。（描寫水與光的景色，仰止水德）
隨分坎能止，勞身健莫停。（天行健，君子的自強不息）
能明毋必諦，時作不平鳴。（不爭功利，悄無聲息）
心熱騰如沸，容妝冷到冰。（變化多端，高深莫測）
動靜有真性，方圓豈定型。（慈愛真誠，無私給予）
量宏成海大，志潔是淵清。（心善淵深，能容乃大）
剛毅奔馳疾，溫柔熨帖平。（因時而動，剛柔並濟）
只須君到處，萬物有歡聲。（利生萬物，源源不絕）[2]

水有德乎？老子曰：「上善若水，水善利萬物而不爭。」上善何謂？即老子所尋之大道。以此推演，上善若水，亦可理解為大道若水。《道德經》第七章中，描述了水之七善：「居善地，心善淵。與善仁，言善信。正善治，事善能。動善時。」又特別強調：「惟夫不爭，故無尤。」梁寒操從小熟讀四書五經，誦讀《道德經》，經多年歷練轉化，故能將上善若水通俗化。

梁寒操一行深入南疆鄉村宣講途中，常見駱駝負重前行，有感而作〈駝德頌〉並序：

1 《新新疆月刊》一九四三年第一卷，頁三〇—四七。
2 《新新疆月刊》一九四三年第一卷，頁三〇—四七。

新疆戈壁廣袤，沙漠連綿，多駱駝，人稱沙漠之舟，並以志行千里，忍辱負重頌之。長途任重餒何曾，畢世辛勤厥德恆。見物不爭蟲不害，與人為役馬為朋。毛長最適風中走，蹄軟偏宜沙裡行。生活早經知集體，畜牲誰似汝奇能。（聞駝之飲水，一駝未至，群駝不飲。一飲未畢，群駝不去。是可謂能知集體生活者。）[1]

在梁寒操筆下，旱駝最有水德——不餒、辛勤、不爭、服務、合群。也許，梁寒操以駝德寓言，國民黨人若有水德、駝德，就一定能領導中國軍民打敗日本侵略者，建設三民主義新國家。

梁寒操到南疆繞塔里木盆地一周，沿途見聞，頗多新異，為即興作詩提供了豐富的生活素材。後來他將新疆所賦詩詞，彙成詩集一冊，起名《天山亂唱》。

「亂唱」一詞，如同芻議（芻，草也），自謙詞也。其實，誦讀梁詩，篇篇緊扣新疆主題，從自然地理、歷史掌故，言及新疆十四個民族，細說他們的風俗習慣，作伊斯蘭教詠，同時點評近代政治人物的治疆得失，哪有一點「亂」象？

以儒釋教

新疆主要由十四個世居民族構成，信仰伊斯蘭教的維吾爾族人口最多。在歷史及現實中，各民族飲食、婚姻各異，往往因互不瞭解、互不尊重之個人生活瑣事，以致釀成群體事件，彼此大動干戈，嫉恨與仇殺，循環往復，西域社會進步的進程，屢屢被週期性的動亂所打斷。

在新疆，瞭解伊斯蘭教義，尊重各民族宗教信仰和風俗習慣，進而以儒釋穆，「引得春風度玉關」，達成中國儒家文化和伊斯蘭文化的和諧相融，以達啟迪教化之效（清季稱省垣迪化之本意）。梁寒操作〈維吾爾雜詠〉、〈伊斯蘭詠〉，即是一種用心良苦的嘗試。

[1] 《新新疆月刊》一九四三年第一卷，頁三〇—四七。

為由外及裡認識維吾爾族這個新疆的大民族，梁寒操作《維吾爾雜詠》十八首，分別為：禮俗、人物、宗教、穿戴、男女習慣、文字與交通、風俗、衛生習慣、保守心理、生活、家庭、婦人、女郎、飲食、日用、姓名、表情、居室。可以說事無巨細，觀察至微。

梁寒操並不以此止步。他深知，瞭解新疆維吾爾族的歷史變遷、風俗習慣、服飾飲食等，僅得其皮毛。因維吾爾族風俗與伊斯蘭文化緊緊交織在一起，密不可分，故唯有深入研究其全民所信仰的伊斯蘭教，才能得其精髓。梁寒操在十八首《維吾爾雜詠》基礎上，再作《伊斯蘭詠》二十七首，此乃《天山亂唱》中最長的一組詩。他在該詩序中說：「讀劉介康先生（清宗教學者，著有《五功釋義》）天方典禮及天方性理，爰為擇要筆記，述為韻言。俾欲知穆教內容者，讀之便可得梗概，應無懸揣臆測之之訛耳。」

《伊斯蘭詠》的章節構成是：（一）神、（二）不可想像、（三）明己以識神、（四）體物以認主、（五）穆罕默德是上帝專使、（六）道有教而無家教，有法而無身、（七）五功、（八）念功、（九）禮功、（十）齋功、（十一）課功、（十二）朝功、（十三）古兒邦（大祀禮）、（十四）五典、（十五）夫道、（十六）婦道、（十七）親道、（十八）子道、（十九）君道、（二十）臣道、（二十一）兄弟之誼、（二十二）朋友之道、（二十三）男女、（二十四）飲食、（二十五）婚姻、（二十六）喪葬、（二十七）入教。

伊斯蘭教博大精深，既是哲學、歷史、文學，又是宗教組織，亦是教徒行為指南及社會倫理與道德規範，更滲透到一個民族的衣食住行、婚喪嫁娶、生老病死之中，由此構成一個民族約定俗成的思維方式和行為規範。

在以上二十七節中，一至六節抽象難懂，七至十二節是伊斯蘭教徒每日必做功課，十三節講節日，十四節論術，十五至二十四節，敘述社會倫理道德規範。

至於飲食、婚姻、喪葬，乃民族常態，民間常情，且看梁寒操如何描述表達：

飲食

飲食當慎選，作資裨性德。芻畜與穀禽，德良方可食。水性魚所秉，土性兔獨得。牛羊供常餐，驢馬只為役。駝為六畜尊，祀神方可及。年歉可食螽（昆蟲），惡其害稼穡。草木有良毒，食之要分析。金贏與浪菪（二毒草名。食金贏身即化膿血，飲浪菪使人咆哮發狂云），見之應辟易。凶獸與鷙鳥，食者性能賊。毋使肉入口，用其羽毛革。惟豕最為汙，貪墮附鬼蜮。穆教禁獨嚴，壞戒當擯斥。酒為眾惡母，聖訓戒亦力。速禍且致亂，神智變昏黑。淫暴性隨來，信虔亦為失。誤犯宜早醒，斷之當立即。[1]

即使用今天眼光看來，不殺生、不妄食、戒酒，不僅有利於個人健康，而且符合文明社會之文明行為也。

婚姻

婚姻無貧富，惟當擇善良。不得慕聲勢，妄欲攀高牆。不可取便宜，誤與賤類相。父母為作主，媒言通兩方。意向乃納定，聘物毋較量。「書婚」期先定，禮儀須肅莊。應請阿洪蒞，男宅新鋪張。女家賓戾止，見面禮相將。阿洪闡教義，宣眾為當場。觀禮歡聲騰，擲果向新郎。新郎入陳饌，宴客無酒漿。四日行迎親，乘馬赴女鄉。岳家下馬人，翁婿拜於堂。女乃別父母，隨歸作新娘。姑先來見媳，訓誡語之祥。主人饗送者，賓主喜洋洋。女母或隨來，膳罷去揚長。媒導婿近婦，晉以花露湯。為婦除飾出，禮乃完洞房。明日拜翁姑，並謁諸娌嫜。婿亦往岳家，求好兩無忘。此為中原風，間有異回疆。維族女家富，恆喜留新郎。數年不讓去，幾月更尋常。[2]

梁寒操在維吾爾禮俗中，加入一段中原婚俗意在促進各民族之間的交流，取長補短。在梁寒操看來，維漢婚姻程序有細微差別，是為小異；而婚姻與時俱進，擺脫貧富束縛，自由選擇，由一夫多妻制走向一夫一妻制，此為現代文明之大同也。

喪葬

穆教重喪葬，規制定之祥。人至病極時，內外聲毋揚。女不入男室，男不入女房。除是親子女，相見

1 《新新疆月刊》一九四三年第一卷，頁三〇－四七。
2 《新新疆月刊》一九四三年第一卷，頁三〇－四七。

猶無妨。留囑始正寢，面立向西方。為誦清真言，事與塵世忘。氣絕與更衣，覆被移殮床。常人停居室，家人遷中堂。炎暑可放地，蘆席蓋巾箱。不可遽哀哭，務當先焚香。定一作喪主，四人為治喪。相禮與司賓，書記與帳房。相禮命是聽，送死儀須莊。三日不治饌，戚友為饋糧。備殮男服三，大服如被囊。襯服肩至踝，小服如身長。女殮加裹胸，包頭閟（同閉）內香。如制治木櫝，不用鐵釘裝。葬前先掘壙，用物備周詳。藏夕行所囑，如柩遷於堂。殯禮眾一拜，謝主迎返鄉。遷柩登輿行，親朋導前方。喪家隨柩後，緩步毋倉皇。至墓先視壙，穴內鋪眾香。以幕圍壙口，只缺其南方。四人執屍身，緩下穴裡藏。築土以實壙，徐徐不須忙。土塊砌穴口，阿洪禱於旁。立碣以取識，碣形當直方。其狀如馬脊，尺寸規廣長。葬畢始奉祀，為禱安帝鄉。施財與散穀，用使先　彰。有慶先行祀，沒世示毋忘。[1]

伊斯蘭喪葬，向以儉樸、迅速、平等、肅莊而著稱於世。而中原葬禮，繁瑣、冗長、奢華、炫耀，耗時費財，拖累活人，窮人死不起，死無尊嚴，應當看齊穆斯林喪葬，簡化安葬儀軌，體現人人平等。

一個世俗之人，要成為穆斯林，如何才算入教呢？因入教儀式均在清真寺中進行，外人一般觀察不到，故顯神祕。梁寒操詠詩揭祕：

入教

凡人欲入教，沐浴先淨身。衣服悉新潔，用示去舊塵。依歸於穆聖，嚮往於真神。諦言聽掌教，五節皆經文。戒豕復戒酒，不為邪說紛。齊髭剪指甲，剃臍明滌新。違此即玩教，不能為穆民。[2]

講究衛生，虔心誦經，不信邪教，信守戒律，當為合格之穆斯林也。

梁寒操是有基督信仰之人，同時篤信三民主義。基督教宣導博愛，同時是伊斯蘭教義的來源之一。在孫中山

1　《新新疆月刊》一九四三年第一卷，頁三〇—四七。
2　《新新疆月刊》一九四三年第一卷，頁三〇—四七。

思想中，宗教與政治並不針鋒相對，而是一種相融、互補、相輔相成、相得益彰的關係。梁寒操作為三民主義理論家，自然吃透了三民主義精髓，再加上自身的基督教體驗，他觀察和看待伊斯蘭教，便有幾分敬畏之情，從裡到外便與無神論者相異。

無論執政黨或執政者，若要統治新疆，治理民眾，促進社會進步，實現長治久安，其政治目標無論是要戰勝、取代伊斯蘭教，或促其與時俱進，或與之和平相處，瞭解、認識、研究伊斯蘭教，都是基礎必修課。

國民黨控制新疆

國民黨要有效管控並經營新疆，選派優秀的黨政軍幹部入疆至為關鍵。蔣介石指定由中央組織部長朱家驊[1]、教育部長陳立夫、侍從室第三處處長陳果夫，中央黨部祕書長吳鐵城等，具體操盤籌設新疆黨組織架構。

國民黨中央組織部在宣布由盛世才兼任新疆省黨部主任委員的同時，亦選派原中央大學教授黃如今為書記長，於振瀛、林伯雅、張志智、董世荃、徐觀餘等為委員，並自中央組織部及中央祕書處選調陳濤（後任新疆省黨部祕書）、劉世澤（組織科長）、于候心（會計主任）等來迪化工作。國民黨盡遣精英進疆，制約監督盛世才的意圖不言而喻。

國民黨赴新人員臨行前，均要接受組織培訓，蔣介石親臨訓示。朱家驊以此制定組織紀律，主要有：一對新疆各級舊部，務須相處融恰，不可發生摩擦；二要尊重各民族的風俗習慣，禁止與新疆少數民族青年戀愛、結婚；三禁止組織派系與小團體，應團結一致，共同對外。朱家驊命將這些談話印成小冊子，分發赴新人員，同時在《中央日報》全文公布，以表示中央對盛世才態度的誠懇。

1 朱家驊（一八九三—一九六三），早年先後入南潯正蒙學堂、南潯公學。一九一一年（宣統三年）辛亥革命爆發，朱家驊在上海參加革命派的中國敢死團。一九一四年赴德國留學，一九二二年獲哲學博士。一九三〇年後，歷任中山大學校長、教育部部長、交通部部長，出任中央政治委員會代理祕書長、浙江省政府主席。朱家驊任國民政府軍事委員會參事室主任、國民黨中央執行委員會祕書長兼黨務委員會主任委員兼中央調查統計局局長，在黨務方面擔當樞要。因擔任中央調查統計局局長，被視為陳果夫、陳立夫兄弟的CC系的一員。一九四九年朱家驊赴臺，歷任總統府資政、中國國民黨中央評議委員。一九六三年（民國五十二年）一月三日，朱家驊病逝。享年七十一歲。

當時，國民黨中央制定了一個《赴新工作人員待遷辦法》，規定凡赴新工作人員，在重慶和新疆分別領取薪金，工作三年後，再增發半年的薪金作為獎勵，並發給路費，回內地探親。中央組織部每批派遣來新人員，朱家驊都親臨訓話，「惜別會」上，慷慨陳詞，勉勵赴新工作人員說，新疆情況複雜，風雲莫測，你們這次去新，是以「三民主義的忠實信徒開疆拓域，應有以身報國的勇氣和決心。你們到新疆去，中央不僅替你們準備了安家費，而且替你們準備了撫恤金。你們在新疆，即使遭遇任何艱危困苦，亦應在所不辭」[1]。在「風蕭蕭兮易水寒，壯士一去不復還」之氛圍下，顯示了政黨政治組織化的威力。

控制新疆靠組織，政策落地靠幹部。在幹部政策上，國民黨中央雙管齊下，一方面陸續派遣人員來新，一方面就地培養幹部。一九四三年三月成立中央訓練團新疆分團，以盛世才為主任，黃如今為副主任兼訓練委員會主任委員。中訓團新疆分團成立後，即調訓各地專員、縣長和機關工作人員，受訓期限三個月至半年。學員畢業後，一部分派至各行政機關，一部分由國民黨新疆省黨部派至外縣任縣黨部書記長及職員。一九四三年四月，中央組織部又派遣一批工作人員入新，並向基層派遣黨部書記長，使國民黨的組織網絡向全疆鋪開[2]。

國民黨進疆一年間，國民黨在疆勢力就像嵩草一樣瘋長，僅在迪化等三十一個縣建立了縣黨部，成立區黨部八十四個，區分部四百六十一個，小組八百零八個。次年又在鄯善等二十三縣建立縣黨部。縣黨部的任務之一就是發展黨員。在一九四三年十一月至一九四五年三月間，國民黨在新疆發展黨員二萬一千六百九十六人，其中維吾爾族黨員占百分之四十四點六，漢族黨員占百分之三十五點三，回族和哈薩克族黨員各占百分之五點七，其他各族黨員占百分之八點九[3]。

國民黨在與盛世才合作初期，中央赴新幹部戰戰兢兢，如履薄冰，亦步亦趨，小心謹慎，處處禮讓盛世才，但這種局面並未維持很久。隨著國民黨員扎根基層，國民黨中央派員與盛世才的矛盾即表面化了。以往盛世才一手遮天或一竿子插到底的霸權受到挑戰。也許盛世才在政治上單打獨鬥慣了，他可能低估了一個政黨的力量。即

1 李帆群：〈盛世才投靠國民黨的前前後後〉，《新疆文史資料》第二十二輯，新疆人民出版社，一九八七年，頁八五—一一九。
2 李帆群：〈盛世才投靠國民黨的前前後後〉，《新疆文史資料》第二十二輯，新疆人民出版社，一九八七年，頁八五—一一九。
3 《中華民國史檔案資料彙編》第五輯第二編，《政治》（四），頁八一三—八三一，轉自黃建華《國民黨政府的新疆政策研究》，民族出版社，二〇〇三年。

使盛世才擁有三頭六臂，七十二變化，他一旦面對掌握國家機器的政黨組織，也只能小巫見大巫了。這如同一隻巨大的蜘蛛，正在精心編織一張大網，最後至獵物於死地。

首設新疆監察使

新疆內附中央後，蔣介石多管齊下，除黨務外，還從軍事、外交、經濟等方面布局控制新疆。軍事上，擇機派精銳部隊入疆，改組新疆陸軍軍官學校，整合新疆空軍。外交上，恢復國民政府駐新疆外交署，外交大權收歸中央。蔣介石還特設了國民政府駐新疆監察使署，作為中央派出監察機構。經濟上，組建西北建設考察團，在對新疆做了實地科學調查後，制定了龐大的新疆振興計畫。

一九四二年末，羅家倫作為國民政府西北考察團團長初抵迪化，與分別達十三年之久的同僚盛世才在新疆相逢。「當時，盛世才對這位『中央大員』禮遇有加，並且和他舉行了六七次長談，除了建設問題外，主要集中在國際形勢和政治問題。」[1]

一九四三年三月，國民政府任命羅家倫擔任首任新疆監察使。羅家倫曾就監察使一職向蔣介石詢問：「我說新疆在盛世才霸道統治下如何去行使監察權？他告訴我不要把這個任務看得太呆板，在新疆設立監察使署，第一是象徵新疆已是『中華民國』統治權所及之區，第二，監察使是特任官，設立監察使署，就可以與盛世才在新疆分庭抗禮了。」[2]

「在『宣撫實過於監察』的位置上，羅家倫內要與盛世才和諧相處，以達到『宣撫』的目的，外要隨時注意收集各方面的情況及時向中央彙報，以備中樞決策的參考，其工作的性質和艱巨程度也遠不僅僅是象徵中央權力這麼簡單。」[3]由於監察使署直屬中央管轄，有一條獨立地直通最高領袖的奏事通道，蔣介石在盛世才身邊打下一個似虛似實的暗樁。蔣介石謀事用人的深謀遠慮，為後事所證明。

1 張曉京：《羅家倫評傳》，人民出版社，二〇〇八年，頁二六九。
2 張曉京：《羅家倫評傳》，人民出版社，二〇〇八年，頁二七〇。
3 張曉京：《羅家倫評傳》，人民出版社，二〇〇八年，頁二七〇。

羅家倫（一八九七－一九六九），字志希，祖籍浙江，生於江西。一九一七年，羅家倫憑著文學天賦，以作文滿分考入國立北京大學文科，期間曾主編《新潮》月刊。

一九一九年爆發的「五四」運動，是留在羅家倫人生中的第一個亮點。作為北京大學學生領袖之一，他撰寫了〈北京學界全體宣言〉，並因參加遊行而被捕入獄。一九二〇年，羅家倫選擇赴美留學，先後於普林斯頓大學、哥倫比亞大學研究院深造，接著遊歷歐洲倫敦大學、柏林大學、巴黎大學，在四大國五名校研讀七年，專治歷史與哲學。留學生涯改變了羅家倫，使他積蓄了改變中國的能量。

一九二六年八月，羅家倫結束遊學回國，擔任東南大學歷史系教授。一九二七年三月，國民革命軍總司令蔣中正慕名邀請羅家倫赴南昌晤談，一席對談後，羅決定投筆從戎，參加北伐軍，旋擔任總司令部編輯委員會委員長、總司令部參議，授少將軍銜。

一九二八年，北伐軍進駐北京，羅家倫出任清華大學校長。而羅家倫對中國教育的傑出貢獻，表現在他擔任中央大學校長期間。羅家倫曾為國立中央大學校歌作詞，闡發新的教育理念：

> 國學堂堂，多士蹌蹌；
> 勵學敦行，期副舉世所屬望。
> 誠樸雄偉見學風，雍容肅穆在修養。
> 器識為先，真理是尚。
> 完成民族復興大業，增加人類知識總量。
> 進取、發揚，擔負這責任在雙肩上。

一九三七年，盧溝橋「七七」事變爆發後，中日軍隊旋即於「八一三」在淞滬地區展開血戰。時值中央大學假期，校長羅家倫立即向師生發出函電，催促大家返校準備內遷。一時「議論紛紛，阻力甚多」，一些人公開反對。羅家倫力排眾議，堅持己見，並徵得蔣介石同意，遂拉開大規模遷校序幕。是年八月十五日、十九日、二十六日，日軍機三次轟炸中央大學，日軍的燃燒彈震醒了心存幻想的師生。大學搬遷開始提速。

羅家倫向師生發表了慷慨激昂的演講：「敵機的轟炸，實不足畏，你炸毀我一個實驗室，我造兩個給你看，你炸毀我一個圖書館，我造兩個給你看。你炸死一個愛國的有用青年，我培養十個給你看。你能炸毀的是文明的物質，你不能炸毀的是我們的意志。你可以炸毀的是文明的建築，你不能炸毀的是我們建設的經驗。這是我們對於敵人轟炸的答覆。」[1]話語中，顯示出羅家倫的強者個性。

所謂強者，不是口頭上的信誓旦旦，而是行動上的果敢實在，讓理論一步步變為現實。

南開大學校長張伯苓對比兩校內遷時稱：「抗戰開始後，中央大學和南開大學都是雞犬不留，南開大學被日軍飛機炸得雞犬不留，中央大學則是全部搬遷乾淨，連雞犬都沒有留下。」

在炮火中西遷，在逆境中發展，在絕境中重生。中央大學遷校後，校址分散在重慶沙坪壩、柏溪、成都、貴陽四處。在日軍日復一日的大轟炸中，遷徙後的中央大學的規模不減反增，學生已從南京時的一學年一千零七十二人，發展到大學及研究部共三千一百五十三人，加之實驗學校和技工訓練班共三千八百五十四人。專任正副教授二百二十一人，講師四十四人，助教二百零八人[2]。成為斯時在全國規模最大、學科最全、學生人數最多的全國最高學府。羅家倫保全了學校，擴招了學生，為中國現代化事業保護了智力，儲存了潛力。

一九四一年前後，在戰時陪都重慶，羅家倫冒著敵機的狂轟濫炸，幾乎每週向中央大學的師生做一次演講。曾留學巴黎大學的羅家倫似乎讀懂了拿破崙的心：「人類最高的道德是什麼？那就是愛國心。」他擔心中國強大，所以慶幸地說：「中國現在是一個沉睡的巨獅，讓他繼續睡吧！否則當他一旦醒來，世界都會震動！」演講稿後彙編成《新人生觀》一書出版。

羅家倫在該書中，並不諱言中國的積貧積弱，大聲疾呼：「弱是罪惡」，中國人要奮發自強！「強而不暴是美德」，日本人要深刻反省！

一部好書，不會因為時間久遠而磨損其價值，更不會因為時代變遷而減損其精神。

羅家倫的《新人生觀》，誕生於抗戰時期，旨在喚醒中國這頭沉睡巨獅，激發了全民的民族精神，在抗戰

---

1 《大公報》一九三七年十月十九日。
2 中國第二檔案館，全宗號：六四八，案卷號：〇〇七四七。

時，它讓千千萬萬年輕人熱血沸騰，激情飛揚，十萬青年十萬兵，一寸山河一寸血，全民族萬眾一心，眾志成城，找回民族魂，抗擊侵略者，建設新國家。

「省歌」詞作者

羅家倫集教育家、史學家、文學家、詩人於一身，在抗戰期間，他的一枝筆，勝過十萬毛瑟槍。在其留傳於後世的著作中，他所作詞的〈新疆省歌〉、〈青海省歌〉曾膾炙人口，傳唱西北。

說起新疆、青海省歌產生的過程，當回溯至一九三一年「九一八」事變時期。東三省淪亡倭寇，三千里黑土地喪失殆盡，三千萬同胞痛失家園，新疆會不會成為第二個東北？遂成為國內外輿論關注的焦點。一九三四年，面對蘇聯出兵新疆，國民政府爭奪新疆控制權的行動一次次失敗，黃慕松宣慰無功而返，馬仲英、張培元兵敗天山，黃紹竑執戈望關興歎，國人入疆無門，羅家倫慨而遙作〈玉門出塞歌〉並序：

自九一八後，國難愈迫，悲憤難言，常譜笳聲，而勵士氣。同時復感西域危機，不讓東北，爰藉出塞之歌，以報天山之警。

左公柳拂玉門曉，塞上春光好。
天山溶雪灌田疇，大漠飛沙旋露照。
沙中水草堆，好似仙人島。
過瓜田碧玉叢叢，望馬群白浪滔滔。
想乘槎張騫，定遠班超。漢唐先烈經營早！
當年是匈奴右臂，將來更是歐亞孔道。
經營趁早！經營趁早！莫讓碧眼兒射西域盤雕！

羅家倫為此歌作長注：「是時也，余不特未嘗至新疆，即陝甘亦非吾履痕之所及。塞外風光，不過童年想像中之遺痕耳。詎意中年之後，竟身歷此境，以佐證其想像與憂思之無妄焉。」[1]

詩詞最能反映出一個人的真面目、真性情。從大歷史看，張騫鑿空西域，班超定遠封侯，左公植柳三千里，前輩彪炳史冊的標杆立於眼前，如今碧眼兒（指蘇俄）無休止地東擴，難道歐亞孔道要在吾輩手中丟掉？經營西域，要趁早！要趁早！羅家倫喊出了國民黨人的憂慮，喊出了國人的心聲。

時光荏苒，八年韶光倏忽而過。一九四二年，羅家倫率西北科學考察團（任團長）首赴新疆考察。行前，他徘徊於不知細研過多少回的新疆地圖前，思緒萬千，作〈悵望壁間所熟新疆地圖〉：

學騎攬勝古庭州，
聽撥琵琶塞外戢。
翻怯小齋凝壁望，
河山一幅掛透愁。[2]

按常情論，全面科學考察新疆，是國人經營西域的前奏曲，理當歡欣才是，但羅家倫透過牆壁上的地圖，遙想西域壯美山河的大模樣，心中竟充滿憂患：東北國土已喪，新疆不能再有任何閃失。這首七絕道盡了詩人的滿腹惆悵。

科學考察活動延至一九四三年中方結束。羅家倫返回南京後不久，即被國民政府任命為中央政府駐新疆首任監察使。羅家倫再次啟程前往新疆。途徑蘭州時，順訪青海，面晤青海省主席馬步芳，並做考察。

臨行時，馬步芳專門為羅家倫舉行歌舞晚會。有知情者慕羅家倫之名，請他為青海省歌作詞。「余不欲卻之，即席構思……爰索紙筆，寫成此歌。」

1 《羅家倫先生文存・第九冊・詩歌》，臺灣國史館，一九八九年，頁一八七―一八九。
2 《羅家倫先生文存》第二冊，一九七六年十二月二十一日初版，臺灣國史館，頁二八。

當馬步芳致畢歡送詞，羅家倫起而致答謝說：「古人臨別贈言，余則臨別贈歌。」遂朗誦此篇以為贈：

〈青海歌〉

青海青，黃河黃，更有那滔滔的揚子江。
雪白白，山蒼蒼，祁連山下好牧場。
好牧場，一片汪洋。
這裡有成群戰馬，千萬牛羊。
馬兒肥，牛兒壯，羊兒的毛好比雪花亮。
中華兒女，來罷！來罷！
舉著牧鞭，騎著怒馬，
背著刀和槍，隨便奔跑在這高原上。
我們更不能忘：這偉大的崑崙山，
我們的祖宗就在這裡發祥！
我們要踏到這山頂上，揚著三民主義的火把，
放出世界的光芒！

羅家倫在文章中曾吐露〈青海歌〉的創作構思：「想到青海為中國最奇特之一省。中國最偉大之兩河，黃河與揚子江，均發源於此；中國最富於歷史意義之兩大名山，崑崙山與祁連山，亦均在此；中國最大之內海——青海在此；中國最大之草原、最廣袤之高原牧場，亦在此。薈萃造物賦予中華民族之奇蹟大觀於一省，安可不予以提醒，而加以表揚。」

當羅家倫誦畢〈青海歌〉，舉座皆驚，莫不為羅氏詩才所折服。青海官民亦不示弱，立即延攬數名音樂人，當夜配成樂譜。

第二日上午，在羅家倫的送行會上，有青海歌者唱著新〈青海歌〉向他致敬，為他送行。羅家倫彌感青海人

民的熱情真誠，亦切身體察到青海政府的行政效率，以及人民昂揚向上的精神風貌。

儘管羅家倫〈青海歌〉是即席之作，有遺憾之處，但不曾料想省歌竟會以這種方式誕生，「聞余別後，此歌已唱遍於雪山草海之間矣。」[1]

音樂是人類心中共通的藝術，既無國界，遑論省界。〈青海歌〉不脛而走，很快傳至新疆。自然有人禮請羅家倫為新疆省歌作詞。身為新疆監察使，他只好恭敬不如從命。亦在一九四三年這年，羅家倫滿懷激情創作了〈新新疆歌〉：

新新疆，我們中華民族的屏障，
阿勒泰高，天山長。
蔥嶺橫西極，崑崙抱南疆，
山頭太古雪，映著萬里沙黃。
伊黎河畔青青草，河邊有天馬低昂。
聽那，塔里木河流水湯湯，江南四月好風光。
這雄麗的山河，夢也不能忘，鞏固我廣大的新疆。
新新疆，我們中華民族的寶藏，
阿山金脈，烏蘇礦。
油泉泛地底，羊陣亂山旁，
名瓜待哈密，葡萄甜溢高昌。
和田綢托羊脂玉，潤潔地好比冰霜。
史有那雲母含輝鎢砂亮，都上在資源帳。
這富庶的寶藏，夢也不能忘，鞏固我天府的新疆。

---

1 《羅家倫先生文存．第九冊．詩歌》，臺灣國史館，一九八九年，頁一八七—一八九。

新新疆，我們中華民族的天堂，
龜茲名樂伴伊涼。血統常交流，
心弦更交響，當旋鳳舞罷，令人蕩氣迴腸。
文化早陪公主嫁，規模猶仰漢和唐。
接受三民主義萬道祥光，
同奏和樂安康。這甜蜜的家園，
夢也不能忘，鞏固我中國的新疆。

羅家倫解釋說：「這歌第一段講地理形勢，第二段講物質資源，第三段講宗族文化。看過了後，可以想見我當年對新疆的熱烈讚揚，和殷切的期望。」[1]

比較〈玉門出塞曲〉、〈悵望壁間所熟新疆地圖〉，〈新新疆歌〉篇幅較長，內容充實，觀察細膩，前者憂心忡忡，後者愛意綿綿，堪為天山、崑崙、阿山三山之交響大曲。這首歌詞折射出羅家倫的真豪情，大視域，大氣魄，談古論今，天上地下，才華橫溢，霸氣彰顯。

〈新新疆歌〉後改名為〈新新疆進行曲〉。羅家倫回憶說：「正當民國三十二年（一九四三）我在迪化作了一個〈新疆歌〉，共分三段，曾經譜成音樂，當作省歌。」即使用今天的眼光和藝術標準衡量此作，其立意、境界、中正、韻律、技巧等，亦不悖時，可圈可點。

閒子待用

自擔任中央駐新疆監察使後，羅家倫像變了一個人，在公開場合下寡言少語，在盛世才面前唯唯諾諾，往

1 《羅家倫先生文存》第二冊，一九七六年十二月二十一日初版，臺灣國史館，頁七五七。此歌刊載於《瀚海潮》第一卷第一期創刊號封底上，羅家倫詞，潘豐曲，出版時間為中華民國三十六年（一九四七）一月。

昔熱情、浪漫、豪爽之風，似一掃而空。在一九四三至一九四四兩年間，羅家倫亦應約給《新疆日報》寫詩作賦，發表在報紙的副刊上：

淡抹濃妝更相宜，西子湖光未足奇，知是瑤姬青鬢好，鏡中搖弋碧琉璃。
玉顏閒抹晚霞紅，隔霧窺妝趣更濃，莫道藐姑無狡獪，忽如相邂忽相逢。
歌完黃竹玉容哀，明鏡珠簾倦裡開，天上人間難再得，穆王何事不重來？
白玉峰前輩翡翠池，天生佳麗鮮人知，錦茵鋪到雲衫幕，正是尋詩人夢時。
又：勒馬回頭，看天池水光燦爛，彩色雜陳，不忍遽別。
玉簪散出拋家髻，舞罷猶披雲錦裳，掉轉馬頭重惜別，髮邊斜插「莫相忘」。

「莫相忘」為歐美情花，以贈所歡，即紫羅蘭也，或譯「勿忘我」[1]。作者口中的吟詠之物，無非是麗人梳妝，癡人造夢，卿卿我我，毫無君子之志，丈夫之風。誦讀這些吟詠情物的詞作，若非白紙黑字赫然寫著羅家倫的大名，誰能想到這些無骨詩，竟出自羅氏口中！抗戰前線，烽火連天，將士血濺沙場，羅家倫玩弄這些風花雪月、柔弱喪氣、嫵媚頹廢的淫詞，與時代氛圍太不合拍了！

更有甚者，羅家倫還沉淪於玩賞古董字畫之中，似乎將黨國大任、國家興亡，拋向九霄雲外。

金紹先是國民黨中央派往新疆的幹部，後任迪化市市長。他回憶說：「他平日在寓所，給人的印象也是沉溺於古董文物的把玩鑑賞，他赴新未帶家眷，卻帶去不少古畫。在舊中國，羅與王世杰先生都是故宮博物院的常務理事，都以古書畫的收藏鑑賞家聞於時。他經常以展玩古畫接待其他來客，其目的無非是要在盛世才及其手下人中造成一個印象，羅的確是一個無心於政治的學者型人物，因此對他不十分警惕。」

在新疆，盛世才是一個翻覆雲雨、人人畏懼的混世魔王。「我曾多次親眼見到過他與盛世才會見、吃飯的情

1 金紹先：《金紹先文史政論叢稿·海峽情思》，團結出版社，一九九三年，頁三五二—三五三。

景，一般是在接待朱紹良之類中央大員的小型宴會中，盛在表面上非常尊重他，總是把他安排為陪客的首席，而他則唯唯諾諾，守口如瓶．絕不議論政治，有時談一些遊天池、南山、迪化八景等的觀感、詩詞，或談一些笑話助興，很明顯是事前做了精心準備的。」

漸漸地，在盛世才心中，這個負有監督新疆督辦公署的中央機構及其負責人，不過是一個玩物喪志的羸弱文人，難成大器。這種印象，正是羅家倫克己以求的。

羅家倫為什麼要精心偽裝，甚至不惜損害自己的本相呢？羅家倫曾私下向金紹先交底：

「我抵迪化後即拜會羅先生，他向我介紹了新疆特殊的政治環境，告誡我謹言慎行，以保證人身安全第一。他說：『我們中間有些人急躁冒進，企圖很快在新疆行使中央權力，結果反而壞了事，須知中央目前內外交困，對新疆用兵鞭長莫及，且在舉國抗戰的形勢下，亦不容如此，我們只有以如臨深淵、如履薄冰的精神，兢兢業業地工作，首先是不給盛世才抓我們、趕我們的藉口，我們是代表中央的，我們在新疆的本身，便是向世人昭告著新疆是中國領土這個事實。我們的目的，是努力讓中央的力量漸漸地、持續地滲透進來，終有令盛氏不得為所欲為的一天！』」[1]

羅家倫玩的障眼法，亦將不明就裡的黨國精英們蒙在鼓裡，他們覺得國府監察使貪生怕死，是草包加傀儡，有辱黨國形象和使命。

羅家倫博古通今，深諳「炎炎者滅，隆隆者絕」（見揚雄〈解嘲〉）。既然蔣介石留下的錦囊妙計是臥薪嚐膽，忍辱負重，潛伏待命，又何必小不忍則亂大謀呢？

在政壇變色龍盛世才面前，羅家倫逢場作戲，演技比之盛氏一樣不差。閒子待用，意在出手驚人！

1 金紹先：《金紹先文史政論叢稿．海峽情思》，團結出版社，一九九三年，頁三五〇。

第六章 擘畫

學者從政

一九四二年夏天，在半公開、半隱祕前往新疆的國府大員行列中，除軍事、情治首長外。還有中國戰時工業生產及經濟建設的大管家翁文灝。

翁文灝（一八八九－一九七一），浙江寧波人。少年得志，十三歲時，考中秀才。後轉至上海讀書，在法國天主教會所辦學校學習外文，繼而赴歐洲留學，畢業於比利時魯凡大學，成為中國第一位地質學博士。回國後先任北京大學教授，繼任清華大學地質學系主任、代理校長。

一九三二年，這位毫無政治背景的地質學家、教育家被國民政府延攬入閣，擔任軍事委員會（蔣介石任委員長）國防設計委員會祕書長。起初，翁文灝並不熱心於政治，對當官亦了無興趣，他一度執拗地拒絕出任國民政府教育部長一職。

一九三四年，翁文灝前往西北考察石油資源，途中不幸遭遇車禍，陷入昏迷，數日不醒。蔣介石給予特別關懷，指令有關部門不惜代價全力搶救。搶救期間，許多學者、文人紛紛於報紙上發表文章，對翁氏健康表示關切。對於讚揚他有功國家的文章，他並不在意，唯有一篇犀利的批評文章，令翁文灝針芒刺背，在內心掀起巨瀾。文章稱，天下興亡，匹夫有責，中國已近亡國滅種之時了，作為著名學者，卻為了所謂的清名，退避三舍，不願承擔匹夫之責，實在有愧國家與民族。

經歷大難又死而復生，翁文灝對人生世事有了徹悟，對昔日公私不明，不以國家為上，保持所謂個人清譽的行為頓感羞愧，由此變得豁朗通達。不論他人如何議論，毅然走上從政之路。一九三五年，蔣介石復任國民政府行政院長，指定翁文灝擔任行政院祕書長。翌年，又出任經濟部部長兼資源委員會主任。

翁文灝生有四子。抗戰時，三個兒子從軍上了前線。次子為國民黨空軍機師，在抗日戰爭中壯烈殉國。抗戰期間，國民政府募兵對民間採取二丁抽一政策，而作為行政院長（相當國務總理），主動四丁送三，中國知識分子對國家的一腔赤誠可感天動地了吧！

與蔣介石一樣，翁文灝向有寫日記的習慣。二〇一四年整理出版的《翁文灝日記》，披露了一九三六年一月一日至一九四二年十二月三十一日間溫氏日記，約六十餘萬字。《翁文灝日記》的新疆部分，主要集中在一九四二年六至八月間，人物涉及蔣介石、朱紹良、邵力子、毛邦初、盛世才、蘇聯副外長及駐迪化總領事等多人。近年來，《蔣介石日記》被視為研究民國時期諸多重大問題的第一手資料，而翁文灝任職於國家權力最高層，是國民政府內政外交各項政策的制定者和執行者之一，其日記所涉人物層級之高，內容之廣泛，事件之細微，可作為《蔣介石日記》的有機補充。

《翁文灝日記》

一九四二年六月二十六日，蔣介石即指令翁文灝前往新疆，以國家名義處理中蘇外交所涉的新疆問題。斯時，就國家領土和主權而言，蘇聯推行大國沙文主義，不僅在新疆駐有軍隊，其飛機、裝甲車、卡車，未經中華民國外交部允許，在新疆、甘肅大地橫行無阻，嚴重侵犯了中華民國主權、尊嚴和領土安全。

翁文灝在日記中寫道：「十二時見蔣，謂蘇聯卡車已全部撤回，……謂卡車至蘭州運生絲係最大讓步。」此前，國民政府外交部已多次就類似事件提出外交照會。蘇聯政府與盛世才政府對此置之不理。「蔣囑余速（往）新疆，商獨山子油礦事，並可電邵力子（時任中華民國駐蘇聯大使）面告蘇聯政府。」[1]

---

1 《翁文灝日記》（全二冊），李學通等整理，中華書局，二〇一四年，頁八一三—八一六頁。

翁文灝六月二十六日接令後，迅即部署赴疆事宜。「六月二十七日，星期六。至棗子嵐下七十二號，見航委會周至柔，電話成都毛邦初[1]，商乘機往新疆事。發邵力子電，為獨山子油礦事。」

開闢新疆—印度航線，與蘇聯副外長在迪化會談獨山油礦合作等事宜，是翁文灝赴疆要處理的兩件大事。至於協調飛行航路、航站機場、油料運輸、調信聯絡等事宜，具體由毛邦初（蔣介石親戚，時任航空委員會總指揮）來新商研解決。

據翁氏日記記錄：「六月二十九日，星期一。蔣儉午侍參（六月廿八日）代電（第八九八號）：盛督辦已有來電稱，希即準備與毛總指揮飛新就商。」

在內政方面，翁文灝要與盛世才談判新疆政治、軍事、金融、交通等事項。「六月三十日，星期二。與孔祥熙、陳布雷、蔣介石、張（作者注：張元夫，盛世才同學，新疆公署駐渝辦事處處長）談赴新疆事。又見及毛邦初。又見蔣，說赴新疆之辦法。七月一日，星期三。蔣電告余，在新與蘇代表洽商時，要事可先請示決定。訪陳公洽，囑轉函於朱一民。」

陳公，即蔣介石侍從室幕僚長陳布雷。朱一民，即駐錫蘭州時任第八戰區司令長官的朱紹良。

從六月二十六日接令，到七月二日啟程西行，翁文灝準備時間僅花了一週。七月二日下午四時，翁文灝偕韋作民、吳元超、龔學遂、毛邦初等人，乘坐美新來C53號專機自渝飛蓉。韋作民時任交通部技監，吳元超時任交通部航政司幫辦，龔學遂時任交通部公路總局局長。

交通部官員及工程師們赴疆的任務，是勘測、修築新疆通往蘇聯、印度的公路，以便運送更多的戰略物資。

甫到成都，翁文灝即接到蔣介石電話：「詢曾否攜直達電碼。」[2]這意味著，處理新疆外交、內政問題，時時要向蔣介石報告請示。

1 毛邦初（一九〇四—一九八七），別號信誠，浙江奉化岩頭鄉岩頭村（今屬班溪鎮）人，蔣介石元配夫人毛福梅的親侄子。黃埔軍校第三期，蘇聯莫斯科中山大學肄業。一九三〇年奉命在杭州覓橋籌建航空學校，次年任校長，一九三四年出國考察，率部分畢業學員赴義大利深造。一九四〇年五月二十五日晉升空軍少將，同年八月十九日升任航空委員會副主任兼軍令廳廳長，空軍第一路司令。一九四一年三月二十六日增設空軍總指揮部任總指揮。一九四九年去臺灣，一九五一年受命赴美國購置飛機，遂攜眷屬定居墨西哥，繼遷居美國。一九八七年逝於洛杉磯。

2 《翁文灝日記》（全二冊），李學通等整理，中華書局，二〇一四年，頁八一三—八一六。

翁氏「七月三日，星期五。七時半自蓉起飛，經劍閣、廣元，十一時半抵蘭州。朱逸民、何競武上機同行。十二時開，二時三刻抵酒泉，孫越崎上機。三時半開，七時半抵迪化」。何競武時任西北公路局局長，孫越崎時任玉門油礦總經理。成都至迪化三千千米，一日即達，全賴美式最新型的飛機。這是國民政府優先發展美中關係的益處。

隨行的孫越崎追憶道：「到達迪化機場下機時，看到除盛世才本人外，他的滿朝文武，以盛世才的聯襟汪參謀和他的五弟盛世驥為首，都到機場迎接，並以飛機為背景，把所有來的人和迎接人員一起照了相。這像次日在《新疆日報》上登載出來了。」[1]

抵迪第二日，翁文灝、朱紹良先與盛世才單獨談話，並當面轉交蔣介石親筆信函：「弟之責任，亦兄之責任，黨國存亡危機之時應一致工作。」「又，蔣致一民電，對盛一意信任之。」[2]

尋找彼此的最大公約數——國家利益高於一切，以信任對方化解猜忌，這是翁氏與盛世才會談的信用基礎。

七月四日，翁文灝、朱紹良、盛世才三人會談，互相摸底牌。「早餐後，余同朱一民與盛單獨談話。盛意：（一）與蘇聯親善；（二）為固國權，使新疆永久為中國領土；（三）盼能有機會親見委員長；（四）新疆人口四百萬，內漢人僅四十萬，應移民入新疆；（五）軍隊不到二萬八，現僅一萬數千人。」[3]

是晚，翁文灝用自帶電臺、密電碼和電報員，向蔣介石彙報談話詳情。盛世才在新疆一手遮天，可以任意扣壓檢查電報，對於翁文灝密送蔣介石的電報，下令網開一面，不予檢閱。

晚，電蔣報告（密，未譯送盛）及電吳兆洪（送盛閱）。嗣，盛命，凡余電報一律密發，不必送稿。[4]

盛世才在新疆搞的是家天下，所以臺前幕後總有盛家成員的身影。翁氏記曰：

1 孫越琦：抗戰期間兩次去新疆紀略，《新疆文史資料選輯》第十四輯，新疆人民出版社，一九八四年，頁七七—八二。
2 《翁文灝日記》（全二冊），李學通等整理，中華書局，二〇一四年，頁八一三—八一六。
3 《翁文灝日記》（全二冊），李學通等整理，中華書局，二〇一四年，頁八一三—八一六。
4 同上，同頁。

七月五日，星期日。至烏魯木齊河畔肥皂廠旁洗浴。
盛邀朱、毛、何及余午餐，其宅眷同食，一妻、二女、三子。
正式談判時，盛家成員悉數出席，以表誠意。
盛世才（晉庸）、盛世驥（亦庸，第五）、邱宗浚（祕書長）、邱毓熊（定坤，盛妻邱毓芳之弟）、王競楠、盛……（仲庸）。

在《翁文灝日記》中，多次記錄了朱盛談話以及朱穿梭於重慶、蘭州、迪化的時間。盛世才一連幾日，迭邀朱逸民私下長談。與許有關問題須請示蔣介石定奪，到迪一週後，朱紹良隻身返回重慶。

七月十日，星期五。朱逸民偕張宣澤上午九時半（渝時）離東花園，往蘭州。盛晉庸偕其夫人送行。余有長函（七．九）致蔣，託朱面呈。
七月十八日，星期六。朱逸民自渝飛蘭州。
七月十九日，星期日。下午，朱逸民飛至迪化，攜來二人，一為譯電員。原來飛機由渝飛往印度，來者為另一架，到後即轉往伊犁，接毛邦初。[1]

孫越崎作為親歷者，他在日後的回憶錄中寫道：「盛世才與翁文灝的正式談話很少，但每天早上總請朱紹良去督辦公署他家裡同吃早點，大約連續談了八九天。後來朱紹良帶了一麻袋的文件坐我們來的專機飛返重慶。過了幾天，朱又回到迪化，向盛世才覆命。」[2]

談判期間，盛世才穿插安排翁文灝到迪化各處參觀。翁氏記曰：

1 《翁文灝日記》（全二冊），李學通等整理，中華書局，二〇一四年，頁八一九－八二一。
2 孫越琦：〈抗戰期間兩次去新疆紀略〉，《新疆文史資料選輯》第十四輯，新疆人民出版社，一九八四年，頁七七－八二。

盛與蘇聯外次談話，盛五（作者注：盛世驥曾留學蘇聯紅軍大學）為譯人。邱（作者注：邱宗浚為盛世才岳父）陪余參觀無線電臺（蘇聯制，一千volts，其價五萬美金）、農具廠、農牧場。黑水南為妖魔山，北為紅山嘴（虎頭崖），為迪化要塞。七月八日，星期三。余往南門大街一行並購物。又參觀新疆學院（前年建成，學生二百五十七人）。見蘇聯領事館，範圍頗大。[1]

翁文灝既是高官，亦是凡人，凡人就有購物需求，只是所購物品不同於常人而已。「七月十一日，星期六。今日未出，住督署東花園內，閱（一）Turkissan Tuncult by Wu Aitchen；（二）Russia by Bernard Pares。購呢大衣一件、玉圈二、玉章二、水晶章二（二二〇＋六八〇元）。」

在翁氏筆下，記有當時迪化的風物特色，如今早已蕩然無存矣。

七月十二日，星期日。煙煤出水西溝，在阜遠、阜康間，距省城約九十公里。無煙煤出昌吉，距省城約六十五公里。紅山嘴古物陳列館有大鐘，道光十三年造，記水西溝煤鐵盛產。參觀師範學校，規模大，有史達林照片。迪化南之鹽池有歸化人洗浴。劉文龍之花園現歸農牧局管。[2]

史達林照片懸掛學校，歸化人（即俄羅斯族）洗浴，均是迪化社會漸進俄化的真實寫照。

開闢空中新通道

翁文灝曾留學歐洲，具有廣闊的國際視野。在他的日記中，新疆不是孤島，自古即是國際大通道的樞紐。

1 《翁文灝日記》（全二冊），李學通等整理，中華書局，二〇一四年，頁八一三—八一六。
2 《翁文灝日記》（全二冊），李學通等整理，中華書局，二〇一四年，頁八一三—八二〇。

> 我國古代對外關係，完全在西北，如到巴比倫、波斯、希臘、羅馬，西北為必經之道，嗣海禁打開，外人之來中國者，咸由海路而入，致西北對外交通之關係．逐漸減低，故古人之稱外人為「胡人」，今人之稱外人為「洋人」。
>
> 今當抗戰時期，情形又略有不同，新疆西北之蘇聯，西南之印度，再遠之波斯，皆與我有密切之關係，且自汽車、飛機之交通開闢後，縮短西北領城與中土之迢遠距離，使西北之對內關係，更日見其重要。[1]

隨著科技日新月異的進步，世界交通已進入航空時代。這對遙遠的邊疆不啻是一大福音。

翁文灝一行抵新疆後，朱紹良祕密談軍政，翁文灝談經濟與外交，航空委員會總指揮毛邦初一直是空中飛人，其任務是開闢重慶－新疆－印度等空中航線。

> 七月三日甫抵迪化，五日「毛邦初乘機飛伊寧，尤寅照同機」。
>
> 七月二十三日，星期四。聞毛邦初已自伊犁飛莎車而至New Pelw。
>
> 七月二十五日，星期六。電張公權，請電在印之毛邦初，能否於二十九日派中航機來接往蘭。電錢乙黎，請向居里說明出口必要開支。

自新疆入印度有兩條路：一是由蒲犁（今塔什庫爾幹）沿河上溯，經紅其拉甫，海拔四千七百米，而入印度境（今巴基斯坦）；二是由和闐皮山經紅柳灘，翻越喀喇崑崙山口至印度列城（傳統商路）。毛邦初等人規劃，航空氣象站可設於海拔三千二百米的蒲犁縣城；和田至印度列城途中可設交換站。

其時，英國政府在印度派有總督，行使管轄權。開闢中印國際航線、勘測修築國際公路，需要英國政府配合。盛世才特別安排晚餐，邀請英駐喀什總領事M.C.Gillett。Gilett領事出席，與翁文灝等商議合做事宜。

二戰時國民政府效率很高，僅三週時間，「七月二十七日，星期一。伊犁寧明增、莎車田曦電覆，毛邦初定廿九日自Peshawa飛莎車，時間許可，當即飛迪。電機裝成，迪化與蘭州、重慶皆能通話」[2]。

1 《翁文灝日記》（全二冊），李學通等整理，中華書局，二〇一四年，頁八一三。

2 《翁文灝日記》（全二冊），李學通等整理，中華書局，二〇一四年，頁八二二－八二三。

建設地面氣象站，安裝無線電設備，闢建機場和空中航線，不過是落實國民政府西北國防建設計畫的具體步驟之一。

考慮到西北特殊的地理條件，羅家倫在「西北十年建設計畫」中特別強調在西北發展空軍的重要性，他認為，西北不但是訓練空軍的最佳之地，而且西北國防軍力配備要發揮空軍機動性高的優長，「戰後五年內如有一千五百架以上戰鬥機常駐西北訓練，則西北至大勢略定矣」[1]。

要達此國防現代化的戰略目標，前提是國家統一，實現工業現代化，飛機國產化，石油探採煉自主自給，任重道遠，前路漫漫。

中蘇外交談判

在迪化與蘇聯副外長會談，是翁文灝新疆之行的重頭戲。蘇聯副外長抵迪十日後，盛世才的連襟汪鴻藻舉行盛大歡迎宴會。

翁氏記曰：「七月十七日，星期五。盛請晚餐（汪鴻藻代表），有蘇聯外次、總領事……及余等。但盛另約朱往晚餐談話。余頗醉。朱攜來蔣覆余函（七・十七）。」

蘇聯男人一向嗜酒，性情豪爽，連不勝酒力的南方人翁文灝也被灌醉了！

據孫越崎觀察：「這時蘇聯的外交部副部長狄卡諾索夫（另譯為德卡諾佐夫）來迪化了，盛世才本人沒有出面，由汪參謀長為代表在督辦公署大廳設宴招待這位副部長，請翁文灝和我們所有的人（當時朱紹良在迪化，但不參加宴會）以及很多迪化高級官員作陪。翁文灝和這位副部長見了面。宴會開始和結束及在宴會中間，有樂隊奏樂，很隆重。後來翁文灝以代表中國中央政府的身分與這位副部長談判了油礦合辦事宜，不得結果。」[2]

翁氏記曰：「七月二十日，星期一。盛與蘇聯外次Dekanozov長談，並共晚餐。」

---

1 羅家倫：〈西北巡禮〉，《羅家倫先生文存・第六卷・演講》，臺灣國史館，一九八九年，頁二五五。

2 孫越琦：〈抗戰期間兩次去新疆紀略〉，《新疆文史資料選輯》第十四輯，新疆人民出版社，一九八四年，頁七七－八二。

談判顯然不歡而散。盛世才記錄了德卡諾佐夫的一句話：「現在是非常重要的時刻，我目前的訪問與你的未來和你的地區的未來有關。」[1]此話雖未挑明，但已帶有威脅和最後通牒的意味。莫斯科不打算放棄新疆的利益，盛世才提出了自己的方案，要讓國民黨政府官員參加討論，德卡諾佐夫的使命最終失敗。

沮喪抑或憤怒之中，是夜十一時許，德卡諾佐夫外次返回領館後向翁文灝做電話告別，並歉以未能更謀晤見。「七月二十一日，星期二。蘇外次Dakanozov於晨五時乘機返國。」[2]

蘇聯外交次長一走，盛世才即邀請翁文灝、朱紹良、何競武見面，報告昨日與德卡諾佐夫的談話內容。盛世才說，他攜來了蘇聯外交人民委員莫洛托夫七月三日致盛世才的信函，責以獨山油礦何以不照成議而報中央參加。

這純屬惡人先告狀的行徑。試想，蘇聯在新疆獨山開採石油，蘇聯政府為何瞞著國民政府與新疆私簽協議？為何明知不合法而為之？新蘇私簽開採石油協議，究竟是盛世才有意為之，還是被逼無奈之舉？或是雙方合謀？目下，蘇方要撇清外交責任，而盛世才必須向中央解釋清楚來龍去脈。

外交部長關注政治問題，經濟部長翁文灝更關切經濟問題。譬如，如何借助中央及盟國資金，勘測修築新疆境內公路；如何與蘇聯公路網、鐵路網相連接，亦是翁文灝與盛世才所談議題之一。超越職權範圍的，翁氏即致電蔣介石請示。

> 電蔣，建議經由蘇聯運輸辦法。邊界至哈密由蘇代運，由中國照支運費，哈密至渝由中國自運，每年運貨往返各以二萬四千噸計。哈渝間需汽油四百五十萬加侖。另由蘇商購汽油四千噸（一百二十萬加侖），機油一千噸（三十萬加侖）。除油料外，實運貨物每月約一千六百噸。

要大量運輸石油，必須修築現代公路，成立相應運輸機構。早在七月十五日，韋作民就面告翁文灝：「十三日曾向盛世驥提議，派員測量公路及鐵路路線。盛晉庸於次日託人轉告，須先俟整個問題洽定後方能決定。」如

---

1 王大剛：〈蘇聯庇護下的伊寧事變〉，《新疆通史資料》，二〇一四年內部版，頁四七。

2 《翁文灝日記》（全二冊），李學通等整理，中華書局，二〇一四年，頁八二二—八二三。

今盛世才輸誠中央大政已定，具體工作便進入議程。

新蘇之間公路運輸事項，亦是翁氏優先考慮的問題之一。蘇聯「Saratzeck—霍爾果斯240Km，霍爾果斯—迪化780Km，伊寧—迪化650Km。Saratzeck車站少棧地，不常利用，平常多用轉口之Alma-ata（今哈薩克共和國阿拉木圖）」。迪化至霍爾果斯，途中要翻越海拔二千米的果子溝達阪，這裡山高林密，溝深坡陡，冬季大雪封山，春夏洪水肆流，是公路建設的瓶頸。

翁氏記曰：「七月二十三日，星期四。故宮博物院古物前在列寧格勒陳列者，現已運至阿拉木圖，商洽如何運至重慶。」這是國民政府在「七七」事變前從北京故宮搶救出的文物，戰時曾在列寧格勒展覽。

七月二十四日，盛世才與翁文灝一道商談修築中印公路、開採庫車油礦、新疆金融、英國新領事上任等重大問題。

七月二十四日，星期五。盛於上午來東花園談話，同午餐後始行。（一）速修中印公路，由新疆經崑崙山而至印度；（二）庫車油礦由中央派員探採；（三）盛主新幣應保存，每三元二角易美金一元，有信用，請中央決定國幣兌率及實行辦法；（四）從前Eaic Teichman至新交涉經過，此次英領事至新；（五）盛尚盼蘇方有人來談獨山油礦。[1]

在新疆基礎設施建設方面，新疆政府幾乎一無所有，無錢、無權，無技術力量，無運輸工具，決定權握在中央政府手中。

抗戰國際觀

有工科背景的翁文灝，對抗戰的觀察，一直具有國際視野。翁文灝七月二日離開重慶，八月十一日返回重

1 《翁文灝日記》（全二冊），李學通等整理，中華書局，二〇一四年，頁八二二—八二三。

慶，此間他雖奉命處理新疆問題，但其依然密切關注著國際局勢演變，這可以從《翁文灝日記》中一窺究竟。

一九四二年夏，就中國戰場而言，日軍步步緊逼，形勢不容樂觀。

> 六月二十五日，星期四。中國開闢之大機場（為空軍攻擊日本之用），原在衢州、玉山、麗水三處，茲皆為日軍占領。
>
> 七月十一日，星期六。溫州、里安均為日軍占領。[1]

從國際局部戰場看，蘇軍節節敗退，德軍氣焰正熾。

> 七月三日，星期五，今日蘇聯Sebastopol失守。
>
> 七月六日，星期一，Runsk已失，蘇德戰事已至Don河。

德攻Don河及佛羅內茲（Voronets）甚急。英德在埃及北部作戰，Crete島上德方加兵五萬人。

日軍憑藉空中優勢，對中國的戰略目標做肆無忌憚的狂轟濫炸。由於盟國美空軍參戰，正在改變空中主導權一邊倒的劣勢。翁氏欣喜地記曰：「本月二日及十六日，盟機兩次襲漢口，亦曾迭襲廣州。」

在新疆的夜晚，只要條件允許，翁文灝總要收聽外電廣播，並記錄如下：

> 二十三晚Hull廣播：侵略者活動始於一九三一年日軍侵華。日征東半球，希特拉征歐洲大陸及英倫三島，藉英海軍以得海上威權，一九四〇年九月廿七日又訂三國公約，將來須建有力（甚或有強迫力）確保國際和平之國際組織、國際正義法庭，監視侵略國，直到他們表示情願並有資格和他國和平相處，防止極端的國家主義及獨裁。資本自財力較強之國家流人財力較弱之國家，或立國際貿易特別協定。目前務得奠定性

[1] 《翁文灝日記》（全二冊），李學通等整理，中華書局，二〇一四年，頁八一三。

的勝利。[1]

在七月二十五日的日記中，翁文灝將《新疆日報》的社論抄錄其中：

> （一）同盟國（蘇美英等）月出飛機9600架，坦克8500架，德及與國月出飛機3900架，坦克3000架。同盟國人口1500000000，領土100000000sq.KM，德及與國人口200000000，領土5000000 sq.KM；（二）美國一九四一—一九四二年國家歲入為US$95000000000，每人平均逾七百元，德國自稱每年收入Mark90000000000，可見美國財國為德國四倍。

身為國民政府經濟部長，他尤其關注體現美國綜合國力的主要經濟指標：

> 美年產麥二千萬噸，穀物六千萬噸，當全世界產量一半以上；年產原油一萬八千萬噸，煤逾五萬萬噸，棉逾三百萬噸，鋼一萬萬噸，飛機每月五十架。[2]

現代戰爭是以綜合國力為後盾，以本國工業生產體系為支撐的。簡言之，打鋼鐵，鬥科技，比後勤。日本敢於欺負中國，德國敢於侵略蘇聯，日德必敗於美英蘇中四國同盟，皆出此理。世界第一強國美國參戰，是中國抗戰取勝的關鍵因素。

日本所推行的大陸政策，循著朝鮮半島—臺灣—滿蒙（東北）—中國大陸—東南亞—蘇聯……一步步演進，勢必將戰火從中國燒向亞洲和世界，亦勢必觸犯世界秩序和西方列強切身利益，日本最終成為東西方人民的公敵，並葬送於正義的火海之中，僅僅是時間問題。

---

1 《翁文灝日記》（全二冊），李學通等整理，中華書局，二〇一四年，頁八一六—八二二。

2 《翁文灝日記》（全二冊），李學通等整理，中華書局，二〇一四年，頁八二三。

從一八九四年的甲午海戰失利割臺灣及澎湖列島，至一九三一年的「九一八」事變喪失東北，又至一九三七年的「七七」盧溝橋事變，一九三八年香港淪陷，再至一九四一年十二月七日的「珍珠港事變」，中日戰爭一步步演變為世界大戰。日本戰線愈來愈長，樹敵愈來愈多，國際形勢開始向有利於中國的方向發展。

是年十月雙十節，翁文灝在日記中寫道：

> 十月十日星期六，仍雨。抗戰第六年之國慶日。英、美二國通知，願廢除不平等條約。今晨七點四十五（渝時），美國自由鐘鳴三十一響下，以祝中國三十一週年之誕辰，並由最高法院推事Danglas出席自由廳並致辭。下午四時蔣出席陪都各界慶祝國慶大會，宣告廢除不平等條約及美國扣鳴自由鐘。[1]

舉國振奮的好消息接連傳來，美英主動宣布廢除自一八四〇年以來強加於中國人民頭上的一系列不平等條約。這是對中國人民孤軍抗日五年（從「九一八」事變算起為十一年）的最好報償。光榮屬於堅守正義、不畏強暴、不怕犧牲、英勇抵抗的中國軍民。

迪化演講錄

在迪化最後一日，翁文灝應邀給新疆軍政教公幹部做報告。「七月三十日，星期四。上午九時，在督署西大樓講〈經濟建國〉，聽者九百六十餘人，歷時二小時又一刻。講堂中懸國旗、黨旗，孫、蔣照相，且已令並機關及鋪戶製備黨旗。與朱會同電蔣報告。此為新疆擁護中央之正式表示。」[2]

孫越崎陪同翁文灝前去演講。「七月三十日，盛世才由汪參謀長請翁文灝到督辦公署大廳去講話，講話的目的是什麼，事前也沒有同翁文灝商量。翁文灝由我一人陪同前往，到會的聽眾很多。翁文灝從大廳的後邊走

1 《翁文灝日記》（全二冊），李學通等整理，中華書局，二〇一四年，頁八四五。
2 《翁文灝日記》（全二冊），李學通等整理，中華書局，二〇一四年，頁八二三—八二四。

進，就從講臺旁邊上了講臺，我在臺下坐定後，看見臺上後壁交叉掛了中國國旗和國民黨黨旗。翁的講話是泛泛地講些盛世才的好話。」[1]

與恭維盛世才的講話相比，經濟部長翁文灝應用專業知識論述新疆經濟發展與前景的內容，更受聽眾歡迎。作為著名的地質學家，翁文灝幾乎走遍了祖國的大好河山，中國山川地形了然於胸。他報告說：西北之地形，有高山、有平原，西北高山皆為大山脈，簡單明瞭，大山脈之間即為平原，新疆自西而東其最大之山脈凡三：最北為阿爾泰山山脈，中為天山山脈，南為崑崙山山脈，至玉門關內，南有祁連山脈，北有合黎山脈，中間為河西平原，至陝西則有秦嶺山脈，蜿蜒至潼關止於黃河，形成一天然之險要地帶，即潼關也。在綏遠境內，有陰山山脈，以上皆為東則行之橫山。至於南北之縱山，在寧夏有賀蘭山，甘肅東部有六盤山，西部烏哨嶺等，此類山脈，對氣候雨量關係極大，每過一道縱山，山西氣候即較山東為旱，至烏鞘嶺後而河水內流不復入海矣。

翁文灝的山川地形論，既有經濟價值，又具軍事意義。中國能堅持持久戰，中華民族之難以征服，皆賴山川地形護佑矣。

> 西北雖山高地廣，雨量稀少，然自有天助，每到耕種季節，則高山積雪融解可以助耕，其內河流域地區亦均如此，可謂天造地設，以貽吾人者。
>
> 雪融綠洲經濟，是西北內陸乾旱地區的一大地理特點。在雨量分布上，在寧夏有賀蘭山，甘肅東部有六盤山，西部烏哨嶺以西、新疆天山以南地區，比陝西以東地區更加缺水少雨。是故，水利是西北發展的命脈。降水量、水利設施影響著人口密度。
>
> 新疆地廣人稀，可於其耕種方法中見之，至今新疆猶行輪種法，每地一丘種一年，休息三年。至寧夏、青海各省，則荒地更多，總計西北人口密度，計陝西省現有人口一千二百萬人，甘肅省有六百萬人，新疆三百萬人，青海一百萬人，而寧夏僅五六十萬人，其人口之稀少，概可相見。[2]

1 《新疆文史資料選輯》第十四輯，新疆人民出版社，一九八四年，頁七七－八二。

2 翁文灝：〈開發西北經濟〉，蔣經國著《偉大的西北》附一，寧夏人民出版社，二〇〇一年，頁三六－四一。

西北的獨特地形決定著降水量、綠洲面積，與人口疏密息息相關。那麼，西北地廣人稀，將如何解決呢？

吾人欲談開發西北，必先從移民起，欲談移民，必先從興水利起，否則起始而開辦工礦，不但人工缺乏，礦亦無銷路。西北土著尚有一舊習，只要有羊肉可食，羊皮可衣，根本不需要金錢，如不先移民而開辦工礦，工人實成問題，故開發西北，必先從增加人口起，欲增加人口，尤必先從水利人手。

一九四〇年代，新疆人口約三百餘萬，二〇一八年已增至二千四百餘萬。細察其發展軌跡，無非沿著水利——移民——開發資源——擴大水利——擴大移民——工業化——城市化規律而循序漸進。

說起西北礦產，翁文灝更是行家裡手。他特別舉例黃金儲量與開採，想必與戰時國家財政拮据、硬通貨匱乏，要舉外債維持政府運轉有關。

金礦在西北產量甚豐，或謂今後黃金已無價值，此乃無金國所倡書，至產金國則仍認黃金為極有價值之珍品，蓋今後幣制準備償付國際貿易之頭寸，仍非黃金莫辦，即統制經濟之國家如蘇聯者，亦在大量開採黃金。我國西北之黃金產於有名之黃土層之下，黃土文化為我國之最古文化，我國古代穴居野處之穴，即黃土層中之穴，冬暖夏涼，頗適居住，黃土層之下為石層，黃土與石之間，則產金層也。

黃金開採也要依賴於水，所謂麗水生金。

唯採金須用水沖，故西北有水地方，均能淘金。產金最多地方，莫如新疆，迄今該省軍人領章均為真金所製，其產金之豐，概可想見。

翁文灝在演講中指出，國家開發西北的目的，就是建設現代中國，補上工業革命落後於歐美日這一課。而中國東西部經濟文化的落差，恰恰在於工業化程度。他預言到：我國領土東南西北各區・各有其不同之特點，東北區物產豐富，且大都業經開發，吾人必須收復。東南區多季節性之特產，人口極繁殖。西北區既多季節性特產，地下又富，儲藏更豐，唯人口太少，吾人必須盡最大之努力，開發西北，興水利，建鐵路，增加人口，開辦工礦，以儘量利用西北特產，不出三十年，必獲驚人成績。

翁文灝給出的西北開發時間表是三十年。這要建立在：沒有外患，沒有內戰，不走彎路，對歐美開放，引進技術、資金、人才等假設前提之上。他特別強調：「現代文化為物質文化，建築在工業之上，而工業又建築在地下富源之上，故一國能儘量利用其地下富源，方能稱為現代國家。」

翁文灝最後寄語新疆的軍政教人員：吾人盡一分力量，即可收一分成效，證以物理學「物質不滅」之原理，可以知能力亦不滅矣。古人有言：「但有耕耘，不問收穫。」吾人可改為：「但有耕耘，必定收穫。」願大家以最大努力，開發西北經濟，「引得春風渡玉關」[1]！這個春風，即是工業化。新疆大發展靠工業化，民生富裕靠工業化，民族團結和社會安定亦繫於工業化。

作為戰時國民政府主管經濟的最高官員，翁文灝關於西北開發的演講，既不同於政客的譁眾取寵，又不同於學者的泛泛而論，他有著地質專家的學術根基，又代表民國政府的權威觀點，故頗受輿情關注。

務實是翁文灝的行政風格。返回重慶後，他即著手組織西北工業考察團。「九月十八日，星期五。接見西北工業考察團林繼庸、顏耀秋、李燭塵等約二十餘人，彼輩擬於二十一日出發北行。」[2]從宋美齡八月二十九日訪迪，到中央西北工業考察團啟程，其間不過三週時間。戰時國民政府效率之高，令人印象深刻。

孫越崎與翁文灝

中國戰時經濟部是一個綜合性大部，除統籌全國經濟產業布局和戰略規劃外，亦負責國民經濟運行，對大大

1 翁文灝：〈開發西北經濟〉，蔣經國著《偉大的西北》附一，寧夏人民出版社，二〇〇一年，頁三六—四一。

2 《翁文灝日記》（全二冊），李學通等整理，中華書局，二〇一四年，頁八二六—八三八。

小小企業實行戰時管制。譬如，玉門油礦就是經濟部下屬的重點企業之一。從蘇聯手中接收新疆獨山子油礦並收歸國有，交由玉門油礦總經理孫越崎負責落實。

孫越崎（一八九三－一九九五），浙江紹興人，祖輩世代守著山林，過著自給自足的生活。孫越崎的父親孫燕堂因在鄉試中考取秀才，遂改變了這個家庭未來的命運。

孫燕堂走出小山村，進入大社會，眼界自然開闊，志向隨之弘遠。由此，兩代人之間的文化衝突便不可避免。一九〇五年，孫越崎十二歲時，父親與祖父澈氐鬧翻了，一氣之下，父親離家出走，竟到黑龍江闖關東去了。在闖關東的人潮中，機敏善變者抓住了機會，盲目愚鈍者甚至丟掉了性命。孫燕堂勇氣十足，知書達理，又有江南人的精明，他在遙遠的黑龍江不僅創辦了金礦公司，而且博得七品官，名利雙收。

自五歲起，孫越崎即入私塾誦讀四書五經。書中有一個與現實不一樣的世界。書是少年膽，書給少年插上理想的翅膀。少年孫越崎的心躁動起來，給遠在黑龍江的父親寫信，要求外出讀書。祖父、祖母均不同意，因為孫越崎的二叔亦到紹興大通師範學堂讀書去了。農家缺少了勞動力，山林無人打理，自給自足的日子難以為繼。

如此以來，少年孫越崎不得不撐起家裡的半邊天。為了防人偷竹，天剛一亮，他就要上山護林，每天早出晚歸，日曬雨淋。當一天的巡山砍柴生計結束後，孫越崎則挑燈夜讀，把父親留下的《左氏春秋》、《資治通鑑》和一些地理、歷史書籍全讀遍了。

十四歲那年，孫越崎的祖父去世了。父親說話算數，遂同意他出山讀書。父親還給孫越崎起了一個學名——孫毓麒。毓者為養育，麒為瑞獸麒麟，意蘊飛黃騰達，出人頭地。

十六歲時，孫越崎考上了紹興簡易師範學校。該校只能開三門基礎課程：語文、算術、教育。第一學期，孫越崎不適應現代教育課程，在全班六十二名學生中考試名列六十一位。知恥而後勇，聰穎加努力，此後孫越崎的成績一直名列前茅。

一九一二年，孫越崎從紹興簡易師範畢業後，義務教書一年。翌年，考入上海復旦公學。一九一六年又考入天津北洋大學（今天津大學）礦冶科。「五四」運動期間，孫越崎作為北洋大學學生會會長，因積極參與組織天津學生罷課遊行，被校方開除。經北京大學校長蔡元培幫助，轉入北京大學礦冶系學習。

一九二三年，擺在畢業生孫越崎面前的有三條路：一是留洋深造；二是做教書先生；三是創業。

孫越崎選擇了第三條路。是年秋，孫越崎由紹興北上哈爾濱找父親。在父親幫助下，他參觀了本溪煤礦、昭和鋼鐵廠（鞍鋼的前身）等近代化重工企業。

一九二四年春節前夕，他不顧家人勸阻，頂風踏雪北上，應聘「中俄官商合辦穆棱煤礦公司」。穆棱（雞西）煤礦地處林海雪原深處，虎豹狼蟲、土匪出沒。該礦是黑龍江省實業廳與白俄富商謝吉斯合辦的。

一九二五年九月，煤礦董事會並決定開發一、二號直井，分別任命卜魯希年科負責第一號直井負責人，孫越崎為中方礦務股長兼機械工業股長，負責第二號直井。。卜魯希年科當過俄國遠東白俄政權的交通部長，在煤炭生產上已經有多年經驗。孫越崎初出校門，有理論少經驗。生性好強的他常常到一號井去偷技術，暗暗立志，要與一號井展開中俄競賽。這場沒有挑明標的競賽結果是：俄國人的一號井，一九二五年九月開工，一九二六年四月見煤，井深三十八米，每日出煤七百噸。孫越崎負責的二號井，一九二五年十一月開工，一九二六年九月見煤，井深五十一米，日出煤量也是七百噸。

在穆陵辦礦初期，要保障礦區安全，就要學會與土匪打交道。這對孫越崎是一種很獨特的鍛鍊，使他日後在應對複雜環境和與形形色色的人打交道方面，遊刃有餘。

一九二七年七月，時任國民政府實業部技正兼任地質調查所所長的翁文灝，來到穆棱煤礦考察。在穆棱煤礦期間，白天孫越崎陪著翁文灝下礦井，走礦區，如數家珍般地介紹穆棱的地質、岩石、煤層、開採技術。晚上在招待所同住一屋，兩個遠離家鄉、經歷迥異的浙江人天南海北神聊一番。在穆棱煤礦惡劣的環境中，翁文灝看到了孫越崎樂觀向上、不畏困難的精神，和他解決實際問題的傑出才能。

東北重工業的技術基礎，主要出自日俄，其根源還在歐美。一九二九年至一九三二年，孫越崎前往美國斯坦福大學和哥倫比亞大學研究生院深造，並到英、法、德、蘇聯等國考察油礦、煤礦，觀摩學習更先進的技術，補上了未留學歐美的缺憾。

一九三二年十一月，孫越崎在穆棱煤礦結識的這位貴人，已出任國民政府軍委會國防設計委員會祕書長。在翁文灝的力薦下，孫越崎出任該委員會專員兼礦室主任，職同少將銜。

戰時中國石油工業

翁文灝、孫越崎前後被國府延攬入閣，時值「九一八」事變一週年。中國要抗衡現代國家日本，收復失地，唯有向現代國家轉型。現代國家不是建在人力車、毛驢車之上的，而是建在輪子和翅膀之上的，汽車、火車、輪船、飛機，無不依賴於石油工業。國家貧油，亟需建設人才，儘快找到並開發石油資源。

一九三三年九月，國防設計委員會專員孫越崎率隊來到陝西找油。時任陝西省政府主席邵力子是孫氏復旦公學時的老師，師生重逢，除了有一份特殊的情感外，還共同擔有同種「石油救國」的歷史責任。

一九三四年春，國防設計委員會與陝西省政府商定，成立陝北油礦勘探處，由孫越崎任處長。孫越崎偕其他石油專家，騎著馬在千里陝北高原做地質調查，在荒山溝壑之中，日行八九十里，風餐露宿，歷經艱辛。功夫不負有心人，勘探隊終於在陝北延長、永平一帶發現了油礦。

發現油礦僅僅是萬事之始。沒有現代公路，要把一百餘噸重的鑽井設備運往礦區，困難之大難以想像。孫越崎身先士卒，動員人力肩扛畜拉，歷時五十七天，行程二百多里，終將設備完整運至目的地。一些運輸器材的民工自願留在礦上，加上從天津召聘來的技工，一百多人組成了中國第一支油礦鑽井隊。

在孫越崎的領導下，鑽井開鑽了，井深至一百米時，見到油苗，至一百一十二米時，出油了，日產量一點五噸。昔時的鑽井設備、鑽井深度、油產量，與今日不可同日而語，但畢竟是中國人第一次在自己的土地上採出了自己的石油。

石油是現代戰爭的血液，須臾不可缺少。抗戰爆發後，日軍相繼封鎖了中國沿海港口，實行石油禁運。中國對日的持久戰略，亟需國產石油的支撐，而此時中國能生產石油的不過一兩處油礦。

一九四一年十二月（十二月七日珍珠港事件）太平洋戰爭剛剛爆發，孫越崎以甘肅省石油總經理身分，從陪都重慶第二次來到玉門。他詳細查看了礦區各個生產現場後即行宣布：一九四二年要生產汽油一百八十萬加侖（約合五千多噸），比一九四一年要提高九倍。

鑑於石油在抗戰中的特殊作用，一九四二年春天，蔣經國、蔣緯國兄弟前來玉門油礦考察，為蔣介石秋季視察打前站。

是年八月二十六日，「蔣攜賀貴岩、朱一民、谷紀綱、羅卓英、馬鴻賓、胡宗南等至嘉峪關及甘肅油礦訓話，並賞一萬元」[1]。蔣介石向孫越崎詳細詢問了玉門油礦石油的增產潛力。

國家需要石油，戰爭勝利需要石油，這就是玉門油礦員工最大的動力。一九四二年十一月中旬，由於孫越崎和全礦員工的苦幹，年產一百八十萬加侖汽油的生產目標實現了。當時玉門油礦的原油產量占全國產百分之九十以上。這大大緩解了抗戰時期國內嚴重的油荒[2]。

抗戰期間，除陝西、甘肅產石油外，新疆獨山子亦產石油。但新疆石油開採、煉製為蘇聯所控制。蘇新名為合資，新疆省政府實際無權過問。

一九四二年七月，盛世才決定歸附中央後，其私下與蘇聯簽訂的石油聯合開採合同，因未經國民政府授權和批准，中央政府不予承認。國民政府決定收回獨山油礦開採權，由中國政府與蘇聯政府重簽中蘇聯合石油公司合約。據孫越崎回憶：「一九四二年六月底，我在玉門油礦，接到國民黨政府經濟部長兼資源委員會主任委員翁文灝從重慶發來的電報說：明天中午他經酒泉飛機場去迪化，與蘇聯商談油礦事，邀我去酒泉機場相會，並同去迪化。」

翁電言簡意賅，所餘空間任由孫越崎猜度一番。「我接電後與油礦幾個責負人商量，可能由於我們的海口全部被日本帝國主義者封鎖，玉門油礦器材困難，是不是向蘇聯商購油礦器材。因此我和油礦的幾位負責人連夜準備了一份重要器材的清單，以備帶走。」

盛世才歸附中央政府初期，是在高度保密中進行的。孫越崎是局外人，自然不明就裡。「我們初到時，盛世才約翁文灝到他的督辦公署單獨談話。盛世才說，烏蘇獨山子油礦是新疆和蘇聯合辦的。他近接蘇聯來電說，要派一外交部副部長來迪化交涉油礦事。蘇聯從未派過這樣高級的官員來過新疆，這次派這樣一個副部長來，很惶恐，是不是真的來交涉烏蘇油礦的？所以他邀翁文灝來，想請翁以中央政府名義來對付他們。」

1 《翁文灝日記》（全二冊），李學通等整理，中華書局，二〇一四年，頁八三一。
2 楊者聖：《隨同蔣經國的西北之行》，上海人民出版社，二〇〇七年，頁一九一。

盛世才借助國家的力量化解外交、軍事風險，以擺脫蘇聯控制，這步棋走得穩健。

七月十三日上午七時，翁文灝攜孫越崎一行赴獨山油礦，當天住在油礦。翁文灝以專業術語記載了油礦的管理、技術及產銷狀況：

> 廠中文廠長偕同蘇人總工程師至半途迎候，同至礦中之招待室，時約五時。旋即參觀礦井及煉廠，廠工程師能英語。用管子燕留法，能每日處理原油一百五十噸（即四萬五千加侖），實出汽油百分之十八至十九，燈油百分之二十至二十三，故全年汽油最多不能過二百五十六萬五千gall（加侖）。近時每日用原油約三十噸（即九千加侖），出汽油約五噸七（即一千七百一十加侖）。本年上半年六個月，共已出汽油四百噸（即十二萬加侖），燈油五百噸（即十五萬加侖），汽油歸迪化軍務處支配，燈油作為商品，由財政廳平價支售。

翁氏行文不過二百餘字，便將獨山油礦最基礎的資料梳理得清清楚楚。一九四二年，玉門油礦產油量一百八十萬加侖，獨山油礦產油量二百五十六萬加侖。僅此一項資料，即可理解中蘇高層為何高度重視獨山油礦的外交談判，以及談判為何曲折多變。

翁文灝特別注意獨山油礦所處的位置。「獨山距烏蘇縣支路十二公里，正路十五公里。烏蘇距迪化二百六十六公里，迪化距伊犁邊卡六百五十五公里。」[1]

翌日，翁文灝等繼續參觀，看得更多，問得更細，記得更詳。

> 七月十四日，星期二。早晨，繼續參觀各礦井及獨山油田。第三十二號井因無油而報廢，第二十號井經常出油每日約十噸至十二噸，用管引至油屯。鋼油屯二，每屯能儲油三百五十噸（即共約儲原油二十一萬加侖），用六吋管，引一公里又半至煉廠。廠有汽油儲屯四個，每個容三百五十噸。地層為第三紀，有油層

1 《翁文灝日記》（全二冊），李學通等整理，中華書局，二〇一四年，頁八一六。

一，厚約三至四公尺，大致為穹形，北部極亂，正勘探中。有兩套能量深至二千五百公尺，出油井約深七百至一千公尺；用水取自六十五公里處之奎屯河，提升約一百六十公尺。探井自一九三五（民廿四年）開始，煉廠自三年前始建，現已完成，現在探採……[1]

鑽井深度是衡量石油開採水準的主要技術指標，蘇方鑽井深度已達千米。

在獨山油礦考察中，翁文灝重視數字，注重細節，關注產供銷、建設與生活的平衡，體現出科學家和經濟大管家優異的素養。

翁文灝還注意到生活消費品物價，這不僅關係石油開採成本，亦綜合反映出新疆經濟運行和物價水準。「米價每斤三角半，豬肉每斤一元五。」還問及油礦治安、蘇聯技師比例等，「有公安局王局長，礦警約八十人，長期礦工八百人。事務及省出款項由華人負責，建設生產蘇聯負責，蘇聯技術人約共一百四十人，連眷屬二百數十人」[2]。

就專業而言，採油行家是孫越崎。他的觀察很內行，想法很單純：「蘇聯礦長兼總工程師和一位蘇聯地質師招待我們到各處參觀，並給我們看了各種圖表，說明油礦勘探開採的經過情況。我看到該礦打井的鑽機不用玉門油礦由美國進口的齒輪式鑽頭，而用魚尾式的鑽頭，比較落後。油礦生產情況也不如玉門油礦。」

孫越崎生來爭強好勝，不甘人後。當親眼看到蘇聯的設備、管理不過如此時，他便向蘇方下挑戰書了：「當時看來這油田不是很有希望的，前途不如玉門油礦好。所以他們設宴招待我們時，在席間，我說：『我們兩個礦來個競賽吧！』內心有些瞧不起蘇聯的情緒，更打消了來新疆時從蘇聯購買油礦器材的想法。但獨山子油礦的煉油設備與儲油設備都比玉門油礦的多而好。我們在那裡參觀了二天，就回到迪化。」[3]

孫越崎曾在歐美研修石油、煤炭開採技術，瞭解世界最先進的技術設備動態。蘇聯工業技不如人，是早已存在的事實。但現實是，美國設備雖好，要花硬通貨購買，即使買得到也運不進來；蘇聯設備雖差一些，但產自國

---

1 同上，同頁。

2 《翁文灝日記》（全二冊），李學通等整理，中華書局，二〇一四年，頁八一六。

3 孫越琦：〈抗戰時期兩次去新疆事略〉，《新疆文史資料選輯》第十四輯，新疆人民出版社，一九八四年，頁七七—八二。

內，擁有主導權，運輸方便，不受外部環境制約。

中蘇政府關於新疆石油採煉合作會談，分別在重慶和迪化兩地同步進行。蔣介石親自出面與蘇聯駐華大使潘友新會談。

「……蔣介石接著說，前不久翁文灝被派往新疆以研究那裡石油資源的開發和利用問題。蔣介石表示希望翁文灝的研究工作能得到蘇方駐新疆工作人員的支援與幫助。中蘇兩國間在這方面將可能很快簽署有關協議，而新疆石油資源的開發利用對我們兩國都是有益的。」[1]

石油是現代經濟的血液，更是現代戰爭的命脈，沒有石油，飛機、艦船、坦克、汽車都無法啟動。中國缺少鋼鐵，更缺少石油。航空油料需要進口。蔣介石比史達林更需要石油。

翁文灝自烏蘇油礦返回迪化，即將考察結果電報蔣介石。「七月十六日，星期四。上午，將獨山礦概要電蔣，並告以盛專盼朱自渝歸來，俾於整個問題能有瞭解；石油、礦產屬國家資源，未經中央同意，新疆省政府無權與蘇簽訂任何協定。對油礦事而言，未得中央允准以前，不對蘇簽約。」[2]

是晚，在新疆省政府舉辦的歡迎宴上，翁文灝與蘇聯副外長見了面。宴會開始和結束及在宴會中間，有樂隊奏樂，場面隆重。但觥籌交錯、交淺言深的應酬之間，難填中蘇之間的政經鴻溝。

接管獨山油礦

中蘇之間關於獨山油礦的談判曲曲折折，一直拖到第二年。一九四三年三月八日，潘友新與翁文灝就成立蘇中聯合石油公司事宜再次展開談判。雙方就聯合石油公司股份比例、董事會主席安排、法律適用等關鍵問題各執己見，互不相讓。

---

1 沈志華編譯《俄國解密檔案：新疆問題》，新疆人民出版社，二〇一三年，頁一二五。

2 《翁文灝日記》（全二冊），李學通等整理，中華書局，二〇一四年，頁八一六。

翁文灝：如果是我對您（指潘友新）以上所述的理解：協議雙方的比例各占百分之五十；公司的管理由董事會負責，並由蘇聯和中國各出三名代表組成。董事會主席由雙方輪流擔任主席。你方草案提出，公司的主要負責人應當由蘇聯公民擔任，其副手為中國人。第四點——你們主張公司所占用的土地應當是無償。這是權利不平等的表現。請解釋，我對您的觀點的理解是否正確。

潘友新：是的，您的理解很對。

吳國楨（時任外交部次長）：上次會議期間我們已說過，蘇聯投資額應占公司總資本的百分之四十九，中方占百分之五十一，而根據中國的法律，公司的董事會主席和負責人均應有中國公民擔任。這才是中方所能接受的唯一情形。[1]

「後來翁文灝以代表中國中央政府的身分與這位副部長談判了油礦合辦事宜，不得結果。」[2]

事後再論，當時石油開採資本、技術、設備、管理的優勢均在蘇方手中，蘇聯要價高一些，情有可原。中方堅持國家主權，維護國家利益，堅不讓步，亦無可厚非。如此以來，中蘇石油合作屢談無果。

新疆內附國民政府後，盛世才與蘇聯關係迅速惡化，呈劍拔弩張之勢。一九四三年五月十七日，蘇聯決定單方面撤走獨山子石油聯合企業中的蘇聯機械設備和專家。二十四日，潘友新與吳國楨與蘇聯設備和專家撤離新疆一事展開交涉。吳國楨說：「既然蘇聯政府已決定將聯合企業中的這些本國戰爭目前需要的設備運回國，中國政府準備在這方面給予蘇聯幫助。」[3]

關於運回獨山油礦的設備並撤走專家一事，蘇方在談判中曾一再要脅中方，以逼中方讓步。目的未達到，蘇方即採取單方行動。蘇方運回設備並撤走專家，意在癱瘓獨山油礦，教訓盛世才及國民政府。

「盛世才要求經濟部去接辦該礦，由資源委員會出資一百多萬美金在紐約交款將蘇聯留下的財產買下來，並將該礦交玉門油礦接辦，由我負責辦理。」

1 沈志華編譯《俄國解密檔案：新疆問題》，新疆人民出版社，二〇一三年，頁一四四—一四六。
2 孫越琦：〈抗戰期間兩次去新疆紀略〉，《新疆文史資料選輯》第十四輯，新疆人民出版社，一九八四年，頁七七—八二。
3 沈志華編譯《俄國解密檔案：新疆問題》，新疆人民出版社，二〇一三年，頁一五一—一五二。

一九四四年七、八月間，中央政府委派孫越崎等去烏蘇接辦獨山油礦。「盛世才反蘇、反共投蔣以後，蘇聯就把蘇軍第八團撤回去了。烏蘇獨山子油礦的蘇聯人把除了煉油廠設備外，凡是可以拆遷的機器材料及埋在地下的水管油管等，全部拆走。」[1]

蘇聯在處理與鄰國關係時，向有大國沙文主義傾向。一年後，蘇軍出兵解放東北，亦用同樣的手法，不經國民政府同意，以戰利品之名，私自將東北各處的重工企業裝備強行運回國內。

孫越崎回憶道：「我派玉門油礦的工程師李同昭為烏蘇獨山子油礦主任，同時派了一批工程和管理人員隨同前往，並用好幾輛大卡車運去一批鑽機和輸油的器材。」

此時，甘新公路已變得不安全了。中蘇友好期間，或者說盛世才投靠蘇聯期間，新疆省政府與蘇聯共同維護著甘新國際大通道的安全。盛世才反目後，蘇方由全力維護者變為蓄意破壞者。

盛世才反蘇以後，蘇聯雖把第八團軍隊自哈密撤回蘇聯，但心有不甘。曾唆使外蒙古駱駝隊竄到甘肅河西走廊西段安西到星星峽之間的公路上，埋設地雷，破壞甘新交通，阻止國軍向新疆調兵遣將。致使來往這段公路上的汽車觸雷被炸，先後死傷不少乘客，並曾一度夜襲柳園汽車站，死傷駐軍數十人。後經酒泉駐軍派部隊前往該地區清掃，才把駱駝隊趕跑。

從甘肅玉門油礦運往新疆獨山油礦的鑽井設備，是戰時不可多得的戰略物資，貴重如生命。孫越崎冒著生命險再次赴疆。「我於一九四四年七月偕同玉門油礦礦長嚴爽，煉油廠廠長金開英與李同昭等由玉門油礦去接辦烏蘇獨山子油礦時，這段公路的治安雖較以前好轉，但仍時刻警惕，幸未出事。」

孫越崎從迪化去烏蘇前，盛世才託病不見，二人通了電話。在盛的連襟汪鴻藻參謀長安排下，孫越崎到省政府大禮堂給省政府職員做了石油地質掃盲報告。

我曾聽說盛世才手下的人懷疑烏蘇油礦出油不多是蘇聯人故意少出的，因為這裡油多了，就會影響蘇聯巴庫油田出油少了。當然這是一種對開採石油缺乏常識的一般看法。

1 沈志華編譯《俄國解密檔案：新疆問題》，新疆人民出版社，二〇一三年，頁一五一—一五二。

為了消除他們的懷疑，我接下去講了開油礦的常識。我舉了婦女身上的二個奶，孩子吃奶時，一隻奶吃空了，須換吃另一隻奶，在人體上二個奶這樣相近，但奶汁也並不相通。因此，不但距離很遠的兩個油田，不會互相連通，彼此影響產量，就是在一個油田裡，也要打很多油井來出油，同小孩了吃媽媽的奶汁一樣。我舉了這個比喻，他們聽了都大笑起來。[1]

大師級的人物，總能把專業技術與生活結合起來，講得通俗易懂，婦孺皆懂。

抗戰仍在繼續，獨山油礦的石油不可缺少。盛世才派在油礦的負責人商定八月十七日辦理油礦交接手續。孫越崎等人參加「十七日舉行了交接儀式，他們還放了鞭炮慶祝」[2]。

好景不過半年，蘇聯政府即主導和支持了所謂三區革命，三區民族軍攻破精河、烏蘇防線，兵臨瑪納斯河畔，獨山油礦重歸蘇聯之手。不僅使國民政府支付的一百多萬美元打了水漂，而且孫越崎從玉門油礦運來的設備亦落入蘇俄之手。

強鄰見利忘義，背信棄義，貪得無厭，得寸進尺，為弱國所不齒，為鄰國所記恨。日本如此，蘇聯亦如此。

林繼庸其人

新疆石油采煉命運多舛。誰能領導並振興新疆工業呢？蔣介石寄望於林繼庸。

林繼庸（一八九七－一九八五），廣東香山（今中山市）人。近代以來，沐浴歐風美雨的林家，人才輩出。林繼庸的大伯林廷英考中進士，父親林廷鈞考入黃埔海軍軍校，畢業後在廣州高等法政學堂任天算教習。

1 《新疆文史資料選輯》第十四輯，新疆人民出版社，一九八四年，頁八二－八六。
2 《新疆文史資料選輯》第十四輯，新疆人民出版社，一九八四年，頁八二－八六。

林繼庸自幼受到良好教育，十歲時考入廣東陸軍小學校，成績名列第一，深得軍校主辦人鄧仲元將軍器重，曾選派其擔任孫中山先生的侍衛。

一九一三年，林繼庸隨父進京，入讀北京大學預科，因參加一九一九年的「五四」、「六三」學運，被捕入獄。一九二〇年，林氏考入美國麻省理工學院化學科。畢業後在美國一間化工廠任工程師。一九二五年前往美國西部開墾農場，試用機耕。一九二六年返國，曾任大南皮革廠廠長、廣東化學工業委員會委員。翌年任復旦大學教授、化學系主任、理工學院院長[1]。

一九三一年的「九一八」事變和一九三二年的「一二八」淞滬之戰，改變了林繼庸的命運。戰爭期間，林繼庸受聘第十九路軍顧問兼技術組組長，為國軍製造先進炸彈，並助大韓民國志士在上海虹口公園投放炸彈，當場炸死日本白川大將、炸傷日本駐滬領事重光葵及野村中將等多人。此事件震驚中外，日本人惱羞成怒，林繼庸等人即遭受日人通緝。

與翁文灝、孫越琦一樣，林繼庸亦是國民政府延攬入閣的知識界名人之一。抗戰爆發前夕，國民政府行政院委任林繼庸出任上海工廠遷移委員會主任、軍事委員會工礦調整委員會執行長，具體組織實施上海及沿江城市部分工礦企業遷往西南的國防計畫。

該國防計畫策動於一九三七年七月，至一九三八年十月武漢失守後，始漸告一段落。在林繼庸等人的出色組織下，「上海遷出工礦企業一百四六家，物資一萬四千六百餘噸，隨行技術人員二千五百餘人。」「再度策畫武漢、沙市、宜昌廠礦疏遷工作，其第一批由漢口內遷工廠，經登記在案者三百零四家，物資五萬一千餘噸，隨遷技術人員萬餘人，其後又陸續遷入，合計四百五十二家，物資十二萬噸，計三分之二遷入四川，其餘則遷往陝、滇、黔、湘後方各地，西南、西北各地之工業奠基於斯[2]。林繼庸遂被工業界譽為『遷川工業之父』、

1 《民國人物小傳》第九冊。
2 林繼庸：《民營廠礦內遷紀略‧全國工業總動員之序幕》（密件）自序頁。

『遷廠之母』。著名教育家晏陽初[1]稱這次史無前例工業西遷為『中國實業界之敦克爾克[2]』。」中國民盟主席黃炎培曾寫詩讚曰：「全民苦戰古來無，生眾方知用乃舒。關內糧稍蕭相繼，漢陰機械漆圖書。其人於祿寧言及，此事論功尚闕如。抗暴凱旋須有日，翻愁璧還費工夫。」[3]

抗戰期間，這些內遷企業起到了母雞帶小雞的作用，後方各省工業以此做基礎陸續發展而設立之工廠達三千餘家，對戰時軍需民用貢獻甚大，為國家持久抗戰保存了經濟實力，奠定了西南的工業基礎，改變了西南的落後面貌。而林繼庸於其中所展現的傑出才幹，給蔣介石等國府要員留下深刻印象。

新疆大工業夢

林繼庸與新疆的淵源可上溯至一九四二年九月，他出任國民政府西北工業考察團團長，赴西北和新疆實地考察數月，備受媒體關注。後應重慶《大公報》主編之請，林繼庸於一九四三年二月二十八日發表了〈西北工業考察歸來的感想〉一文。他從仰慕追思為中華民族開疆守土的英雄人物開篇，文思飛揚：

1 晏陽初（一八九三—一九九〇）（英文名：Y. C. James Yen），原名興復，字陽初，小名雲霖，四川巴中人。中國平民教育家和鄉村建設家，是中國平民教育的先驅。一九四九年離陸轉臺，再赴美。在美國他協助南美、非洲和東南亞的發展中國家推進平民教育運動。在晏陽初的晚年，經時任全國人大常委會副委員長周谷城的邀請，他重新獲得機會回到中國大陸，於一九八五年獲准訪問河北定縣，會見了一些親戚、同仁和校友，並受到了當時全國政協主席鄧穎超的接見。一九八七年他再次回國訪問。一九九〇年一月十七日晏陽初病逝於美國。

2 敦克爾克（法文：Dunkerque）是法國東北部靠近比利時邊境的港口城市，是排在勒阿弗爾和馬賽之後法國的第三大港口。它也是一個工業城市，主要行業包括鋼鐵，食品加工，煉油，造船和化工。敦刻爾克以二戰中一九四〇年發生在這裡的敦刻爾克戰役和英法軍隊大撤退而聞名。

3 《民國人物傳記史料彙編》第十一輯，現藏臺灣國史館，頁一九七。

「在哈密、吐魯番、迪化、伊犁等地，聽伊州樂、羯鼓、羌笛，想念張騫[1]、鄭吉[2]、班超[3]、耿恭[4]、裴矩[5]、薛仁貴[6]、高仙芝[7]等人的浴血死戰，以及左宗棠抬櫬耀兵的情景。這些景物，都足以使人發思古之幽情，而感覺我中華民族二千多年來經營此一片地實不容易！」

文章隨即切入經濟領域，將西北資源富饒與民生貧困作強烈比照，生出無盡遺憾：

---

1 張騫（前一六四－前一一四），字子文，漢中郡成固（今陝西省城固縣）人，中國漢代旅行家，外交家，卓越的探險家，對絲路的開拓有重大的貢獻。開拓漢朝通往西域的南北道路，並從西域諸國引進了汗血馬、葡萄、苜蓿、石榴、胡桃、胡麻等等。

2 鄭吉（？前四九），西漢會稽（今江蘇吳縣）人，以卒伍從軍，數出西域。漢宣帝時，任侍郎，率士卒屯田渠犁，因發西域諸國兵攻車師有功，升衛司馬，使護鄯善以西南道。西元前六〇年，匈奴日逐王先賢撣率萬餘人歸漢，鄭吉發渠犁、龜茲諸國五萬人以迎之。匈奴僮僕都尉由此罷。漢置西域都護，治烏壘城，統領西域。鄭吉被任命為西域第一任都護，故《漢書．鄭吉傳》說：「漢之號令班西域矣，始自張騫而成於鄭吉。」

3 班超（三二－一〇二），字仲升。漢族，扶風郡平陵縣（今陝西鹹陽東北）人。東漢時期著名軍事家、外交家。史學家班彪的幼子，其長兄班固、妹妹班昭也是著名史學家。班超為人有大志，不修細節，但內心孝敬恭謹，審察事理。他口齒辯給，博覽群書。不甘於為官府抄寫文書，投筆從戎，隨竇固出擊北匈奴，又奉命出使西域，在三十一年的時間裡，平定了西域五十多個國家，為西域回歸、促進民族融合，做出了巨大貢獻。永元十二年（一〇〇），因年邁請求回國。永元十四年（一〇二）八月，抵達洛陽，被拜為長水校尉。同年九月，班超因病去世，享年七十一歲。死後葬於洛陽邙山之上。

4 耿恭，生卒年不詳。字伯宗，扶風茂陵（今陝西興平東北）人，東漢開國名將耿弇弟弟耿廣之子，東漢官員、將領。耿恭慷慨多謀略，有將帥才能。永平十七年（七四），擔任司馬，跟隨騎都尉劉張、奉車都尉竇固、駙馬都尉耿秉等打敗並使車師投降東漢朝廷，於是朝廷任命耿恭為戊己校尉，屯兵金蒲城。永平十八年（七五），金蒲城遭車師和北匈奴的攻打。耿恭堅守待援一年多，朝廷援軍抵達疏勒城，耿恭手下僅剩二十六人。耿恭「節過蘇武」的精神，永載中華史冊。回朝後，擔任騎都尉。耿恭曾因上書奏事冒犯馬防，遭彈劾而被入獄免官，並遣送原籍，最終老死家中。

5 裴矩生卒年不詳。隋大業四年（六〇八），煬帝派裴矩和將軍薛世雄率軍屯駐伊吾。隋軍在伊吾城東另建一座新城，號新伊吾（地當今日之哈密回城）。隋軍留下銀青光祿大夫王威率兵一千，常駐伊吾，保護行旅及絲路之暢通。大業五年（六〇九），煬帝巡幸河西，先派裴矩到敦煌一帶招撫西域各國。裴矩派使者說明伊吾吐屯設（「吐屯」突厥語，官名。「設」領兵的武職）、高昌王麴伯雅等二十七國首領和使者，到張掖覲見煬帝。諸國首領及使者表示恭順，西域臣屬者三十餘國。裴矩是隋煬帝時期國家民族政策的主要制定者之一。他所撰寫的《西域圖記》三卷是歷史名著。

6 薛仁貴（六一四－六八三），名禮，字仁貴，漢族，山西絳州龍門修村人，唐朝名將，著名軍事家，政治家。薛仁貴出身於河東薛氏世族，在貞觀末年投軍，征戰數十年，曾大敗九姓鐵勒，降服高句麗，擊破突厥，功勳卓著，留下「良策息干戈」、「三箭定天山」、「神勇收遼東」、「仁政高麗國」、「愛民象州城」、「脫帽退萬敵」等故事。

7 高仙芝（？－七五六），出身於將門之家。高仙芝姿容俊美，善於騎射，驍勇果敢，高句麗人，起初以將軍在河西（指河西走廊及湟水流域）從軍，後立軍功，官至四鎮十將、諸衛將軍。七五六年被處死。

「在黃河、湟水河、伊黎河、烏魯木齊河，巨量的水利尚未設立發電廠；寧夏的枸杞、吐魯番溝地裡的甘草，用來餵牛、餵羊；伊犁的牛奶，多至不勝使用，任其酸化；新疆年產約三十萬擔好棉花及和二十二萬擔的好羊毛，至今尚沒有一枚的機器紡錠；和田的地毯配著自製的顏色，光彩奪目，久不凋脫，至今無人加以研究提倡；昭蘇一帶所產的達姆薩克斯草及考克薩克斯兩種草根，係製造橡膠的好原料，而無人加以研究利用；各地煤礦、鐵礦、滿坑、滿谷，但民間無鐵可用，而打主意對馬掌鐵重煉以製農具。」[1]

繼而，林文筆鋒陡轉，遂向知識界、實業界發出叩問：

「我們怨恨，這有用的勞工、寶貴的工業材料、優美的工業環境，為何如此糟蹋？我們不用怪誰，問一聲我們所謂的工程專家、工業大師們：『你們這些年頭躲在哪裡？』」

在文章合的部分，作者追古論今，放聲疾呼：

「偉大的西北！它的工業在圖畫上，現實尚如一張素紙，可任由我們的心意去施展我們的繪畫天才。近代的眼光要改變些，漢都護班超可以用三十六勇士保護西域，唐將薛仁貴可以三箭定天山，但是現在要發展西北，卻需要三千六百名優秀的工業專家，及三百家大規模的工廠！建工業者到西北去！」[2]

林文一經見報，即掀波瀾，讚揚與反思聲匯成潮湧。林文遂被選入各學校國文讀本，廣為傳播。林繼庸的一篇美文亦改變了他的人生軌跡。蔣介石的幕僚長陳布雷先生在《大公報》閱到林文，一時心潮澎湃，不能自抑，遂致電經濟部長翁文灝，說他要來看看林繼庸。林聞之，誠惶誠恐地說：「我那敢勞他大駕，遂親自去拜訪。我們談了一個多鐘頭，他說，我拜讀過您的大作，知您公忠體國，對事情有極深刻的見地，有古代英雄之風。」

盛世才內附國民政府之後，中央政府支援新疆經濟建設一事即提上議程。蔣介石詢問幕僚：「開發西北實業，以何人為宜也？」即有張群、陳立夫、陳布雷等合力舉薦：「林繼庸可肩此重任。」

---

1 臺灣中研院歷史研究所口述歷史叢書〇二，《林繼庸先生訪問記錄》，民國七十二年（一九八三）初版，頁二一六—二一七。

2 臺灣中研院歷史研究所口述歷史叢書〇二，《林繼庸先生訪問記錄》，民國七十二年（一九八三）初版，頁二二八—二二九。

蔣介石拿定主意，便幾次單獨召見林繼庸，要他擔任新疆省建設廳廳長。林繼庸以做盛世才的部下，難以相處為由，一再婉拒。林繼庸回憶道：「最後一次，我與委員長相對而坐……那時我的茶喝完了，委員長親自為我倒茶，站在那裡，將茶杯送到我面前。我只得跟著站起來，受了委員長感動，實在無法推辭了，遂將茶一口喝了，表示願意接受此一任務。」[1]

千百年來，在自然環境支配下，新疆形成了南糧北牧的自然經濟版圖，現代工業如一張白紙，工業製成品全賴從內地、蘇聯交換或進口。林繼庸自擔任新疆省政府委員兼建設廳廳長後著手擘畫新疆工業發展藍圖，根據新疆實際與需要，「銳意創辦血清、玻璃、火柴、耐火磚、酸鹼等七廠，均已先後開工生產」[2]。

正當林繼庸著手實現新疆大工業夢之時，一場噩夢正猛然向他襲來。

1 臺灣中研院歷史研究所口述歷史叢書〇二，《林繼庸先生訪問紀錄》，民國七十二年（一九八三）初版，頁二一二—二一三。
2 《民國人物傳記史料彙編》第十一輯，現藏臺灣國史館，頁一六二。

第七章　勢取

「神經病發狂」者

一九四四年八月十一日深夜，盛世才一手炮製了所謂「黃如今、林繼庸共產黨陰謀暴動案」，國民黨中央派往新疆的幹部悉數被捕。

平時，盛世才將「百般無用」的書生羅家倫冷落一旁，不理不睬，如同他當年把蔣介石、汪精衛亦不放在眼裡，把蔣公子經國、緯國拒之門外一樣。中央政府駐新疆監察公署是盛世才管不了的一個機構，最初盛氏亦未敢下令捕人。

百密總有一疏。盛世才一動手，中央駐新疆監察使羅家倫即得到消息。

自十二日凌晨四時至下午四時，羅家倫向重慶連發三電，逕達元首。

同日，盛世才連發兩電，也向蔣介石報告了案情，稱被捕者企圖在新疆暴動，建立社會主義政權，並已買通其身邊管理廚房的副官及廚師，準備毒殺；買通其身邊衛士，準備謀刺等[1]。

蔣對盛之舉動大為驚駭。他在日記中寫道：「中央在新重要人員皆被其逮捕，並將其本身最親信之文武幹部皆一併逮捕，而其廚房與舊傭本家皆以受反動謀刺嫌疑逮捕云。殊堪驚駭，此種荒謬案件層出不窮，除為其本人

---

1 《在蔣介石身邊八年：唐縱日記》，一九四四年八月二十七日。

有神經病發狂之外，另無其他之想像可言。」[1]

蔣介石不擔心盛世才瘋了，而憂慮在蘇俄壓力增強之下，盛世才可能又將重回舊路。國民政府其他要員也懷疑，盛世才如此近乎瘋狂的舉動，有可能意味著他將要倒向蘇聯。唐縱記載：「盛忽捕中央人員與柳師長，情況特異。陳布雷推測，盛世才是否準備向蘇聯叩頭。」[2]

蔣及幕僚的推測有理有據，盛世才要驅逐國民黨駐疆勢力，只有重新投靠蘇聯一條路可行。然而，此一時非彼一時矣。國民黨勢力已在新疆坐大，盛世才以卵擊石，實為不識時務之舉。更何況，昔日美英蘇中是對手，各有利益，今日是同盟軍，有著共同利益。同盟國事大，各國事小，中蘇事大，新疆事小。史達林直接將盛世才賣國求榮的電報轉給蔣介石。史達林是戰略家、陰謀家，精明過人，一箭雙雕。

對於盛氏的賣疆行為，蔣介石極為惱怒，他在日記中痛批盛世才：「患得患失不明大義，有私無公，見利忘義之人，不可用也。」大概是聯想到八年前張學良所發動的兵諫，憤稱：「東北之軍人多為害國害己之人也。」[3]

八月十三日，蔣介石與駐新疆外交特派員吳澤湘面談新疆問題。吳報告說，在他看來，除盛世才五弟及其妹婿彭某以外，其他人皆有為其捕殺之可能云。

新疆局勢危在旦夕，昔日的牽線、聯絡、擔保人朱紹良似乎是唯一的解藥。為化解新疆危局，蔣介石急召朱紹良見面。而此時朱紹良因腳疾在蘭州家中養痾。

> 朱先生奉蔣委員長電招自蘭州飛抵重慶。時朱先生足疾復發，雖勉能舉步，但恐不能登山，宣澤兄即在電話裡據實報告，侍從武官謂：委員長已有指示，派委員坐轎下山相迎。於是朱先生乘汽車到山下，即乘佇候之委員長坐轎直至客室門前（後據侍從官人員說：「這是從來未有的特例」）。

危難關頭，蔣介石與朱紹良促膝共敘手足之情。

> 委員長與朱先生檢討新疆內部因素及國際因素，商談達三四小時之久。最後朱先生表示：甘冒不測危機，親

---

1 蔣介石日記，一九四四[B]年八月十三日、八月十四日。

2 王建朗：《晉陽學刊》二〇一一年第十一期，頁九五—一〇五。

3 [一一]蔣介石日記，一九四四年[B]。

到迪化一行。委員長與朱先生密談時，坐得很近，忽以手加於朱先生膝上，關切地問詢朱先生有兒女多少及年齡大小？竟在負責朱先生身後，朱先生雖然效忠領袖，慷慨忘身，此時也惕然感動[1]。

蔣介石又與朱紹良商討新疆問題，兩人研究的結果是，盛世才前後所來各電皆為預定之設計，新疆局勢「可危之」[2]。

在事變發生後的第四天即八月十五日凌晨，朱紹良乘專機再度飛越天山，前往凶險莫測的迪化。羅家倫前往機場迎接。盛世才一反常態，沒有露面。

> 下午赴機場，見其周圍戒備之士兵約一營，沿途步哨林立．盛氏未到，由其夫人代表，新省人員來者寥落，至於中央人員，在昔成雁行者，而僅僅余一人而已。[3]

不入虎穴，焉得虎子。一場降妖伏虎的大戲就此上演。

八面刀光

羅家倫本為著文高手，又是「八一一」事件的要角之一，他所實錄的事變過程，可謂刀光劍影，驚心動魄，尤為詳實生動。

> 一民時有足疾，不良於行；下機後余卻偕登車赴東花園。吾人進入督署圍牆時，即見機關槍巢四布，裝甲車上炮位突出，如臨大敵。彼此相顧，以冷笑報之。

1 張大軍：《新疆風暴七十年》，頁五九九六—六〇〇五。
2 《蔣介石日記》一九四四年八月十三日、八月十四日。
3 張大軍：《新疆風暴七十年》，頁五九九六—六〇〇五。。

盛世才故伎重演，時光彷彿倒轉至一九三三年「六二六」迪化二次政變之時，盛世才搶先下手，槍斃投靠南京政府的政變三傑，軟禁中央宣慰使黃慕松，以此要脅中央。

> 是日抵此，首先感覺者即廳之四角，各設崗位二人，每人各向一方，槍頭均上刺刀。廳前階下復有六人，持槍侍立。八面刀光，洵非虛語，亦可見其保護之周密矣。

朱紹良、羅家倫入室小憩，即拿出一副象牙棋子彼此對弈起來，態度雍容，藉此交談。

> 藉對弈而對話，過重要處，間用筆談，而常亂以棋聲。余乃得以新局近況，扼要為一民告。彼亦密告余以中樞之決策，及將盛氏調離新疆之決心。吾人自知此項決定之允當，然亦料及恐有強烈之反應發生，惟既奉命如此，理當面對危機，以圖貫徹，此非尋常之一局棋也。
>
> 直到下午六時半後，盛世才忽至東花園，撩簾逕入，向一民與余均作寒暄歉仄之詞，然後敘述其所謂陰謀暴動案之重要性，繪影繪聲，滔滔不絕。

羅家倫冷眼觀察，盛戲藝不精，常露破綻。「然後露倉皇之形態，所述亦常難自圓其說。」盛世才接著開鴻門宴，為朱紹良洗塵壓驚。

> 旋設晚餐，其平時有侍應經驗之副官三人，均已不見，設置餐具，概由其兄弟親手為之。一切均不自然。餐畢，盛謂：「朱長官沿途辛苦，請各自休息。」[1]

羅家倫即告辭回署入寢。不料，深夜二時許，盛世才又來看望朱紹良，再探虛實。據羅家倫形容盛氏：

---

1 張大軍：《新疆風暴七十年》，頁五九九六—六〇〇五。

神色益覺倉皇，彼忽又離去，有失常態，頗有彷徨不可終夜之勢。

志士嗟日短，愁人知夜長。愁人攬夜，哨兵虎視，折騰得朱紹良亦未睡好。

一民將就寢，頗惡玻璃窗外之哨兵，時時對此靠窗之臥榻俯窺。此種猙獰恣態，日間尤令人難堪，況深夜乎？一民乃起而將床上設備移置他處，方得安枕。

翌日，羅家倫與朱紹良相會，言及昨夜景況，二人相顧大笑。朱紹良坦然相告：

如彼派人來解決我，自不能免，此不過要他多消耗幾粒子彈而已。[1]

羅家倫歎道：「吾人均感危難中幽默感之可貴。」唯有視死如歸者方能如此雍容。

與朱紹良同機抵達迪化的，還有軍統局長徐恩曾。蔣介石指示其要儘快查明所謂「陰謀暴動案」真相。

臨行前，國民黨中央組織部長陳果夫叮囑徐恩曾：「若有可能，你先找張志智。他若未死，必能為你協助瞭解真相。」

徐恩曾要見張志智，盛世才總是推三阻四，一會兒說：「他已經承認是一個為蘇聯工作的共產黨徒，沒有見的價值。」被逼無奈之下，復說：「一切待會審時你就明白了。」[2]

---

1 張大軍：《新疆風暴七十年》，頁五九九六—六〇〇五。
2 丁慰慈：《血淚山河新疆行：張志智因公被盛世才誣陷內幕》，頁一九六。

CC干城

張志智是何許人也？張志智（一九〇七－一九七三），山西人氏，是蔣介石任校長的國民黨中央政校第二期畢業生。赴新之前，任國民黨中央組織部處長，在黨內外已小有名氣，故獲蔣介石接見勉勵。

臨行前，蔣介石召見張志智時說：「我要派你到新疆辦報，要把本黨革命種子，重新散播在新疆。」總裁未等張志智回答，繼續說：「我知道你辦報辦得很好，你這次去新疆，不單是要辦好《新疆日報》，還要重建黨的組織工作。在這方你要多負責任。」

「盛世才已經歸向。新疆是我們抗戰建國、爭取最後勝利的大後方，是我中華民族不可分割的疆域，其重要性不必多談。你就回去準備好了。」

蔣介石的表情，在嚴肅中帶慈祥。他起立與張志智握手，來預祝張志智播種的成功。[1]

調入中組部前，張志智在福建教育和新聞兩界服役八年，勞績卓著。譬如，奉令整改《福建民報》。經一年之慘澹經營，變虧損為盈利。後改為《中央日報》福建版，自任社長。其編著的《中山先生之教育思想》一書，一九四〇年由正中書局刊行於世。

張志智三十六歲時被奉派邊疆，正值血氣方剛之年。甫到迪化，即感到此地氣氛緊張壓抑，甚於日機大轟炸下的陪都重慶。

在交際場合中，有盛世才在座，尤顯得特別緊張。盛世才在主持黨政軍聯合紀念週時，講壇四角由衛士四人提手提機關槍環侍。盛宴客時，端茶上菜的侍役俱佩帶槍口露在圍裙外的手槍。與盛世才一同吃飯時，兩隻手必須放在桌子上面，除用於吃東西外，不能亂移動。倘偶有不慎，侍役便會將其身邊佩帶的武器，碰撞於你，以示

1　丁慰慈：《血淚山河新疆行：張志智因公被盛世才誣陷內幕》，頁二〇二。

警告[1]。

而在民間，恐怖氣氛更濃。盛世才在秉政期間，特務分子密布各地，公務人員彼此監視。親友間不通慶弔，相互間無往來，不交談。家中有親人被逮捕，被殺戮，不敢哭泣，不敢有悲戚的顏色。人死不能收屍。其統治方法，誠如史達林所言：「為恐怖而恐怖。」

初到迪化時，盛世才促請張志智立刻接管《新疆日報》的社務，張以地方情形尚未熟悉為詞拒絕。張志智擔負了一個主筆的名義，但始終未曾執筆。張志智本來是個酒仙，但在迪化時卻點滴未沾唇。謹慎小心，不苟言笑，僅僅是張志智的一個側面。

在新疆，盛世才一向是目中無人，唯我獨尊。唯有張志智敢於挑戰他的權威。工作上、會議上，張認為是對的，絕對據理力爭，詞鋒凌厲，一切要辯個明白。盛世才對張志智這種敢作敢為的精神，既忌憚又心折。因此，兼省黨部主委的盛世才經常約談黨務工作的人，不是書記長黃如今，而是委員張志智。盛世才為爭取張志智，曾送過張志智好幾次價值不菲的禮物，但都被張志智予以禮貌性地拒絕[2]。

張志智赴新之後，先隨國民黨宣傳部長梁寒操跑遍南疆，繼而向盛世才提出考察北疆。縱橫天山南北，深入各階層，接觸各民族，使張志智對新省當局統治的方式和政治行情，有了較透徹的瞭解，因此他對中央的報告，也切中時弊，使中央決策者於一年後因應突變的新疆省局的方案，預先有了一個在心理上的準備[3]。

時至仲夏，某夜，盛世才突然下令開黨務工作檢討會。

檢討會一開始，盛世才即宣布：「有人犯了重大的政治錯誤。」接著便一個個地追問：「你知道誰犯了重大的政治錯誤？」委員們都面面相覷，默不作答。

問到張志智，張說：「我不知道。」

盛世才用手指著張志智道：「就是你！」

---

1 同上，頁二〇三。
2 丁慰慈：《血淚山河新疆行：張志智因公被盛世才誣陷內幕》，頁二〇四。
3 同上，頁二〇七。

原來所謂政治錯誤，便是指張志智以省黨部名義，大量印製國旗、國父遺像及委員長肖像的事而言。張志智辯解說：「我認為黨部做這件事，不必向主任委員請示。這不能就算是政治錯誤。」面對張的頂撞，盛世才默然久之，問別人的意見如何，沒有人答腔。

張志智繼續說：「主任委員，我是有話要當面講的人。總裁說過，新疆是我們抗戰建國的大後方，是我們國家民族下可分割的固有疆域。絕不容帝國主義插手。總裁是領導我們抗戰建國的最高統帥，我希望主任委員依照總裁的意思領導我們做好黨的工作。我實在看不出新疆有什麼難以接受本黨主義的特殊之處……」

盛世才對張志智抬出蔣介石壓自己，既難以發作，又無話可說，驀地離座位起立。紅脹著脖子，拂袖而去。[1]

眾所周知，在新疆誰得罪了盛督辦，不會有好果子吃。檢討會之後，張志智便做好隨時被督辦「請」去的思想準備。他向書記長黃如今交代，倘若他被捕，省黨部應如何措施等等。

幾天後，盛世才來了一個電話，單獨約請張志智前去吃飯。並說：「我立刻派車子來接你。」張志智即刻準備了類似遺書的短信，請黃如今於他被扣押後帶回重慶去。

丁慰慈是張志智好友，同為盛世才冤案的「囚徒」，因感同身受，其描述頗有司馬遷《史記》筆法。

傍晚，黃如今、童世荃等在滿城宿舍黯然地送張志智上車，大家心頭好感沉重，頗有蕭蕭易水寒之概。至督辦公署，張志智被接待到一小型客廳。須臾，盛世才亦至。向張志智伸出手來。握手以後，盛世才說：「我是軍人，言語間有失禮處還要多多包涵。請坐請坐。」——這是對「政治錯誤」一語所表示的歉意。

---

[1] 丁慰慈：《血淚山河新疆行：張志智因公被盛世才誣陷內幕》，第二〇九頁。

盛世才以四菜一湯招待，席間只有他們兩人。盛世才笑著說：「你看我連請客，都是向委員長學習的。」盛世才一面禮讓，同時一路領先地吃，以表示飯菜的安全。席間，盛世才笑嘻嘻地說：「聽說你是CC派你來打天下的大將？」張志智說：「所謂CC是共產黨來分化本黨的新名詞。我不管什麼ABCD，我來新疆，是總裁派我來的。」

談話一直到晚上十一點，盛世才不吸煙，張志智則一支接一支地吸。直到隨身帶的兩包煙都抽罄以後，張志智才興辭而出。盛世才起身相送時握手說：「希望我們今後多諒解多合作，一起來為新疆多辦點事。」[1]

「CC」是國民黨中央統計局的英文縮寫和代稱。盛世才所以對張志智禮讓三分、容忍七分，皆出於此。

那晚，同住一起的黃如今、童世荃和金紹先，不知「盛門宴」結局如何，忐忑不安。因為一旦張志智一去不返，下一批「請」去的就是他們。張志智赴宴歸來，毫髮無損，不禁有喜出望外的感覺。然而，福兮禍所依，一層更濃重的疑雲，更深地罩在這一群孤臣孽子的心頭。

智者機變

這一天終於來了。八月十一日子夜，在滿城巷國民黨省黨部委員住宿的四合院內，黃如今已經就寢，只有童世荃與張志智還在暢談。突然有人敲門，由於門從已入睡，張志智起身開門。

「張委員，督辦召集緊急會議，我們是來接你的，請馬上就走。」盛世才派來的警察說。

張志智等一聽知道是怎麼回事，便穿好衣服，大叫：「老童呀，要老黃快起來，督辦要開緊急會議了。」黃如今、童世荃與張志智一同上了盛世才派來的汽車，徑直到了第一監獄。

1 丁慰慈：《血淚山河新疆行：張志智因公被盛世才誣陷內幕》，頁二一〇—二一一。

依盛世才監獄中的規矩，被捕人由自宅到監獄途中，首先從頭上兜一軍毯，使你在今後的行動莫辨東西。其次則將領帶、褲帶、手錶及錶帶及戒指等完全取存。登記年齡、姓名、籍貫、職業等，然後用軍毯籠罩，押進囚房。同囚者雖可能有一二甚至於五六位難友，但多是維吾爾族、哈薩克或塔塔爾同胞，原因很簡單，就是使你們彼此之間語言不通不能交談[1]。

丁慰慈生動地記述了大戲開場的序幕。

一天晚上，管獄長很緊張地來告訴張志智說：「張委員，督辦要你接電話。」

「我是張志智。」

「我知道你是最聰明的人。你大概已經知道這件案子的內情了吧？」

「一點也不知道，請指示。」

「你跟黃如今、林繼庸他們祕密勾結蘇聯，要把新疆變成東土爾其斯坦共和國的這個政治陰謀，其實老早就注意到了。我知道你們都是共產黨徒。你利用梁寒操做掩護，遍走南疆，搞陰謀活動。又去北疆，到處煽動。你的所作所為，逃不出我的手掌心。現在我要求你聽我話，承認你替蘇聯工作，我保證你不死。不然，你只有死路一條。知道嗎？」

張志智在電話前聽到盛世才說他是共產黨徒，氣得眼前發黑，渾身直抖。他想死而有價值，死不足惜。但盛世才如此卑劣地汙蔑他，世界上真沒有比這個狗東西更可恨的了。但張志智是一個絕頂聰明的人，他對盛世才雖然痛恨，但在這一剎那間，他立刻決定了對盛的戰略。張志智在電話中回答說：「好，只要能活命，我一定承認。」

盛世才聽了我「一定會承認」的話，似乎放心下來，說：「你聽我的話不會錯，我在委員長方面一定會給你講情。委員長他會給我這個面子的。」

1 丁慰慈：《血淚山河新疆行：張志智因公被盛世才誣陷內幕》，頁二一五—二一六。

「這個我相信。」

「那明天要審問的時候，你就照我的話去做，也免得受苦。你要知道，我完全為你好。」

「謝謝！」[1]

從「我在委員長處一定給你講情」這句話裡，張志智分析盛世才正處於進退維谷的窘境，或因投蘇無門，又在做回歸中央的打算。盛世才栽誣他們是共產黨徒，便是為他自己再度投靠蘇聯未成作為辯護的本錢[2]。

三堂會審

在盛世才的精心策畫下，會審之戲如期上演了。

那天，參與人員共七人，在一條長方形桌子上，盛世才坐首席，朱紹良、徐恩曾分坐兩端，依次是盛世驥、李宏基、富寶廉、李英奇。被審要犯張志智被安排在盛世才對面。

且看丁慰慈如何描寫審判過程。

張志智從軍毯中被釋放出來後，他要求吸一支煙，然後端詳審判成員和陣勢。

張志智再要求一支煙。

第二支煙未抽一半，盛世才已不能再忍耐。他說：「張志智你有沒有話要講？」

「我有很多話要講。」

盛世才楞了一下，但他蠻有把握地說：「那你便講出來讓朱長官、徐局長也都聽聽吧。」

張志智吸了一口煙，他自認為是最後一口的香煙，丟下剩餘的半截，指著盛世才正言厲色地說：

1 丁慰慈：《血淚山河新疆行：張志智因公被盛世才誣陷內幕》，頁二一八—二一九。

2 同上，頁二一九。

「盛世才，找我講給你聽著！朱長官，徐局長，你們都聽著！首先，我敢保證你盛世才指控的這些人，沒有一個是共產黨徒，也沒有一個是與蘇聯有勾結的。你用莫須有的罪名將我們打入死牢，苦刑折磨，非法逼供的原因，是因為你又想背叛中央，親近蘇聯。這個跡象，自從你自重慶回來後，便已暴露無遺，我看得清清楚楚。現在，來自中央的朱長官、徐局長都在這裡，我不能不把我所需要講的話說出來。你要是在一個鐘頭前把我殺了，你就成功了。但是現在已經太遲了。我張志智是不是共產黨徒，與蘇聯有沒有關係，我自己知道，國民黨知道，蔣主席知道！在新疆，究竟誰是共產黨？誰與蘇聯有勾結？數典忘祖、認賊作父、賣國求榮？史達林知道，共產黨知道，你盛世才知道，全新疆的老百姓都知道。」

這時，全場空氣緊張，人人目瞪口呆，盛世才忍受不住，在椅子上扭著屁股，口裡不斷地唸著東北的四字真言：「媽的巴子」。又用右手作掏槍狀。坐在盛世才左方的徐恩曾揚手示意，要張志智繼續講。他一看張志智那種不怕死的精神，心裡著實湧出一股敬佩之情。

徐恩曾說：「張志智，你若還有話，可以繼續講下去！」

場內的空氣，益趨緊張。

張志智接著說：「盛世才，我知道你為了達到自己的目的，視人命如草芥，不知道枉死了多少人。但是，盛世才你要知道，人不是物，更不像你一般的禽獸。現在，盛世才，需要承認是共產黨徒、與蘇聯勾結、認賊作父、賣國求榮的是你，而不是我。我不能承認我是共產黨徒，更不能承認與蘇聯有勾結。因為在事實上，我是一個國民黨員，且從第一天起，立志要做一個為國民黨榮辱而生死的國民黨員。國民黨員不做勾結帝團主義，來危害團家民族的事。我告訴你，盛世才，我的來新疆，這一大塊中國芬芳的土地上，是來散播國民黨革命種子的，是來傳三民主義福音的。一個革命黨員，為散播革命種子，為傳福音，犧牲生命，是應該的。盛世才，假如你還認為你是一個中國人的話，就應該為中國做一點有人性的事。不要再做出賣中國的漢奸，不要再做帝國主義的走狗。帝國主義對漢奸走狗，只是一時的利用，等達到侵略目的後，它就要結束你，因為它怕你再度出賣它，去做別人的走狗。這就是我對你的最後忠告。我的話就到此為止。你好好去想。現在該你盛世才要我命的時候！」

「媽的巴子！」盛世才偏過頭去對朱紹良說：「朱長官，你看這傢伙有多狡猾呀！呃，他本來承認得好好的，現在卻全部推翻了。還罵我是漢奸走狗。媽的巴子，這簡直太豈有此理了。朱長官，你說說我那一點不忠黨愛國，那一點不是中國人！」說著便向褲袋裡作掏出手槍的姿勢。

在這千鈞一髮的當兒，朱紹良被盛世才的話氣得面色蒼白，說不出話來。

徐恩曾離開座椅，站起來大聲說：「我現在代表總裁下緊急命令，新疆不能再動張志智一根汗毛。因為他是一名要犯，他還牽連著更重大的案子。」

盛世才未即席開槍，但下了他的緊急命令：「來呀，把這個死不承認的共產黨徒拉下去先給我『洗』掉！」

徐恩曾大聲說：「審判長請注意！我現在將張志智交給你，他要提到重慶去還有更大的案子要審問。不但他如此，凡是中央派來而現在被押在牢裡的人都是一樣。這是總裁給我特別指示過的。假定，認為我傳達總裁的這個意思真是觸犯『新疆法律』，那麼現在也把我押起來好了！」

張志智在這時，已被裝回黑布罩軍毯裡。從會審廳中扛了出去。盛世才聽了徐恩曾這段不失中央大員身分、非常強有力的斬釘截鐵的話，離開了座位，向李英奇、富寶廉嘀嘀咕咕好一陣，似有所交代。

盛世才復座後，徐恩曾問他：「是不是也要把我押起來?!」盛世才不答，只舉手請朱紹良一同離廳。[1]

張志智被押解人員從軍毯中傾倒出來，在那黝黑的屋子裡，眼前那類似斷頭臺的設備，並見到那臺下一片片殷然的血跡，染了鮮血的棉花等等。張志智自忖必死，但該說的話已說盡，倒也心安理得。張志智在這生死俄頃之際，秉著成仁取義的決心，咬緊牙關，挺起胸膛，等著獄卒拉他去執行的時候，他閉上眼睛，預備即被扶上這架血淋淋的斷頭臺。

驀地聽了一個東北口音的人叫道：「暫停，暫停，督辦叫暫停！」[2]

張志智再度被套上軍毯布被單，還以為盛世才要改變另一個殺他的方式，卻不料囚車又將他載回到第一監獄內原來的「號子」。

1 丁慰慈：《血淚山河新疆行：張志智因公被盛世才誣陷內幕》，頁二二四—二二五。
2 同上，頁二二五。

張志智是帶著必死的準備來新疆做求生打算的。他曾對盛世才說：「我從不知道什麼叫危險。我認為愈是危險的地方，也就是最安全的地方。」[1]

盛世才怕死，張志智不怕死；盛世才貪財，張志智廉潔；盛世才耍小聰明，張志智行大智慧。在人格上，盛世才相形見絀，未鬥先輸。浩然正氣，戰勝了殺人陰魔。正如太陽驅走了烏雲。

不可德化者唯勢取

新疆「八一一」事變遽然發生，正如鳥要飛、娘要出嫁一樣，蔣介石並不感意外。在蔣介石所精心編織的大網中，盛世才的一舉一動均在密切監控中。

自一九四四年三月以後，盛世才稱病避不做任何公開露面或約會，但暗地裡小動作不斷，對黨務工作多方加以阻撓。

四月起，盛世才陸續逮捕一批行政高官級。其中包括省政府祕書長劉效藜、教育廳長程東白、省黨部委員兼新疆日報社長宋念慈、新疆日報社主筆郎道衡，以及伊犁行政督察專員徐伯達等。這些人士不僅是盛世才的同鄉、同學，也是盛世才的密友，而且是盛在秉政後匯路費迭次函電邀請來新，過去曾被盛關入囹圄再放出來任省政要職的。

盛世才抓他們的內因有二：一是這些同學、同鄉、密友們不願再與盛世才結成團夥，做不利於國家的事。盛認為這是背叛自己，更怕這些人告密；第二是觀察國民政府的反應，為下一步更大的行動測試水溫。

五月，盛世才竟指示《新疆日報總》編輯李尚友（後亦被捕），要將中國抗戰失利的消息多加渲染，把蘇聯抗戰勝利的消息多加吹捧。輿論先行，盛世才反叛之心昭然若揭。中央派遣新疆的省黨部委員憂心如焚[2]。

1 丁慰慈：《血淚山河新疆行：張志智因公被盛世才誣陷內幕》，頁二〇六。
2 丁慰慈：《血淚山河新疆行：張志智因公被盛世才誣陷內幕》，頁二一三。

六月初，國民黨中央宣傳部部長王世杰前往新疆迎接美國副總統華萊士。黨部書記長及諸委員覺得機會來了，公推張志智為代表，當面向頂頭上司王世杰呈情。次晨，下榻於督辦公署東花園的王世杰，正在洗臉刮鬍子，張志智顧不了通常的禮儀，直接闖入臥室的盥洗間，向王陳述盛世才親蘇舊病復發，其悖逆的行動已完全明朗化。張志智要求王世杰報告總裁，不能再信任盛世才，並言此人「只可以勢取，不可以德化」，務需要加速採取最有效的軍事措施，清除禍根，置新疆於長治久安之地。

言未罄，盛世才進來，他以驚異的眼神看著張志智。張隨機應變說：「主任委員早！我有點私事來拜託部長。」盛說：「原來是這樣的。」[1]

華萊士抵達新疆的時間是六月十八日。也就是說，在張志智發出盛世才「只可以勢取，不可以德化」的情報不到兩月，盛世才便反叛了。

地方軍閥目無國家，唯逐私利，一叛再叛，本性使然。不過，蔣介石乃降伏地方軍閥的高手，西北王馮玉祥、山西王閻錫山、四川王劉湘、南天王陳濟棠、東北少帥張學良等先後發起挑戰，最終無一不敗在其手下。盛世才自不量力，神經發狂，單槍匹馬，赤膊上陣。

事變甫發，蔣介石即召集主管情報、軍事的首長戴笠、何應欽等人，反覆研究盛世才的動態及處理此事方針，並做了最壞的打算，「決定準備最後之軍事行動」[2]。

蔣介石電令胡宗南準備前赴哈密，準備軍事。

八月十四日，即朱紹良飛抵迪化前夕，蔣介石已做好全面部署：「準備新疆軍事行動。甲、空軍，乙、傳單，丙、部署，丁、車輛，戊、命令稿，己、外交通知俄英美。」[3]次日，蔣還與軍政部次長林蔚商討新疆軍事與運輸計畫。

---

1 同上，頁二一四。

2 《蔣介石日記》，一九四四年八月十四日、八月十五日。

3 《蔣介石日記》，一九四四年[B]八月十六日。

在民國政府軍事委員會部署下，駐防迪化附近老滿城之預備第七師一部處於高度戒備狀態，駐哈密的中央軍徐汝誠旅已向迪化策動，中央空軍已在酒泉集中若干架飛機，西北空軍司令十五日已隨朱紹良同機飛抵哈密，準備前進基地。盛世才在新疆建立了一個高效的情報網，當上述軍事情報送達盛氏，他不能不心生恐懼，自忖大勢已去矣[1]。

有強大的軍事勢力做後盾，朱紹良代表蔣介石向盛世才宣布訓令：中央擬將其調離新疆，改任農林部長，措詞委婉而詞意堅決。盛世才豈肯輕易就範。他起初曾以新疆局勢嚴重不能遽離為理由，企圖拖延，後來又表示願意讓出省主席之位，但仍任邊防督辦。再後又請求留新六個月，布置軍事善後事宜。

盛世才一直在有意拖延時間，初定朱紹良十七日飛回重慶請示總裁，盛氏要求改至十八日，嗣又改至十九日、二十日。期間，他向史達林寫信，與蘇聯駐迪化總領館總領事密談，召開家庭會議[2]。

時至十九日，朱紹良仍未能回渝覆命。對此，遠在重慶的蔣介石頗為焦慮。「朱逸民今日不能如期離迪回渝，盛之行動狂妄，甚為憂慮。」[3]二十一日，即朱紹良抵迪六日後，其與羅家倫同機飛渝。當蔣介石接獲迪化機場來電，得知朱紹良的飛機已經起飛時，蔣終於鬆了一口氣。「此慮為之一慰，如釋重負也。」[4]返渝之夜，同宿南岸黃山。一民陳述一切在新經過後，蔣主席仍以堅定態度，令盛離新，一民乃復飛回迪化，此時盛已眾叛親離，進退失據，只得聽命中央，離新赴渝[5]。

盛世才一九三〇年秋進疆，一九四四年秋離疆，在新疆整整待了十五個年頭。從內心而言，若無高枝可攀，實權可握，盛世才是極不情願放棄新疆權勢的。在繁雜錯亂的社會舞臺上，人生的際遇不時顯出詭異之態，當你陷入窮困潦倒的絕境，往往是鹹魚翻身的臨界點，當你濃墨重彩登臺亮相之際，往往亦是你謝幕歸隱之時。

一代梟雄盛世才一生成亦新疆，敗亦新疆，甘苦自知，榮辱自擔。

1 《蔣介石日記》，一九四四年[B]八月十九日。
2 羅家倫：〈天山逸史零篇〉，《羅家倫文存》第二冊，臺灣國史館，一九七六年，頁九一五—九二四。
3 《蔣介石日記》，一九四四年[B]八月二十日。
4 《蔣介石日記》，一九四四年八月二十一日。
5 張大軍：《新疆風暴七十年》，臺北：蘭溪出版社，一九八〇年十月，頁六〇〇六—六〇一一。

在新疆特派外交公署科長丁慰慈看來，至少有三大因素促成了新局乾淨俐落地解決。首先固由於張志智見燭機先，使中樞對於新疆的事先有了一個瞭解。其次，就是以李鐵軍為總司令的第二十九集團軍，已進駐哈密，也就駐紮從前「紅八團」營地。迪化抓人的警耗傳出後，中央立刻增駐空軍，以示解決變局之決心。第三，美國為從旁協助中蘇邊界局勢之緩和，曾經於不到一年的時間，先後派特使威爾基、副總統華萊士到中蘇兩國斡旋。史達林為在戰時爭取援助起見，業已對美方有所承諾，不便因新疆問題悍然與中國再起兵戎。盛世才逮捕中央派新工作人員一事，不免向莫斯科表錯了情，結果不僅是枉做惡人，而且自己也從十二年統治的寶座上滾下來。[1]

清者自清

盛世才抓捕林繼庸的罪名，可謂搜腸刮肚，誣以張國燾是其入黨介紹人。據林繼庸回憶：

張國燾在北大與我同班，我當班長，他當副班長……。因為張國燾的關係，盛世才最初誣我是帝國主義走狗，後來又誣我為共產黨員，要我說出共產黨的關係，說我大名鼎鼎，介紹我入黨的一定是有來頭的人，竟一連加上七種毒刑，我只求一死解決。當一再刑逼後，我就寫了「張國燾」，他認為這接近於事實，遂據此電達中央說我是民國九年以前經張國燾介紹加入共產黨。這真是天大的笑話，民國九年（一九二〇）以前哪有共產黨呢！[2]

此結論時間邏輯相當混亂，不值一駁，令蔣介石、張群、陳立夫、陳布雷等國民黨高層啼笑皆非。

盛世才復以貪汙罪誣陷林繼庸。「另一項罪名還誣我收了蘇俄賄款十萬元，盛世才還製造了人證物證。被買通的人，收了威迫利誘出此下策。」

1 丁慰慈：《血淚山河新疆行：張志智因公被盛世才誣陷內幕》，頁二二七。
2 臺灣中研院歷史研究所口述歷史叢書〇二，《林繼庸先生訪問紀錄》，一九八三年初版，頁二一一—二一二。

林繼庸被捕後，在重慶工商界掀起軒然大波。「當我被捕後，實業界人士以我家徒四壁，為我抱不平，紛紛簽名向政府當局為我擔保，簽名者達三百多人。吳蘊初是其中表示最熱烈的一個，他並表示以全部家產作保。他說：上海廠礦西遷，蔣委員長發給林繼庸千多張空白的『特別通行證』，很多人為了得到特別通行證，每想用重金收買，如果林氏要發財，早就發了，何必到新疆去發財？』」

在長江中下游數百家西遷廠礦主眼中，林繼庸是為官不愛財、有權不濫用、一切以國家利益為重的楷模。盛世才誣陷好人，濫捕黨國忠臣，等於搬起石頭砸爛了自己未來的信譽。

自八月十二日起，盛世才逮捕國民黨駐疆人員的消息陸續在重慶傳開，坊間盛傳林繼庸已經遇害身亡。重慶部分實業界人士召開追悼大會。「有人聲淚俱下，有人泣不成聲，有人更大聲說：『林繼庸生為英雄死當為神。』有人在工廠中為我立了靈位曰：『工業之神林公靈位』，每日馨香膜拜。」

林繼庸在迪化冤獄中，度日如年，無聊之極，用羊毛撚成線，織襪打發時光。後來在獄中讀到中華書局出版的《新中華》雜誌數本，其中評選中國實業界人物二十八人，林繼庸名列榜首。極度反差之下，林繼庸感慨萬分，信手賦詩一首：「毛襪經旬織未成，天山囚技遣殘生。勸君重傳冬官業，愧列中華第一名。」[1]

不久，新疆傳來林繼庸還活著的訊息。重慶實業界人士連署為其擔保，證明其清白無罪。林繼庸回憶說：「後來政府見實業界人士為我擔保，蔣委員長遂派專機接我出來。當專機到達重慶上空，實業界朋友數千人到機場歡迎，並欲找盛世才算帳，政府怕發生意外枝節，電令飛機改飛成都。此時飛機已經沒有油了，發訊機也壞了，飛機在空中漂浮，最後在成都一塊空地上冒險迫降，飛機撞樹，幸而汽油已經燃盡，飛機沒有起火爆炸，我亦只受輕傷而已。再次從死裡逃生的我，人生觀起了一個很大轉變，更視名利如流水浮雲。」[2]

幾經生死考驗，林繼庸倏然頓悟了老子《道德經》中的真諦：「金玉滿堂，莫之能守；富貴而驕，自遺其咎；功成身退，天之道也。」

疾風知勁草，板蕩識英雄。林繼庸父子兩代用忠誠、敬業、廉潔、學識建立起來的巍巍信譽，僅憑盛世才的

1 臺灣中研院歷史研究所口述歷史叢書〇二，《林繼庸先生訪問紀錄》，一九八三年初版，頁一九三—一九八。
2 臺灣中研院歷史研究所口述歷史叢書〇二，《林繼庸先生訪問紀錄》，一九八三年初版，頁二一二。

一封誣告信豈能撼動！雖然現實時而會表現出殘酷的一面，忠良反遭奸邪小人陷害，但歷史最終是公正的，濁者自濁，清者自清，涇渭分明。

一九四五年一月，黃如今、林繼庸、張志智等入獄人員由新疆返回重慶。蒙總裁蔣公召見，加以慰勉。總裁說：「新疆是你們以身受囹圄之苦的代價換回來的。」又說：「你們在牢獄裡受苦，我的心也跟你們在一起受苦。」[1]

壯士歸來，理當論功行賞。黃如今出任長春大學校長，張志智出任西康省教育廳廳長，後改任立法院立法委員。

在林繼庸眼中，張志智是一個臨危不亂的大丈夫：「張志智是一位偉大的中國人。他在新疆的一切表現，特別是在那所謂會審中的表現，不僅是為他自己在生命上寫下了最雄偉的樂章，也給全新疆同胞反漢奸、反暴政的血淚史，寫下了永志不忘的壯觀的最後一頁。」[2]

張志智於一九七三年病逝於臺灣。

林繼庸於一九八五年在臺灣去世。

1 丁慰慈：《血淚山河新疆行：張志智因公被盛世才誣陷內幕》，頁二二八。
2 丁慰慈：《血淚山河新疆行：張志智因公被盛世才誣陷內幕》，頁二二八。

第八章　新政

老臣謀疆

從迪化「八一一」黃林陰謀案發生，到盛世才被調離新疆，前後不過三週時間。統治新疆達十二年的「新疆王」倒得如此之快，不僅出乎盛氏本人計算，亦令邊疆民眾恍如做夢。

自一九四四年以來，新疆內部矛盾激化，反盛呼聲漸高，而國民黨在新疆羽翼漸豐，軍事、外交、黨務、縣政、文化等部署已基本完成，蔣介石開始比較切實地考慮將盛世才調離新疆的問題。他在八月二日的日記中自問：「新疆省府改組之時間應速乎？」[1]當日，蔣與朱紹良、宋子文等多次討論新疆人事及對蘇聯外交問題。

世上沒有不透風的牆。正當國府中樞猶豫之間，盛世才搶先奧步，竟與國民黨攤牌豪賭。從一定機緣上說，是盛世才迫使蔣介石下定最後決心。大逮捕發生後的次日，蔣介石在與吳忠信談話中明確提出要將盛世才調離新疆。

新疆戰略地位舉足輕重，新疆內外關係錯綜複雜，安定新疆有何妙計？

蔣介石有意諮詢吳忠信，問計治疆方針，吳答稱，乃「和外安內」及「鞏固中央在新之政權」。和外，即與蘇聯舒緩關係。目下史達林及蘇聯因盛世才的「背叛」對其恨之入骨，中蘇關係緊張，邊境衝突時發；安內，即

1　《蔣介石日記》，一九四四年八月二日。

調離盛世才，以結束其恐怖統治，平反冤假錯案，化解社會矛盾。

蔣對吳的回答顯然比較滿意，隨即表示，盛世才近期內必須辭職。然而，新疆不能一日無主。盛世才被擠走了，誰來主政新疆大局？

蔣介石再詢蒙藏委員會委員長吳忠信，吳向蔣首推第八戰區司令長官朱紹良。

此前，蔣在考慮新疆主席人選時，曾列出吳忠信、沈鴻烈、賀耀祖等三人[1]，朱紹良並不在其中。

先說沈氏簡歷。沈鴻烈（一八八二－一九六九），字成章，湖北天門人。自幼勤奮好學，一九〇〇年，十八歲的沈鴻烈府考中秀才，遂執教於府學。一九〇四年，投筆從戎，考入武昌武備學堂，後參加湖北新軍。一九〇五年春，公費赴日本海軍學校留學，同年加入中國同盟會。一九一一年夏畢業回國，加入清朝海軍，由海軍「楚觀」艦候補員起步，後擔任清政府軍諮府參謀。。一九一一年十月參加辛亥革命，曾任海軍統領、宣慰使，參與策動長江下游清廷海軍起義。一九一二年，任中華民國南京臨時政府海軍部軍機處參謀。

沈鴻烈與張作霖、張學良交往從密，是東北海軍的實際締造者。「九一八」事變後，東北軍放棄了東三省，張學良調駐西安為西北「剿匪」副總司令。東北海軍司令沈鴻烈一時無用武之地，經張學良引薦，蔣介石允許沈的東北海軍全部開駐青島，預定任命沈為青島市市長，以青島稅收直接撥充海軍軍餉，並提請國民黨中央委員會補選沈鴻烈為中央委員。如此妥善安排，令沈感激涕零，決心脫離東北軍，投靠蔣介石。一九三一年十二月，沈鴻烈被南京政府任命為青島市市長。沈主青達六年之久，苦心經營，對青島的開拓發展頗有貢獻，青島被南京國民政府譽為模範市。

西安事變發生後，張學良、楊虎城及南京方面，都希望沈鴻烈表明政治態度。在東北軍中，沈鴻烈是一位具有文韜武略、頗識大局的將領。關鍵時刻，他以國家利益為重，先致電南京政府，敦促他們妥善解決事變，積極營救蔣介石，繼而又致電張學良：「鴻烈受張氏知遇，已屆兩世，感恩圖報，時係吾衷，平日言行，無不出自忠誠。頃讀通電，驚悉西京兵諫，驪宮幽蔣，殊失將道。在此內憂外患日急，千鈞一髮之時，委座一身，國家安危所繫……」他要求張學良務必保證蔣介石的安全。

1 《蔣介石日記》，一九四四年八月十六日。

蔣介石從西安脫險返回南京後，對沈鴻烈的態度和做法甚為滿意，遂視沈為心腹。一九三七年「七七」事變後，沈鴻烈撤離青島，不久即改任國民黨山東省政府主席、山東省保安司令、山東省黨部主任委員、魯蘇戰區副司令。

一九四一年冬，沈鴻烈調任國民政府農林部長。在日機狂轟濫炸重慶期間，蔣介石仍倚重於沈鴻烈，一九四二年十二月調任其為重慶市市長兼重慶防空司令。

沈鴻烈擔任新疆省主席，優劣參半：優者方便與盛世才實現對調，且沈氏軍事、行政、建設經驗兼具，對蔣忠貞；劣者是沈氏既無對蘇外交經驗，亦不熟悉邊政邊情，非最優人選。

抗戰勝利後，沈鴻烈曾任過浙江省政府主席、國民黨總統府國策顧問等職。一九四九年去臺灣。一九六九年三月十二日，沈鴻烈病逝於臺灣臺中市。著有《政海微瀾集》、《東北邊防與航權》、《青島市政》、《浙政兩年》等。

再說賀氏行狀。賀耀祖（一八八九－一九六一），湖南寧鄉人，家庭殷實，比蔣介石小兩歲。賀耀祖的經歷與蔣介石相仿，六歲入私塾啟蒙，十二歲入玉潭書院讀書，十六歲考入湖南陸軍小學第一期，從此正式踏入軍界。賀氏在日本軍校的學歷較蔣資深。一九〇九年，賀氏因在武昌陸軍第三中學成績優異被清政府公派日本留學，在日本振武學校學習並加入同盟會，後回國參與辛亥革命。一九一二年在黃興資助下，再度赴日本留學，入陸軍士官學校中國學生隊輜重科學習。一九一六年畢業回國後，參加孫中山領導的討袁、護法諸役，從此與蔣介石在一起共事，成為北伐名將。

一九三二年，賀耀祖任國民政府參謀次長，實際代行總長職務。一九三五年被委派駐土耳其公使，一九三七年五月回國任蘭州行轅主任，並代理甘肅省主席，兼任甘肅省國民黨黨部主任委員。

賀氏在思想上比較傾向共產黨。在其任蘭州行轅主任並代理甘肅省主席期間，中共中央派謝覺哉為駐甘肅代表，在蘭州建立八路軍辦事處，謝覺哉既是賀耀祖的老鄉朋友，也是賀的媒人。賀氏夫人倪斐君之前是南京醫院的一名護士，祕密身分是共產黨員。

蔣介石對賀耀祖又愛又恨。愛其才華出眾，行事公道，恨其情傾中共。儘管如此，蔣介石還是量才使用。一九三八年，賀氏出任國民黨軍事委員會辦公廳主任兼軍統局長，一九三九年，奉派駐蘇特使。一九四二年至一九四五年，賀氏分別出任蔣介石侍從室主任、重慶市長等職。

一九四五年八月二十八日，毛澤東率中共代表團由延安飛往重慶，同蔣介石政府舉行和平談判。毛澤東抵達重慶時，賀耀祖專程去機場迎接。他與毛澤東相逢，一見如故，視為知己。賀十分關心毛澤東和周恩來在重慶的安全，多次嚴令有關方面加強保安措施。出於同鄉及對毛澤東的敬慕，特邀請毛澤東赴私邸晚宴。宴畢，還安排了一次小型的湖南同鄉見面會，原定只有十數人參加，豈料消息傳出，眾多的湖南老鄉爭先恐後趕來赴會，人數達二三百人之多。這令蔣介石大為不快。

按條件而言，賀耀祖最有條件出任新疆省主席，一是年輕有為，時年五十六歲；二是擔任過駐蘇特使，有利於開展對蘇外交；三是擔任過甘肅省主席，諳熟邊情；四是一直在蔣介石身邊工作，溝通便捷。但蔣介石最不放心的是賀氏與中共若即若離的關係。疑人不用，賀氏出局。

一九四九年八月十三日，當賀耀祖、龍雲、劉斐等四十四人聯合在香港發布起義通電時，蔣介石聞之大為震怒。

解放後，賀耀祖先後任中南軍政委員會委員兼交通部長、中南行政委員會參事室主任、全國人民代表大會代表和全國政協委員，還被選為第二、三、四屆民革中央常委，一九六一年七月病逝於北京，享年七十三歲，骨灰安葬於八寶山革命公墓。

在反覆權衡利弊後，蔣介石心中已有定論，老臣謀疆，萬無一失。

蔣介石遂決定請吳忠信接任新疆省主席一職。吳忠信初以年高體病為由，力辭不就，並推舉更年輕的朱紹良接任。蔣仍堅持己見，希望吳接任，約定以五年為期。

吳忠信與蔣介石

吳忠信（一八八四－一九五九），安徽人，幼年不幸，二歲喪父，七歲失母，在兄嫂撫養下長大。一九〇〇年，吳考入江南陸軍將備學校。其後，留學日本東京政法學校，加入同盟會，參加辛亥革命。

一九一三年冬，因孫中山領導的二次革命失敗，孫中山、陳其美、吳忠信、蔣介石等相繼逃亡日本。經陳其美介紹，吳、蔣二人在日本相識。

一九一五年十月，孫中山任命陳其美為淞滬司令長官，在滬上主持反袁起義。吳忠信、蔣介石均因受過正規軍事訓練，因而成為陳其美的左右竑肱。一九一六年五月，陳其美遭袁氏暗殺身亡。蔣介石一度陷入悲觀、消沉之中。吳忠信像長兄般給予安慰、勸導，蔣深感溫暖。

一九一七年七月，孫中山再次發動護法運動，即電召吳、蔣二人來穗，任命蔣介石為護法粵軍總部上校作戰科主任，吳忠信為上校參謀，一同侍衛於孫中山的左右。

蔣介石因初到粵軍，人生地疏，不願住在總部，而搬至吳處。兩人同居一室，朝夕相處，情同手足，視為戰友[1]。

一九二一年五月，非常大總統孫中山在廣州決定，由廣西出兵北伐。任命吳忠信為攻擊桂林總指揮。吳氏率軍占領桂林，攻克龍州，會同李宗仁、白崇禧、黃紹竑等桂系將領，遂占領廣西全境。這便是日後在蔣與桂系衝突中，吳忠信總是充當調停人的緣故。

一九二二年初，蔣介石一直在奉化溪口為母親修墳守墓。在孫中山迭次電召下，蔣介石來到桂林，協助籌畫北伐事宜。蔣介石生性耿介，與粵軍將領不合，幾次拂袖而去，引起軍政將領不滿。每次都由吳忠信出面，千方百計為其化解、開脫、緩釋。

蔣介石切實感受到了吳的寬厚仁慈，便主動提出要與吳忠信結拜為金蘭兄弟。一九二二年元月，吳、蔣二人請來許崇智、胡漢民做證人，舉杯為誓，吳氏長蔣三歲，為兄，蔣為弟，並共同合影留照。從此，吳、蔣二人公誼私交異於常人[2]。

蔣介石與吳忠信最大區別在於，蔣推崇尚武精神，迷信槍桿子，吳崇文重義，主張以和為貴。在處理人事方面，蔣側重術，吳注重道。軍國大事，一文一武，一張一弛，文武互補，方能築成大業。

蔣介石在國民黨內屬「小字輩」，當其脫穎而出，力壓群雄時，亦遭到一些國民黨元老的反對。每逢棘手難

1 吳松保：〈吳忠信與他的金蘭兄弟蔣介石〉，《江淮文史》一九九五年第六期，頁一四七。
2 吳松保：〈吳忠信與他的金蘭兄弟蔣介石〉，《江淮文史》一九九五年第六期，頁一四七—一四八。

辦之事，蔣總請出吳忠信出面，為其排憂解難，逢凶化吉。

在國民黨內，吳忠信就像一輛「救火車」，東奔西忙，四處滅火。儘管火情各異，但他卻能遊刃有餘，安撫四方，或化險為夷，或化敵為友。

一九三一年夏，中國南方發生特大水患，江淮地區一片汪洋。安徽省主席陳調元處理不當，激起民變，中央行政院遂於一九三二年四月二日改組安徽省政府，吳忠信出任省主席。

一九三五年初，中央紅軍長征路過貴州，貴州省主席王家烈「指揮無方，堵截無力」，蔣介石決定撤銷其職，由吳忠信接替該職。

一九三六年六月一日，「兩廣事變」發生，內戰箭在弦上，吳忠信出面斡旋桂系，終於化干戈為玉帛。

繼黃慕松之後，吳忠信執掌蒙藏委員會多年，收復西北四馬，打通河西走廊，安撫內蒙，奉使西藏，主持十四世達賴喇嘛坐床儀式等等，使邊疆無後顧之憂，確保了國民政府能集中精力抗日。

吳忠信自我評價道：「吾一生為人處世，無非本著忠信二字。對國家忠誠，對親朋守信。」應該說，蔣介石身邊有像吳忠信這樣的忠信之士輔佐，乃蔣之福氣，國之幸事。

震後餘波

新疆孤懸塞外，內政外交、民族宗教等因素，交織纏繞，棘手難治。蔣介石不放心他人主政新疆，認為吳忠信老馬識途，寄望他老驥伏櫪，揚鞭千里之外。

八月二十二日，蔣介石再次要求吳忠信接任新疆省主席。在蔣介石的一再堅持下，吳忠信別無選擇，只好再次充任「救火隊長」。

八月二十九日，國民政府發布命令：新疆省政府主席兼新疆邊防督辦盛世才呈請辭職，准免盛世才本兼各職；裁撤新疆省邊防督辦公署，軍政分治；任命盛世才為農林部長；任命吳忠信為新疆省政府主席，吳未到任前由朱紹良暫代。國民政府還決定，此後所有駐新疆各部隊歸軍事委員會直轄，原督辦公署應辦事宜由新疆省保安司令部接辦[1]。

凡事有一利必有一弊。利弊因人而異，因時而異。盛世才治新時期，軍政警民諸權統於一人，盛氏一言九鼎，軍政統一，運行高效。盛世才離新後，邊防督辦公署被撤銷，軍權歸屬中央軍委會，情治權歸軍統，外交歸中央，吳忠信僅擁有行政權。軍政分權的益處是互相監督，防止權力濫用，害處是拉長了軍政溝通決策程式，降低了運行效率。特別是軍政首腦在重大人事決策上不和，或遇到突發事變，臨機處置遲緩，將貽誤黨國大事。在處理伊寧事變中，分權體制的弊端則被放大。

八月三十一日，朱紹良以代理新疆省主席之名赴迪履職，第八戰區司令長官行轅亦移駐迪化之際，朱紹良賦詩抒懷：

> 頻年塵土滿征袍，又渡天山第九遭。已缺金甌漸未補，為安玉壘敢辭勞。黃雄自可傾肝膽，壯幹何須惜羽毛。大好光陰客裡過，偷閒依馬且揮毫。[2]

蔣介石從一九三四年將朱紹良空投西北，要他降伏盛世才，如今已滿十載。朱紹良為此九渡天山，其中甘苦灑滿征袍。如今新疆收復，未及回渝，復上前線。

盛世才先遲遲不走，將中央政府的人命案強壓下來，暫不予在《新疆日報》上公布。《新疆日報》遲至九月二日才發表撤銷邊防督辦公署、將盛世才調離新疆的任免令。早在一九三三年「四一二」政變之時，中央政府即有改邊防督辦為軍事委員會的動議，因盛世才阻撓，拖了十二年方才落地。其中的艱難曲折，唯有瞭解內幕，方知得來不易。

中央政令已經公布，社會即起波瀾。迪化民眾聞訊後奔走相告，慘遭盛世才殺害者的家屬哭倒於墳場，尚被關押在監獄的犯人家屬集體赴省政府請願。一個叫王勤軒的國民黨特情人員，記錄了盛世才離疆後的那段異樣

---

1 張大軍：《新疆風暴七十年》，臺北：蘭溪出版社，一九八〇年十月，頁六〇〇六—六〇一一。
2 《新疆日報》民國三十三年（一九四四）十二月五日，第四版。

社情：

一九四四年十二月，我從蘭州特種警官學校外事系俄文班畢業後，分配至新疆警務處。進入迪化市區後，見滿街牆壁上用粉筆或用硬物刻寫的標語口號：打倒盛世才！殺死盛世才！討還血債！

王勤軒大概沒有經歷盛世才得勢的歲月，那時，新疆人民的偉大領袖盛世才的畫像，歌頌四月革命的偉大領袖盛世才的標語，曾貼滿新疆。

「我的具體工作是翻譯往來機密電報。我發現一份重要文件，內容是新疆各界知名人士十二人聯名上書西北軍政長官朱紹良，請求嚴懲盛世才，訴狀上附有蓋有長官公署大印的批文，朱紹良批示：『交警務處辦理。』」

在降服盛世才的過程中，第八戰區司令長官朱紹良臨危不懼，但在處理盛世才問題上，代理新疆省主席朱紹良上下為難，故含糊其詞，推諉不辦。

「某日，胡國振處長親擬電告，密封後派人送來，電文為：『重慶，毛人鳳先生：盛世才在新疆濫殺無辜，地方名流控告，人心不穩。搜刮民財，駭告。職胡國振。』時隔一日，回電來到：『國振兄：昨電收到，希加強民族團結工作，穩定人心。人鳳。』」[1]

盛世才雖遠走重慶，但新疆社情大變。在盛氏專制暴力統治下，社會各界的怨氣如同積蓄已久的火山噴發，頓時地動山搖，岩漿噴泄而出。

至九月十三日，盛世才方姍姍抵達重慶。十五日，吳忠信與盛世才在黃山會晤，交接手續，交換意見。吳忠信主政的新省政府，至少面臨三大棘手難題：一是威權政治結束後，十多年積案一併曝光，案件堆積如山，亟待核查平反；二是蘇聯在北疆伊塔、南疆蒲犁策動的民族解放運動，星火閃爍，邊境地區正在失去控制；三是新疆的金融秩序已經崩潰，物價猶如脫韁的野馬，基本生活品的價格已超過重慶、南京等大城市，嚴重的通脹肆虐著軍公教人員和百姓的日常生活。

1 王勤軒：〈往事拾零〉，《蘭州文史資料選輯》第二十三輯，蘭州大學出版社，二〇〇四年一月，頁一一六—一一八

吳氏撫疆三策

吳忠信縝密思考治疆方略。新疆問題既非盛世才的暴力高壓手段能解決，亦非憑新疆自身條件所能化解。解決新疆問題，一要睦鄰蘇聯，二要依賴中央援助。在重慶期間，吳忠信密集拜晤中央各部會首長，同時遴選赴疆幹部約二十餘人。

十月一日，吳忠信離渝西飛，先至蘭州。次日吳氏匆匆飛西寧會晤馬步芳氏，商洽調借青海騎兵入新問題。吳氏擔心新疆鞏哈動亂的背景並不單純，掌控不好有可能會演變成一場瀰漫全疆的大動亂。他手中需要危機關頭能打出的王牌。事後證明，吳忠信未雨綢繆，多算在先，處事果然老道。

對於國府選擇像吳忠信這樣的文官接掌新疆，重慶《大公報》發表社評，解讀吳氏主政新疆的現實意涵：

> 新疆軍政機構的改組，我們由人事上來看，以吳忠信任省主席，在內外觀瞻上，均為「一團和氣」的象徵。吳氏是一位高齡的文人，他甚得蔣主席信任，近年主持蒙藏委員會，甚有建樹，他懂得如何與小民族相處，由他主持新疆省政，必能使各民族相安。他近年出入西北各省，對西北各省的瞭解極深，關係也好，他雖不是外交家，然以他這樣「一團和氣」的人物，又深知國家大局，對鄰邦必然力求和睦。[1]

十月三日，吳忠信率部屬由蘭州飛抵嘉峪關，在千年的西域雄關之下，「召集隨員談話，即席宣示以『天理、國法、人情』為治新原則，希望同仁以『互信、互助、與不多事、不怕事為辦事精神』」[2]。

吳忠信四日抵達迪化，五日上午即召集省府各廳及所屬職員約一千四百人訓話，系統闡述治新方針。與盛世才剛猛施政相比，吳忠信的訓話頗有絲絲柔情。關於天理，他引用《書經》之語：「天視自我民視，天聽自我民

1 重慶《大公報》社論，一九四四年八月三十日，第二版。
2 張大軍：《新疆風暴七十年》

聽。」一天即民。聯繫到新疆人民的宗教信仰，「他們信仰回教，特別虔誠而堅定，可以說：飯可不吃，衣可不穿，甚至生命可以不要，而宗教不可以不信」[1]。「天理」二字，即含有尊重宗教之意。

何為人情？就是人民的喜怒哀樂。「我們做公務員的責任，便是要使人民喜，使人民樂，使人民愛，同時設法滿足人民對衣食住行的生活需求。」吳忠信特別強調：「須知私情是公務員最大的敵人。」[2]

這一民為貴之觀點，遠可溯及三皇五帝時代，近可印證於孫中山先生提出的三民主義，今天和未來亦是顛撲不破的真理。

作為封疆大吏，吳忠信是首位系統提出依法治疆的主政者。他對新疆公務員訓示說：「法便是國法，法律是社會秩序的保障，人類行動的規範。如果沒有法律，那不但國將不國，即個人的生存也失去了依據。本黨三民主義的政治建設，是依民主政治為依歸，而民主政治實施條件是守法，這尤須我全國一致遵守法律，以造成民主政治的良好基礎。」[3]

新任新疆日報社社長的周昆田，依據吳氏治新方針，在《新疆日報》上刊發社論：

吳主席於視事時，曾昭告全疆公務人員，以天理、國法、人情三點為治理新疆的施政方針……。任何法律的規定不能脫離天理與人情，任何法律的履行也不能離開天理與人情，如違背法律，忽視法律，也就是違背天理不合人情，能依遵法律，重視法律，也就是本乎天理，合乎人情。三者之中，法實居於重要之地位。」[4]

在新疆的報刊雜誌上、街頭告示和牆壁上，再沒有什麼「偉大領袖」、「新疆人民的大救星」之類的語錄和相片，吳忠信不是神，也不造神，只是國民政府任命的新疆省主席而已。

1 〈吳主席訓詞〉，《新疆日報》一九四四年十月六日。
2 〈吳主席訓詞〉，《新疆日報》一九四四年十月六日。
3 〈吳主席訓詞〉，《新疆日報》一九四四年十月六日。
4 《新疆日報》社論，一九四四年十一月十日。

既然要依法治疆，必然要響應人民的申訴，重審積案，平反冤案，清理冤獄。盛世才執政時，新疆監獄人滿為患，而在吳忠信執政不久，許多監獄已空空蕩蕩……

新疆民政廳長鄧翔海追述往事說：「在吳先生到任之初，迪化監獄內羈押著幾千名各種罪名的囚犯。禮老就任後，就下令依案情輕重分別清理舊案，甄別結果，釋放了一千名以上無罪或輕微的監犯。吳主席更令人為他們購置新皮襖，買新皮帽子，免費供應食宿，最後更派汽車送他們回鄉。這些囚禁已久的犯人，一朝獲得自由，無不涕淚交流，感激萬分。」[1]

吳忠信將他的治新方針寫出律詩並序：

> 序云：新疆於甲申之際建省，我於甲申年主新，在周甲上恰是一個巧合。
> 黃沙白骨經千劫，顛沛流民實可悲。我主新疆情理法，願憑三字定新疆。[2]

新疆一八八四年建省，吳忠信生於一八八四年，兩個甲子，一次巧合。

新疆建省，功在左宗棠。焉耆區行政專員左曙萍是左公後裔，斯時已被吳忠信攬於麾下。一九八四年，當新疆建省一百周年暨吳忠信百年誕辰之際，他在臺北舉辦的吳忠信口述歷史座談會評價說：「吳先生主政新疆，以情理法為準則，不僅把民主政治帶到新疆，而且把『仁愛人性』的一切最美好的理念傳播給邊民，使他們做人有了尊嚴，生活獲得了改善，享受政治上合法的自由與權利，增進了邊民對中央的向心力。」[3]

在政治上，吳忠信是理想主義者，但他在新疆期間不幸遇到了最不理想的環境，勢比人強，施政方針無法惠及邊民，令他抱恨終身。

---

1 常勝君：〈訪鄧翔海追述吳禮老治新疆往事〉，《吳禮卿先生紀念集》，一九五九年，臺灣東吳大學圖書館藏，頁三四。

2 刁抱石：〈念禮丈·讀遺詩〉，《吳禮卿先生紀念集》，一九五九年，臺灣東吳大學圖書館藏，頁五一－五二。

3 丁劍：《吳忠信傳》，人民出版社，二〇〇九年，頁四六二。

山南山北又崑崙

吳忠信任不逢時，至主政一週年之際，「三區革命」的軍事勝利達到了頂端。斯時，北疆的伊犁、塔城、阿山三個區已經連成一片；南疆地區，民族軍攻占了拜城、溫宿，並包圍了阿克蘇，蒲犁動亂正向喀什、英吉沙爾方向擴展。在中線，民族軍已突破國民黨之精河、烏蘇防線，推進到瑪納斯河以西，與國民黨守軍僅有一河之隔，雙方工事對工事，炮口對炮口，拉出決一死戰的陣勢。

瑪納斯河距迪化僅有百餘公里。決戰在即，百姓聞風逃命迪化，加劇了迪化居民的恐慌情緒。部分迪化市民亦準備逃往酒泉、蘭州避難。

局勢板蕩、風雨飄搖之中，有屬下建議將省府遷往哈密，吳忠信嚴詞駁斥，堅定地說：「迪化為全疆重心，新疆為西北樞紐，如一有動搖，後患不堪設想，我輩受命中央，守土有責，即使殉職邊陲，亦分所應當，且屬光榮之事。」[1]

吳忠信迭向重慶告急：「事變嚴重，前途不測，只有以死殉國。」[2]危難關頭，吳忠信赴疆前與馬步芳洽借的青海騎五軍，在軍長馬呈祥率領下，日夜兼程，開進迪化，全城百姓傾巢而出，壺漿夾道相迎，有人涕淚滂沱，不能自抑。

繼而，蔣介石急派郭寄嶠將軍為第八戰區副司令長官，飛抵迪化，主持軍務。外交部司長魏道明、後勤部長俞飛鵬、財政部次長楊錦仲、司長楊瑞靈、內政部次長張純鷗等接踵而至。

當瑪納斯河畔兩軍的對峙呈膠著狀態，迪化民心稍安之際，蔣介石派張治中前往新疆三區政府進行和平談判[3]。

伊寧事變一隅變亂所帶來的系統性風險，引起了吳忠信的深思。

---

1 《新疆三區革命大事記》，新疆人民出版社，一九九四年，頁一七七。
2 《新疆三區革命大事記》，新疆人民出版社，一九九四年，頁一七七。
3 丁劍：《吳忠信傳》，人民出版社，二〇〇九，頁三六四—三六五。

新疆有十四個世居民族，分布於新疆廣袤的土地上，各有其俗，各書其文，各操其業，各持其信，為什麼不能因地制宜，分而治之？

近代史上，某地因官民間不睦而擦出一點火花，別有用心者便借助宗教、民族的風勢，燎大火於全疆。各民族因在大亂中相互殘殺，而在心中埋下的仇恨種子，週期性地又成為下一次熊熊大火的助燃物。為什麼幾個民族對立相殘的後果，要由十四個民族來共同承擔？可不可以設立幾道防火牆，預防系統性風險屢屢重演？

一九二九年，青海、寧夏從甘肅省析出，建省分治，各民族安居樂業，互不干擾，治效顯著，新疆為什麼不能效仿實行？

其實，在國民政府高層早已有新疆分省之動議。民國十七年（一九二八）十月二十三日國民政府第三次國務會議，密函薛篤弼研究新疆分省計畫。據報審結果，以為新疆土地廣大蒙番雜處，化為兩省較易治理。按其地勢應以天山為天然省界，將天山以北劃為北新省治於迪化；天山以南設南新省治於和田或阿克蘇於地勢及政治上均及便利。在第一百五十九次國務會議做出「暫保留」決議後，再無下文[1]。

吳忠信擔任蒙藏委員會委員長多年，出使西藏，綏靖內蒙，安撫青寧，居功厥偉，心得多多。他依據新疆山川地理、民族分布、經貿流向等實際情況，借鑑古今中外治理經驗，舊案重提，提出新疆分省新案，擬將新疆分為四省：

山北省（轄天山以北各縣），省會迪化；

山南省（轄天山以南各縣），省會阿克蘇；

崑崙省（轄崑崙山脈各縣），省會和田；

安西省（轄新疆東部，並劃進河西之一部分），省會哈密。

吳忠信認為，這樣化一省為四省，既便於行政管理，亦可借助山川地理形勢，預防萬一不測，限動亂於一隅，有效切割風險蔓延，以保邊陲長治久安。可謂良相安國，深謀遠慮，用心良苦。

就權限而言，分縣而治，權在地方；分省而治，權在中央。國民政府行政院會議曾討論過吳忠信的新疆分省

[1] 張大軍：《新疆風暴七十年》第五冊，臺北：蘭溪出版社，一九八〇年，頁二七〇七—二七〇八。

方案，但因內戰爆發、國民黨首尾難顧、新疆動亂未靖、新疆交通落後等原因，再遭擱置。

吳忠信是帶著遺憾和惆悵離開新疆的。臨行之際，他將分省治理之策寫入詩篇，供後世檢驗和借鑑：

主政新疆分四省，山南山北又崑崙。
安西從此安磐石，立馬天山盡故人。[1]

在民國政壇上，吳忠信向以「和事老」面目出現，常常能以戈止武，不戰而屈人之兵。他遵循不惹事，一不怕事的原則，一旦面對恃強施暴者，他亦毫不示弱，迎頭痛擊。《吳忠信傳》的作者丁劍評價說：吳忠信上任伊始，即遇到「蘇聯大力支持北疆暴民」，成立「東土」共和國，公然宣布脫離中央政府，因此鬥爭異常殘酷、激烈，可以說「驚濤駭浪，險象環生」，而他望之儼然，指揮若定，成為「東土」的勁敵和剋星，可謂「大將風度，民族英雄也！」[2]

這是吳忠信武的一面，再看他文的一面。

「吳老先生每天寫日記，或數十字，或百把字，或幾百字，繼續不斷地，數十年如一日。積歷年所寫初稿，其數量非常可觀，單是做新疆省主席，在迪化寫的日記就夠多的。由此可見吳老先生之有恆心，有毅力。」[3]吳忠信過世後，由其助手周昆田整理一部《吳忠信日記》，洋洋灑灑近二十卷。

在新疆民國史上，唯有《吳忠信日記》的史料文獻價值可與楊增新的《補過齋文牘》相提並論。它是一部撥亂反正的政治史，一部老臣謀疆的治世心得，一部囊括政治、軍事、經濟、文化、典故、軼事及形形色色人物的歷史文獻，一部閃爍著吳忠信治疆思想和理念的文庫，可視為今天乃至未來治疆的資治寶典。

一九四六年三月一日，吳忠信離迪東返，各族官民相擁送別，場面宏大，細節感人。吳忠信當場賦〈別新疆〉詩一首：

---

1 丁劍：《吳忠信傳》，人民出版社，二〇〇九年，頁三五五。
2 丁劍：《吳忠信傳》，人民出版社，二〇〇九年，頁四六一。
3 刁抱石：〈偉人小事〉，《吳禮卿先生紀念集》，一九五九年，臺灣東吳大學圖書館藏，頁四八—四九。

洽合民族尊宗教，濟弱親仁與善鄰。
今日別離何所贈，祝君長作太平民。[1]

即使站在今天的時點上，重誦吳忠信的詩詞，依然倍感親切和熟悉。洽合民族即民族團結，尊宗教即保障人民信教自由，濟弱即關懷弱勢群體，親仁即施善政，善鄰即周邊國家友好相處。祝願新疆人民長作太平民，即是遠離戰爭、仇殺、內亂諸暴力，各族人民安居樂業，和諧相處，擁抱現代文明，不正是我們現在常掛於口頭的長治久安的施政目標嗎？

自一九四四年十月四日到任，至一九四六年三月一日離任，吳忠信主政十六個月，近五百天。時間雖短，雖說目標未達，政績不彰，但其全新的治邊理念可資政於後世。

曾問吾其人

老臣謀疆，立信當下，功在長遠。吳忠信當時為新疆留下的另一筆寶貴資產，即是他舉賢任能，為新疆政壇選拔了一批能臣廉吏。曾問吾即是其中一位。

曾問吾（一九〇〇－一九七九），廣東興寧人，六歲喪父。因家境貧寒，十二歲時，方獲得讀私塾的機會。曾問吾勤奮好學，悟性頗高，弱冠之年考入粵東名校興寧縣興民中學，因品學兼優，當選學生會主席，並加入國民黨。一九二六年，曾問吾從興民中學畢業，同年考入廣州法政大學。一九二八年又考入南京國立中央大學政治系，一九三一年畢業時，已過而立之年。

曾問吾通過統考進入國民政府實業部，後升任科長。繼又考入軍事委員會參謀本部邊務研究所，在南京參加邊疆語言教習所學習古回鶻語、維吾爾語等，致力邊疆治理研究。

[1] 刁抱石：〈念禮丈・讀遺詩〉，《吳禮卿先生紀念集》，一九五九年，臺灣東吳大學圖書館藏，頁五二。

一九三五年一月六日晚，曾問吾到南京朱宅面晤朱希祖。據《朱希祖日記》記載：「曾君問吾來談新疆最近史事及外力侵入現狀，均未所聞。盛世才實借蘇俄之力而握新疆政權，其現狀不堪聞矣。」[1]是時，曾問吾著《中國經營西域史》，尚未到過新疆，其關於現代新疆的資料來源，一方面來自公開的報刊雜誌，如國內漢文報刊、回文報刊，以及日、德、俄、土聯等國的報刊，另一方面來自供職的參謀本部邊務研究所的內部情報，他在南京與麥斯伍德、艾沙等新疆籍旅京人士廣泛接觸，從他們的口中獲得鮮活主觀的資料。

朱希祖在日記中評價道：「是書詳瞻而扼要，實為一絕有用之書，而民國史料多得之檔案、日報和回文記載旅京新疆吏士之見聞，尤為難得。」「下編言民國新疆若存若亡，形勢危殆，吾人當急起而竭力經營，則失之東隅尚可收之桑榆。」[2]

東隅指東北四省，桑榆指新疆。在閱讀書稿時，朱希祖一度寢食難安，他眼見新疆危如累卵，憂慮西域淪喪的歷史悲劇重演。他在日記中寫道：

> 吾國今日之西域，實為新疆一省，而新疆一省實為寧夏、綏遠、甘肅、陝西、青海各省區之屏藩，新疆一失，則上列五省區亦將不保，建瓴東下，中原亦危。故欲經營新疆，保持不失，實為吾國今日最重要之急務也。不特此也，新疆一省實為亞洲中區，併吞亞洲者所必先爭之地。故新疆之得失，不特吾國安危所繫，即亞洲全域安危亦將繫此。故欲經營新疆，保持不失，實亦為亞洲全域最重要之急務也。[3]

朱希祖以史為鑑，指出：「古者四夷文化財富皆不及中國，故藩鎮足以禦之；今之四鄰國富兵強，非合全國之力不足禦之，一也。古者交通不便，邊境有警，中央調發緩不濟急，故有藩鎮足以緩衝，今者輪船、鐵路、公路、飛機皆能迅速赴機，二也。」[4]

1 《朱希祖日記》（全三冊）（中），中華書局，二〇一二年，頁六〇四—六〇五。
2 同上，同頁。
3 《朱希祖日記》（全三冊）（中），中華書局，二〇一二年，頁六〇四—六〇五。
4 同上，頁六八二—六八四。

中國積貧積弱，既不能建造交通工具，又無力改善基礎設施，交通依然是國防的短項，中原與邊疆首尾難以相顧。曾問吾為此憂心忡忡：「新疆僻處西北，孤懸塞外，沙漠遼闊，山嶺重疊，與內地之交通，跋涉維艱，以視難於上青天之蜀道，其困難不只十百倍。……然而西望蘇俄，又相形見絀，彼於數年之內完成土西鐵路，包圍新疆外廓凡七百餘公里，且沿途車站通新省各大城之間，均已修闢汽車路，瞬息可達。內地與新疆，依然萬山阻隔，俄國與新疆，則若共處於一堂，故新疆之形勢有如虎口之羔羊。」[1]

因無技術和交通基礎設施支撐，新疆的郵政、無線電報、公路及汽車運輸，無不依賴於蘇俄或被其控制。交通是商貿物流的命脈，交通權既失，經濟便受人宰割。曾問吾所慮的是：「帝國主義者之滅人國家，必先獲得其地之經濟統治權，然後伺機奪取政治之統治權。不幸今日之新疆，政治主權雖操諸中國，而經濟權則完全握於赤俄之手。」[2]

邊疆危如累卵，存亡在旦夕之間，但地方軍閥卻擁兵自重，罔顧國家利益，朱希祖對此痛心疾首：

非全國兵力統一不特不足以禦外侮，且外患之來，往往有內亂以為牽掣，蓋藩鎮割據，擴張權勢，明結黨援，將借外力以反叛中樞者，項背相望，近日吾國各省軍閥非如此耶？東四省及河北當時皆在張學良手，日本少數軍隊奮起南滿竟不抗，而四省拱手讓之日本；新疆盛世才借俄人少數兵械而占有，全省遂為俄之附庸，中央不能指揮也；浸至冀、察兩省，依附日本而宣告自治矣；兩廣繼之，又宣告獨立矣。此有藩鎮適足以為外人蠶食疆土之利器也。[3]

一九三六年，曾問吾所著的《中國經營西域史》由上海商務印書館五月初版、十一月再版，暢銷全國，聞名政軍學界。全書共六十餘萬字，開創性地以二千年來中國經營西域歷史為主線，敘事宏大，結構嚴謹，史料豐富，旁徵博引，論點鮮明，文采斐然。作者鑑察歷代王朝更替得失，總結經營西域經驗，點評古今歷史人物，將

1 曾問吾：〈蘇聯對新疆之經濟侵略〉，《新亞細亞》一九三四年第二期。
2 曾問吾：《中國經營西域史》，新疆地方誌總編室編，一九八六年（內部版），頁七五〇。
3 《朱希祖日記》（全三冊）（中），中華書局，二〇一二年，頁六八二—六八四。

跌宕起伏的邊陲歷史畫卷生動地展現在讀者面前。

曾問吾與朱希祖二人通過《中國經營西域史》重槌擊鼓，共同敲響了邊疆危機之警訊，受到國內有志之士的同聲呼應。國民黨元老張繼[1]題寫書名，蒙藏委員會委員長黃慕松題詞，史學大家朱希祖作序，歷史學家羅香林[2]校勘。

一九三六年末，曾問吾參加中央政府赴青海、甘肅、陝西視察團，恰逢「西安事變」，被當地軍警拘留兩個多月後，安返南京[3]。

一九三七年「八一三」淞滬戰事爆發，因日海軍占絕對優勢，曾問吾預見中國沿海港口將被封鎖，遂向中樞提交開闢甘新國際大通道建議書[4]。

在南京淪陷前，曾問吾攜妻女、岳母、小姨逃往粵東避難。一路上顛沛流離，深切體會到了國破家亡的慘痛，更讓他錐心之痛的是，先後有三部手稿《中國西域交通史》、《中國近代史》、《中國歷代大戰史》，散佚於逃亡途中，不知所蹤[5]。

一九三八年到一九四一年間，曾問吾先後任廣東興寧縣立一中教員、梅縣香港華南學院教授，用薪酬及稿費養家糊口。

一九四二年，曾問吾復出政界，遂被湖南省政府主席薛岳發現，擔任湖南省政府教育設計委員會主任，並向

1 張繼（一八八二—一九四七），原名溥，字薄泉，河北省滄縣人。一八九九年留學日本，在日加入同盟會。一九〇八年赴法留學。一九一一年回國後，任同盟會本部交際部主任，國會第一屆參議院議長。一九二一年任國民黨廣州特設辦事處幹事長，中國國民黨宣傳部長，北京支部部長。一九二七年任國民黨中央特別委員會委員。後歷任國民黨南京政府司法院副院長、北平政治分會主席、國民黨三大至六大中央監委委員、國民黨黨史史料編纂委員會主任委員、國史館館長等職。一九四七年十二月十五日在南京病逝，享年六十五歲。

2 羅香林（一九〇六—一九七八），字元一，號乙堂，廣東興寧人。早年畢業於清華大學歷史系，師從梁啟超、王國維、朱希祖等著名學者。後成為朱希祖女婿。歷任中山大學、香港大學、珠海書院教授，獲香港大學終身名譽教授銜。首創族譜學，乃繼甲骨學、敦煌學、簡牘學之後，開拓了歷史研究新領域。

3 崔保新：〈曾問吾生平事蹟編年述略〉，《伊梨師範學院學報》二〇一四年第一期，頁三〇—三六。

4 同上，同頁。

5 同上，同頁。

中央舉薦。在戰時陪都重慶，曾問吾出任國防部二廳邊務研究室少將主任，為國民政府軍事委員會搜集分析西北情報，提出政策建議，謀畫收復新疆策略。

吐魯番縣長

曾問吾雖在《中國經營西域史》中縱論兩千年西域史，卻從未涉足過西域。遠行新疆，考察西域，是他縈懷既久的夢想。

一九四四年仲秋，國民黨中央動員黨政軍幹部赴新疆建功立業，曾問吾遂報名參加中央政府舉辦的新疆縣長考試，在四百多名合資格的投考者中以第七名獲選。

在赴新疆上任途中，四十四歲的少將主任詩興勃發，豪情噴湧而出：

> 萬里平沙抒眼底，浩然正氣蕩胸間。嶺南十載天山夢，次日凌雲渡玉關。[1]

路過吐魯番火焰山、葡萄溝時，曾問吾望著大片沃野和坎兒井，心潮起伏。在任職於國防部二廳邊務室主任期間，憑藉對自然地理、歷史人文上的吐魯番的熟稔，曾建議中央在吐魯番、哈密盆地大面積種植棉花，以做抗戰軍棉。

在迪化經過暫短整訓後，一九四四年十二月二十日，新疆省主席吳忠信簽發任命書：曾問吾代理新疆吐魯番縣縣長[2]，後轉為縣長兼縣黨部書記長。

在新疆履新的二十餘位縣長中，曾問吾是為數不多的學者型縣長。在《中國經營西域史》一書中，曾問吾對吐魯番做過詳細研究。該地既是新疆首府迪化的安全屏障，亦是通往哈密聯繫內地的必經之路，更是扼守南疆門

1 崔保新：〈曾問吾生平事蹟編年述略〉，《伊犁師範學院學報》二〇一四年第一期，頁三〇—三六。
2 現藏於吐魯番地區檔案館。

戶的要地，歷來是兵家必爭之地。中央和吳忠信安排曾問吾宰牧吐魯番，殷殷厚望，不言而喻。近代史上，由於民族、宗教、政治等錯綜複雜的因素，民初、民中新疆的幾次動亂都以吐魯番、哈密地區為策源地。

曾問吾知悉，歷代新疆執政者無不慣以鐵血法則敉平動亂，高壓暴力手段雖生效一時，但因此而造成的官民隔閡及民族間互不信任，仇恨的火種隱藏在人們心中。如何化解歷史積怨，解開民族間、宗教間、官民間的心結，為國家守好要塞，讓百姓安居樂業，考驗著曾氏的智慧。

上任伊始，曾問吾即深入清真寺阿訇、維吾爾鄉紳頭人之間，用維語與他們談心，瞭解社情民意。憑藉著對宗教作用和民族特性的深刻認識，曾問吾決定皈依伊斯蘭教，禮拜當地大阿訇，高調舉行了入教儀式[1]。身為國民黨書記長和縣長，這一標新立異、驚世駭俗的舉動，難以為時人理解，一度成為輿論焦點。不過，考慮到曾問吾歷史學家的學養，軍統幹部的特殊背景，以及國民黨寬鬆的宗教政策，其加入伊斯蘭教，亦有一定的合理性。雖說曾問吾此舉對其聲譽多少有些負面影響，但他這位漢族縣長很快地得到了當地宗教界人士和普通信教民眾的接納和信任，自然相融於當地社會，在極短的時間消除了官民、民族隔閡與對立，為他推行三民主義，發展經濟與教育，掃清了歷史和人為的障礙。

吐魯番盆地降水極其稀少，農業生產全賴天山融雪灌溉。水及水利設施即耕地，即棉花、小麥、瓜果。楊增新時代，吐魯番在楊增新時代，吐魯番歷任縣長均重視發展水利，開墾荒地，安置流民，使吐魯番成為新疆食糧、棉花、葡萄、瓜果主要產區之一。但經一九三〇年代迭次大亂，坎兒井日漸淤塞，農田大半荒蕪，個體農戶無力淘撈，坐視水涸田荒，耕地面積日見減少。

曾問吾上任後，從恢復水利設施入手發展經濟。縣政府一面據情轉請省政府撥借水利貸款一千六百萬元，一面派富有坎兒井經驗人員，分赴各鄉調查水利設施實情，然後根據情形，借給貸款，務期款歸，大受百姓歡迎。[2]水利興，田畝擴大，糧食、棉花、瓜果當年均實現了增收。

1 賴洪波：〈曾問吾及其《中國經營西域史》研究〉，《伊犁師範學院學報》二〇一一年第四期，頁三〇—三六。
2 《新疆日報》民國三十四年（一九四五）四月十三日。

曾問吾在吐魯番興辦學校，尤其重視少數民族教育。民國三十四年（一九四五），老城一校由鐘鼓樓搬遷到老城西南角，曾問吾下令進行擴建，使學校面貌為之一新，並增設兩個維吾爾語班[1]。

民初以來，種植、吸食鴉片已成為西北社會的頑疾，屢禁不止。據《新疆日報》報導，該縣縣長曾問吾氏，於「六三」禁煙紀念日召集各界舉行紀念大會，到各機關職員及各界代表五百餘人，即席做出四項決定：一各機關職員一律宣誓不違犯禁煙法令；二依法組織縣禁煙分會；三各機關職員各鄉鎮保甲長實行禁煙縣保連坐；四焚毀沒收煙毒麻煙煙具[2]。

吐魯番自古是新疆戰略要地，國軍在此駐紮有軍隊。蔣經國、宋希濂、于右任等黨國要員，均到吐魯番勞軍慰問，縣長曾問吾出面接待。

一九四六年，新疆聯合省政府成立，在決定專員、縣長人選的會議上，新疆省政府副主席阿合買提江堅持提名吐魯番縣長、喀什專員，張治中以維護團結為由加以默認。八月二十六日，張治中以輿情不洽為由，免去曾問吾吐魯番縣長一職[3]。

對於拱手讓出新疆兩個戰略要地的行政控制權，新疆警備司令宋希濂堅決反對：「吐魯番是通往哈密及內地交通的咽喉。也是國軍補給的基地，為什麼把這樣重要的一個縣交由伊方的人擔任縣長呢？」[4]

宋希廉的擔憂很快得到證實。「一九四六年八月，阿布都熱合滿[5]任縣長後，吐魯番、鄯善、托克遜等地很快成為革命力量活躍的地區之一。阿布都熱合滿以吐魯番維文會為中心，鼓動民眾要求駐軍撤離，拒售糧食給政府，並以吐魯番南面的三堡、二堡為基地，祕密組織地下武裝，從事反政府反駐軍鬥爭。」[6]

曾問吾離職後第二年，吐魯番即發生動亂，策動者就是新任吐魯番縣長。宋希濂一語中的，有先見之明。

---

1 《吐魯番縣誌・人物卷・曾問吾簡介》。
2 《新疆日報》民國三十四年（一九四五）六月八日。
3 宋希濂：《鷹犬將軍：宋希濂自述》，中國文史出版社，一九八六年，頁二五四。
4 《新疆簡史》第三冊，新疆人民出版社，一九八四年，頁四五九。
5 阿布都熱合滿・穆義提（一九一三－一九五七），維吾爾族，吐魯番人。一九三四年赴蘇聯留學，一九三七年回國。一九四七年發動和組織吐善托三縣農民起義。一九四九年後，先後任新疆人民省政府民政廳廳長、中國新疆維吾爾自治區委員會統戰部部長。
6 《新疆簡史》第三冊，新疆人民出版社，一九八四年，頁四五九。

曾問吾被免職以後，離疆前往陝西省政府任職。一九四七年夏季，興寧發生特大洪災，百姓財產損失嚴重。此時，曾問吾離家已達五年，思鄉心切，遂辭去政府職務返回家鄉。正值家鄉創辦龍江中學（後改名黃陂中學），鄉紳和校董們一致推舉他出任首任校長。

從一九四四年十二月二十日任命，到一九四六年八月二十六日免職，在吐魯番縣長任上，曾問吾整整工作了二十個月，約六百天，比吳忠信任省主席多出約一百天。吳忠信、曾問吾相繼離職，標誌著吳忠信治新方針的終結及幹部隊伍的瓦解。

第九章 失意

戰局演變與蔣氏心跡

一九四五年，是自「七七」事變以來中國軍民抗日戰爭的第八個年頭。無論從歐洲戰場觀察，還是從亞洲戰場看，法西斯軸心國已成強弩之末狀，敗相盡露。

在世界反法西斯歐洲戰場，捷報頻傳，令人振奮。是年一月二十七日，蔣介石在上星期反省錄中寫道：

俄軍猛進，其勢不可當，今離柏林只二百公里，勢必俄軍先占柏林，世界大勢必一大變。今日俄勢大張，英美驚懼，而我中國則並不為慮，且甚抱樂觀。[1]

對於戰後中蘇關係，蔣介石似乎太過樂觀了！

在亞洲戰場，日本已喪失制空權，轟炸國變為挨炸國。二月二十三日至二十四日，美軍首次對東京採取大規模燃燒彈攻勢，當晚一百七十四架B-29轟炸機飛抵東京。美國飛機在東京拋下大量凝固汽油彈，把東京約二點五六平方千米的地方焚毀。日本軍國主義玩火自焚，日本投降之日已屈指可數了。

1 呂方上主編《蔣中正先生年譜長編》第八冊，臺灣國史館，二〇一五年，頁一三。

在歐亞兩大戰場上，將士們還在浴血奮戰，流血犧牲。在帷幄之中，美蘇、美英、英美蘇、中蘇之間的外交談判悄然展開。

三月二十七日，蔣介石在上星期反省錄中自記：

已經國所得俄息與魏大使所得羅語之大意，已可想定今後美、俄對我之輪廓及其主張與用意之所在：甲、外蒙古不能歸還我國。乙、東北鐵路共管。丙、旅順無條件長期租借於俄。丁、新疆問題尚未提及。如為現實計，因順應美國之政策以求得二十年建設之時間，然亦未必其如此之易易耳。[1]

這些均是歷史遺留問題，涉及國家主權和尊嚴。所謂「不易易」，即不簡單、不易行。蘇聯不願放棄沙俄遺產，中國政府不能讓步失信於民，這無疑給蔣介石全面恢復國權的夢想潑了一盆冷水。依照蔣介石的理想，中蘇之間應循如下原則安排戰後秩序：

甲、不得以舊日遼東半島租借地區之範圍。乙、只要行政權不失，則技術人員可聘俄人助理。丙、中共問題必須明白提出，如其能將軍政權交還中央，則可允其參加政府，否則，當視為叛變之軍隊，無論在任何方面，不得聲援。丁、新疆問題亦須提出，伊寧、伊犁必須收復，俄國不可再予叛部以武器之接濟，如此則新疆經濟乃可與俄國完全合作。戊、東北鐵路俄國運兵必須事先商定，而且中途不得下車停留。己、必須將帝俄時代所訂已過時期之條約（而且失效）及其精神掃除，而根據十三年北京新約協商新約。庚、外蒙可予以高度自治，在中國宗主權之下成立自治政府，其權限可予俄國憲法上所規定之各蘇維埃權限相同[2]。

對蘇外交方針確定後，蔣介石即約見蘇俄駐華大使彼得羅夫。蔣氏開門見山即重申「租借」一詞，切不可再用，對中蘇兩國都是有害。在談及中國政府對外蒙的政策時說：

1 呂方上主編《蔣中正先生年譜長編》第八冊，臺灣國史館，二〇一五年，頁四二。
2 呂方上主編《蔣中正先生年譜長編》第八冊，臺灣國史館，二〇一五年，頁一〇四。

明告其外蒙不可脫離中國，中國亦不能許諾其宗主權，否則即為中、俄兩國將來糾紛之惡因，但我中央政府可與外蒙以高度自治也。[1]

蔣介石的初衷，有悖於史達林的久謀。在莫斯科舉行的中蘇友好條約談判中，史達林將不滿直接發洩給蔣介石特使蔣經國。

七月五日，蔣介石在獲知蘇俄對外蒙志在必得，不容商量的信息後，不得不退一步求其次，他在日記中依然帶有幻想地寫道：

史達林對外蒙堅持其獨立要求，否則有協定無從成立之表示，余再三考慮俄國對外蒙之要求，志在必得，決不能以任何高度自治，或准其駐兵之方式所能饜其欲望。若不允其所求，則東北與新疆各種行政之完整無從交涉，共黨問題更難解決，而且外蒙事實上已為彼俄占有。若為虛名而受實禍，決非謀國之道，若忍痛犧牲外蒙不毛之地，而換得東北與新疆以及全國之統一，而且統一方略非此不可也。乃決心准外蒙戰後投票解決其獨立問題，而與俄協商東北、新疆與中共問題為交換條件也。[2]

俗話說：「山不轉水轉。」山是強者，水為弱方。史達林不轉，蔣介石不得不跟著山轉。弱國無外交。蔣介石迫不得已，退而允許外蒙獨立作為中蘇談判中討價還價的籌碼。

但是，史達林胃口很大，手段和要價遠不止於此。

為強吞外蒙，史達林早以將新疆三區、東北出兵、中共作為外蒙談判的籌碼，要麼承認外蒙獨立，結束新疆戰爭，要麼外蒙、新疆兩地皆失。中國作為二戰勝利一方，竟要吞下外蒙獨立的苦果，蔣介石甚至考慮到最壞結果：

1 同上，頁一〇五。
2 呂方上主編《蔣中正先生年譜長編》第八冊，臺灣國史館，二〇一五年，頁一一〇—一一一。

此次我國之所以允外蒙戰後獨立者，實為作最大之犧牲，亦表示對蘇作最大之誠意。以外蒙為中蘇關係之最大癥結所在，如果此一癥結既除。而我之要求目的仍不能達到，則不僅犧牲毫無代價，而且今後必增兩國之惡果，東方更多糾紛矣。務望注意我之要求之主目的：一、為東三省領土、主權及行政之完整；二、蘇聯今後不再支持中共與新疆之匪亂。此乃為我方要求之交換條件也。[1]

史達林與蔣介石對弈，史下的是大棋，蓄謀已久，謀定而後動；蔣下的是小棋，先無預案，臨時亂投子；史下的是攻棋，狠招連連，攻勢淩厲；蔣下的是守棋，步步被動，破綻百出。無論在氣勢、謀略上，還是在排兵布陣上，均處於下風。可以說，蔣介石在中蘇談判中的艱困，遠甚於戰場上失利所帶來的煩憂。

中蘇外交事大，一方面事關國家領土完整和主權尊嚴，一方面恩怨情仇，盤根錯節，複雜多變。蔣經國作為蔣介石外交方針的忠實執行者，一旦置身其中，猶如陷入泥淖，便難以自拔了。

蔣經國策馬瑤池

吳忠信主政新疆時期，根據新疆內外局勢變化，國民黨中央大員頻繁往返於重慶與新疆之間，這既標誌著中央政府在政治、經濟、軍事諸方面布控新疆，亦體現中央政府在外交、內政上對新疆主政者的鼎力支持。其中，最受中外輿論關注的是蔣介石的長子蔣經國到訪新疆。

蔣經國訪新一事，在當時曾見諸報端，亦被吳忠信寫入《主新日記》中，美國駐迪化大使館亦存有檔案，但在相當長的時期內，民國史料被封存，一般人難見廬山真面目。直至金紹先先生的〈蔣經國先生兩次去新疆憶略〉一文於一九九一年在臺灣發表[2]，這段史海鉤沉方浮出水面。

1 〈蔣介石致宋子文電〉，一九四五年七月六日，《戰時外交》（二），頁五九六。
2 〈蔣經國先生兩次去新疆憶略〉一文最早發表於一九九一年七月臺灣《珞珈》雜誌第一〇八期。

金紹先（一九一二—二〇〇三），湖北陽新人，一九三六年畢業於國立武漢大學。後參加國府高等文官考試而入仕途。歷任蒙藏委員會經濟部、考試院科長，幫辦法規委員。一九四三年被派遣新疆，一九四四年被吳忠信重用。曾任國民黨新疆省黨部代主任委員、新疆日報社長、迪化市長、立法委員等職。

金紹先自認為：「直至吳忠信去新接任主席，而我又恰好是吳的舊部，才正式派我代理書記長，不久又把我調任新疆日報社社長。這是蔣經國把我作為接觸對象之一的歷史背景。」[1]

「一九四五年春，蔣經國先生第一次赴新疆，表面上看只是對省主席吳忠信的私訪，因為蔣介石委員長的姚氏夫人（姚怡誠，蔣緯國養母）住在蘭州，一直由吳忠信的原配夫人王維貞陪伴，經國先生去蘭州處理『家事』。再去新疆見面，他對吳忠信執子侄之禮甚恭。」

「我是在吳忠信的家宴前兩小時同蔣經國見面的，他長我兩歲，身著長衫，給我的印象頗為樸素平易。他首先對我在新疆的工作，特別是在『八月事變』中的作為表示大為『讚賞』，然後向我廣泛瞭解有關新疆的情況，他始終面帶微笑，一再說：『我是向你請教的，希望聽你的意見，不只是新疆問題，蘇聯也好，中共也好，英美也好，都可以談。』」

一九四五年春天，正值國際、中國、新疆局勢相互影響且發生深刻變化的時期。從國際看，世界反法西斯戰爭正在取得決定性勝利，蘇美冷戰生出端倪，中蘇關係微妙多變；從中國看，國共兩黨明談暗鬥，兵戎相見不可避免；從新疆看，三區革命勢力來勢洶洶，對國民黨統治新疆形成極大壓力。國共的戰與和，新疆的戰與談，背後無不有大國的影子。新疆問題並不單純。

盛世才離新赴渝後，疆、渝兩地均掀起控訴盛世才濫殺無辜的風暴，國民黨部分中央委員和立法委員聯合提案，強烈要求法辦盛世才。蔣介石左右為難，壓力很大。蔣經國赴新，亦兼有瞭解新疆真相的使命。

「我著重向他介紹了盛世才在新疆十一年血腥統治、殺人如麻、冤獄遍地的情形，他對一些具體的事例和數字極為注意，當我談到新疆不過五百萬人口，被盛世才先後投入監獄即達八萬人次時，他打斷我的話問：『這一數字可靠嗎？是怎樣統計出來的？』在我向他詳述統計或估計的來源、方法後，他才滿意。他也要我用具體事例

1 《金紹先文史政論叢稿·海峽情思》，團結出版社，一九九三年，頁二七四—二八〇。

來說明盛世才如何製造冤獄、嚴刑殺人。記得我向他舉了杜重遠的例子，杜重遠是盛的東北同鄉，同時留學日本，在抗日戰爭以前，因〈閒話皇帝〉一文諷刺日本天皇，引起日中外交糾紛，被國民黨逮捕判刑，一時名聞國內。」[1]

「當時蔣經國雖未對我的談話明確表態，但幾天以後，又一次在吳忠信公館裡碰面，吳的機要祕書兼辦公所主任周昆田（周去臺灣後任蒙藏委員會委員長、現任臺灣國民黨中央評議委員）夫婦也在座，蔣經國曾說：『我這幾晚都要做惡夢，許多冤鬼來控訴盛世才，有的斷腿缺手，血肉模糊，實在令人驚心動魄！』」[2]

蔣經國私下言論，未經本人證實，或見新佐證前，可供讀者參考。

「他說盛世才殺人、捕人的一套，都是學史達林搞肅反；談到當時伊犁、塔城、阿爾泰三區人民的武裝反抗時，他斷然說：『這都是蘇聯一手操縱的，想要奪我新疆！』（我當時也持有同樣看法）」[3]

蔣經國這一觀點，無疑與其父看法高度契合。

關於蔣經國來迪時間，金紹先語焉未詳。最準確的資料可參閱《吳忠信主新日記》。

「三十四年（一九四五）四月十二日，星期四，晨，接空軍總站電告：今晨八時三十分中央幹部學校教育長蔣經國由蘭（州）啟程飛抵，方叔同來，如在哈密不停留，午後三時許可抵迪等語。爰飭準備新大樓臥室為蔣下榻。下午，詢悉蔣等飛機已到哈密，擬在哈密一宿，明日再飛迪。」[4]

「三十四年（一九四五）四月十三日，星期五，……蔣教育長經國今晨十時許飛抵迪化，隨行人員有軍委會委員長侍衛官蔣祥慶、祕書謝然之、朱茂榛等三人。中央軍校第九分校主任宋希濂與方叔亦同機抵迪。余派曾祕書長、周委員暨庸叔代表往機場歡迎。蔣及其隨從等下機後，即至新大樓休息。」[5]

按照吳忠信記載，蔣經國於一九四五年四月十三日抵迪，當月二十五日離迪，一共在新疆住留了十二天。在

1 《金紹先文史政論叢稿‧海峽情思》，團結出版社，一九九三年，頁二七四—二八〇。
2 《金紹先文史政論叢稿‧海峽情思》，團結出版社，一九九三年，頁二七四—二八〇。
3 《金紹先文史政論叢稿‧海峽情思》，團結出版社，一九九三年，頁二七四—二八〇。
4 新疆歸檔案館資一—七—一三二，吳忠信《主新日記》，大部分內容亦見於《新疆日報》一九四五年四月。
5 新疆歸檔案館資一—七—一三二，吳忠信《主新日記》，大部分內容亦見於《新疆日報》一九四五年四月。

幾近兩週的時間裡，蔣經國在新疆參與了哪些活動？見了什麼人？說了什麼話？到訪了哪些地方？

蔣經國在抵迪的下午，即當面向吳忠信呈轉蔣介石的信函。「午後，余與蔣談話，承轉總裁親筆函，略以『茲派經兒飛迪慰勞，代達一切，請詳細垂詢可也。』等因。」接著，吳忠信寫下對蔣經國的評語：「蔣壯年老成，歷練有為，誠後輩中最有希望之人物。」[1]

蔣經國時年三十五歲，屢經磨難，其品行與幹練為吳忠信看重。

蔣經國在新疆，並未如金紹先所說的那樣，「他在迪化深居簡出，未做任何公開活動」。

「晚間，藝文研究會假西大樓舉行音樂演奏會，招待先後抵迪之俞部長、何局長、劉處長暨蔣教育長等，藉表歡迎之意。節目有中西各族音樂歌唱舞蹈，表演精彩，博得掌聲不少，十一時許始散。」[2]

四月十四日，蔣經國在迪化接到重慶電：「美國總統羅斯福氏十二日午後因大腦溢血症逝世。羅氏為我國最偉大之友人，亦為愛好和平之人類最偉大領導者，噩耗傳來，陪都人士，同聲哀悼。」[3]

是日上午，蔣經國一行地考察照常進行。「蔣教育長參觀中訓分團第九分校暨新疆學院、女子學院等教育機關，余派教育廳長許蓮溪陪同前往。」[4]

「今日外交署劉特派員與蔣教育長在新大樓談話。劉擬於下星期一晚間在署宴請蘇、英、美三國駐迪領事，邀蔣參加。」[5]劉特派員即劉澤榮，曾任中華民國駐蘇聯大使館參贊。蔣經國除出席外交活動外，十五日還專程赴烏蘇、精河前線慰問軍民。

「今晨俞部長、蔣教育長等由於參謀長[6]陪同赴烏蘇及精河前線視察，藉便慰勞駐軍，並慰問各族民眾。在

1 新疆歸檔案館資一—七—一三二，吳忠信《主新日記》，大部分內容亦見於《新疆日報》一九四五年四月。
2 新疆歸檔案館資一—七—一三二，吳忠信《主新日記》，大部分內容亦見於《新疆日報》一九四五年四月。
3 新疆歸檔案館資一—七—一三二，吳忠信《主新日記》，大部分內容亦見於《新疆日報》一九四五年四月。
4 新疆歸檔案館資一—七—一三二，吳忠信《主新日記》，大部分內容亦見於《新疆日報》一九四五年四月。
5 新疆歸檔案館資一—七—一三二，吳忠信《主新日記》，大部分內容亦見於《新疆日報》一九四五年四月。
6 於達（），字憑遠，浙江　岩人，保定陸軍軍官學校第三期步兵科、陸軍大學正則班第九期畢業，可說是北方系統訓練出來的將領。一九三二年擔任胡宗南將軍的參謀長，轉入中央軍系統。一九四四年十月五日調任新疆省政府委員兼省保安司令部參謀長。一九四九年九月兼任康川陝綏靖公署副主任。一九五〇年五月調任「國防部」中將參議。一九五二年十月二十二日退役後聘任臺灣農林公司協理、第一商業銀行監察人、「中央信託局」顧問。一九八五年六月二十五日病逝臺灣臺北三軍總醫院，安葬於臺北

烏蘇縣城，適逢烏蘇四棵樹老喇嘛嘉穆措大殮，「適俞部長、蔣教育長、於參謀長等一行……亦均與會。除俞部長親自拈香致祭外，並有蔣教育長代表總裁、於參謀長代表余致祭，老喇嘛死而有靈，亦當含笑泉下矣。晚七時許，始飛返省城。」[1]

參加老喇嘛大殮並致祭，表明了國民黨對宗教的基本態度。

十七日晨，外交署劉特派員向吳忠信報告：「昨晚該署宴會中，蔣教育長與蘇方外交人員見面，經過甚為圓滿，雙方情緒均極歡樂融洽，尤以康副領事原任莫斯科中山大學教授，蔣教育長為其學生，交往素密，頃經久別之後，竟於無意之中重會，歡樂情形，非可言宣，兩人相互勸飲，追憶當年，情不自禁，每觴不辭，終至酩酊大醉。」[2]

蔣經國在蘇聯養成豪飲習性，性情所至，常常不醉不歸。這一點和其父滴酒不沾大不同也。

十七日安排了兩項重要活動。「俞部長今晨八時許乘專機離迪返渝覆命，余與朱長官、蔣教育長暨省府各廳委等，均赴機場歡送。」

「今日上午十一時在西大樓舉行追悼大會，余與朱長官主祭，中為美故總統羅斯福先生遺像，右暨美英國旗，左暨中蘇國旗……代表近千人，新近到迪公幹之蔣經國君亦與祭。」[3]

美國羅斯福總統是世界反法西斯同盟國的核心，亦是影響二十世紀世界秩序的偉人，其與蔣介石夫婦私交甚好，他的遽然離世，無論對國民政府外交或內政，都會產生了不可低估的影響。新疆毗鄰蘇聯，與美國相距幾萬里，新疆人不明就裡，唯蔣經國知道，羅斯福之逝世，對民國政府簡直是一場突如其來的災難。

十八日，蔣經國出現在更大的場合中。「正午十二時，省政府各廳委假西大樓公宴蔣經國、宋希濂兩氏，到黨政軍各機關首長及各宗族首領一百七十餘人，飯菜用手抓羊肉，充分表現本地風光。今日宴會，係蔣宋兩氏與迪化各族各界第一次正式會見。」

內湖五指山國軍公墓。臺灣中研院歷史研究所口述歷史叢書十九，《於達先生訪問紀錄》。

1 新疆歸檔案館資一－七－一三二，吳忠信《主新日記》，大部分內容亦見於《新疆日報》一九四五年四月。

2 新疆歸檔案館資一－七－一三二，吳忠信《主新日記》，大部分內容亦見於《新疆日報》一九四五年四月。

3 新疆歸檔案館資一－七－一三二，吳忠信《主新日記》，大部分內容亦見於《新疆日報》一九四五年四月。

最後由蔣經國致詞，他「首對各宗族融洽無間之精神表示欣慰；次以增加人口，提高人民生活水準兩點認為：新疆當前急務，以諺語『丁口興旺，恭喜發財』二語相贈，倍覺親切。最後強調領袖對於新疆人民之關懷，與新疆在抗戰建國過程中所處地位之重要，允將此次新疆所得一切情形，盡情轉報中央，協助新疆……最後全體起立，恭賀領袖健康，鼓掌歷數數分鐘不絕，四時許始散會。」[1]

蔣經國年富力強，口才很好，善於演說，內容頗有新意，加之其父光環的加持，博得經久不息的掌聲亦在意料之中。

十九日，新疆省政府為蔣經國遊天池做了預案。「蔣教育長定明晨赴阜康之天池遊覽，並行獵，由迪化守備司令葉成、警務處處長胡國振伴往，擬先乘車至阜康，改乘馬上山，預備當日返迪。」[2]

筆者在國家圖書館所藏的《蔣經國畫傳》中，發現了一張蔣經國騎馬上天山的黑白照片，上有蔣經國親筆題字：「遊天山瑤池歸來」[3]。從蔣經國著裝的厚薄及周圍草木觀察，那是冰雪消融、春意盎然的季節，只是不知具體日期。吳忠信《主新日記》彌補了此缺失。

二十日全天，「蔣教育長今日赴天池遊覽，並觀賞沿途風物，偕行者有葉師長成、胡處長國振，清晨出發，深夜始返」[4]。

就在蔣經國上天池遊覽這天，《新疆日報》在頭版顯著位置發表蔣經國答記者問的報導，標題為：「蔣經國先生發表談話：和衷共濟定能完成建設新疆，中蘇互惠友助今後邦交更見加強。」

所謂和衷共濟，即是民族團結。蔣經國對記者說：我國國內宗族應一律平等，無論在政治經濟教育各方面均應有同等發展這機會，尤宜打破過去一切岐視仇視之錯誤觀念。此為政府一貫之決策，亦為領袖所一再昭示者。而各族聚居一處，尤宜相敬相愛，精誠團結，無間彼此自然融洽，生活自然和諧。諺云：四海之內，皆兄弟也。我中華民族則為世界上最偉大之家庭，各族同胞誼同手足，情逾骨肉，自須格外團結奮鬥，以爭取整個中華

1　新疆歸檔案館資一－七－一三二，吳忠信《主新日記》，大部分內容亦見於《新疆日報》一九四五年四月。
2　新疆歸檔案館資一－七－一三二，吳忠信《主新日記》，大部分內容亦見於《新疆日報》一九四五年四月。
3　崔保新文，〈蔣經國：落選的新疆省主席〉，《多浪龜茲》二〇一三年第七期，頁八－九。
4　新疆歸檔案館資一－七－一三二，吳忠信《主新日記》，大部分內容亦見於《新疆日報》一九四五年四月。

民族之自由與獨立。

所謂中蘇互惠友助，蔣經國的觀點是：蘇聯且為第一個支持中國抗戰之友邦，其予我之偉大同情與援助，吾全國軍民洵無時或忘，近年蘇聯集中所有物資對德作戰，故於國外貿易漸行漸遠，然歐戰結束在即，將來對華貿易勢必積極發展，尤我新疆與蘇聯毗鄰，交通最為接近，今後新疆經濟之繁榮，在蘇聯互惠友助之中，必能飛躍發展，迅速達到工業化之境。

顯然，蔣經國的答記者問是經過精心策畫的，其目的是為了配合新疆省主席吳忠信施政。可將其主要觀點概括如下：民族上，各民族一律平等，精誠團結；外交上，加強中蘇睦鄰友好；政治上，推行三民主義，實現憲政。經濟上，則以全疆人民丁口興旺、恭喜發財為期許。至於當前施政重點，以發展教育、交通、通訊、水利為重點。

其中，尤以「恭喜發財」一句，道出民生主義精髓，讓飽受戰爭困擾的中國人民，倍覺親切，暖意融融。

二十二日，「蔣教育長經國今日赴吐魯番遊覽，晨五時許乘車啟程，陪同者有葉師長成、胡處長國振，深夜十二時許始返」[1]。

早在十六日，蔣介石電第八戰區司令長官朱紹良轉蔣經國：「蘇俄大使（彼得羅夫）約近日可至迪化，如兒尚在迪，彼要約見時可慇勤招待，表示歡迎之意。但回渝時，兒應仍乘航會飛機自回也。」

十七日，蔣介石在日記中擬定的對俄方針：嚴防離間中美情感，不影響美方對我現階段之援助。協定內容須遵守國際信約，承認開羅宣言，新疆與東三省主權完整。如俄強占我東三省與新疆則我始終不予承認，以待日後之收復。蔣經國與蘇聯駐華新大使接觸中，必須遵循上述原則。

二十三日，「蘇聯新任駐華大使彼得羅夫來華履新，今日上午十時許由阿拉木圖飛抵迪化，在中蘇機場下機，其夫人及兩位女公子偕來，余親偕蔣教育長、劉特派員、鄧廳長、胡處長等赴機場歡迎。英、美、蘇駐華總領事等亦往迎接，情況至為熱烈。午後五時，彼得洛夫大使蒞新大樓與余正式晤面。余偕蔣教育長、劉特派員殷勤招待，款以茶點，賓主頗稱歡洽」。

---

[1] 新疆歸檔案館資一—七—一三二，吳忠信《主新日記》，大部分內容亦見於《新疆日報》一九四五年四月。

吳忠信特別記錄了蘇聯新大使的簡歷。「彼得洛夫大使曾服務駐華蘇聯大使館，並歷任蘇聯外交委員會亞東司長，情報司長諸職，年僅三十有六，為蘇聯少壯外交人物，著有《中國哲學》一書，對中國情形相當熟悉……下午七時，余與朱長官於新大樓設宴為彼得洛夫大使夫婦洗塵……蔣教育長為陪客。」[1]「晚間，外交署設宴歡迎彼得洛夫大使夫婦，駐迪蘇英美三國領事暨蔣教育長亦被邀請參加。九時宴散，蔣為彼得洛夫大使等請往蘇領館續談，午夜始歸。」[2]

蔣經國與彼得羅夫年齡相仿，互相熟稔彼國，今日宴席上的朋友，亦是未來外交上的對手。

蔣經國離開迪化的時間是一九四五年四月二十五日。「今晨六時，彼得大使離迪飛蘭州轉渝，余攜蔣教育長暨鄧廳長、胡處長於五時許驅車前往中蘇機場送行。七時，蔣教育長一行四人亦乘專機回渝。余順道送至中國空軍機場（即昔歐亞機場），蔣再三稱辭，余曰：『老送小，不足怪也。』彼此大笑。本月間，俞部長、蔣教育長先後蒞迪，對於新疆政務，多有幫助。」[3]

後據美國外交文件披露，蔣經國新疆一行，肩負一項隱秘的使命，即代父調節朱紹良與吳忠信軍政不和的矛盾。蔣經國出示蔣介石信函，吳忠信讚其壯年老成並親到機場送行、蔣經國主政新疆傳聞不脛而走等諸多細節，均可印證一二。蔣經國走後，吳忠信在日記中寫下一段總結：「蔣教育長留迪旬餘，並曾赴精河、烏蘇、阜康、吐魯番等地考察，對新省實況已極瞭解，又渠原深知蘇聯國情，將來在新疆與蘇聯關係上，必更有所裨益。」[4]

蔣經國由新疆歸渝後，四月二十六日即向蔣介石報告與駐迪化俄國領事及其新任大使彼得羅夫談話經過情形。蔣介石在日記中寫下甲乙丙丁四點：

綜核觀察如下：甲、伊犁叛亂須由政治解決。乙、新疆經濟合作。丙、其態度想與我急速合作。丁、中俄互助協定有急於探求之意。[5]

1 新疆歸檔案館資一—七—一三二，吳忠信《主新日記》，大部分內容亦見於《新疆日報》一九四五年四月。
2 新疆歸檔案館資一—七—一三二，吳忠信《主新日記》，大部分內容亦見於《新疆日報》一九四五年四月。
3 新疆歸檔案館資一—七—一三二，吳忠信《主新日記》，大部分內容亦見於《新疆日報》一九四五年四月。
4 新疆歸檔案館資一—七—一三二，吳忠信《主新日記》，大部分內容亦見於《新疆日報》一九四五年四月。
5 呂方上主編《蔣中正先生年譜長編》第八冊，臺灣國史館，二〇一五年，頁六七。

從蔣經國訪新的整個行程看，應是外交優先，內政於後。

蔣經國二訪新疆，因未公開、未見報，金紹先回憶文章頗為粗略，須依據史料細細考證。

在沈志華編著的《俄國絕密檔案：新疆問題》一書中，做了如下披露：一九四六年一月三日，蔣經國與史達林在莫斯科進行了第二次會談，在會談即將結束時，蔣經國說：「後天他將飛返中國，並問史達林同志是否願意通過他向蔣介石轉達什麼話。」[1]後天，即一月五日。

在吳忠信《主新日記》中，連續記錄了蔣經國來迪化時間的變化。

「三十五年（一九四六）一月六日，星期日……據駐迪化蘇領事館見告，蔣特派員經國一行已於昨晨離莫斯科，今日可抵阿拉木圖，此間中蘇航空公司本擬派飛機往接，因此間天氣欠佳，改明天起飛，如是蔣特派員概須延至後日（八日）抵迪。」[2]

一月初正值農曆三九，是中亞地區多雪且最寒冷的季節。

「三十五年（一九四六）一月八日，星期二……午後消息，據蔣特派員因蘇境大雪，尚未到達阿拉木圖，此間中蘇機亦以氣候關係，不克如期西飛，預計二至三日內，蔣特派員當可抵此。」[3]

中亞降下大雪，飛行不安全，蔣經國的行程又延遲了。

「三十五年（一九四六）一月九日，星期三……蔣特派員昨日抵塔什干，今日可抵阿拉木圖，中蘇機準備明日飛阿拉木圖迎接，是蔣特派員約十一日可抵迪化，又行（行政院）委會派來專機今日自蘭州續飛哈密，明日可到迪化。」[4]

「三十五年（一九四六）一月十二日，星期六……蔣特派員經國於午後二時三十分由阿拉木圖飛抵迪化，仍下榻余寓，張祕書伯英隨行。蔣特派員稍事休息，即與余談話……晚間，蔣特派員赴外交署歡宴。」[5]

1 沈志華：《俄國絕密檔案：新疆問題》，新疆人民出版社，二〇一三年，頁二四四，二三五。
2 新疆歸檔案館資一—七—一三二，吳忠信《主新日記》，大部分內容亦見於《新疆日報》一九四五年四月。
3 新疆歸檔案館資一—七—一三二，吳忠信《主新日記》，大部分內容亦見於《新疆日報》一九四五年四月。
4 新疆歸檔案館資一—七—一三二，吳忠信《主新日記》，大部分內容亦見於《新疆日報》一九四五年四月。
5 新疆歸檔案館資一—七—一三二，吳忠信《主新日記》，大部分內容亦見於《新疆日報》一九四五年四月。

蔣經國一月五日計畫飛離莫斯科，至十二日抵達迪化，其間近五千千米航程，因氣候惡劣，竟飛了七天。金紹先時任迪化市市長，理應參加接待與作陪。據其觀察，蔣經國「這次來新疆心情明顯不佳，在公開場合中雖仍然竭力隨便灑脫，但總顯得是強顏歡笑。他曾詢及伊犁等三區局勢。當時三區革命武裝已經抵瑪納斯河，國民黨無法招架，張治中將軍正在進行斷斷續續的艱難的和平談判，蔣經國特別詢問了我們對三區領導人阿合買提江、阿巴索夫等人的印象，判斷他們是民族主義者還是共產黨人。但是他說：『現在國家困難很大、積重難返，新疆情況特殊，我們必須妥協……』表示期待著新疆和談成功。」[1]

從內心講，蔣介石對新伊和談和結果是極不情願的。他在日記中寫道：

新疆亂事猖獗，烏蘇失陷以後，匪部有向迪化進犯模樣，朱（紹良）、吳（忠信）徬徨慌亂，不堪言狀。文白（張治中）到迪以後，擅約俄領與匪調停，此時出此無異城下之盟，無識無膽，可痛之至，惟有聽之。如能確保迪化新局，暫得苟安，以便專收東北，尚不失為既決之策略也。[2]

蔣經國第二次抵迪僅停留了一日，星期六中午到，星期天清晨走。

「三十五年（一九四六）一月十三日星期日，蔣特派員經國於今晨飛蘭轉渝。余於晨五時半起身，七時相偕乘車往機場。彼於上車前再三辭送，余曰：老送小，長輩送晚輩，不必客氣。乃罷。」[3]

比照前後史料，蔣經國二次到迪的身分，不再是中央幹部學校教育長，而是蔣介石的外交特使，他在關鍵時刻出訪蘇聯，面見史達林，然後途徑迪化。

從行政院派專機接蔣一節看，可用行色匆匆、憂心忡忡來形容蔣氏途徑新疆。

---

1 《金紹先文史政論叢稿・海峽情思》，團結出版社一九九三年，頁二七四—二八〇。
2 呂方上主編《蔣中正先生年譜長編》第八冊，臺灣國史館，二〇一五年，頁一七九—一八〇。
3 新疆歸檔案館資一—七—一三二，一四一，吳忠信《主新日記》，大部分內容亦見於《新疆日報》一九四五年四月。

蘇聯解密外交檔案

一九四六年一月十二日，蔣經國飛抵迪化後，即與吳忠信私密交談。他們之間談了什麼？為什麼金紹先說蔣經國神情沮喪？蔣經國在莫斯科談判詳情如何？

據《俄國解密檔案：新疆問題》中披露，一九四五年十二月三十日，在莫斯科克里姆林宮，史達林與蔣經國就解決新疆問題進行了一次談話。蔣經國主動提出新疆問題：

現在他想談談新疆。中國政府從蘇聯大使那裡得到消息，叛亂者代表請蘇聯駐伊寧領事在解決衝突問題上進行調停。叛亂者代表已去了烏魯木齊。中國政府極其關心儘快解決新疆問題，因為一旦停止同蘇聯的貿易，中國北方將在經濟上處於困難境地。叛亂者提出十一項條件，政府基本上已經認可。業已達成協議。新的新疆政府將由二十五名委員組成，其中十五名成員由新疆居民選舉產生，十名成員通過任命。[1]

蔣經國身為蔣介石特使，雖身在莫斯科，是瞭解國民黨與三區方談判內容的。當然，作為三區方的後臺老闆，史達林亦知曉。

蔣經國抱怨叛亂者得寸進尺。

但現在叛亂者代表又提出了新的要求：中央政府軍在一個月內撤離新疆。當然，中央政府要從新疆撤出軍隊，但中央政府不想在條約中指明，軍隊將在一月內撤出，因為這有損於中央政府的威望。

史達林問蘇聯外長莫洛托夫：「叛亂者代表要求撤出哪些軍隊？」

蔣經國代為答覆道：「他們要求撤出那些派到新疆鎮壓叛亂的軍隊。」

史達林同志問：「蔣介石委員長是否希望讓蘇聯政府出面調停。」

---

1 沈志華：《俄國絕密檔案：新疆問題》，新疆人民出版社，二〇一三年，頁二四四、二三五。

蔣經國答覆道：「蔣介石願意讓蘇聯政府充當調停人。」

史達林同志答覆說：「蘇聯政府將盡力而為。叛亂者不會拒絕蘇聯政府的調停。」[1]

梳理蔣經國與史達林、莫洛托夫的談話紀錄，有以下幾點值得關注：

一是蔣經國主動要求談新疆問題，聚焦於以下三點：一、國民政府與三區方已達成十一條協議，其中要者，一、為聯合政府人事安排；二、三區方又提出苛刻的撤軍新要求，國民政府不能答應。三、蔣介石希望蘇聯出面調停。

值得一提的是，蘇聯檔案中將三區方稱為「叛亂者」，即不合法者，與國民政府立場相一致。此外，史達林對其調停能力如此自信，其與「叛亂者」的主僕關係便不言自明。

從中俄外交三百餘年歷史看，策畫衝突於密室，尋找代理人並支持叛亂，然後貌似公允在臺前充當調停人，坐收漁利，此乃沙俄慣用伎倆。

吳忠信在《主新日記》中，亦筆錄了一九四六年一月十二日下午與蔣經國的談話要點。「據渠謂：（一）新疆與東北外交不應認為地方問題，應認為國家問題，由中央向蘇聯政府交涉較易收效（此點余十分贊成，余素來主張如此，張部長前在迪化與伊匪代表談判，余即主張在莫斯科與重慶同時進行）。（二）蘇聯對新疆事變不甚注意，惟表示願意幫忙，至於伊犁匪方所提要求撤退中央駐新疆部隊一節，史達林初為不知，嗣經詢外長莫洛托夫知確有其事，斯表示不應該。（三）蘇聯希望與新疆經濟合作，尤其希望共同經營獨山子油礦，其他鎢礦及鐵路等等，亦均談及云云。」[2]

身為新疆省主席，戍守邊疆一線，吳忠信對蘇聯的所作所為最為瞭解。「查伊犁匪亂完全由蘇聯在幕後主使，蘇方表面上總是裝聾作啞，以掩蓋世人耳目，蘇聯侵略新疆之目的，在政治方面為分化我宗族，軍事方面完成其國防外圍，今更在經濟方面公開提出合作，則司馬昭之心，路人皆知矣。」[3]此議，一針見血。

一月十三日晨（星期日），「彼在車中告余云：就蘇聯方面觀察，今後二十年內不會有戰事，蘇聯此次大戰

1　沈志華：《俄國絕密檔案：新疆問題》，新疆人民出版社，二〇一三年，頁二四四、二三五。
2　新疆歸檔案館資一—七—一三二，一四一，吳忠信《主新日記》，大部分內容亦見於《新疆日報》一九四五年四月。
3　新疆歸檔案館資一—七—一三二，一四一，吳忠信《主新日記》，大部分內容亦見於《新疆日報》一九四五年四月。

死亡達二千萬人，元氣大傷。余謂：將來世界大戰，中國最好中立。彼曰：恐怕不易辦到，未來大戰，東北可為導火線之一。」[1]

彼即蔣經國，余即吳忠信。儘管蔣經國此時年紀輕輕，其國際視野與政治遠見均初露鋒芒。

蔣經國與史達林會談錄

蔣經國作為蔣介石外交特使，在一九四五年末與一九四六年初，與史達林數次見面，至少做過兩次會談。史達林逝世後不久，蔣經國在其回憶錄中披露了詳情。

我們到了莫斯科，第一次和史達林見面，他的態度非常客氣；但是到了正式談判開始的時候，他的猙獰的面目就顯露出來了。

我記得非常清楚，當時史達林拿一張紙向宋院長面前一擲，態度傲慢，……隨著說：「你看過這個東西沒有？」

宋院長一看，知道是雅爾塔協定，回答說：「我只知道大概的內容。」

史達林又強調說：「你談問題，是可以的，但只能拿這個東西做根據；這是羅斯福簽過字的。」

我們既然來到莫斯科，就只好忍耐和他們談判了，談判中間，有兩點雙方爭執非常劇烈。

第一，根據雅爾塔協定，有所謂「租借」兩個字眼。父親給我們指示：「不能用這兩個字，這兩個字，是帝國主義侵略他人的一慣用語。」

第二，我們認為，所有問題都可以逐步討論，但是必須顧到我們國家主權和領土的完整。後來，史達林同意不用「租借」兩字，對於中東鐵路、旅順、大連這些問題，也肯讓步；但關於外蒙古的獨立問題——實際就是蘇聯吞併外蒙古的問題，他堅持決不退讓；這就是談判中的癥結所在。談判既沒有結果，而當時我

---

1 新疆歸檔案館資一—七—一三二，一四一，吳忠信《主新日記》，大部分內容亦見於《新疆日報》一九四五年四月。

們內外的環境又非常險惡。[1]

正式外交談判受挫，蔣介石指示蔣經國採取迂迴外交。於是史達林與蔣經國私下有了第二次見面。蔣經國在蘇聯生活了十二年，妻子也是蘇聯人，史、蔣之間交談不用翻譯。

這時，父親打電話給我們，不要我們正式同史達林談判；要我以個人資格去看史達林，轉告他為什麼我們不能讓外蒙古獨立的道理。我遂以私人資格去見史達林。史達林問我：「你們對外蒙古為什麼堅持不讓它『獨立』？」我說：「你應當諒解，我們中國七年抗戰，就是為了要把失土收復回來，今天日本還沒趕走，東北臺灣還沒有收回，一切失地，都在敵人手中；反而把這樣大的一塊土地割讓出去，豈不失卻了抗戰的本意？我們的國民一定不會原諒我們，會說我們『出賣了國土』；在這樣情形之下，國民一定會起來反對政府，那我們就無法支持抗戰；所以，我們不能同意外蒙古歸併給俄國。」我說完了之後，史達林就接著說：「你這段話很有道理，我不是不知道。不過，你要曉得，今天並不是我要你來幫忙，而是你要我來幫忙；倘使你本國有力量，自己可以打日本，我自然不會提出要求。今天，你沒有這個力量，還要講這些話，就等於廢話！」說時態度非常倨傲，露骨地表現帝同主義者的真面目。我也就開門見山地問他說：「你為什麼一定要堅持外蒙古『獨立』？外蒙占地方雖大，但人口很少，交通不便，也沒有什麼出產。」他乾脆地說：「老實告訴你，我之所以要外蒙古，完全是站在軍事的戰略觀點而要這塊地方的。」他並把地圖拿出來，指著說：「倘使有一個軍事力量，從外蒙向蘇聯進攻，西伯利亞鐵路一被切斷，俄國就完了。」[2]

1 蔣經國：《蔣經國回憶錄》，臺北：東方出版社，二〇一一年。
2 蔣經國：《蔣經國回憶錄》，臺北：東方出版社，二〇一一年，頁三〇四。

史達林高瞻遠矚，對國際關係看得遠，看得深。蒙古處於蘇聯遼闊國土的腰部，是其國防軟肋。蒙古不保，蘇聯歐洲部分與遠東首尾不能相顧，蘇聯就有可能失去相當於中國國土面積大小的遠東地區。所以，蒙古獨立事關蘇聯的戰略利益，讓他吐出口中的蒙古，可謂與虎謀皮，只能是一廂情願。

蔣經國在談判中很認真，很賣力，很較勁，但史達林以教訓的口吻對他說：「天下什麼力量都可以消滅，唯有『民族』的力量是不會消滅的，尤其是像日本這個民族，更不會消滅。」

蔣經國不服地問道：「德國投降了，你占領了一部分，是不是德國還會起來？」

他說：「當然也要起來的。」

我又接著說：「日本即使會起來，也不會這樣快；這幾年的時間你可以不必防備日本。」

他說：「快也好，慢也好，終究還是會起來的；倘使將日本交由美國人管理，五年以後就會起來。」

我說：「給美國人管，五年就會起來；倘使給你來管，又怎樣的呢？」

他說：「我來管，最多也不過多管五年。」[1]

史達林又告誡蔣經國說：「條約是靠不住的。」這種爾虞我詐、出爾反爾之術，讓世以誠信做人、立國為金科玉律的中國政治家難以接受。

談話一直繼續下去，史達林又很正經地向我說：「我不把你當作一個外交人員來談話，我可以告訴你：條約是靠不住的。再則，你還有一個錯誤，你說，中國沒有力量侵略俄國，今天可以講這話：但是只要你們中國能夠統一，比任何國家的進步都要快。」

這的確是史達林的「肺腑之言」。他所以要侵略我們，還是害怕我們強大起來；因此，只顧目的，不擇手段，用盡千方百計來壓迫、分化和離間我們。[2]

---

1 蔣經國：《蔣經國回憶錄》，臺北：東方出版社，二〇一一年，頁三〇四。

2 蔣經國：《蔣經國回憶錄》，臺北：東方出版社，二〇一一年，頁三〇四。

史達林是有戰略眼光的，他對中國的分析與日本如出一轍：統一即能獲得快速進步，對俄日構成挑戰，這是包藏侵略野心者所不願看到的結果。

在回憶錄中，蔣經國還寫了一段有趣的花絮。

一九四五年底，與史達林見過面後，史達林的祕書問他：「你有幾年沒有到莫斯科來了，你有什麼新的發現？」

「我今天下午才到莫斯科，晚上就來看你們；所以我還沒有發現什麼東西。不過有一件事，我要請教你，一九三一年，我也在這個地方看見過史達林，現在辦公室的一切，都和從前一樣，只有一點不同：從前史達林的書桌背後，是掛一張列寧站在坦克車上面，號召人民暴動的油畫。這次卻不見了，換了另外一幅彼得大帝的畫像；這就是我今天所發現的新事物。」

這個「當然是新的，此一時，彼一時。」祕書聽了笑一笑地說。

由此為發端，蔣經國評論說：「史達林從前跟了列寧從事『革命』，把彼得大帝的餘孽沙皇尼古拉打倒了；現在，他卻用尼古拉的祖宗——彼得大帝的畫像，取他自己所崇拜的列寧的畫像而代之……」[1]

蔣經國為此議論說：「俄國對於我們的侵略，到了史達林的時代，登峰造極。他們口口聲聲是『扶植弱小民族』，幫助殖民地的解放運動，援助中國革命；其實絕對沒有這麼一回事，那只是口是心非，變相的侵略主義而已。史達林的侵略主義，是繼承俄國的歷史傳統；他的政策，也可以說，就是執行彼得大帝的政策。什麼『社會主義』、『共產主義』、『民族自決』等等的口號，不過是欺人的幌子罷了。」[2]

反對蘇聯的大國沙文主義，反對蘇聯的領土擴張政策，反對蘇聯借「民族自決」口號分裂新疆的陰謀，處於不同時期的國共兩黨，似乎並無不同。若蔣經國主政新疆，亦將蕭規曹隨。

---

1 蔣經國：《蔣經國回憶錄》，臺北：東方出版社，二〇一一年，頁六七－七三。
2 蔣經國：《蔣經國回憶錄》，臺北：東方出版社，二〇一一年，頁六七－七三。

蔣經國失臂新疆

一九四三年八月，美國副總統華萊士訪華時，就建議國民政府換掉盛世才，以修復國民政府與蘇聯的外交關係。一九四四年春上，邊城迪化盛傳盛世才要調往重慶，蔣公子經國要來主政新疆。這究竟是無稽的街談巷議，還是民眾的一廂情願，或另有隱情，非空穴來風之議？

上述問題的癥結在於，主政西北諸省人選，關聯多方，十分敏感，所以，即使蔣介石有意提攜蔣經國主政，亦存在是否可行的問題。

在西北諸省中，蔣經國最有機會到哪裡主政呢？

一九四三年前後，陝西省主席熊斌（一八九四－一九六四）湖北黃安人，參加過武昌起義，一九四一年任現職；甘肅省由朱紹良、谷正剛、胡宗南等三駕馬車坐鎮，在論資排輩的國民黨內，蔣經國顯然不夠資格。青海是馬步芳的天下，寧夏是馬鴻逵的地盤，二馬經營西北可溯源於左宗棠時代，派蔣經國師出無名，亦難有作為。反觀新疆，盛世才主政新疆已滿十年，雖能控制局面，但因行政剛猛，手段狠毒，早已怨聲載道，況且其於國民黨高層素有積怨，而今又得罪了史達林，故最有可能被撤換。不過，只要盛世才執政新疆一天，蔣經國也只好靜待虛位。

據美國哈佛大學教授、前美國國務院資深外交官陶涵援引美國外交文獻，證明蔣經國擔任封疆大吏的傳聞，絕非空穴來風。

國民政府派到新疆的新任省主席和新疆軍事指揮官不和，蔣介石派蔣經國前往化解矛盾。他在一九四五年四月十三日抵達烏魯木齊，與新疆官員開會，也見了前往重慶履新，路經烏魯木齊的蘇聯新任駐華大使彼特羅夫（A.A.Petrov）。美國駐烏魯木齊領事華德向華盛頓拍發了電報，說烏魯木齊方面激發了一種揣測，希望蔣經國會出任新疆省主席。六月間，重慶方面有位「特別代表」建請華德，讓民國政府出面向蔣委員長提議，派蔣經國為新疆省主席[1]。

蔣經國「和許多漢族官員不同，非常樂意到西北工作」。美國外交官員說蔣經國熱愛西北，樂意到新疆工作，可以從其當時的文章和演講中找出端倪。一九四二年春，蔣經國赴西北調研之前，即轉抄了陝甘總督楊昌浚讚頌左宗棠的詩詞：「大將西征尚未還，湖湘弟子滿天山。新栽楊柳三千里，引得春風渡玉關。」用以砥礪自己。沒有左宗棠平定西北，出兵收復新疆，中國今日的抗戰形勢就將是另一番局面。左宗棠生在湖湘，功在新疆。偉人的豐功偉績，跨越幾個時代，才能看得更清楚。

回到重慶後，蔣經國向三青團中央幹部學校師生做演講，他發自肺腑地號召：「所以，我們應當說有志的青年，應該到我們這古老的故鄉去，有志的青年，應當到西北去！」時年，蔣經國三十二歲，當然在有志青年之列。是否可以這樣說，正是蔣經國不畏險阻、深入西北民間的社會考察，使他對西北問題有了感性認識和理性思考，亦激發了他效法左宗棠經營西北、幹一番偉大事業的雄心。

蔣經國於一九四五年春訪問新疆，高調亮相，無疑增加了邊城民眾的希冀。他們考慮的不外有以下幾項因素：一是抗戰勝局已定，外強強加於中國的不平等條約一筆勾銷，中國國際地位大幅提升，蔣介石、宋美齡個人威望達到頂點，蔣經國受到加持；二是蔣經國治贛有方，博得人民愛戴、清正廉潔的政聲；三是蔣經國留學蘇聯，見多識廣，有利於修復和發展新疆與蘇聯的關係。

伊寧事變爆發後，民族軍利用國民黨軍在伊犁地區立足未穩之機，全殲國民黨守軍，繼而將伊犁、塔城、阿山三區連成一片，民族軍勢如破竹，劍鋒直省府迪化，遂使吳忠信「天理、人情、國法」柔性懷遠政策難以奏效。老馬失蹄之下，吳忠信多次向蔣介石請辭邊職，並力薦蔣經國出任新疆省主席。

按理說，黨內元老吳忠信的力薦是很有分量的。但是，形勢比人強。國內外局勢的惡化，最終使蔣介石改變了初衷。「但是，蔣介石一度打算兒子下一個歷練的職務是新疆省主席，到了一九四五年春天，卻已另有想

---

[1] 一九四五年六月二十二日電報，收於《美國外交關係》第七卷，頁一〇〇一—一〇〇二。

法。」[1]

願望與現實之間，總有是飄忽不定的距離。眼看著蔣經國主政新疆的機會將水到渠成，卻因前蘇聯策動參與下的三區革命攪局，使蔣經國與歷史機運擦肩而過。

一九四六年二月，蔣介石最終選中張治中接替吳忠信出任新疆省主席。鑑於張治中正在周恩來、馬歇爾等組成的三人內戰調停軍事小組工作，無法抽身，遂暫緩明令發表。至三月二十八日，國民政府發布政令：「特派張治中為軍事委員會委員長西北行營主任。」[2]同時，將一度以第八戰區司令長官代理新疆省主席的朱紹良調往重慶任行轅主任，為張治中治疆履新讓路。

張治中對這項任命是有保留意見的。「張治中同意擔任行營主任，卻不願兼理新疆省主席。他認為兼主席首當其衝，諸多不便，因此，「一九四六年四月，曾向蔣介石推薦邵力子、蔣經國二人中擇一任之」[3]。

張治中提出新疆省主席新人選，是有其外交與內政盤算的。

民國以降，凡能治好新疆者，在外交上要優先處理好蘇新關係，在國家層面上要處理好中央與地方的關係，在新疆內部要處理好民族與宗教關係。張治中薦賢舉能，自然也離不開這三種因素。蔣經國顯然符合以上三種條件。

一是留學蘇聯，通曉俄語，熟悉俄情，視野開闊，有利開展對蘇外交；二是蔣介石的長子，下情可直接上達，有利於協調中央與地方的關係；三是年輕有為，有熱情，有魄力；四是行政經驗豐富，一九三七年回國，歷任江西省政府保安處少將副處長、江西省保安司令部新兵督練處處長、江西第四行政區督察專員兼保安司令、三民主義青年團江西支團部籌備主任兼贛縣縣長，治理贛南有方，頗有政聲。此外，蔣經國還擔任過三青團中央幹部學校教育長、青年編練總監部政治部主任、軍事委員會委員長東北行營外交特派員等職。一九四五年曾隨宋子文赴莫斯科會簽《中蘇友好條約》。

張治中主新更有難言之隱，亟需蔣經國為其分擔壓力。在國民黨中央，親蘇政策根本得不到支持，使張治中

1 [美]陶涵：《蔣經國傳》，北京：華文出版社，二〇一〇年，頁一〇六。
2 《國民政府公報》，渝字第二〇二一號，民國三十五年（一九四六）三月二十八日。
3 茆永福：《張治中治疆思想研究》，新疆生產建設兵團出版社，二〇一一年，頁五〇。

深感為難。他說：「我以一個邊疆負責人的地位，新疆問題又與蘇聯息息相關，但是在對外方針上和南京政府不一致，得不到主管部的支持，這是最難解決的矛盾。」[1]

即使撇開政治、外交問題不言，經營新疆所需的錢在哪裡？人才在哪裡？張治中為此在南京兩次和行政院長宋子文洽談，得到的答覆都是：「現在心臟有病，要先救心臟，邊疆是四肢，沒有什麼關係。」[2]中央有病，蔣介石尚無方可醫，邊疆有難，即使蔣經國出任新疆省主席亦於事無補。

其實，蔣經國兩次駐留迪化時間上的反差，已顯示出蔣介石改變了初衷。蔣經國初訪迪化倘有主政新疆的意圖，二訪迪化時，蔣經國來去匆匆，顯示去意已定。一九四五年五月十六日，亦即在蔣經國訪新返渝二十天後，蔣介石在審閱國民黨六屆中央執行委員名單時，將蔣經國之名劃掉。「商定中委候選人員名單，無論何事未有困難如此事者，余決將經國不列入名單之內以償其志願，以彼必不願列入也，而願提其母為候選人也。因之第一次全國代表大會總理之不將余列入者，知其故也。」[3]

物壯則老，豔花早夭。這是自然界規律，亦是社會人事沉浮的奧妙，蔣介石深諳此理。妻宋美齡已見過大世面，而兒子經國羽翼未豐。一般而言，封疆大吏必是中央執行委員。既然不讓蔣經國做中央執行委員，亦即無意讓其出任新疆省主席。有時候，冷藏即是熱愛，是暗中呵護。想必蔣經國能體諒父親的良苦用心吧！

換一個角度看，蘇聯若背信《中蘇友好條約》，將東北交給共產黨，那麼國共爭天下，必先力爭東北。蔣經國要辦的重要差事，在東北而不在新疆。

一九四五年秋天，國內外輿論聚焦於蔣介石與毛澤東的國共會談。蔣介石曾提議毛澤東出任新疆省主席，企圖把這一燙手山芋甩給宿敵毛澤東。毛澤東志不在此。共產黨當然要新疆，但毛澤東要的更高、更多、更廣。

國共和談破裂，意味著共產黨要與國民黨爭天下。此時，蔣介石將國民政府的政治、軍事、外交、經濟諸權統攬一身，身兼數十職，常常焦頭爛額。戰場上的硝煙將盡，外交上的唇槍舌劍、討價還價、勾心鬥角將交替上演。尤其在中蘇之間存有外蒙、東北、旅順、新疆、中共諸多未定問題。史達林的外交牌總是打的飄忽不定，難

1 《新疆簡史》第三冊，新疆人民出版社，一九八四，頁四五二。
2 《新疆簡史》第三冊，新疆人民出版社，一九八四，頁四五二。
3 呂方上主編《蔣中正先生年譜長編》第八冊，臺灣國史館，二〇一五年，頁六九。

以捉摸，令蔣介石無力招架，頭痛不已。在國共對壘格局下，外交繫於內政。蔣介石最好的選擇就是把蔣經國留在身邊，作為其外交內政特使，八方安撫，四處督戰，為蔣介石分擔憂愁。史實如此，亦只能如此。蔣經國欲做新疆省主席，生不逢時也。

歷史不能假設，亦不能改變，歷史總給後人留下遐想或遺憾。蔣經國履新無果，使新疆少了一段值得期待的歷史，蔣經國少了一段經營西域的人生經歷。

第十章 血花

朱將軍醉酒失伊犁

蔣介石一改蔣經國主政新疆的初衷，原因很多，其中一條便是護犢之心。大新疆非比小贛南，政水混沌，明溝暗渠，深不可測，唯恐年輕氣盛的經兒陰溝翻船。蔣氏的先見之明，很快得到印證。

一九四四年十一月初，省垣迪化，大雪初降，白雪覆道。占地廣闊的蘇聯駐迪化總領館，紅旗高懸，人來車往，慶祝蘇聯十月革命節的氛圍日漸濃郁。

斯時，新疆省主席吳忠信雖已到任，而曾代理省主席的第八戰區司令長官朱紹良仍駐錫迪化，掌控軍事。

蘇聯十月革命節的前一天，即十一月六日，蘇聯駐迪化葉代總領事帶著翻譯，親來軍營拜訪朱紹良，恭維話當面說了一大籮，中蘇友誼說了一大筐，特別邀請朱翌日中午到蘇聯領事館午餐，並強調午餐是專誠請他的。

朱氏是軍人，並不肩負外交行政使命，故與蘇聯駐迪化總領事僅有一面泛泛之交，根本談不上什麼交情。

第二天，朱氏如約前往。蘇聯駐迪化葉代總領事、副領事、祕書和翻譯官共同陪席，菜肴特別豐富，主人殷勤招待，在中蘇團結共同打倒法西斯的政治口號下，主人們輪番進酒，一再乾杯。酒宴從正午十二點一直吃到下午三點多才散去，朱氏已有八分醉。

晚上七點是十月革命節的正式招待會，朱是主要嘉賓之一，不去失禮。晚餐冗長，餐後還有舞蹈和節目，主人們重拾慣技，多方勸酒，對朱氏不依不饒。折騰至深夜，朱氏早已酩酊大醉，被衛士架回軍營，躺在床上，像死人一樣，什麼都不知道。

直到八日上午九點多鐘，朱氏才從醉酒中甦醒過來。眼睛一睜，即看見戎裝整齊的於達參謀長站在床前，神情緊張地彙報昨晚深夜在伊寧發生事變的情況：「軍部凌晨三點鐘就已經得到伊寧發生暴動的消息，因長官酒醉叫不醒，只好等待。」此時，朱氏才恍然大悟，蘇聯領事館所謂專誠邀我吃飯，原是一種陰謀，上了「老毛子」的大當了[1]。

兵法云：「兵者，詭道也。」朱紹良向有嗜酒習慣，舉杯必盡，逢酒必醉。此弱點，似乎早已被蘇聯情報部門掌握。蘇方精心設下一個溫柔的陷阱，讓豪情萬丈的朱將軍叫苦不迭。

朱紹良雖為沙場出生入死的猛將，卻善詩潑墨，頗有儒雅之風。將軍賦詩不離酒，詩中亦有酒。

〈甲戌，故土周棣園七十〉

陶然共醉菊花杯，為壽先生幾度陪。尚飯廉頗猶矍鑠，狂吟李白足豐哉。百年大計資耆宿，廿載浮沉愧將材。破碎山河收拾起，斯頤耄耋我重來。[2]

〈九和周棣園原韻〉

一年一度又登刊，今日重臨第九遭。秋氣滿山蟲唧唧，悲風四野雁嗷嗷。逢人漫許傾肝膽，愧我居然惜羽毛。多少新愁消不去，舉觴對客且揮毫。[3]

酒！酒！酒！古今多少英雄豪傑毀在你的杯中！

八日凌晨伊寧事變的軍情，「吳忠信、朱紹良十日將情況報告蔣介石，十一日下令向迪化、烏蘇調集兵力」[4]。

1 宋希濂：《鷹犬將軍：宋希濂自述》，中國文史出版社，一九八六年，頁二一一。
2 《新疆日報》民國三十三年（一九四四）十一月二十一日，第三版。
3 《新疆日報》民國三十三年（一九四四）十一月二十五日，第三版。
4 《新疆通志・軍事志》，新疆人民出版社，一九九七年，頁六四五。

十一月八日淩晨的伊寧暴動，不過是八月發生在伊寧外圍的「鞏哈暴動」的演進。

「鞏哈暴動」選擇的時機，幾於盛世才炮製的「八一二」陰謀案同時發生，這絕非是時間巧合。

撤換盛世才，本源於蘇方的動議，其背後動機卻深藏不露。而蘇聯駐迪化總領館的特務們，密切關注著盛世才與國民政府博弈的一招一式。迪化領館與莫斯科之間的無線電波異常頻密。

盛氏被逼內調，吳忠信倉促上任，新疆各地區、各層級權力出現了一段真空期。而兩大暴動皆發生在真空期前後。

其時，國民黨派駐新疆的兵力不足三萬人，大都是新兵，戰鬥力不強，分兵伊犁駐守至多亦不過三千人。「鞏哈暴動」之後，伊塔地區多地發生暴動，國民黨駐伊寧主力分兵馳援，分散了兵力。時至「伊寧事變爆發」，伊寧兵力空虛，只有少量戰鬥部隊和一些非戰鬥單位人員，共約千餘人[1]。

斯時，國軍重兵主要部署的省垣迪化周圍。迪化距伊寧約七百千米，途中要翻越海拔約三千米、林木茂盛、地勢狹窄的天山達阪，才能進入海拔約五百米的伊寧谷地。若從河西走廊調兵約二千餘千米。是故，河西之遠水，解不了伊犁之近渴。

兵貴神速，戰機稍縱即逝。主帥醉失戰機，將失去戰場上的主動權，鑄成無可挽回的大錯。

為什麼伊寧事變會在蘇聯十月革命節上演？《蘇聯庇護下的伊寧事變》一書的作者王大剛，依據新史料提出了新觀點：「蘇聯人選定伊寧起義的首要原因，是歐洲戰場在一九四三年七月後對蘇聯較有利。十月，丘吉爾為商討蘇聯加入抗日戰場問題拜訪了史達林，史達林向丘吉爾提出了參戰的政治條件並提出了新疆問題；第二個原因是盛世才是在九月被革職的，到十一月國民黨政權在新疆的建立尚未鞏固，同時穆斯林在蘇聯的援助下正在籌備起義。」

另據安寧披露：「一九四四年十二月，美方已計畫派五百輛裝滿武器的卡車和一千名美國軍人抵達伊寧。」史達林給美國的一個完美的藉口[2]。

1 《新疆通志・軍事志》，新疆人民出版社，一九九七年，頁六四三。
2 王大剛：〈蘇聯庇護下的伊寧事變〉，《新疆通史》資料，二〇一四年內部版，頁九四。

睡榻之下，豈容猛虎伏臥。為了自身安全，蘇聯用最大的力量來排斥美國和英國勢力進入這一地區[1]。從國際冷戰格局觀察，朱紹良嗜酒、醉酒與「伊寧事變」發生僅僅是一種巧妙安排，即使他滴酒不沾，「伊寧事變」也是必然要發生的。「現在西北唯一可慮之鄰國，無可諱言的為蘇聯」，羅家倫的判斷，於今坐實。

冰原上的血花

兵法云：「上兵伐謀，其次伐交，其次伐兵，其下攻城。」凡事預則立，不預則廢。朱紹良在戰略上輕信蘇俄，兵備鬆懈。焉有不敗之理？兵法有云：「知己知彼，百戰不殆。」伊寧事變前，朱紹良不明假想敵是誰，戰鬥力如何，直到戰爭爆發，方知伊犁民族軍絕不是一群烏合之眾，而是一支組織嚴密、訓練有素、準備充分、政治目標明確、裝備精良的蘇俄勁旅。

在兵種結構上，民族軍騎兵多，步兵少，機動性好，攻擊力強，能與蘇軍的炮兵、空軍、裝甲兵協同作戰，故能以少勝多。而國軍騎兵少，步兵多，機動性弱，只宜憑池堅守，無強攻之力。國民黨在北疆牧區展開獻馬運動，意在提高國軍機動性和戰鬥力。蘇聯策畫「犟哈暴動」，其目的就是癱瘓國軍整軍計畫。

在軍事戰術應用上，以騎兵為主的民族軍靈活機動，或採取突然襲擊、聲東擊西之術，或實施分割包圍、圍點打援之法，集中優勢兵力各個擊破，使國民黨駐伊守軍被伊犁民族軍分割包圍於幾個地區，首尾難顧，只能孤軍作戰。

在後勤保障上，伊犁地處中蘇邊界，民族軍保障線短，且有汽車助力。而國軍保障線長，極易被民族軍切斷，令守軍坐吃山空，在彈盡糧絕之後，不得不降。

此外，在兵力動員、物資供給、情報搜集、通訊保障，民族軍均做得有板有眼，有聲有色，絕非一般閒散牧民所能為。國民黨軍隊遇到了真正的強敵。

作戰之初，蘇聯軍事指揮官應用軍事地形學、測量學、氣候學知識，精心制定了作戰計畫。譬如，海拔約

---

1 同上，頁九七。

三千米、崎嶇狹長、溝壑縱橫、林木茂密的果子溝，是準格爾盆地與伊寧盆地之間的險關要塞。國軍因兵力有限，沒有在果子溝處設防。伊寧戰事爆發後，民族軍搶占了果子溝要塞。適逢冬季，果子溝中常常發生雪崩，使東西交通完全阻斷。伊犁民族軍選擇在冬季起義，然後採用圍城打援之術，亦是經過精心計算的。

國軍第七預備師政治部主任杜學增痛苦地回憶道：「此時，伊犁地區已到十月底，進入冬季，連降大雪，天氣驟冷，國民黨駐守伊犁的預七師大都是內地人，不耐嚴寒，而部隊保暖裝備不適應戰鬥需要。如軍用氈筒不利於行走，毛皮手套四指合併縫製，戴上不能扣扳槍機。有一次五七一團在爭奪果子溝某高地時，攻擊衝鋒時爬不上山，營長開震五強令士兵甩掉氈筒手套，赤手赤腳發起衝鋒，戰鬥結束以後士兵手足全部凍壞，傷亡慘重，營長在戰場憤而自戕。」[1]

據時任國軍七十八師四六八團政治部主任的歐陽文麟回憶：增援「部隊推進至伊犁河，無架橋時間，便徒涉過河，士兵穿氈筒登岸後立即結凍，因內無裹腳布，腳底皮肉全部扯破，全體士兵陷入痛苦呻吟中，無法作戰」[2]。

南人北戰，孤軍深入，塞不設防，麻痹大意，兵家之大忌。觸犯大忌，焉有不敗之理？

國軍曾派謝義鋒師長率七十八師增援伊寧，欲解艾琳巴克守軍之困。一九四五年一月七日，增援部隊已攻入伊寧城東十五公里的潘津。守軍聽到槍聲越來越近，開始歡呼雀躍。「突然來了一支非常有實力的部隊阻擋了我們前進。」[3]

朱紹良自然知道，伊犁守軍被殲對於全局意味著什麼。他親自乘軍用飛機視察伊犁一帶軍事情勢，冒著被擊落的危險，在飛機中向守軍喊話。蔣介石亦從重慶致電伊寧守軍：「以超越史達林格勒之精神堅守到底。」

畢竟，空中喊話代替不了彈藥補充和麵包供應。隨著槍聲漸漸遠去並消失，悲觀情緒即在軍民中瀰漫開來。「固守伊犁機場的士兵用鈔票當柴禾化雪水煮飯燒水，物資供應困難狀況可想而知。」[4]

1 杜學增：〈國民黨第七預備師興亡史略〉，《新疆文史資料選輯》第十期，新疆人民出版社，一九八二年，頁六三。
2 《新疆文史資料選輯》第十期，新疆人民出版社，一九八二年，頁三八。
3 張大軍：《新疆風暴七十年》第十一卷，頁六五四六。
4 《新疆文史資料選輯》第十期，新疆人民出版社，一九八二年，頁六四。

天時不利，地利受困，裝備不適，氣候惡劣，即使將士用命亦難挽回戰役敗局。「有的士兵持槍凍死在崗位上。有的成排士兵登上雪山後，滿身是汗，及進入陣地，因天氣嚴寒，禦寒衣服單薄，多以持槍瞄準姿勢凍死在戰壕裡。」[1]「在零下三四十度的寒冬裡，槍支因冷縮撞針實效，迫擊炮彈落入雪裡成為啞彈；乾糧硬如石塊，無火烤無法進食。除耳、鼻處凍壞外，棉褲棉襖在酷寒中不能禦寒，士兵往往在睡著時凍死。」[2]

不妨將時針倒轉回一九三一年「九一八」事變。在東北戰場上，東北抗日義勇軍在盈尺厚的雪地裡與日軍周旋作戰，亦因孤立無援，彈盡糧絕，倖存者退入蘇境，痛失家園。敵強我弱，敵備我懈。東北事變如此，新疆事變亦如此。

國民黨第二十九軍總司令李鐵軍帶兵增援伊寧，在伊犁前線向迪化發報：伊犁起義所用的武器從種類、數量和質量上講都比我們好得多。所有被繳獲的武器是蘇聯或是德國製造，炮轟次數多至每日幾千發，這樣的力量一般匪徒不可能有。在軍事人員中，也有蘇聯兵。據說，所有連長以上的軍官，所有的機械兵的工程師都是蘇聯派來的。蘇聯步兵和裝備、訓練均優的騎兵不時地在戰場上出現與我們的主力作戰。大量的卡車晝夜不斷地來回行進在霍爾果斯—伊寧的公路上。裝備運輸量如此之大，一般的起義匪徒不可能會有這麼好的裝備，在主要戰略性要點都駐紮蘇聯士兵。在主要戰場上部隊在兩側艱苦鬥爭，帶重武器的蘇聯士兵就向我們主要戰略地點實行重大打擊[3]。

王大剛先生亦提出類似的質問：「如果這個統計是精確的話，穆斯林起義人員沒有經過訓練，以很差的裝備，又不熟悉現代戰爭，他們只能拿著原始的武器（像JackCHen和中國資料上描述的，刀、刺、獵槍和一些戰利品），怎麼可以打敗以美國現代化武器裝備的國民黨正規軍呢？怎麼可能代價很小就讓國民黨士兵傷亡那麼慘重呢？」[4]

---

1 《新疆文史資料選輯》第十期，新疆人民出版社，一九八二年，頁五一。
2 《新疆簡史》第三冊，新疆人民出版社，頁三六五。
3 王大剛：〈蘇聯庇護下的伊寧事變〉，《新疆通史》資料，二〇一四年內部版，頁一〇二。
4 同上，頁一一九。

其實，國民黨軍隊的真正對手不是什麼民族軍，而是蘇聯裝備精良的正規軍。所謂一場發生在新疆境內的各民族反對國民黨統治的內戰，不過是一種移花接木的假說和虛構，而以冷戰為背景，蘇聯為實現國家利益——挾新奪蒙、拒美安邊，而精心策畫並發動的一場國家戰爭。這才是歷史真相。

七十餘年後的今天，我們漸漸能擺脫意識形態的束縛，站在民族和國家的立場上，客觀地面對和評價歷史事件背後有意隱藏和掩蓋的事實。真相藏在生動的細節之中。當我們看到一個個年輕鮮活的生命，一個個不畏嚴寒、不畏強敵、不畏死亡的壯士，一個個手持鋼槍凍斃於雪域冰河之中，塑成一排排真人冰雕，化作一朵朵盛開於冰原上的血花，心中還能無動於衷，筆下還能不掀巨瀾嗎？

勝敗乃兵家常事。世界上沒有常勝之師，更無不敗之將，英勇善戰的鐵軍只能在戰爭中鍛造。國軍將士在冰天雪地和戈壁沙漠中英勇作戰，常常戰至一兵一卒，這表明，入疆國軍訓練有素，天地之氣，大義昂然，並非一擊即垮的邋遢兵。

更進一步說，國軍千里迢迢開赴新疆，為爭取和平而來，為保衛國土安全而來，他們不喜歡戰爭，但一旦有侵略者將戰爭強加於他們，他們就會威武不屈，挺身奮起反抗。在他們眼中，國土安全勝於生命！在他們心中，中華民族的祖產一寸不容喪失！對於為保衛西陲疆土完整、為維護國家獨立和尊嚴而甘願獻出年輕生命的將士們，後人不該向他們脫帽鞠躬，為他們樹碑立傳，建造陵園，年年祭掃嗎？

在伊寧事變一週年之際，新疆省主席吳忠信仍難抑悲情，賦詩痛悼英烈：

民國三十三年十一月七日，伊犁猝然暴動，殘殺無辜老弱婦孺，塔城阿山，亦相繼淪陷，此詩為伊犁暴動一週年而作。

殉國軍民幾千萬，英風義烈壯三邊。
最憐雪裡無辜骨，公理何存欲問天。[1]

---

1 刁抱石：〈念禮丈・讀遺詩〉，《吳禮卿先生紀念集》，一九五九年，頁五二。

在長達十四年的抗日戰爭中，中國軍民死亡達三千五百多萬之眾，當然亦包括東北、華北、西北三邊。吳氏七絕向蒼天叩問：盟國背信棄義，反目為仇，道義何在？蘇軍慘殺和平衛士，戕害無辜生命，公理何存？

誰的重型轟炸機？

國民黨駐伊守軍被圍殲後，伊犁民族軍乘勝東進，兵出果子溝，發動大規模的三線（南、北、中）攻勢。烏蘇、精河、迪化方向是中線。兩軍相逢大漠，數度交手，互有勝負。

一九四五年秋天，戰場出現新的變化。「八月二十二日，在匪徒進攻新疆省的蒲犁時，有三架飛機參加了行動。九月四日夜晚，外國武裝力量大約二千多人，向新疆省的烏蘇地區發動了進攻，那裡的戰鬥一直持續到現在。九月五日，在烏蘇城的上空出現了重型轟炸機，並轟炸了這個城市，其結果是許多居民無辜喪生。」[1]轟炸機、外國武裝的出現，將新疆戰事演化成外交問題。九月十四日，國民政府駐蘇聯大使傅秉常約見蘇聯副外交人民委員A·洛佐夫斯基，提出嚴正外交抗議。

蘇聯副外長並不認帳，失口否認。蘇方發表聲明說：「這些飛機和軍隊好像都是蘇聯的。我聲明，我斷然駁斥中國政府的這個推測，認為這是毫無根據和無法確證的。」[2]

在重慶，蔣經國專門拜訪了與他稱兄道弟的蘇聯駐華大使A·彼得羅夫，向他通報並交涉。已解密的蘇聯外交檔案中存有這次談話的備忘錄：

> 九月七日蔣經國拜訪了我。蔣經國通報說，中央政府獲得了來自新疆的令人驚慌的消息。整個阿爾泰地區已經被暴動分子占領。暴動分子還將自己的勢力擴展到新疆省的其他地區，尤其是在迪化（烏魯木齊）以西的烏蘇地區，頻繁地進行軍事行動。[3]

1 沈志華編譯《俄國解密檔案：新疆問題》，新疆人民出版社，二〇一三年，頁二一四—二一五。
2 同上，同頁。
3 同上，同頁。

地面戰場在新疆，外交戰場在重慶。朱紹良不時向重慶中樞提供著戰場情報。蔣經國照會蘇聯駐華大使時說：「暴動分子在烏蘇地區使用了炮兵和空軍，與此同時，他們的兩架飛機於九月五日轟炸了烏蘇城。朱紹良通報說，他已經掌握了暴動分子使用的炮彈和手榴彈的樣品，這些樣品證明，這些飛機是蘇聯生產的。蔣經國說，此外，暴動分子沒有飛機。」

彼得羅夫做賊心虛，但依然強辯道：「他以此來暗示，轟炸烏蘇地區的兩架飛機也是蘇聯生產的。我否認了任何在暴動分子那邊活動著的蘇聯飛機的懷疑。」[1]

蘇聯政府在新疆有沒有動用重型轟炸機？因中蘇媒體各說各話，中共領袖毛澤東也一頭霧水。據史達林的代表米高揚記錄，一九四九年二月四日，在西柏坡毛澤東直率地向他求證此事：「他說，一九四五年在重慶會見白崇禧時，白告訴他，伊犁地區的起義軍擁有蘇聯製造的大炮、坦克和飛機。」[2]

禿頭上的蝨子明擺著，假「和尚」就是死不認帳。這種霸權政治的伎倆，非社會公理能夠解釋。但密檔總有大白天下之時，真相總有澄清之日。

弱國無外交。弱國抗議強權國家，猶如蚊子在耳邊嗡嗡叫，皮厚的大象多不理不睬。

在現代戰爭中，制空權在一定程度上決定著戰爭的勝負。中國是一個傳統農業國，當時不能自產一輛汽車、生產一架飛機，難道以遊牧生活為主的伊犁牧民，能夠自產飛機，培養訓練有素、投彈精準的飛行員嗎？特別是技術壁壘很高、殺傷力極大的重型轟炸機，世界上僅有屈指可數的幾個大國可以生產。

格爾夏[3]是蒙古族，曾是三區民族軍中的中級軍官，親身經歷了圍攻烏蘇城的慘烈戰爭。幾十年後，他著書回憶道：「最後一天夜間，蘇聯紅軍乘著軍車來到烏蘇西北幾十公里的乾河子戈壁灘上，部隊急行軍來到烏蘇城

---

1 同上，同頁。
2 沈志華編譯《俄國解密檔案：新疆問題》，新疆人民出版社，二〇一三年，頁二九五—二九六。
3 格爾夏（一九二〇—），原名格爾夏巴尼·阿拉西諾夫，蒙古族，出生於新疆烏蘇。一九三七年考入新疆陸軍軍官學校。一九四五年參加三區革命。一九五〇年加入中國共產黨。歷任博爾塔拉蒙古自治州黨委書記、中共八大代表，自治區黨委宣傳部副部長、石河子農學院院長、新疆生產建設兵團政治部副主任等職。

下，在飛速的火力支援下，用十餘門火炮組成的猛烈炮火突破了國民黨的城防工事，然後立即撤走了。」[1]有目擊者後來說，這種強大的火炮即是蘇德交戰中令德軍聞風喪膽的蘇製喀秋莎火箭炮。

外交抗議無效，戰場節節失利，蔣介石親下命令，無論精河、阿山皆須堅守，不得撤退，「如有長官擅自撤退，不盡職守者，應依律就地處決」，並嚴令各級官長「抱定誓與城共存亡之決心，以重職責而報國土為要」。這種死命令，每每見於血腥的抗日戰場。

國民黨軍隊究竟與誰在作戰呢？王大綱在書中寫道：「一九四四年五月到一九四五年四月，四百五十名伊犁民族軍軍官在霍城被蘇聯教官訓練過。在伊犁民族軍裡俄語成了官方語言。蘇聯的Pravda Vostoka為名的報紙流通於民族軍所有團營裡。沙皇俄國的軍事等級制度被民族軍採用。在民族軍軍旗徽上有新月標誌。國旗的格言是：『促進東突厥斯坦的獨立』。民族軍的服裝和肩章都是蘇聯式，『東突厥斯坦』的徽章也是俄文。每一個軍隊都任命了依麻木，是軍隊的精神領袖。」[2]

格爾夏回憶道：「在伊犁民族軍部隊裡，每個排都配有一名阿訇，其任務是部隊預備衝鋒時，必須由阿訇唸經高喊『阿敏！（為真主獻身）』才發起衝鋒。士兵們聽到阿訇的聲音，只好站起來衝鋒，結果將自己暴露在敵入密集的火力下，好多士兵就這樣白白送了性命。在民族軍軍歌中宣傳的伊斯蘭教規是：敵人子彈打進我胸脯而死，阿拉力（光榮）！打進脊背而死，哈應（叛徒）！結果，在撤退的時候，一部分士兵害怕子彈打到脊背上變成叛徒，只好面向敵人倒著走，影響了撤退的速度，這也是無辜死傷的原因之一。」[3]

國民黨軍一看城防工事被毀，烏蘇已無險可守，無心戀戰，天不亮即棄城而逃。逃出烏蘇的國民黨士兵和難民被民族軍分割圍殲，大部分被追殺或在路上因飢渴而死[4]。

前蘇聯資料記述：烏蘇和精河戰役中，國民黨有二萬名士兵參戰，四千一百五十名國民黨士兵被俘[5]。

1 王永慶整理《歷史的回聲：格爾夏回憶錄》，新疆生產建設兵團出版社，二〇〇八年，頁一八—一九。
2 王大剛：〈蘇聯庇護下的伊寧事變〉，《新疆通史》資料，二〇一四年內部版，頁一一二。
3 王永慶整理《歷史的回聲：格爾夏回憶錄》，新疆生產建設兵團出版社，二〇〇八年，頁一八—一九。
4 王大剛：〈蘇聯庇護下的伊寧事變〉，《新疆通史》資料，二〇一四年內部版，頁一一九。
5 同上，頁一一二。

精河要塞的守與棄

伊寧事變爆發後，事態激烈程度及演變大大超出了國民黨決策者的想像。最有效的平叛辦法就是調兵遣將，從速增加國軍兵力。然而，新疆無兵可用，唯有就近從甘肅徵調。

一九四四年十一月底，國民革命軍暫編五十八師接到上級指令——入新作戰。該師時駐紮於河西走廊武威城區。師長葉成，副師長郭岐。郭岐（一九〇五－一九九三），山西人，二十歲考入黃浦軍校第四期，與林彪同期。先後參加過北伐戰爭和南京保衛戰，身經百戰。

然而，適逢冬季，大軍千里遠征，開拔談何容易！據郭岐回憶：「一因天候惡劣。那年西北地區氣候特別寒冷，創下民國以來的最高紀錄。涼州地區達三十五度，新疆達五十度。由此帶來皮衣、皮褲、皮帽、皮手套一時裝備不了國軍。二是運輸車一時難覓。僅有的運輸車盡在開往新疆或前線的途中，正常往返需時一月。三是史達林指派外蒙破壞隊，潛伏在甘新交界的馬鬃山一帶，夜晚埋設地雷，阻撓大軍西進。」[1]

由此可見，伊寧事變策畫周密，攻其一點，阻其一線，打的是整體戰：利用天時（冬季）、地利（增兵路途遙遠），乘國軍進疆立足未穩、兵力有限、首尾脫節、人事變動諸因，發動突然偷襲。

軍隊長途投送，受制於運輸卡車。因交通工具數量有限，兵力只能分批運送。五十八師先行的第一團，十二月底開拔西上，一月中抵迪化。第二團二月底開拔，二月中到迪化。第三團三月中旬西進，途中受外蒙游擊隊阻撓，到達迪化已是四月初了。

郭岐說：「在甘新兩省開拔一師兵力，竟然需要四五個月，行軍速度之慢，真是慢得驚人！但在五十八師來說，已算盡了全力。一、二團開拔，正值數九寒冬，士兵們凍掉鼻子、耳朵、手指、腳趾者，為數不少。未戰先殘，殊為痛心！」[2]

---

1 郭岐：《黃沙碧血戰新疆》，臺北：聖文書局，一九八六年，頁二〇。

2 郭岐：《黃沙碧血戰新疆》，臺北：聖文書局，一九八六年，頁二〇。

待五十八師三團結集完畢，伊寧戰事早已結束。數千名伊寧守軍和增援將士，早已化作冰原上的血花。因迪化城區兵力早已被抽調一空，新到的五十八師即擔負省垣的衛戍任務。郭岐則出任迪化警備司令。

伊寧守軍被全殲後，為防堵伊犁民族軍兵出果子溝，將戰火擴大至奎屯、烏蘇一線，國軍重新做了軍事部署。第四十五師於一九四三年秋由張掖開赴新疆，原駐防吐魯番。所轄兩團被派往精河駐防，師長謝義鋒。當入新兵力增多後，謝義鋒升任第二軍軍長，軍部駐烏蘇。空缺由郭岐填補。

郭岐升任師長後，自稱是光桿師長。「四十五師四個團則具有三個師的番號，即新四十五師一、三兩團（第二團駐哈密鎮西縣）、預七師一團與一百九十一師一團。而我甫行接事，尤其師部是空中樓臺，要人沒人，要糧沒糧，槍彈、醫藥均感缺乏，在第一線作戰的師部，竟然如此，怎能不令我頭痛萬分呢？」

郭岐畢竟是參與過南京保衛戰的將軍，他發現所築碉堡，都是因陋就簡，當即下令所有碉堡，厚度均加之三公尺以上，碉堡外圍再加築三公尺的外壕，外壕中設法放入河水，以防禦敵人騎兵侵入，在外壕之外，再部署拉發手榴彈。如敵騎兵侵入有效火網時，一舉將其消滅。二百里的防禦工事，全師官兵只用了半個月即告竣。

繼而，郭岐指揮部隊收復沙漠中唯一的高地沙山子，使方圓十里的敵軍舉動盡收眼底。同時，郭岐將一個步兵團改建成騎兵團，以利機動馳援。

郭岐的對手波里諾夫亦非等閒之輩。此人出身白俄皇族，為沙俄皇家職業軍官。一九一七年（民國六年），在蘇聯紅軍追擊下，東逃新疆，先成為歸化民，繼組建歸化軍。他對新疆山川地形非常熟悉，尤對北疆各區地理，瞭如指掌。因其混跡新疆三十年的老資格，被史達林看重運用。在所謂「東土」政府中，被任命為國防部長。

然而，波里諾夫在精河作戰，經過五六兩個月數十次大小戰事，均未能獲得寸進。自忖遇到了高手。「只好採取吃柿子先向軟的下手的戰略，要轉向塔城區進攻。因他探得塔城區除了烏蘇有中央軍駐守外，其他地方仍係舊省軍駐守，在人事上就有漏洞。如能派軍攻占整個塔城區，包括烏蘇在內，屆時精河便可不攻自下。」[1]

精河位於塔城與烏蘇之間，烏蘇是精河的補給站。兩地一失，精河彈盡糧絕，不攻自破。以後戰事的發展果然如波里諾夫所言，不愧為沙皇職業軍官。

[1] 郭岐：《黃沙碧血戰新疆》，臺北：聖文書局，一九八六年，頁七八。

後來波里諾夫審問被俘的郭岐：「你用何術，能使精河一線固若金湯，使我軍無法寸進？」郭岐答：「總而言之，全師官兵守土有責；分而言之，沙山頂上建成碉堡有以致之！」

時至九月初，民族軍向烏蘇發動大規模進攻。蔣介石獲悉後，分別致電行政院長宋子文、外交部長王世杰曰：

俄機九月五日八時半在新疆烏蘇與精河二地各有飛機二架投彈轟炸掃射。七日晨，又有飛機五架在精河陣地上空轟炸掃射，死傷甚重。新疆情勢，自中俄訂約後半月來，比往時更加嚴重，大砲及新武器數量倍增，匪部指揮官及射擊手皆為俄人，決非去春之局部擾亂可比也。[1]

戰場形勢瞬息萬變。謝義鋒軍長四日電還要郭岐火速馳援烏蘇。六日中午，突接謝軍長來電：「烏蘇此時，城郊混戰，弟決心為國殉職。精河軍事，請兄在為國保存實力下自決。」此時又轉來蔣委員長指示：「精河此時，只宜固守，不宜撤退，否則仍踏伊犁突圍之覆轍，希排除萬難以求最後五分鐘。」等語。烏蘇危殆，精河孤立無援，是放棄還是固守？是馳援烏蘇，還是堅守待援？郭岐進退失據，掙扎難決。

當我接到此電時，我的身心，真是悲感交集，五內俱焚。委座遠在數萬里之外的重慶，難知實情，所指者都是原則。而長官部近在迪化，應當盡悉所情。此時此地要我排除萬難，爭取最後五分鐘，不知何指。叫我如何爭取法呢？[2]

古人云：「人馬未動，糧草先行。」有云：「兵無糧自散。」拿破崙亦曾說過：「勇氣出於食糧。」郭岐說：「於今我在一望無垠的沙漠中作戰，別的事有時可以在無辦法中去想辦法，在不可能中找可能，唯獨糧食一事，吃完了就是吃完了，不能將黃沙當飯吃。」[3]

1　呂方上主編《蔣中正先生年譜長編》第八冊，臺灣國史館，二〇一五年，頁一七五—一七六。
2　郭岐：《黄沙碧血戰新疆》，臺北：聖文書局，一九八六年，頁九六—九七。
3　郭岐：《黄沙碧血戰新疆》，臺北：聖文書局，一九八六年，頁九六—九七。

郭岐徵詢四位團長意見，四位團長當時雖處四地，但所獲回話可說都是一樣：「固守精河，因無糧彈，坐以待斃，只有全師覆沒之一途；如向東撤，即使不能全師而退，至少還有一線生機。」[1]郭岐下令速將電臺損毀，密碼本燒掉。一名譯電員拒不執行，還與上司頂撞。莫非此員有二心？這「使我怒上加忿，突然探懷取出手槍，向倔強的譯電員頭上連開兩槍，該員隨聲倒地，就此殉職」[2]。譯電員成為第一個倒在黃沙下的冤魂。

黃沙下的忠骸

兵法云：「當斷不斷，反受其亂。」由於高層指揮官的猶豫不決，第四十五師已錯過馳援烏蘇守軍的最佳的時機。伊犁民族軍採取圍點打援戰術，布好口袋讓第四十五師自投羅網。郭岐不無痛苦地回憶道：

當我抵達烏蘇城西四十里的四棵樹時，所獲來電是：「烏蘇已於七日失守，軍部退往綏來」等語。當我收到這一噩耗，猶如晴天遭到霹靂。一下震得我精神渙散，失去主張。原想棄精河來援烏蘇，於今不僅達不到這一目的，反而自身陷入絕境，真成了前無路走，後有追兵。[3]

今烏蘇淪陷，戰機已失，前行猶如飛蛾撲火。第四十五師本是臨時拼湊起來的同林鳥，如今大難當頭，要各自尋找生路了。郭岐回憶說：

按一九一師師部當時進駐南疆交通孔道的焉耆，預七師師部正進駐於南疆魚米之鄉的阿克蘇，均以天山為界與烏蘇為鄰。趙沐如與鄧爾登兩團長，既已與其師部部取得聯絡，就要遵照他們的頂頭上司去實行，把

1 郭岐：《黃沙碧血戰新疆》，臺北：聖文書局，一九八六年，頁九六。
2 郭岐：《黃沙碧血戰新疆》，臺北：聖文書局，一九八六年，頁九六。
3 郭岐：《黃沙碧血戰新疆》，臺北：聖文書局，一九八六年，頁九九。

所餘官兵，奔向天山去找出路，特前來向我告辭。此時此境，我這位身為師長的人，既無糧餉可發，又無彈藥可補，他們要離我而去，我又有何話可說。[1]

此時趙、鄧兩團因激戰半載，所餘殘部皆不到百人，故編為支隊，由四棵樹轉向南方突圍。而率領民族軍攻占烏蘇的蘇俄指揮官，早已做好精河守軍馳援烏蘇的預案。他們將有水草的地方，盡行派兵占領，無水的公路大道讓人去行，這就是沙漠戰的防禦戰術。一個人求生，總得要飲水，無水之地絕不能駐軍。趙、鄧兩團，不得不在沙漠中行軍。沙漠無隱蔽之物，一覽無餘。郭岐痛苦地回憶：

敵人先之空軍偵察炸射，繼之再派騎兵追襲，結果死傷累累。趙部雖想乘夜逃奔，但跑步的比不過騎馬的，結果全部犧牲。鄧部所餘五人，利用藏匿之術，進入大山，再與大自然搏鬥了十多日，沿途吃草根、松果、野獸皮等充饑，最終到達阿克蘇師部著僅五人，亦云幸矣！[2]

讓郭岐特別欣慰的是，第四十五師唯一的騎兵團，憑藉騎兵機動靈活優長，最終死裡逃生。所幸的是，擔任全師殿後的騎兵團，自失聯後，以晝伏夜行的方法，避開敵機轟炸，先繞過烏蘇城，繼渡過奎屯河，再取道沙灣縣，最後很順利進到綏來城，又與伊叛軍對峙於瑪納斯河畔，成為固守綏來的主力[3]。

趙、鄧兩團辭別南去，騎兵團失聯無蹤，侍從副官倒斃在眼皮底下，一師之長郭岐成了沙漠中的孤魂野鬼。郭岐孤身一人逃至奎屯河安集海大橋附近，白天趴在死人堆裡隱蔽著。他在回憶錄中寫道：

一直等到夜幕低垂，我始離開小木橋，向東急走。沿途所見，不是焚燃的汽車，就是倒斃的馬匹，尤且腳下不時踢到死屍。由此證知，本人此時所走的路程，曾經是敵我的激烈戰場。此處的死屍，大都是我國軍

1 郭岐：《黃沙碧血戰新疆》，臺北：聖文書局，一九八六年，頁一〇〇。
2 郭岐：《黃沙碧血戰新疆》，臺北：聖文書局，一九八六年，頁一〇〇－一〇一。
3 郭岐：《黃沙碧血戰新疆》，臺北：聖文書局，一九八六年，頁九八－九九。

的遺骸了。因為吃了敗仗，拋屍荒野，無人埋葬了。即景生情，就想起古戰場詩云：「可憐無定河邊骨，猶是春閨夢裡人。」所經實況，正是：「沙漠無情，鴟鳥有意！」甫行死去的人屍，都變成鴟鳥們的美味。[1]

郭岐終因飢渴倒在沙漠中。因身穿將軍服、佩帶望遠鏡和手槍，被民族軍從死人堆中扒出並救活，關押在一個汽車修理所中。目擊眼前進進出出的汽車，令他傷心難抑：

該汽車修理廠所，根本沒有俄製的羊毛式的軍車一部，完全都是我們輜汽四團的六輪大卡車。因迪化兵站總監班某，想在新疆發國難財，將六十四輛軍車載上商品，想到阿山換黃金，結果在回程中，路經塔城額敏地方時，遭遇波里諾夫所率大軍，致成為敵人的勝利品。此一失一得的車情，損我而助敵，影響新疆軍情太重。真是欲哭無淚。[2]

新疆省主席吳忠信認為，主持新疆軍務的朱紹良負有整軍不嚴、延誤戰機，部署指揮不當之責。他在日記中寫道：「自去歲九月一民來新主持軍事，始終以暫時做客心情，指揮各隊未有整個作戰計畫，亦未組織行轅，參謀人才太少；兵力雖不太多，而運用殊欠靈活；交通工具雖少，而調動復不緊張。參謀處長王為天，格局狹小，既未見過大場面，措置上自難裕如。運輸司令班淦，不識大體，委卸責任，供應不給，損失車輛不少，對軍事失利之影響極大。再加以將驕兵悍，系統不同，不能層層節制，指揮上至感困難。平時積習太深，軍紀風紀蕩然無存。兵不能衛民，而實是以擾民，民怨沸騰，其何能得民之助。一民御下寬厚，固其美德，而賞罰不至，遇緊要關頭，復不能斷然處置，是其病也。」[3]兼聽則明，旁觀者清。吳忠信久經沙場，與朱紹良共事多年，知之深也。

1 郭岐：《黃沙碧血戰新疆》，臺北：聖文書局，一九八六年，頁一二五。
2 郭岐：《黃沙碧血戰新疆》，臺北：聖文書局，一九八六年，頁一四八—一四九。
3 吳忠信：《主新日記》，一九四五年十一月五日。

民族軍將領曹達諾夫・札義爾在〈關於三區革命回憶〉一文中寫道：「精河戰役中，民族軍俘擄國民黨官兵三千多人，內有少將一名，上校二人，中校四名，少校十五名，其他軍官一百九十八名；繳獲迫擊炮十二門，大炮九門，機關槍三十八挺，還有大批軍用物資。」[1]

這一數字顯然被人為誇大了。因為，第四十五師下轄四個團，滿額不過三千餘人，戰死過半，且騎兵團脫險歸隊。

郭岐被囚第十天，從一個俘虜兵口中知悉國軍被俘士兵的概況。他感慨地寫道：

烏蘇被俘官兵全部被關進勞改營中。因當時正值烏蘇秋收時候，這些被俘官兵，每日分除去田野做收割秋禾工作，每人每餐只發給一饢餅，日出而作，日入而息。如少了一個人，就槍斃領隊人。凡有病的人，既不給食，也不給醫，那就非死不可。這就是打了敗仗的下場，夫復何言！[2]

因郭岐是被俘國軍中軍銜最高者，民族軍高級官員相繼提審勸降他。郭岐曾於阿合買提江有一段關於騎兵與步兵作戰優劣的對話。阿氏以勝利者自居，郭岐不以為然地回答：

從兵種上來說，我方大都是步兵，不宜做運動，只有死挨打的一途，能抵住的就活，抵不住就死。而你方都是騎兵，宜於做運動。當你們發現我方兵力較少時，你們就可迅速集中兵力，向我進攻，可取各個擊破之效。如遇我方強有力的包圍反擊時，你們又可分散撤退，就可保存實力。而我們阿山與塔城兩區各地的戰役，統統失敗，就是基因於此。[3]

新疆一度是抗戰時期的大後方，幾無戰事。國軍倉促入疆，不諳疆情，經驗總是用鮮血和失敗的教訓換來的。

1 新疆社科院歷史研究所編《新疆簡史》，新疆人民出版社，一九八〇年，頁四〇一。
2 郭岐：《黃沙碧血戰新疆》，臺北：聖文書局，一九八六年，頁一四九。
3 郭岐：《黃沙碧血戰新疆》，臺北：聖文書局，一九八六年，頁一六六。

蘇俄將軍波里諾夫提堂審問郭岐，二人唇槍舌劍，鬥氣鬥智，並再次論及國軍敗北的原因。

「你自負是常勝將軍，於今成為我俘，還有何說！」

「以我師來說，向未打過敗仗，當然是常勝將軍了，於今我的被俘，乃是被大自然所困，並非戰敗被你們所俘。你們僅拾了一個死人，活人抬死人的事，沒有值得驕傲的地方，任何人可做到！」

「我方已打了勝仗，就值得驕傲！」

「你們眼前雖然得了勝仗，僅短暫一時的事，猶如夜間曇花一現而已：俟天明太陽一出，那個曇花就凋謝了！」

「你的比喻我還不懂，請你再加解釋。」

「過去我中央政府，全心全力都用在對付日軍侵華身上；於今日軍已戰敗投降，中央政府已無他顧，自可用全力來對付你們。就我所知，中央不僅下命徵調駐青海的騎五軍與駐寧夏的騎一軍，先後開來新疆，同時為了新疆氣候，更徵調原東北軍增援新疆作戰，這樣的軍隊，對寒冷氣候與沙漠地帶都能適應，還想打不了勝仗……。」[1]

郭岐繼續說：

「此外坐鎮西安的胡宗南將軍，正調集空軍進駐蘭州，隨時做支援新疆有力後盾！」

「你說這些大話，能把我嚇到嗎？」波里諾夫自然毫不示弱。[2]

畢竟郭岐不是烏蘇之戰的敗軍之將，而是精河的常勝將軍，所以波里諾夫對郭岐心生幾分敬重。據郭岐觀察：

1 郭岐：《黃沙碧血戰新疆》，臺北：聖文書局，一九八六年，頁一四五。
2 郭岐：《黃沙碧血戰新疆》，臺北：聖文書局，一九八六年，頁一四六。

不知是上帝的安排，還是事有湊巧，就在我第二次被審的第三天，我國空軍對烏蘇機場與城郊軍營，曾做了一次猛烈的空襲，頓使位居「東土耳其斯坦」太上皇的葉夫西諾夫驚慌失措，失去鎮定，認為這次的空襲，就是中國中央政府全力應付新疆亂事的先聲。[1]

烏蘇戰役打響後，蘇聯出動飛機、喀秋莎火箭炮、坦克對烏蘇城內軍民狂轟亂炸。現今民族軍密集駐紮於烏蘇城，反成了挨炸一方。炸彈不長眼睛，波里諾夫不免心生擔憂。

和談是要以軍事鬥爭做後盾的，一方在戰場上表現越優異，在談判桌上得到的籌碼就越多。反之亦然。六十餘年前，左宗棠扶櫬出關，把大營紮在哈密，意在聲援清廷駐英公使曾紀澤赴俄索回伊犁主權。今日蔣介石陸續向新疆調兵遣將，意在策應張治中主持的和平談判。

新疆和平談判的內容之一就是雙方換俘。郭岐受神庇護，命不該絕，因為還有重於生命的大事未了。

一九三七年南京保衛戰時，郭岐任教導總隊輜重營營長，奉命率部守城，城陷後匿居南京二三個月，親眼目睹了慘絕人寰的南京大屠殺慘劇。脫險回到後方後，寫成《陷都血淚錄》手稿。一九四七年，郭岐作為目擊證人，參加對南京大屠殺元兇谷壽夫的審判，提供了五萬餘字的血淚證據。二〇〇五年，該書由南京師範大學出版社刊行於大陸。

一九四九年，郭岐隨國軍敗退臺灣。一九五六年任臺灣大學首任軍訓總教官兼副訓導長。一九六二年後歷任大雪山林業公司、農工食業公司常務董事等職。晚年移居歐洲，著《黃沙碧血戰新疆》一書，於一九八六年八十一歲時出版。

張大軍在該書序言中寫下感人肺腑的話：「關於伊寧事變的全部戰史，迄今尚無隻字公布，幸有郭將軍這部書報導，使國人瞭解蘇俄侵略陰謀和當時國家處境艱難。尤其在書中一片愛國熱枕，溢於字裡行間，尚望海內外讀者同加重視，同為此次戰爭犧牲的數萬軍民一掬同情之淚。」[2]

---

1 郭岐：《黃沙碧血戰新疆》，臺北：聖文書局，一九八六年，頁一四七。

2 郭岐：《黃沙碧血戰新疆》，臺北：聖文書局，一九八六年，頁四。

一九九三年，郭岐將軍在比利時去世，享年八十八歲。

蔣中正新疆電文摘抄

一九四四年末，蔣介石作為戰時的國家軍政最高領導人，無疑是那場中蘇衝突的知情者、親歷者、決策者。今天，我們可以借助於呂芳上主編的《蔣介石年譜長編》，從蔣介石的電文和日記中瞭解一九四五年有關國家和新疆的內幕和戰事演進。

一月一日，蔣介石主持中樞開國慶典，發表「告全國軍民同胞書」。特別強調：今年是奮發圖強、反敗為勝的唯一樞紐，努力方向集中於「軍事第一」；號召全國軍民：知恥始能有勇，負責始能自強，軍民同胞一致為國家盡職責，以達成使命[1]。

所謂使命，即是戰勝日本軍國主義，完成建國大業。全民抗戰八年，勝利曙光已現於地平線上。

然而，倭寇舊恨未雪，伊寧新愁復添。蔣介石無暇享受新年及開國紀念日的喜悅，一月二日即電第八戰區司令長官朱紹良曰：

> 援伊作戰指導方案，除應加強空地搜索及諜報，以明敵情，主力部隊攻達廣仁後，向綏定、伊寧迂迴時，對於國境方面所來之側背威脅，應預有對策，免為所乘外，餘可如擬實施。[2]

蔣介石認為，伊犁叛軍乃烏合之眾，無力對抗具有空中支援、訓練有素、裝備精良的國軍，真正可畏的來自國境線西側的蘇聯軍隊。一九三三年末，張培元部奉國府旨意東進討伐盛世才，乘其後方空虛，蘇軍入境給了張培元致命一擊，使其進退失據，死無葬身之地。溫故知新，鑑往知來也。

1 呂方上主編《蔣中正先生年譜長編》第八冊，臺灣國史館，二〇一五年，頁一。
2 呂方上主編《蔣中正先生年譜長編》第八冊，臺灣國史館，二〇一五年，頁一。

一月六日，蔣介石寫下伊犁與惠遠為蘇俄占領記感。

綏室（即伊犁）、惠遠已被俄匪攻陷，行政專員喬根與守城司令（陳子良）皆殉職被害，漢人亦全部被殺。嗚呼，慘矣！然中華民族精神寧死不屈之志節已發揚於邊疆，惟此略足自慰，而伊犁、伊寧，其將被俄人久踞當無疑義，中華子孫如能因此奮勉自強，豈止伊犁，外蒙全部亦必將歸來於祖國版圖之內矣。[1]

蔣介石所要的國土形狀，不是割去外蒙的大公雞，而是外蒙復歸的秋海棠。然而，願望歸願望，伊犁守軍孤立難援，卻是血淋淋的現狀。

伊寧教導團內之孤軍困守，援軍不力，救援無望，不勝悲痛，只有竭我心力，與禱天賜救而已。[2]

迨至是月末，伊犁戰事勝負已見分曉。二十七日，第八戰區司令長官朱紹良電稱，伊犁戰情危急，援絕糧盡，至多能再延續三五日。

二十八日蔣介石記曰：「近日以伊寧軍民孤危，增援被阻，接應罔效，接電悲愴，默禱不已。」

二十九日的日記，內容較多，分以下幾個層次：

對於伊寧戰略與政略之應速決定，此時不得不暫時放棄伊寧，即使因此今春俄匪在南北疆各區動亂擴大，亦應照預定計畫，專守迪化、吐魯番、焉耆以東地區，亦所不惜。

新疆問題，如俄國侵略方針不能放棄，則我只有待對倭戰爭結束以後，再求得總解決，但迪化、吐魯番與焉耆、哈密必須固守，不能放棄，以為將來恢復全疆之根據也。

1　呂方上主編《蔣中正先生年譜長編》第八冊，臺灣國史館，二〇一五年，頁二。
2　呂方上主編《蔣中正先生年譜長編》第八冊，臺灣國史館，二〇一五年，頁十三。

決令伊寧守軍突圍，未知能出險否？默禱上帝保佑我忠勇苦戰之孤軍也。嗚呼，暴俄共匪侵害中華，不知至於何時矣。[1]

第一層決定今後戰略攻守之策；第二層說新疆問題總解決放置戰勝日寇之後；第三層表達情感，發出哀鳴。新疆軍事總方針確定後，致電朱紹良，要其搜集蘇俄幫助中共之證據與整頓新疆之部隊。此電文較長，摘要如下：

第一，叮囑照相取證。

關於新疆自伊犁變亂開始以來，至現在為止，所有戰鬥經過，及某國人參加戰鬥與煽動及接濟匪部武器等事，凡有證據及實情均應做有系統之報告，及其證據最好皆拍成照相，訂成冊子，以免散佚。以後作戰時，應多備照相機，以便隨時拍攝證據為要。派電影隊前往新疆照相。

第二，提供觀察要點。

關於新疆空軍與運輸，中正無時不在督促之中，今後當可加強，至於匪方如用空軍作戰，則我應通告世界，以匪部絕無飛機及駕駛員，即使我在伊寧殘餘之飛機，則我亦必不承認其作戰飛機為我所殘餘，而必為俄國之空軍參戰無疑也。

第三，遣良將入新。

現擬派宋希濂等來新服務，或可令其辦理軍官分校及督訓部隊[2]。

四月七日，蔣介石電朱紹良，要其彙編伊寧、阿山等地作戰軍民忠節錄。

四月二十一日，蔣介石電朱紹良，限本日詳覆甘肅剿匪計畫。

甘肅匪勢猖獗，若不用全力撲滅，則燎原之禍，即在目前。兄應負其全責，屢電未獲一覆，究竟如何清

1 呂方上主編《蔣中正先生年譜長編》第八冊，臺灣國史館，二〇一五年，頁一三—一四。
2 呂方上主編《蔣中正先生年譜長編》第八冊，臺灣國史館，二〇一五年，頁四二—四三。

剿，限本日詳覆勿誤。此次清剿必須澈底根絕，勿留後患為要。[1]

甘肅是中央軍後援新疆的唯一要道，此通道不能有任何閃失。實際上，擾亂新疆後方，亦是蘇聯圖新總體戰略的組成部分。中蘇攻防戰已延伸至甘肅境內。

五月十五日，蔣介石手諭交通部長俞飛鵬：「蘭迪線有線電報專線工程，應於六月一日全線架設完竣，恢復快報，除電朱長官嚴令駐軍不得妨礙並飭協助外，希即遵限趕辦為要。」[2]

迪化至蘭州約二千千米，工程線長，古時靠烽燧傳遞軍情。於今有線電報專線一通，國軍將搶得信息先機。

六月十日，蔣介石電示朱紹良，陸空聯合出擊承化附近克木齊、二次沙等地。此地已為叛軍占領，但國軍具有空中優勢[3]。

六月十六日、二十一日，電示朱紹良、吳忠信望其實行新疆軍政之統一。

此時外交與軍事關係，軍事與政治分理似較相宜，惟須精誠合作，互相為助，則對外各有迴旋餘地，但必要共同負責，不辭勞怨，則於事乃能有濟，助友即助己，望勿彼此推諉，以期其成也。[4]

和平時，軍政分治，利大於弊，戰爭中，事權分散，則弊大於利。

七月五日、八日，電責朱紹良何不肅清綏來、奇臺、迪化等縣匪徒任其竄擾。如果該區騷動或交通受礙，則我官兵陷於絕境。二臺與承化附近，必須趕築著落機場為要[5]。

由於前線連連失利，國軍所守者不過是一些孤立的戰略據點。準噶爾盆地遼闊，叛匪已竄至省垣迪化周邊襲

1 呂方上主編《蔣中正先生年譜長編》第八冊，臺灣國史館，二〇一五年，頁六六。
2 呂方上主編《蔣中正先生年譜長編》第八冊，臺灣國史館，二〇一五年，頁七八。
3 呂方上主編《蔣中正先生年譜長編》第八冊，臺灣國史館，二〇一五年，頁九四。
4 呂方上主編《蔣中正先生年譜長編》第八冊，臺灣國史館，二〇一五年，頁一〇一。
5 呂方上主編《蔣中正先生年譜長編》第八冊，臺灣國史館，二〇一五年，頁一一一。

擾。若國軍兵力不足，勢必再現一九三二年馬仲英圍城之險狀。

七月十五日，蔣介石手諭軍政部長陳誠：

先發新疆部隊輕機槍壹百五拾挺，配足子彈，速運為要。又曰：「撥歸新疆之車輛，聞尚未有一輛汽車到新，究竟此車何日可到，共有幾輛，並查明何種車式，希即詳報。」又曰：「新疆補充兵應速派定負責人員監督運送，限期到達補足，此事最為急要，務望於三日內詳報為要。[1]

速運新疆部隊輕機槍、汽車，並補充兵員，旨在備戰、惡戰。

八月四日，自記上星期反省錄。

新疆塔城與額敏失陷，俄又造成一個事實乎？[2]

塔城、額敏失陷，烏蘇守軍失去屏障，危在旦夕，難民開始北逃迪化，引起迪化市民極大恐慌。新疆危機到了生死關頭。

聯共政治局絕密檔案曝光

在本書引用的各類文獻中，存在一塊短板，即諸多作者所說的蘇聯全面策畫、指揮、支持了三區革命，都是依據點滴事實而進行的邏輯推測和懷疑，並沒有拿到直接的證據，如官方最高層級的絕密檔案等。

待到蘇聯解體後，這樁歷史懸案終於水落石出。據蘭州大學教授楊恕撰文披露：「最近幾年，俄羅斯和中

1　呂方上主編《蔣中正先生年譜長編》第八冊，臺灣國史館，二〇一五年，頁一二〇。
2　呂方上主編《蔣中正先生年譜長編》第八冊，臺灣國史館，二〇一五年，頁一三七。

亞、主要是哈薩克斯坦的學者利用蘇聯解密檔案出版了多部書和論文論述了蘇聯和東突厥斯坦共和國的關係。還有阿塞拜疆的學者哈桑里寫的《蘇聯政策中的新疆》，引用了大量的官方解密檔案說明蘇聯在東突厥斯坦共和國做了很多事情。我們從其他渠道也搜集到了一些沒有公開發表的檔案和文獻。整體來說，蘇聯是「東突厥斯坦共和國」的製造者、策畫者和參與者，這個「共和國」是蘇聯為了實現自己在新疆的利益而製造的工具」。

「據我們查到的資料，僅在一九三一年到一九四七年期間，聯共（布）中央政治局通過的涉及新疆的決定就有六十多個，而且內容都是干預新疆事務。」[1]

一九四三年五月四日是蘇新關係史上具有轉折關係的一天。這一天聯共中央政治局召開會議，討論了全面干預新疆的政策。這次會議形成了綱領性文件共十四條，決定：「在新疆的非漢民族反對督辦和新疆政府的殖民壓迫政策的鬥爭中，向他們提供支持。」在政治上，從組織、宣傳、情報、軍事四個方面提出了原則性決議。

第一條：「在新疆的非漢民族（維吾爾族、哈薩克族、柯爾克孜族、蒙古族及其他民族）反對督辦和新疆政府的殖民壓迫政策的鬥爭中向他們提供支持。」這是綱領性的話。原來蘇共是不支持，現在支持，直接推動。

第二條：責成烏茲別克蘇維埃社會主義共和國共產黨中央委員會、哈薩克蘇維埃社會主義共和國中央委員會和吉爾吉斯蘇維埃社會主義共和國中央委員會（各主要領導人名字略）執行以下任務：第一，在新疆境內建立祕密組織，民族復興組。第二，幫助民族復興組培養民族幹部，培訓軍事和政治幹部，為此在在烏茲別克斯坦、哈薩克斯坦和吉爾吉斯斯坦三個蘇維埃社會主義共和國境內建立學校，同時提供必要的武器。實際上這些學校是特工學校。

第三條：組織烏茲別克、哈薩克、吉爾吉斯斯坦三個蘇維埃社會主義加盟共和國的學者、社會活動家和科研機構與新疆的教育團體和著名的社會政治活動家開展書信聯繫。組織印刷並在新疆傳播使用新疆各民族語言的傳單、文藝和政治作品。組織以蘇聯境內親屬的名義，向新疆境內的蘇聯移民郵寄飽含愛國精神的書信（當時新疆的蘇聯移民有俄羅斯人、哈薩克人、吉爾吉斯人、烏茲別克人，總數至少超過十萬）。

第四條：對非法移居到新疆的蘇聯公民實行大赦，給予他們返回蘇聯的權利。（這對在新疆的蘇聯移民有很

1 楊恕、郭黎鵬：〈民國時期中蘇關係的三個層次（一九一七—一九四九）〉，《俄羅斯學刊》二〇一八年第三期，頁一—六。

大的吸引力，特別是對年輕人有很大的吸引力。他們的很多家人都還在蘇聯，但蘇聯的一系列運動讓他們不敢回去。參加民族軍就像參加紅軍一樣，打完仗就可以回蘇聯了）。同時決定，向那些因參加民族反抗鬥爭而遭到新疆省政府追捕的人提供到蘇聯境內避難的權利，在蘇聯境內向他們提供必要的幫助。在他們通過邊界進入蘇聯時要給予便利，為此，要改變邊防機構的工作。

政治局會議開完以後，蘇聯開始執行這項最高決定。在黨的一元化領導下，執行力極強。

檔案材料證實，五月底，貝利亞（蘇共中央政治局委員，負責國家安全）就召開了關於新疆的大型情報工作會議。參加人員包括國家安全委員會，內務人民委員會，軍事情報部門、邊防部隊的領導人、哈薩克斯坦、吉爾吉斯斯坦、烏茲別克斯坦、塔吉克斯坦、阿勒泰邊疆區、蘇聯駐蒙古的情報部門的領導人以及在新疆的各個情報站的負責人等，對下一步武裝干預新疆做情報上的準備。會議宗旨是為全面干涉新疆做好情報工作。根據貝利亞命令，在蘇聯內務部專門成立特別任務處，其目的之一是「負責領導新疆的穆斯林民族的解放運動並向其提供幫助」。這是貝利亞命令的原話。注意他用的詞是「領導」而不是「參加」。

早在一九四四年七月，盛世才輸誠中央與蘇聯公開決裂之時，即受到蘇聯副外長德卡諾佐夫的嚴重警告：「現在是非常重要的時刻，我目前的訪問與你的未來和你的地區的未來有關。」德氏代表史達林向盛世才發出最後通牒。站在伊寧事變時點觀察，蘇聯高層早有懲罰盛世才的動機，幾個月後即制定了詳細計畫並作出最高決定。為了搞掉盛世才，史達林竟借助了美英領導人的力量。不過，搞掉盛世才的行動是公開的，而武裝干涉新疆則是絕密的。從邏輯上講，二者是一個侵略新疆完整計畫的不同步驟。

一九四四年十一月七日，伊寧發生武裝暴動，很快控制整個伊寧市。現在的關鍵問題是，在這次主要軍事行動中，蘇聯紅軍參加了多少？

一些回憶錄中說，有幾個團，俄文用的是несколько，這個詞三、四、五、六個團都能說，但差別就大了。再有一個，直接參與的至少有八支有名字的特種兵部隊，還有飛機、坦克。蘇聯紅軍在占領伊寧和海林巴克機場中起了關鍵作用，光靠鞏哈的起義游擊隊，想把國民黨一個正規師打掉是不可能的。

一九四五年五、六月份後，東突厥斯坦共和國搞的「三線攻勢」，是蘇聯直接參與的重要軍事行動。其軍事部署是，以伊寧為中心，北線進攻塔城，中線進攻迪化，南線越過天山進攻庫車、阿克蘇。這次有很準確的數字，白紙黑字，鐵證如山。

蘇共中央通過特別決議，為了鞏固「東突厥斯坦共和國」的軍隊，向新疆派遣五百名紅軍軍官，二千名軍士和士兵。基本上相當於一個軍的幹部編制了。

據當事人回憶，所謂三線攻勢開始前，他們所屬部隊的軍官全部換了，高級軍官是俄羅斯人，中、下級軍官是哈薩克人和吉爾吉斯人，還有技術兵種的軍官，炮手、第一機槍手。另外，在貝利亞向史達林的報告裡說：「從繳獲的武器中（蘇德戰場繳獲的德國武器）向起義者提供一萬五千人的武器和裝備。」衛國戰爭期間蘇聯一個滿員作戰師的兵力大約一萬二千。此外，參戰空軍至少是一個團加兩個大隊。按照衛國戰爭期間的編制，空軍一個團下轄三個大隊。一九四二年做了調整，大隊下直接轄小隊。一個團加兩個大隊的話，有八十多架作戰飛機，將近多半個師了。這還是至少，僅在伊寧就如此。蘇聯提供了遠遠超過當時蘇聯一個建制師的裝備。所以很快打到瑪納斯河，國民黨軍隊節節敗退是很自然的事。

當時民族軍的總數大概是二萬人，蘇聯派出的五百名軍官和二千名軍士和士兵大都擔任了各級指揮員的職務，從而建立起一套由蘇聯紅軍人員擔任主要領導的、從師長、團長一直到連長、排長、班長的作戰指揮系統。當時的民族軍的作戰命令多是俄文，這就很說明問題了。有一位俄國學者寫道：「在二戰期間，在新疆（在同一部隊裡同時）出現大量蘇製和德製武器，這種現象在第二次世界大戰中可能是唯一的。」[1]

駐疆國軍遭遇了來自強鄰的勁敵[2]。這種公然踐踏國際法和損害同盟國關係的罪行，是國軍從長官到士兵都始料未及的。

這些新材料的發現所以重要，因為事實勝於雄辯，檔案是歷史鐵證，事實與檔案相互印證，即成為本書立論的基石。

1 楊恕：〈蘇聯與「東突厥斯坦共和國」〉，原載於《中央歐亞通訊》二〇一六年六月二十三日。

2 哈薩克斯坦知名學者西羅耶日金（曾任哈薩克斯坦總統戰略所副所長、蘇聯時期哈薩克斯坦科學院維吾爾研究所研究員）肯定地說：「沒有蘇聯政府的積極支持，三區革命根本不可能發生。每一次當起義者們無力前行時，紅軍部隊就會穿越邊境，幹完事情後撤走。」楊恕：〈蘇聯與「東突厥斯坦共和國」〉，原載於《中央歐亞通訊》二〇一六年六月二十三日。

第十一章　角力

趙漢奇從軍

一九四五年春夏之交，在伊犁民族軍發動的三線攻勢中，南疆一線打得反反覆覆，險象環生，阿克蘇保衛戰出奇制勝，成為國軍防禦戰的經典戰例，被寫入國軍戰史。可以這樣說，迪化保衛戰有備無戰，阿克蘇保衛戰有實無名。

在阿克蘇保衛戰中，曾牽動著數千里之外最高統帥的心。蔣介石承諾：「若該團長若能完成任務，對其政治前途當有莫大裨益！」[1]

趙漢奇（一九一三－一九五二）何許人也？若用一言概之：祖籍山西，生於蒙中，長於新疆。其父趙有為是西出陽關走西口者，落腳在迪化開飯館，難得回家探親。趙漢奇自小失護，頑皮、淘氣，常打架以自衛。一九二四年十一歲時，母親帶著他和兩個妹妹跟著駱駝隊由綏化赴新疆投親。女人騎乘駱駝天經地義，而少年趙漢奇卻與大人為伍，披星戴月，靠雙足一路跋涉，穿越茫茫戈壁，翻越皚皚雪山，抵達五千里外的迪化。

父子團圓，趙漢奇開始在迪化讀小學，繼而被父母送到南疆焉耆縣城的一家商店學徒，自立生活。新疆是多民族雜居之地，趙漢奇在生活中學會了多種少數民族語言。一九二七年，父親因財務糾紛被同鄉所殺，兩年後母

1 魏莊：《光榮的民族軍・中國人民解放軍第五軍征戰紀實》[M]，二〇一五年，頁一八七。

親過世。一系列變故，讓十六歲完全失去依怙的趙漢奇，迅速成熟。

母親去世後，趙漢奇報名學習電報技能培訓，因此被分配到北疆精河縣政府當報務員。因有文化、有能力、有膽識，為縣長信賴，被縣人戲稱為「十七歲的小師爺」。趙漢奇經常被縣長派到基層查詢案件、抓強盜、打土匪。因熟悉少數民族語言與習俗，幾次遇難，均被少數民族農牧民解救，化險為夷。

因金樹仁治疆無方，盜匪四起，暴動頻仍。趙漢奇決定投身軍旅，大丈夫建功立業於疆場，不枉人生。一九三二年五月任哈密第三路剿匪指揮部少尉祕書，跟隨盛世才轉戰東疆，與馬仲英交手，打過不少硬仗，勝多敗少。趙漢奇得到了盛世才的信任，一度擔任盛妻邱毓芳的警衛班長。繼而由中尉、上尉、少校逐級升遷。一九三八年秋以航空隊少校股長身分考入新疆陸軍軍官學校第四期騎兵科，成為一名接受系統軍事訓練的正規軍人。

一九四一年末軍校畢業後不久，因盛世才輸誠中央，新疆省軍被納入國軍系列。至一九四四年，趙漢奇已升任新編騎兵第二師第五團中校副團長，駐防戰略要地阿克蘇。

一九四五年初，在翻越天山馳援伊犁守軍的戰役中，趙漢奇小試牛刀。據《光榮的民族軍》一書記載：「一九四四年冬伊寧起義時，趙漢奇曾在登努斯冰達阪與伊犁游擊隊激戰，支援援伊之國民黨軍，因與游擊隊作戰有功，由副團長升任為團長。」[1]

阿克蘇地處南疆地理中心，東連焉耆、吐魯番，西通喀什，北面天山小路通往伊犁，南與和田隔大沙漠相望，是伊犁進軍南疆的戰略要塞。此地糧草皆豐，魚鹽皆有，清政府歷來在阿克蘇駐有重兵，以護佑南疆安全。可以說，趙漢奇官職不大，但據守南疆要衝，責任重大。其軍旅生涯的真正大考，來自阿克蘇保衛戰。

阿克蘇保衛戰之奇

一九四五年六月，當伊犁、塔城、阿勒泰相繼淪陷後，伊犁民族軍總兵力共有十七個團，其中十三個是騎兵

---

[1] 魏莊：《光榮的民族軍，中國人民解放軍第五軍征戰紀實》[M]，二〇一五年，頁一八五。

團，二個獨立騎兵師，三個步兵旅。全軍共有二萬九千六百五十人，戰士中百分之六十為哈薩克人[1]。

為了從速擴大戰果，民族軍決定進攻南路，阿克蘇專區即成為民族軍下一個進攻的戰略目標。

六月十六日，民族軍由伊犁昭蘇、特克斯、鞏留發動，總兵力約四千五百人，馬約一千五百匹，步槍一千七百餘支，迫擊炮十六門，重機槍八挺，輕機槍六十餘挺，浩浩蕩蕩，又雜以黑鷹山附近持大頭棒的五百餘民眾，向靠近天山南麓之庫車、拜城、溫宿、阿克蘇各城鎮襲擊[2]。

與來犯之敵相比，阿克蘇的防守力量相形見絀。趙漢奇任團長的騎五團約六百餘人，外加自衛隊及警員三百人，撤回烏什邊卡大隊一百餘人，城內能參戰人員不過千人。敵我兵力對比五：一，差距懸殊。

憑藉兵力絕對優勢，民族軍很快占領了距阿城三十公里外的溫宿縣城，旋即四處發動百姓，約五千餘民眾舉行了擁護三區政府的示威遊行。

繼而，民族軍又攻克拜城。阿克蘇專員喬根嚇破了膽，電請吳忠信允許將家眷遷往喀什。但此時阿城已被民族軍圍成鐵桶。因喬根貪生怕死，又有通敵企圖，吳忠信當機立斷，任命臨戰請命的趙漢奇團長兼任阿克蘇區行政督察專員及區保安司令。趙漢奇取代喬根後，集軍政警民大權於一身，遂將有限的力量凝成合力。

歷練已久的趙漢奇大權在握，成竹在胸，迭出「奇招」。

第一招，加固防禦工事。守軍將城垣外圍房舍清理一空，沿城牆向外構築了六道塹壕。在阿克蘇城牆上，廣布拒馬、吊斗，每隔一定距離安置一口油鍋，用作夜間照明。如此既能晝戰，有利夜鬥。

第二招，鐵腕清除城內異己分子。是年初，阿克蘇一些思想激進者醞釀成立了一個革命組織，暗通伊犁，並在阿克蘇駐軍及公務員中發展成員，策反了騎五團獸醫官和一個排長。警察局將主要成員全部抓獲，使民族軍失去裡應外合的機會。在城防戰的緊急關頭，趙漢奇下令將他們斬首示眾，拋屍於牆外。

第三招，「以恐怖治恐懼」。一如《光榮的民族軍》史的評價：「趙漢奇為人心狠手辣，十分殘忍。趙漢奇將逃離崗位的守軍排長押至前線，用鍘刀斬頭處決，用這種極端手段威懾守軍官兵。」[3]這一手，趙漢奇得了盛

1 張憲文、張玉法主編《中華民國專題史・第十三卷・邊疆與少數民族》[M]，二〇一五年，頁二七二—二七三。
2 張大軍：《新疆風暴七十年》，頁六五〇八。
3 魏莊：《光榮的民族軍，中國人民解放軍第五軍征戰紀實》[M]，二〇一五年，頁一八五。

世才的真傳。雖說手段殘忍無比，但十分管用。

第四招，動員群眾，眾志成城。組織城中老弱婦幼百姓挖地道、救護傷員，青壯男子都手持大棒、砍刀上城牆，協助守軍防守，力量陡增。

第五招，以攻為守，以勇取勝。趙漢奇一改國軍死守孤城，被動挨打，坐吃山空的打法，主動出擊，敢於以少襲多，狹路相逢勇者勝。這方面的戰例不勝枚舉。

戰例一。九月七日至十一日，民族軍以三千餘人將阿克蘇團團圍困。並從伊犁調來四門八十一炮助戰，集中炮火猛烈炮擊城內，六百餘發炮彈落入城中，士兵一次次發起攻勢，就是攻不下阿城[1]。

隨著炮聲漸稀，夜晚民族軍隔牆叫陣對射，趙漢奇斷定，民族軍後勤線長，前幾日彈藥消耗大，目下彈藥嚴重不足，正在等待援軍和補給的到來。戰機稍縱即逝。趙漢奇遂決定主動出擊，出城拚死一搏，這個想法得到了騎五團副團長房慶安的支持。十二日晚，副團長房慶安率領官兵二百餘人墜城而下，藉著夜色兵分兩路突然對民族軍陣地發起突襲，目標直指設在東卡坡高地的民族軍指揮所。趙漢奇也率一連出西門，與房慶安部會合，迅猛向溫宿進擊。守軍竟敢以少擊多，完全出乎民族軍的意料。

雙方在城外激戰兩天，守軍共擊斃民族軍「近三百人，獲炮三門，槍支馬匹甚多……」

戰例二。阿克蘇保衛戰進入最關鍵的十天。據《光榮的民族軍》史記載：「從九月二十四日至十月五日，民族軍一面連日用大炮猛轟阿克蘇城，一面架雲梯攻城。城內火光連天，殺聲不斷，國民黨軍騎五團副團長房慶安被炸傷，連長顏治新、洪亞東被炸死，整個阿克蘇城硝煙瀰漫，一片火海。」[2]

九月二十九日黃昏，民族軍在城東和城北再築炮臺，以猛烈炮火掩護，掩護士兵於南門架設長梯，蜂擁登城，一波接著一波。至入夜時分，民族軍已有十多人終於衝上城頭，即與守軍展開殘酷的肉搏戰。守城民眾用棒當頭猛擊攀城者。守軍連長洪亞東帶領全連數十人，奮不顧身，與之肉搏，終於將登上城頭的突擊隊員全部擊斃[3]。

1 陳連開等主編《中國近現代民族史》[M]，二〇一一年，頁六六一。
2 魏莊：《光榮的民族軍，中國人民解放軍第五軍征戰紀實》[M]，二〇一五年，頁一八五。
3 《吳忠信日記》，一九四五年九月三十日。新疆檔案館藏。

是夜之戰，無疑是阿克蘇守城戰中戰鬥最激烈的一夜，連長洪亞東以下數十名守軍官兵陣亡。。阿克蘇全城男子，除老弱殘廢者外，所有人都分發了武器登城作戰，城內婦女兒童也自發挖掘防空洞躲避槍彈。為了鼓舞城內守軍士氣，城內漢族居民自發組織了歌舞團，在城內用民族樂器演奏民族樂曲，以激勵守軍士兵鬥志。經過一夜激戰，雙方均傷亡慘重，至凌晨，民族軍退去，阿克蘇最危險的一晚終於安全渡過。

次日，趙漢奇電告迪化：「……我軍以五六百之眾當貳千餘之匪，且無後援之濟，糧彈日少，傷斃兵員更無法補充，匪則由伊犁源源增加……」，吳忠信在這天的日記中擔憂地寫到：「阿城命運之危殆，可以想見。」[1]

戰例三。爭搶空投軍械。十月三日中午，新疆警備總司令部派遣運輸機前來阿城空投軍用物資和慰勞品。飛機共空投下十多隻降落傘，因風向原因，有五六隻降落傘落到了城外交戰雙方的間隙中。攻守雙方都出動了數十名士兵，爭奪這些物資。城上守軍見到民族軍迫擊炮連的士兵，棄炮位於不顧，全部參加奪傘戰鬥。城內守軍抓住有利戰機，由連長顏冶新率領士兵墜城而下，衝入民族軍炮兵陣地，掠獲八十二毫米迫擊炮一門，炮彈五十餘發。顏冶新戰死，官兵傷亡二十餘人。守軍將繳獲的迫擊炮架設在城垣東北角，集中炮火轟擊民族軍設於東卡坡的指揮所和主力部隊陣地。民族軍遭此意外打擊，銳氣頓挫。

戰例四。再次出城奇襲。十月三日，趙漢奇觀察到民族軍軍心渙散，而守軍士氣高漲，且得到彈藥補給，決定再次出城發起攻擊。十月六日拂曉，守軍僅保留騎五團機槍連守城，能戰部隊傾城而出，兵分兩路，如猛虎撲食。經四小時激戰，共擊斃民族軍官兵百餘人，其中包括身穿蘇軍制服的校級指揮官（懷疑為蘇軍派遣到民族軍內的軍事顧問）三人，繳獲輕重機槍二挺，勃郎寧輕機槍一挺，衝鋒槍二挺，步槍三十四支，無線電臺兩部，各種子彈兩萬餘發，並奪回了十月三日被民族軍搶去的空投彈藥兩包。而守軍出戰官兵僅陣亡軍官一人，士兵六人，傷軍官二人，士兵十多人。「民族軍損失嚴重，被迫退回伊犁境內。」[2]民族軍南線攻勢失利，成為新疆局勢轉危為安的轉捩點。

阿克蘇攻防戰和趙漢奇的名字寫入了中華民國史。南路游擊隊於八月初翻越天山，進攻拜城，其間兩度占領

1 《吳忠信日記》，一九四五年九月三十日。新疆檔案館藏。
2 楊策：《近代新疆史事述論》[M]，二〇〇七年，頁二五六—二五七。

拜城和溫宿縣城。「民族軍」總指揮部多次加派蘇聯軍事顧問與二個蒙古騎兵連，形成四倍於國民黨政府軍的絕對兵力，但在守軍騎五團趙漢奇部的頑強抵抗下，仍未能攻克南疆重鎮阿克蘇。未獲重大戰果的阿克蘇之役，使阿巴索夫的政治前景進一步蒙上陰影[1]。

概而言之，阿克蘇保衛戰之所以能以少勝多，城池不破，關鍵在於採取了以攻為守的戰略。儘管「蔣介石也親自打電話給新疆保安司令部代參謀長羅戡氛，命其電令趙漢奇『堅固死守，務必堅持爭取最後五分鐘，以待援軍到了。』」但在戰術實施方面，趙漢奇比蔣介石高明，也勝於國民黨陸軍大學畢業的那些將軍們，他信奉一條軍規——進攻就是最有效的防守。進攻不是送死而是求生，其前提是，主將要有膽、有識、有情、有威望、有號召力，士兵肯遵將令，榮辱與共，視死如歸。

在魏吳蜀三國爭霸史上，諸葛亮六出祁山無一勝果，看似勞民傷財，輸在戰術上，但以弱攻強，拒強敵於千里之外，確保了弱小蜀國的生存，贏在戰略上。抗戰亦是如此，日本贏在一次次戰役上，輸在持久必敗的戰略上。

在阿克蘇攻防戰中，新疆省主席吳忠信的心跌宕起伏，大悲大喜。他感慨萬千地說：「趙鎮靜指揮，堅忍守禦，獨撐艱局，勳勞卓著，最後關鍵為趙漢奇團長之忠勇用命，一成功，一成仁……。倘使新疆各地官兵，均能如趙團長之英勇，則區區匪徒將不足為患矣。」

《伊寧事變記》的作者陳力評論說：「阿克蘇當南北疆之要衝，如阿城不守，南疆可能全部變色，和談之所以成功，新疆局勢之尚未全部糜爛，阿克蘇守衛戰獲勝之結果也。」[2]

張大軍評論說：「在阿克蘇許多戰役中幸得趙漢奇的卓越指揮和官兵的英勇不屈的戰鬥精神，能在新疆局面惡化中挽回南疆的頹局，奠定了這個全疆的安危，假使當時沒有這些軍民忠勇，獲此殊功，全疆不知伊於胡底了。」[3]

如果說，盛世才曾經是一九三〇年代新疆百戰百勝的將軍，到了四〇年代，這一桂冠理應戴在趙漢奇頭上了。一九四七年五月，趙漢奇率騎兵七團進駐南疆重鎮莎車，下轄四個騎兵連、一個機槍連、一個炮兵連。

---

1 張憲文、張玉法主編《中華民國專題史·第十三卷·邊疆與少數民族》[M]，二〇一五年，頁二六七。
2 甘肅省圖書館書目參考部，《西北民族宗教史料文摘（新疆分冊）上》[M]，一九八五，頁四四二。
3 張大軍：《新疆風暴七十年》，頁六五〇八。

是年六月，趙漢奇受邀到了南京，蔣介石親自接見，誇趙漢奇是好學生，是黃埔軍人的驕傲，為黨國爭了光，立了功，並授金質獎章和中正劍。

趙漢奇應邀訪問陸軍大學和參謀本部。他們把趙漢奇守衛阿城方法和幾次突襲、以少勝多、以弱勝強的戰例整理出來，請趙核對。

趙漢奇回疆後，任整編騎兵第四旅上校副旅長。一九四九年九月二十五日，趙漢奇率部回應新疆和平起義。

一九五二年五月二十日，趙漢奇因所謂沾染了民族軍和蘇軍「血債」，被人民政府處決。

真是千古奇冤！黑白顛倒！在自己的國土上消滅蘇軍，粉碎分裂，趙漢奇何債有之？軍人以保衛國家、衛戍國土、護佑百姓為天職，趙漢奇何罪有之？

戰鬥英雄是戰場上打出來的，不是誰任意自封的；民族英雄要麼開疆拓土，要麼守土有功，古往今來標準無二。即使因政治紛爭犧牲了、處決了，還是民族英雄。賣國求榮的叛徒，踩著他人的頭顱和鮮血，即使一時被捧上高位，頭戴花冠，最終還是叛徒。忠奸法則源於倫理道德，定於春秋大義，豈能肆意更改！

當海峽兩岸開啟了民間交流的大門之後，一九九三年，背負了一輩子歷史黑鍋的趙漢奇的女兒到臺灣旅遊，她萬萬沒有想到，臺灣幾十位高級將領輪番與她合影留念，口口相傳說：「戰鬥英雄趙漢奇的女兒來了！」

「標準參謀長」出塞

在伊犁民族軍發動的三線攻勢中，省垣迪化為中線目標，迪化存亡最具國家主權象徵意義。

在外交抗議無效，北線戰場連失塔城、阿山後，蔣介石深知唯有用軍事行動來化解軍事危機，方能扭轉軍政頹勢。

兵法云：「千軍易得，一將難求。」歷史上，無論是曾經發起過「故土新歸」戰爭的清朝皇帝乾隆，還是力挺左宗棠用兵新疆，驅逐入侵者阿古柏之流的皇太后慈禧，首先要決定誰來擔當西征主帥這一至關重大的問題。

毛澤東熟讀二十四史，點評過古今人物，他在研究清軍收復新疆這段輝煌歷史時曾發出感慨：「沒有左宗棠，新疆難說。」一個「難」字，道出了主帥的不可替代性。換言之，若換一個人做主帥，勝負結局就可能要改寫。

西域城門失火，殃及中央池魚。如今，擺在蔣介石面前的問題是：在國軍眾將領中，誰能擔當大任，化解危機呢？

九月八日晚，亦即蔣經國會見蘇聯駐華大使彼得羅夫第二日，「通知我翌日晨十時晉見，屆時，蔣公由樓上下來到會客廳，將手持之新疆主席吳禮卿先生及新疆各界致蔣公急電，其內容擇要為：『迪化危如累卵，請速派大員前來指揮，以挽危局』等語。蔣公說：『你看看，現在只有你去，我已覆電已派你即日去新疆主持，現在飛機已在九龍坡準備妥當。你留新疆，朱長官一民即行調回，禮卿先生亦不願在新，即行調回。你去後以副長官代理第八戰區司令長官兼新疆省主席，並兼新疆警備總司令部名義，全權處理一切。如有需要用我（蔣公自稱）名義發表文告時，可逕照辦。』」[1]

此人為何獲蔣介石如此隆譽？聲稱現在「只有你去」，並授黨政軍警全權於一身者是誰？話要從頭說起。

郭寄嶠（一九〇二－一九九八），出生於合肥一個「清貧業儒」的家庭。他在六個兄弟中排行第四，年少時身強力壯，脾氣倔強，動輒捲起袖子幹仗，人稱「四呆子」。十七歲那年，就讀保定軍官學校最後一期第九期炮科。郭寄嶠從保定軍官學校畢業，赴東北奉軍郭松齡任旅長的第八混成旅從排長做起，因作戰勇敢，足智多謀，繼而升任連、營、團長[2]。

「郭松齡是一位標準的軍人，剛正不阿；生活嚴肅、不貪汙、不吸煙、不喝酒、不收禮、不做壽、不納妾；好讀書，勤學習，即使在軍務繁忙之際，也不忘讀書。他的生活規範成了軍旅中上下效法的典範。」[3]長官展示的標準現代軍人品質，對郭寄嶠的成長影響至深。

郭松齡兵敗被殺後，郭寄嶠投靠馮玉祥，在國民軍第四軍任團長，繼而任參謀處長。

一九三七年「七七」盧溝橋事變時，郭寄嶠時任衛立煌統率的第十四集團軍參謀長。同年秋，在山西前線協助衛立煌指揮忻口戰役。十一月，第九軍軍長郝夢齡陣亡後，衛立煌力薦郭寄嶠接任第九軍軍長。在蔣介石嫡系部隊裡，尚未有過從師長而一下躍升軍長者，郭寄嶠是一特例。

1 張大軍：《新疆風暴七十年》，頁六五六二。
2 《民國檔案》二〇〇二年第三期，頁六四－六六。
3 盛世驥：《蔣介石的封疆大吏：我家大哥盛世才》口述歷史

在國民黨軍隊裡，衛立煌的參謀長郭寄嶠、胡宗南的參謀長盛文、杜聿明的參謀長趙家驤，被稱為蔣介石嫡系部隊的三大參謀長[1]。

一九三八年十二月，蔣介石在陝西武功召集國民黨華北、西北高級將領軍事會議。會上，郭寄嶠代表二戰區前敵總指揮部彙報，蔣介石聽完後大加讚賞：「像這樣的參謀長，才是標準的參謀長。」「標準的參謀長」嘉譽，「使他從此身價倍增，顧祝同、陳誠聞之也另眼相看，敘起保定同學的關係，都試圖把他挖到他們的身邊當參謀長」[2]。

「一九四一年六月，熊向暉隨胡宗南到洛陽，覺得這個人辦事精幹。在向胡宗南介紹第一戰區的戰略態勢，條分縷析，清晰明瞭，廢話全無。在回西安的路上，胡宗南評價說：『郭寄嶠果然是人才。』」[3]

「一九四二年春天，蔣經國與郭寄嶠見面，對郭特別留意。認為郭辦事持重，鋒芒內斂，為人精明，工作勤勉，是個大將之才。蔣經國這次洛陽之行，第一次建立了與郭寄嶠的關係。」[4]

對於本職工作，郭寄嶠非常敬業。「郭寄嶠每天上午八點上班，除掉中間回家吃兩頓飯，一直忙到夜裡十二點，一手握著電話機聽彙報，一手拿著一桿寸楷毛筆批公文，批完了隨手扔到地上，旁邊就有一個副官恭恭敬敬地蹲下去拾取。下級人員有什麼事情來請示，郭寄嶠一手握著電話機不放，一手握著筆不放，簡單明瞭地向來謁者答覆幾句，不一定都合理，但和當時別處許許多多稀裡糊塗的國民黨軍官和參謀人員相比，的確表現得精明強幹，高人一籌。」[5]

一九三九年一月，郭寄嶠任第一戰區司令長官部參謀長。該部設在洛陽，轄十一個集團軍，並可調用第二、第三、第九、第十戰區的部隊，兵力達二百萬人。

1 趙榮聲：《回憶衛立煌先生》，文史資料出版社，一九八五年，頁一六一。
2 趙榮聲：《回憶衛立煌先生》，文史資料出版社，一九八五年，頁一六一。
3 楊者聖：《隨同蔣經國西北之行》，上海人民出版社，二〇〇七年，頁七四。
4 楊者聖：《隨同蔣經國西北之行》，上海人民出版社，二〇〇七年，頁七四。
5 趙榮聲：《回憶衛立煌先生》，文史資料出版社，一九八五年，頁一六一。

「誓死保衛大迪化」

蔣介石召見郭寄嶠當日，即致數電予朱紹良。先發短電：「已飭軍令部、航委會（侍從室）派高級人員隨同郭副長官寄嶠即日飛迪化。吳主席暫緩來渝可也。」派郭寄嶠前往迪化襄助，務穩定局勢不得擅自撤守。

繼以長電，下達軍政官兵死守令。「茲派郭寄嶠參謀長來迪為兄等襄助一切，望靜鎮敬守，安定大局為要。精河部隊不應擅自撤防，須知一退卻即全軍在途中被殲，萬無逃命之望。只要我軍各部能固守穩定，必可轉危為安，當此軍心動盪之時，要在軍民主官堅忍鎮靜，絕無大事。此中對外對內從全域考慮之結論，絕非不負責任之空談也。希即通令各級軍民長官如無令擅退者，不論何人皆照臨陣脫逃論罪，必殺無赦。」[1]

臨陣逃脫，必殺無赦，軍法無情。然而，烏蘇已於七日失守，精河馳援部隊二日後抵達烏蘇郊外，頓陷絕境。四十五師師長郭岐在激戰昏厥後於十日被俘。

蔣介石九月八日緊急召見並授權郭氏，至十日下午，郭寄嶠已出現在迪化機場。

「下午五時到達迪化，其來機場歡迎人員極多，吳主席禮卿先生登機首說：『老弟！你帶來多少隊伍？現在機場有兩萬軍民歡迎你這位中央特派大員。』我答：『天啊，我一個兵也沒有帶，我的兵就是我。』」[2]

郭寄嶠是雷厲風行之人。「約七時餘，我便召集省府廳處長軍隊師長以上，保安司令處長以上開會，聽取各系統敵情、政情及各地方社情、民情報告，約近夜十二時暫告段落，並決定翌晨六時，先行視察迪化城防工事。」[3]

「九月十一日晨六時，率李總司令鐵軍及軍師長與王叔銘（航空委員會副主任）視察迪化城防工事後，旋即就地指示星夜構築據點式縱深陣地，於抵達滿城營房附近高地時（旁為妖魔山，山有深洞能容千人以上，為迪化

1 呂方上主編《蔣中正先生年譜長編》第八冊，臺灣國史館，二〇一五年，頁一七四。
2 張大軍：《新疆風暴七十年》，頁六五六三。
3 一九八〇年周昆田先生訪問郭寄嶠筆錄。

城西南郊最高山），特指示說：『如萬不得已時，我等應以此地區為最後陣地。』

「此外，城防工事，工程甚大，時間迫切，應即徵大量民工及材料，漏夜協辦，以應機宜。款由省府籌撥，工由李總司令督導城防司令部辦理。」[1]

郭寄嶠部署迪化保衛戰之時，在瑪納斯前線，九月十三日以百餘人來犯陣地，騎兵三十一團強烈抵抗退回；十四日又犯，並在瑪納斯河西石河子、烏拉烏蘇、安集海集結兵力。十五日瑪納斯西大橋一帶，又分三路來犯，正面大橋之線雖被擊潰，而南北兩翼伊軍確進展極速，同時又在綏來南山繞道企圖切斷綏來通呼圖壁間之交通，如此不僅使綏來前線之部隊無路可退，而且有被消滅之危險[2]。

「敵騎仍在迪化四郊騷擾，仍企圖包圍迪化。郭寄嶠在保衛大迪化方案中，特別列入空軍支援一項。『屆時我將要求蔣委員長派王叔銘將軍率部分空軍，住哈密，空投糧彈補給我們。』」駐疆部隊若得到空軍支援，如虎添翼，抗擊民族軍東進就添了幾分了勝算。

此時，迪化城內人心浮動，省政府除財政廳外，民政廳、建設廳、教育廳早已停頓，無人到廳辦公。省府要員之妻妾乘軍機先走，秩序紊亂，民眾指摘尤甚。教育廳長令各校停課，並通令小學生徒步疏散至吐魯番。迪化知識分子及民眾均有「政府不要我們了」之口號[3]。

《新疆風暴七十年》的作者張大軍先生，時在迪化衛戍部隊任職，他目擊了當時迪化的慌亂場面。「來迪化的難民愈集愈多，沙灣、綏來、昌吉、呼圖壁，甚至伊犁、塔城、阿山三區跑出來的人。糧食已大為恐慌。東去的黑市車票賣到新幣一百萬元左右一張，許多汽車載人，對糧食運輸無人問及。更有帶著臨時太太，腰纏累累的黑貨（鴉片）向迪化運輸，一個戰神籠罩下之古城，糧食匱乏，市井紛擾，以使朱吳二位溫良恭儉軍政負責人已無法收拾，幸當時郭寄嶠將軍擔當著此一危局。」[4]

千里長堤毀於蟻穴，堡壘往往易從內部攻破。最令郭寄嶠憂慮的是迪化城內特殊的民情、社情。「迪化城居

1 一九八〇年周昆田先生訪問郭寄嶠筆錄。
2 張大軍：《新疆風暴七十年》，頁六五六四。
3 羅家倫：〈新疆最新情況報告〉，《羅家倫文存》第二冊，臺灣國史館。
4 張大軍：《新疆風暴七十年》，頁六五六九。

民約八萬人，維族與其他十三種民族及外國人約占四萬。南門有蘇聯總領事館，占地甚大，幾等於皇城，聞其職員逾八百，內存槍彈極多，觀蘇聯族人，每日出入不息。」

蘇聯在迪化開設的幾家醫院，實際上是蘇聯的情報機關[1]。滲透真可謂無孔不入。

郭寄嶠得到特工情報，「聞有暗中領運槍械分送外縣者。城內散布謠言極多，輒謂某日或某時，將有暴動，日必多起。我詢以假如敵人迫近迪化城附近時，城內如有叛徒敢不敢發起暴動內應，新疆情報負責人胡國振君立即答覆謂：『一定有暴動！』」

郭寄嶠即刻展開心理戰，他當即告訴與會人員應即公開宣告社會：

「第一，郭某個性比盛世才更殘酷，殺人毫不瞻顧（因新疆人怕盛世才亂殺人）。第二，今後無論何時迪化有叛亂，郭某已下令不分中外人士，一律就地處決，軍隊先清除城內敵人，再向城外敵人決戰。第三，以多種方法直接或間接散布此種宣傳以使企圖蠢動者不敢輕舉妄動。」[2]

郭寄嶠不僅僅是軍事家，亦是政治家，上兵伐謀，不戰而屈人之志，乃心理戰高手也！

當然，豺狼是嚇不跑的，只有持械將其消滅或趕跑。郭寄嶠迅即調防部隊：陸軍第四十六師調綏來。新編第二軍軍部移駐呼圖壁，暫三師調赴焉耆，陸軍第四十五師在七角井一帶加強警戒。

「特別是從青海入疆的騎五軍開赴頭屯河協防迪化，各民族沿街夾道歡迎，並有設茶水和燃鞭炮以慶祝者[3]。市民見這支隊伍軍紀嚴明，士馬精壯，鎧仗鮮明，各族心頭積宿多日之恐怖愁雲為之消散。

郭寄嶠嚴令各部隊長在行軍期間如有違反軍紀者，或有搶劫民間車馬財物人證俱獲者，准由團長以上主官就

---

1 楊恕教授在〈蘇聯與「東突厥斯坦共和國」〉一文中寫道（原載於《中央歐亞通訊》二〇一六年六月二十三日）：聯共（布）政治局責成蘇聯國家安全人民委員會利用自己已有的情報網，利用新疆已有的情報，幫助組建「民族復興組」，進行祕密的口頭和書面宣傳，實施本決定規定的其他措施。按照蘇聯的習慣，情報工作一般不在中央委員會上討論。責成外交人民委員會和衛生人民委員會擴大蘇聯在新疆各領事館下設醫療點，允許當地民眾在那裡就醫。這裡說明一下，蘇聯在新疆設了好幾個醫院，最大的醫院在伊寧市，這個伊寧市醫院的院長就是蘇聯當地情報機關的負責人，上校軍銜，但他確實在吉爾吉斯拿了醫學副博士學位，在消化病上很有建樹，但同時是克格勃的上校。這樣的人也難得。此外，在烏魯木齊開設日均接待量達到二百人以上的蘇聯診療所。這些都是情報機構，通過給人看病的方式存在。因為當時盛世才讓撤走的人裡不包括醫院。蘇聯方面就考慮多設幾個醫院。

2 一九八〇年周昆田先生訪問郭寄嶠筆錄。

3 《民國吳禮卿先生忠信年譜》，臺灣商務印書館，一九八八年，頁一七九。

地處決。

「在新疆，每天工作十八個鐘頭以上，晚十二點就寢，晨四點起床，我只有感覺工作的重要，而沒有感覺什麼叫累，在別人家都替我擔心的情況下，我卻毫不在乎，自己駕著汽車外出巡視，並親視工兵到戈壁灘上去挖行軍水井。」[1]

迪化不僅是新疆地理中心，亦是新疆政治、文化中心，是新疆主權存亡的象徵。在一定意義上講，保全迪化，就是保衛新疆。郭寄嶠力主將迪化守備師調往前線，堅稱：「前方不支，後方亦難固守。」同時維護迪化至綏來、哈密、焉耆各補給線交通之暢通。由地方政府為部隊徵購大量牛羊，分發備用以安民心。二十九集團軍總司令李鐵軍在迪化東西奔跑，督導軍民趕築城防工事，不唯高唱「決心死守大迪化！」更將不祥之名之『妖魔山』，改為『興隆山』，象徵未來一切是「中道崩，而興隆」之意[2]。

郭寄嶠九月十日單槍匹馬飛抵迪化，「到一九四五年十一月中旬，國民黨在奇臺、迪化、綏來、呼圖壁一線就集中了十個團的騎兵和十個團的步兵」。「吳忠信曾不無得意地說，集中如此多的騎兵團於一線，實中國近代作戰態勢中所不多見。」[3]

國軍兵多將精，三區民族軍被阻於瑪納斯河以西，再無力東進，省垣迪化轉危為安。

嗚咽的瑪納斯河

瑪納斯河源出天山依連治比爾尕山北麓，廣布的冰川孕育出準噶爾盆地的數片綠洲，是北疆的糧倉和富庶之地。三區民族軍從伊犁、塔城、阿山乘勝東進，將富饒的瑪納斯河畔變成了殺戮場。

從和豐縣突出重圍後駐守瑪納斯前線的國軍薛廷芳團長，事後回憶起那段悲愴的經歷：

1 一九八〇年周昆田先生訪問郭寄嶠筆錄。
2 張大軍：《新疆風暴七十年》，頁六五六八。
3 吳忠信：《主新日記》，一九四五年十一月二十二日。

一九四五年八月六日，「有蒙、哈、維混合聯軍千餘人猛攻和豐縣城。十六日，伊方援軍到達約二千餘人，附有汽車裝運的重炮十餘門。重炮轟擊下的攻防戰，伴著婦孺的哭啼聲，異常慘烈。久攻不下，伊軍先後發出多封勸降書：『我們是常勝軍，所向無阻，希望你向東土耳其斯坦政府軍投降，速繳槍械，可以保全你們的性命，否則，必定消滅你們。列斯肯簽字』」。

列斯肯是伊軍師長。十八日，蘇軍少將波里諾夫親自向瑪納斯守軍團長和縣長下達最後通牒：

薛團長，馬縣長：昨日我部下列斯肯已向你們通函。我是將官，和你們方面不到四里路。希望你們投降，過了正午便是戰爭。少將波里諾夫一九四五年八月十八日十時。

薛團長回函簡單明瞭：「我們是中華民國的守土文武官員，絕不因困難而投降匪人，仍願決一死戰。」果然，在下午一時，叛軍以重炮掩護猛烈攻城，被守軍一次次擊退。

蘇軍少將波里諾夫與列斯肯聯名發出第四封勸降書：「現在投降條件：（一）到蘇聯我們送；（二）到烏蘇我們用汽車送；（三）高級人員可以走，低級人員和士兵我們可以用。」

實際上，伊軍攻陷的城鎮，無論是戰是降，「叛軍入城後，大加殺戮，漢人以及公務員均無一倖免」[1]。

薛團長覆函乾脆利索：「要戰即戰，戰死亦榮，我們守土有責絕不投降！」

「此一函後，於十九日拂曉敵即向和豐縣城進攻，並奏著軍樂以助威。二十日叛軍又猛烈攻擊，戰鬥猛烈，叛軍死傷五百餘具。二十一日又由額敏開來援軍千餘人，附有重炮二門，重迫擊炮四門，集中火力向城牆轟擊，戰爭不久，城角已被轟毀。」

「當時守城官兵約三百餘名，經過長久的消耗到七月末子彈行將告罄，八月十五日已將羊肉食盡，八月十六日改食兵站的腐饢，又加官兵的傷亡，維族兵的越牆逃逸，電臺後來也被炸毀，援軍無望，只有突圍。」

[1] 張大軍：《新疆風暴七十年》，頁六三三九。

薛團長在極度緊張局面下，將自衛隊編組後，先將喇嘛召拆毀，於八月二十二日黃昏突出了重圍。「出城不到一千米被匪發覺，於是以刺刀衝殺，並被匪軍衝散，薛團長率少數人於同月二十八日逃到小拐，方收容了百餘人，除和豐蒙民七千戶全部附匪外，逃出的漢人不過四五家約十餘人，其餘均被屠殺。這些不甘附逆的官兵，穿過將軍戈壁，沿途以草根、樹皮、牛皮、生魚維持生命，抵達沙灣始脫離險境。」

薛團長說到傷心處，痛哭流涕：「新疆大亂在物必先腐而後生蟲，強敵當前臨陣逃亡向平絨（塔城行政長）那樣真是漢人的恥辱。個人死不足惜，可惜祖宗拓下來的江山，焉能在我們一輩拱手讓敵，我真無顏再見父老。」[1]

好漢有淚不輕彈，但那種精忠報國的精神感動得許多戍邊戰士流下熱淚。時任駐疆國軍第四十六師第一團團附的張大軍評論說：「當瑪納斯河前線正殺氣騰騰，迪化四郊時聞槍聲而敵騎縱橫時，朱紹良、吳忠信二氏抱必死之決心不撤守迪化，靜待增援，終於蔣委員長派遣郭氏和騎五軍入新，對新疆局勢之穩定已盡最大力量，此一不可磨滅之事蹟係軍隊在貴乎士氣昂揚和用兵神速，否則陷於被動，戰爭無不失敗者。」[2]

一九四六年初，由青海入疆的騎五軍部署完畢，國軍與民族軍終於在瑪納斯河打成平手，沿河對峙相望。

騎五軍參謀長綻福壽寫下了他的觀察。「這個地區由中央嫡系部隊新二軍謝義鋒駐守，城池內外築有很多工事，特別在距城牆二百米左右，碉堡林立（均係伏地堡）；距城牆四十米左右，挖築壕溝，環城皆是；城牆上下，都穿成新搶眼，工事比較堅固。對環城外圍的村落密林，為掃清射界，均加拆除和砍光。瑪納斯河，原來有一座橋樑，也被國民黨軍隊破壞。瑪納斯河寬約二百米，雙方哨兵每天互相喊話，士兵之間，點名道姓……」[3]

「當省垣迪化穩定後，郭寄嶠親臨最前線勞軍、視察。他在戰壕上向官兵講話，勉以雪恥報仇，爭取國際上失去的榮譽。此行前線官兵極為感動，因我講話位置，距離瑪納斯河對岸敵人堡壘不過三四百公尺，彼此相視都很清晰，如彼對我射擊，我當立即倒地。」[4]

1 一九四五年九月十三日下午五時，薛團長與張大軍見面時泣述。《新疆風暴七十年》，頁六三四〇—六三四三。
2 張大軍：《新疆風暴七十年》，頁六五七五。
3 《新疆文史資料選輯》第十一輯，新疆人民出版社，一九八二年，頁五二—五三。
4 張大軍：《新疆風暴七十年》，頁六五六七。

郭寄嶠事後解釋說：「我為啥冒此危險？良因此時，新疆軍心渙散，咸認長官部控有兩架飛機，如敵接近，即行逃入關內。故我特別為此說明：『我奉命來此，是與我官兵同為國際戰而抱犧牲決心，獲取勝利，絕不逃跑。』故當時有一班長在壕溝站起來說：『我們知道長官在國內非常有名望，我們絕對服從長官，奮鬥到底，擊敗敵人，收復失地。』」[1]郭寄嶠聞之動容，感到士氣可用，失地可復！

《吳忠信年譜》記載，郭寄嶠在新疆危難關頭發揮了中流砥柱的作用。吳忠信評價道：「郭寄嶠副長官蒞新，給予朱長官一極優的助手，明快果斷，負全域指揮責任，冒著寒風烈雪到冰天雪地的瑪納斯河最前線，冒險犯難，隨時隨地準備犧牲，尤其是調動軍隊，敵人也畏神速。郭將軍於二日內即速成對迪化保衛戰之防禦……盡心縝密部署，積極反攻，局面隨而復歸安定。有了此一安定的局面，蘇俄感受到以武力奪取很麻煩，戰爭再難獲勝。」[2]

軍事是政治的延續和和極端形式，一旦對抗雙方勢均力敵，殺敵一千自損八百，在戰場上再難撈到好處，政治就會走到前臺，以談代戰，以戰促和。古今皆然。

迫於戰場情勢、國際壓力和條約限制，在蘇共中央政治局主導下，瑪納斯河畔的硝煙將漸漸散去[3]。

「十月，蘇俄大使館向我政府建議，可以該國駐新領事為中介，獲取新疆之和平。中央遂派張治中為代表與伊寧叛徒代表在迪化進行談判。」[4]

羅家倫賦七絕一首讚郭寄嶠，並稱這首詩是在新疆時吟贈的[5]。曰：

1 張大軍：《新疆風暴七十年》，頁六五六七。
2 《民國吳禮卿先生忠信年譜》，臺灣商務印書館，一九八八年，頁一八〇。
3 打到瑪納斯河的時候，蘇聯和國民政府簽訂了《中蘇友好同盟條約》。此後，若繼續在新疆擴大軍事行動是不適宜的，蘇聯逐漸改變了在戰場上的行為。蘇聯檔案裡非常清楚地表明有如下具體措施：第一，撤出紅軍人員。第二，撤出民族軍中的重武器和大量輕武器。我們有一份檔案是耶格納洛夫給貝利亞的信，裡面提到：「從民族軍裡已經收回七千支步槍，其他武器正在收取中。已收取的武器已經集中到霍爾果斯將運回蘇聯。」楊恕：〈蘇聯與「東突厥斯坦共和國」〉，原載於《中央歐亞通訊》二〇一六年六月二十三日。
4 《民國吳禮卿先生忠信年譜》，臺灣商務印書館，一九八八年，頁一八〇。
5 《統一論壇雜誌》一九九六年第三期，頁二九。

百尺雄關萬里牆，祁連山勢壓沙場。男兒未覺西征遠，更囑天山侍道旁。

郭寄嶠臨危受命，指揮若定，調兵有方，為新疆贏得和平增添了關鍵籌碼的真實寫照。

第十二章 止戈

張治中赴新和談

一九四五年八月，美國在日本廣島、長崎投下兩顆原子彈，蘇聯以百萬之師出兵東北。八月十五日，日本宣布接受波斯坦公報無條件投降。在抗戰勝利的巨大喜悅之中，全國軍民翹首企盼著和平建國，撫平十四年抗戰給國家民族帶來的巨大創傷。

然而，東邊太陽西邊雨。新疆戰端方興未止，蘇美冷戰已現端倪。抗戰勝利來得早於預期，反使蔣介石手足無措。當外部民族問題解決之後，內部國共紛爭便浮出水面。

為了爭取時間和民心，蔣介石三次電邀毛澤東到重慶共商國是。國民政府軍事委員會政治部長張治中即東奔西走於國共之間，開始扮演和平將軍的角色。中共不信任蔣介石，但卻與張治中建立了互信。

中共內部最擔心毛澤東在重慶的安全問題。對此，美國方面派出赫爾利，國民黨方面派出張治中，親自陪同毛澤東由延安飛抵重慶。毛澤東抵達重慶後，住所問題至關緊要，周恩來在權衡比較後認為：張治中的官邸（上清寺桂園）比較合適。周恩來一經提出，張治中慨然答應，全家搬到復興關中訓團內一所狹小破舊的平房裡，讓出自己的官邸供毛澤東做會客、工作、休息之所，並安排憲兵擔任警衛任務，保衛毛澤東的安全。

張治中對和談所展現的誠意及所付出的努力，中共方面給予了充分肯定和高度評價。一九四五年十月十二日，毛澤東在送張治中回重慶的路上曾說：「你為和平奔走是有誠意的」。「你把《掃蕩報》改為《和平日報》就是一個例子。《掃蕩報》是（國民黨）在江西圍攻我們時辦的，你要改名字，一定很有些人不贊成的。」[1]

不僅如此，在營救共產黨幹部上，張治中也不遺餘力。據其回憶：

一九四六年我第三次由重慶飛迪化時，周恩來先生一再囑託我把中共在新疆被盛世才囚禁的人員全部釋放，我答應了。

我回到迪化之後，一方面先後派屈武同志等到監獄裡去看望他（她）們，並交代主管方面改善他們的生活待遇；另方面打電報給蔣，說明這是盛世才做的事，為了增進兩黨友好，表示和平意願，應該全部釋放。蔣初表示猶豫，幾經電報往返說明，才同意了。

經過一個月的準備，我派了新疆警備總部交通處長劉亞哲負責護送，還派醫務人員隨行，同時先後分電甘肅省主席谷正倫、西安胡宗南、祝紹周等沿途妥善招待，並且電告周恩來先生。他們一百三十一人才在六月十日由迪化分坐八輛大汽車出發……七月十一日抵達陝甘寧邊區的雞加村，由延安方面派人接去。[2]

這件牽扯國共兩黨歷史恩怨的棘手之事，當時只有張治中肯真誠去做，而且做得到。

國共重慶「雙十協定」簽訂後，基於毛澤東回延安的空中安全，張治中又親自伴送毛澤東同專機返回延安。繼而徑直前往新疆，在蘇聯政府調停下，與三區民族軍進行和平談判。

民族軍在戰場上風頭正勁，在談判桌上亦意氣風發。雙方各執己見，討價還價，過程曲曲折折，曠日持久。在主新一年多時間裡，張治中日復一日地周旋於中蘇、國共、三區與七區、三區內部、新疆各民族、國民黨內鷹派與鴿派諸多錯綜複雜矛盾中。儘管使盡渾身解數，左衝右突，卻前後受阻，處處碰壁，四面不討好。這令張治中疲憊不堪。

---

1 余湛邦：〈毛澤東與張治中〉，編委會編著《肝膽相照見真情：老一輩無產階級革命家與民主人士的交往》[M]，一九九九年，頁一八七。

2 張治中：《張治中回憶錄》，北京：華文出版社，二〇一四年，頁三二八。

面對年僅三十一歲的談判對手阿合買提江，張治中感慨地說：「我是快六十歲的人了，和你的年齡幾乎相差一倍，如再這樣爭下去，很不適宜，我想建議中央另派年輕的人來和你談。」

張治中話出有因，意在將國民黨內新生代推到前臺，讓他們主政新疆，解決邊疆問題。

湖南「騾子」宋希濂

一九四五年四月十三日，三十五歲的中央青年幹部學校教育長蔣經國偕三十八歲的中緬遠征軍總司令宋希濂飛抵迪化。時年六十歲的新疆省主席吳忠信在日記中寫道：「宋希濂同志原任遠征軍總司令年僅三十有八，張文白兄與我介紹函中，譽宋『乃一健全之高級將領』。」[1]

宋希濂（一九〇七－一九九三），湖南人，出生於「先世多為文人」的官宦世家。追溯歷史，宋氏的曾祖父宋蟾桂曾隨左宗棠鎮守西北邊關，在甘肅省任過縣知事、知府等職，可謂邊臣之後。從幼時起，在父輩精神薰陶下，宋希濂便景仰一代名相左宗棠，以祖宗經營西北的偉業而自豪。

宋希濂在家鄉讀完高中，十七歲即投筆從戎，赴廣州考入黃埔軍校一期，為千餘錄取學員中年齡最小者。在軍校時，宋希濂即跟隨校長蔣介石參加第一、第二次東征。年輕的宋希濂血氣方剛，身上有一股湘軍的蠻勁，冒死打衝鋒，視死如光榮，在戰場上屢立戰功。蔣介石賞識其膽識，擢拔為營長，出師北伐，轉戰浙贛，在桐廬戰役中負傷。

傷癒後，蔣介石選派宋希濂就讀於日本陸軍士官學校。在日期間，因響應國內反日運動，一度被日政府囚禁。回國後，即獲得蔣介石重用，二十四歲即出任旅長。嗣後，中原會戰、剿共、戍京（南京），都可見到宋希濂的身影。「西安事變」後，宋希濂率中央軍入陝。

「七七」事變爆發後，宋希濂奉命赴淞滬作戰，後又參加武漢外圍戰，成為赫赫有名的抗日名將。一九四〇年，宋氏調任中央訓練團副教育長。翌年，擢升第十一集團軍總司令，兼昆明防守司令，率領遠征軍開赴緬

---

[1] 吳忠信：《主新日記》，一九四五年四月十八日。

北，阻擊日軍北進。時年僅三十四歲。

《紐約時報》文稱：「宋希濂將軍及史迪威將軍，在中國雲南省及緬甸發動之攻勢，動人心魄，而未被注意，惟彼未被歌頌之英雄，在未被歌頌之戰役中，克服雨季之障礙，擊敗日軍，在此次戰爭之歷史上，用鮮血寫下英勇之一頁。」[1]

滬版的《中國當代名人傳》中，亦對宋希濂做出如下評價：「將軍天性淳厚，豁達有大度，平易近人，而待人誠懇，忠貞以事長上，率直以交朋友，和愛以待部下，尤能獎掖並扶植人才，凡與共事稍久者，莫不服其坦白熱情，使人生油然敬愛之感。平日沉默寡言，而喜問人家之意見，能博採眾意，與人為善，然一旦處大事臨大節，於深思遠慮之後，有其獨立遠到之見，不常發表而胸有成竹，能吸收而有創見。平時飲食簡單，起居有時，總觀其為人，既溫文儒雅有君子風；又剛毅果敢富英雄氣，強者之美與文雅之度，兼而有之……」[2]

因迭年抗戰有功，國民政府授予宋希濂青天白日最高勳章，美國政府亦頒贈棕櫚葉自由勳章。

一九四五年春季，抗戰勝利在望，雲南地方安靖，而新疆局勢板蕩，軍委會建議將這位能打硬仗、勝仗的湘籍少壯將軍西調新疆。帶著滇緬戰場的硝煙和榮譽，宋希廉踏上了新疆的土地。

執鞭中央九分校

宋希濂與蔣經國同機西來，並由蔣經國親到中央陸軍軍官學校第九分校宣布宋之任命，由此足見宋氏在蔣介石心中的分量。

對於宋希濂空降迪化主持第九分校，《新疆日報》曾有評論[3]：

省府各廳委昨日（十八日）正午十二時假保安司令部西大樓公宴中央青年幹部學校教育長蔣經國氏及中央軍九分校主任宋希濂氏，到會黨政軍各機關首長，及各宗族首領一百餘人。宋氏原任遠征軍總司令，淞滬滇緬諸

1 丁淼生、傅潤華主編《中國當代名人傳》，上海世界文化服務社，一九四八年。
2 丁淼生、傅潤華主編《中國當代名人傳》，上海世界文化服務社，一九四八年。
3 《新疆日報》民國三十四年（一九四五）四月十九日頭版

役，迭著戰功，此次調任九分校職務，亦可見中央對於邊疆軍事教育之重視。

吳忠信在《撫新日記》中記載了與宋希廉的會面：「渠現奉總裁命，主持第九分校，特先來新一視，今晨余與其在新大樓晤見，渠謂到迪數日，對第九分校情形大體明瞭。深感該校無論在人事設備暨經費各方面，均有補充與提高之必要，日內即赴渝報告。有謂此次奉命掌九分校，請余多賜教，渠當竭盡職責，為培養新疆軍事幹部人才而努力。余對宋備致鼓勵，並願其以培植新疆軍事幹部為其終生事業，宋頗為興奮。」[1]

宋希濂到任伊始，即大刀闊斧地改造第九分校。「將蘇式教育大綱改為德式軍事教育大綱；取消原有的『反帝會』分會的組織；政治教育也來了個大轉變，開有《建國大綱》、《建國方略》、《三民主義》等課程。」其口號是「訓練重於作戰、統一意志、集中力量」。主要進行精神、政治、業務和軍事訓練，而以精神訓練為主，完全與中央陸軍軍官學校本校及其他分校接軌。

宋希濂治校期間，除招收培養新生外，還決定將盛世才統治時期的新疆軍校一至五期畢業生集中補訓，要求學員集體加入國民黨，以取得國民黨中央軍校的確認。宋希濂對補訓學員嚴格考核，有近三分之一的學員因各種原因中途輟學或遭淘汰。宋希濂特意從成都本校入伍生總隊調來四百五十名學員在九分校受訓[2]。通過對新疆軍校中下級軍官的整訓，宋希濂由此完成了對駐疆軍隊的控制。

宋希濂視治校如治軍，獎罰分明，執法如山。據九分校的一位教官回憶，一九四五年夏季，幾個軍人為搶奪羊隻，開槍打死了一個放羊娃。一時間，迪化輿情洶洶。宋希濂下令嚴查真兇。最終將兇手鎖定為軍校的一位上尉連長。宋希濂下令槍斃，獲得迪化官民交口稱讚[3]。

宋氏帶兵亦有柔情似水的一面。九分校有許多來自內地的學員，一旦父母病故，就要千里奔喪。對這些告假行孝的學員，宋主任不但照准，而且拿出自己的津貼補貼其路費。宋希濂愛兵如子的聲名不脛而走[4]。

在中央九分校，宋希濂反覆向學員灌輸軍人寧可戰死沙場，也絕不繳械投降的黃埔精神，他最痛恨叛國投敵

1 新疆檔案館資一－七－一三二，吳忠信《主新日記》一九四五年四月十八日。
2 《新疆文史資料選輯》第二十二輯，頁一三一。
3 王東：《黃埔九分校書稿》。
4 王東：《黃埔九分校書稿》。

者。「一九四六年底李裕祥、郭岐和幾百名戰俘回到迪化，宋希濂認為這是軍人的恥辱，拒不接見這兩名敗兵之將。」[1]在伊犁「突圍中僅有四十五團的團長劉倫元率領所部殘兵敗將，轉戰穿插數月，於一九四六年春回到迪化，受到宋希濂的歡迎與嘉獎」[2]。

迪化「二二五」，臺灣「二二八」

十九世紀中葉，兩次鴉片戰爭及太平天國運動，重創了大清帝國的國基，在割地賠款、財政捉襟見肘的窘困之下，引發了海防與塞防孰重孰輕的朝堂大爭論。陝甘總督左宗棠主張塞防與海防並重。

二十餘年後，隨著左宗棠督軍收復新疆繼而出任閩浙總督，在其三番五次奏呈下，一八八四年新疆建省，一八八五年臺灣建省。

新疆與臺灣，一個孤懸塞外，一個孤懸海外，相距萬里之遙，為中國塞防與海防最前端的前進基地和戰略屏障。得之可西進中亞、歐洲、太平洋，失之則盡失戰略屏障，國防危殆。左宗棠在古稀之年，親自擘畫新疆、臺灣軍政大計，為清廷大員之罕見。在左宗棠心中，新疆、臺灣如大鸞之兩翼，缺一不可。

無獨有偶。一九四七年二月，新疆迪化與臺灣相繼發生大規模社會騷亂，均驚動了還都南京的蔣介石。

先說新疆省垣迪化事件的始末。一九四七年一月三日，主政新疆的張治中由新疆至南京向蔣介石面報省情後，稱病不歸。二月二十二日，當迪化陷入混亂之際，蔣介石約見張治中，並在日記中記曰：

> 下午召見文白（張治中），滯延鄉間回新無期，不勝悲痛。高級將領幾乎怠傲成習，而且託病誤公，此種現象只有為共匪所俘而已。昔日之勇氣與精神，可謂喪失殆盡。[3]

1 《新疆文史資料選輯》第十期，新疆人民出版社，一九八二年，頁六四。
2 《新疆文史資料選輯》第十期，新疆人民出版社，一九八二年，頁六四。
3 呂方上主編《蔣中正先生年譜長編》第八冊，臺灣國史館，二〇一五年，頁六一四—六一五。

顯然，蔣介石對張治中託病誤公憤而不滿，故而寫下重語。

張治中不在新疆時，由省政府祕書長劉孟純主政，宋希濂主軍。據時任新疆警備區司令宋希濂回憶：

> 二月二十日，維吾爾族青年多人在維文會召集了一個「迪化市自由大會」，由阿不都艾海提・馬合蘇木主席發表了一篇很激烈的講話……，博得與會者的熱烈鼓掌。隨即遊行示威，一路高呼「中央軍撤出新疆」，「反對漢人的統治」等口號。到二十一日，維吾爾族青年又舉行一次規模更大的示威遊行。在過去的一般遊行示威，只有幾百人，多則千餘人，而這次達到五千人以上。[1]

從遊行組織者印製的大小旗幟和呼喊口號的內容看，政治訴求鮮明，矛頭直指漢人及維護和象徵國家主權的軍隊。而遊行人數所以愈聚愈多，其背後一定有人煽動操控。蔣介石在得到情報後認定，這個人就是「三區革命」領導人、新疆省聯合政府副主席阿合買提江。

宋希濂寫道：劉從省府回到新大樓和我們見面講述請願者態度的「咆哮強橫」和他所處的窘境時說：「直是令人難以忍受。」[2]

連日來鬧事者目無法紀、無理取鬧的言行，引起了迪化許多人的憤慨和不滿，尤其是那些在伊寧事變中倖存的人們，深恐第二次伊寧事變在迪化重演，再遭漢人被殘忍屠殺的厄運。而國民黨駐新最高長官張治中一直主張以委曲求團結，以隱忍換和平的做法，被同仁們視為膽小怕事，被鬧事者視為軟弱可欺。

大家認為實在不能再容忍了，不能再退讓了，應該和阿合買提江等人領導的勢力進行堅決的鬥爭。我則是這種意見的積極支持者。二十二日晚間，劉孟純在新大樓召開了一個緊急會議，決定以示威遊行對付示威遊行，以請願對付請願，給伊方勢力以反擊[3]。

於是，在國民政府暗中組織下，「二十四日上午，迪化市區的回族人和哈薩克族人舉行聯合遊行示威，人數

1 宋希濂：《鷹犬將軍：宋希濂自述》，文史出版社。
2 宋希濂：《鷹犬將軍：宋希濂自述》，文史出版社。
3 宋希濂：《鷹犬將軍：宋希濂自述》，文史出版社。

約有三四千人，有十多個哈族人騎馬先導，沿途高呼：「擁護中央政府」，「中華民國萬歲」，「新疆是十四個民族的新疆，不是維吾爾族的新疆」，「反對伊、塔、阿三區特殊化」等口號，遊行後擁至省府請願」[1]。劉孟純等人很講鬥爭策略。第一天漢族人未出面，由回族、哈族人聯合示威，這給住在城內的漢族人以極大的興奮和鼓舞，成為第二天參加遊行請願人數特別眾多的原因。

二十五日一大早，在漢文會就聚集了大批漢人，會裡的禮堂和街道上都擠滿了人，裡面有一部分是從伊、塔、阿三區逃出來的難民（包括由蘇聯境內遣返回來的）。同時在另外一些街道，也在集合，有二三百人一堆的，有四五百人一堆的。到了十點鐘左右，這些遊行請願的人，一批一批地陸續來到政府前面坪地集合，總人數達一萬人以上。這對於當時只有八萬人口的迪化市來說，確是空前的。參加的絕大部分是漢人，也有少數的回族人、哈族人、滿族人在內[2]。

示威人群要求阿合買提江出面答話。一部分從伊、塔、阿三區逃出來的難民（或者是伊寧事變被害者的家屬）已控制不住積在胸中的鬱憤，態度愈來愈強橫，高聲叫嚷，秩序大亂。阿合買提江站在臨時由幾張桌子拼搭起來的講臺上講不下去，和一些省府委員們退到省政府裡面去了。示威群眾開始包圍和衝擊省政府。繼而省府內有人向失控的人群開槍，而人群中亦有人向省府內投擲手榴彈，均造成人員死傷。宋希濂描寫道：

> 這時在省府裡面會議室裡的阿合買提江、包爾漢兩副主席及省府委員們聞手榴彈的爆炸聲和群眾的吼叫聲，嚇呆了，大家面面相覷，沉默不言，不知如何是好。[3]

緊接著又發生了哈薩克族人和維吾爾族人互相打殺的事情，互有死傷。事態失控了。宋希濂開始出面控制。

> 我得此消息，覺得事態嚴重，也感到自身責任的重大，立派迪化市警察局局長劉亞哲親往勸告和負責制止

1 宋希濂：《鷹犬將軍：宋希濂自述》，文史出版社。
2 宋希濂：《鷹犬將軍：宋希濂自述》，文史出版社。
3 宋希濂：《鷹犬將軍：宋希濂自述》，文史出版社。

> 這種暴力行為，並命迪化警備司令羅恕人立即出動部隊戒備。我下令全市宣布戒嚴，所有街道要口，均滿布崗哨。
>
> 事件發生後的當晚，我把經過情形電報蔣介石，並要求批准我宣布戒嚴的臨時措施，兩天後接蔣覆電，囑我妥善應付局勢，並批准戒嚴措施。[1]

針對分裂勢力的猖狂挑釁，新疆省政府旋即公布了〈處理危害和平案件辦法〉。該辦法措詞嚴厲：「凡蓄意危害和平，從事恐怖活動，擾亂社會秩序者，以內亂罪論，處以最嚴厲之刑罰。」危害和平罪包括：「一、對官吏及人民實施暗殺者；二、公然聚眾強暴脅迫，侵犯他人或官署，妨礙公共秩序者；三、以擾亂公共秩序為目的，實施恐怖手段者；四、散布謠言，挑撥民族感情，煽惑他人從事擾亂公共秩序之行為者；五、聚眾持械搶劫，或侵犯他人財產身體自由者。」[2]

宋希濂嫉惡如仇，他在不同場合放出狠話，「公開向集會的民眾聲稱，國軍有足夠強大的力量平定任何暴動；在庫車又殺氣騰騰地叫囂：一旦有人膽敢暴動，我可以派飛機在三小時之內把庫車炸平！」對那些「中央軍撤出新疆！」「成立東土耳其斯坦共和國！」「成立民族部隊！」等分裂國家的政治訴求，力主鐵腕鎮壓[3]。

將在外君命有所不受。乘張治中滯留南京之際，宋希濂先斬後奏，斷然下達戒嚴令，入戶搜查，拘捕要犯，收繳槍支，從而控制了失控局面。

迨至是月二十八日，不料臺灣又傳來了壞消息，臺灣行政長官陳儀發急電向蔣介石報告臺情並求援。

> 臺省防範共黨素未鬆懈，惟近因由日遣回臺僑由本地流氓受奸匪煽動，感日乘專賣局查禁私煙機會，聚眾暴動，儉午更形猖獗，搗毀機關，縱火焚燒，沿途傷害外省籍人員。職為維護治安起見，於儉日宣布臨時

1 宋希濂：《鷹犬將軍：宋希濂自述》，文史出版社。
2 張大軍：《新疆風暴七十年》，頁七三四四。
3 《新疆簡史》第三卷，頁四五九。

戒嚴，必要時自當遵令權宜處置。[1]

因事前毫無先兆，一時令蔣介石錯愕不已，猝然受挫。他在當月反省錄怨道：

自上月廿八日起，由臺北延及至全臺各縣市，對中央及外省人員與商民一律毆擊，死傷已知者達數百人之眾，陳公俠（儀）不事先預防又不實報，及至事態燎原，乃始求援，可歎。[2]

兩個封疆大吏，一個可悲！一個可歎！

蔣介石在二月二十八日的日記中寫道：

新疆阿合買提江由京回新以後，煽動維族暴動示威，此與東北共匪進犯長春實相呼應，故本月下旬發生示威慘案二次，幸速平息。而臺灣暴民乘國軍離後，政府武力空虛之機，發動全省暴動，此實不測之禍亂，是亦人事不臧，公俠（陳儀）疏忽無智所致也。[3]

坐在中華民國權力最高層，蔣介石把幾乎同時發生在新疆與臺灣的孤立事件緊密聯繫在一起看。這兩大官民衝突並釀成血案的事件，史稱迪化「二二五」和臺灣「二二八」事件。

此時此刻，臺灣社會如乾柴遇到烈火，衝突驟然升級，且愈演愈烈。

蔣介石埋怨陳儀，亦寬量陳儀目下的處境。臺灣光復時，國民政府調派了三萬軍隊入駐臺灣。鑑於臺灣財政拮据，為減輕臺胞的負擔，陳儀將駐防的七十軍及六十二軍調回大陸，可接防的二十一師實際派到臺灣的只有一個團和一個營，僅五千官兵，分散在臺北、基隆、高雄、鳳山、岡山及臺中各地。

1　同上，頁六一五。
2　呂方上主編《蔣中正先生年譜長編》第八冊，臺灣國史館，二〇一五年，頁六二四—六二五。
3　同上，頁六一九。

雖說迪化與臺灣幾乎同時戒嚴，然而最大的不同是，國民黨在新疆駐有重兵，而鎮守臺灣的陳儀，幾乎是一個光桿司令。

大亂將至，陳儀不得不於三月四日發電向蔣介石請求發兵救援：「為不使遺禍將來，必須有相當兵力，俾資應用，乃電請酌調素質較好步兵一旅或一團來臺。」

臺灣防務空虛既久，蔣介石當然心中有數。他即覆電陳儀：「已派步兵一團並派憲兵一營，限本月七日由滬啟運，勿念。」

七日蔣又致電陳儀：「廿一師師部、直屬部隊，與第一個團，本日正午由滬出發，約十日晨可抵基隆。」[1]

世上之事，常常旁觀者清，當局者迷。早先，上海《觀察週刊》即驚呼：「今日臺灣危機四伏，岌岌可危，是隨時可能發生騷亂或暴動的。」

二戰期間，約三十萬臺胞被日軍強征赴大陸、東南亞參戰，近十萬人戰死或病死。日本投降後，至一九四六年底，二十萬臺胞歷經千辛萬苦，返回遭美軍大規模轟炸、千瘡百孔的臺灣。更令蔣介石、陳儀擔憂的是，日軍遺留下的武器足可裝備二十個師，還有大量槍械散落民間，這些人槍一旦結合起來，後果難以設想。中統局臺北站緊急電告南京：「此次參加臺灣暴動者多屬前日軍徵用之海外回來浪人（海南島回者為甚），全省約計十二萬人。」

蔣介石感到事態演變比想像中的嚴重，遂發電指示：

> 各處倉庫，所存械彈，約有幾何，請詳報。與其為暴徒奪取，不如從速燒燬，此時應先做控置臺北、基隆二地之交通、通信與固守待援之準備，臺南則固守高雄與左營勿失為要。日內即有運輸登陸艇二艘駛臺，可派其做沿海各口岸聯絡及運輸之用。基隆與臺北情況，每日朝午夕做三次報告為要。

蔣介石哀歎部將陳儀不爭，繼又埋怨臺民，惱其欺軟畏硬：

[1] 呂方上主編《蔣中正先生年譜長編》第八冊，臺灣國史館，二〇一五年，頁六二五—六二六。

此種臺民初附，久受日寇奴化，遺亡〔忘〕祖國，故皆畏威而不懷德也。[1]

千里調兵，荷槍實彈，為彈壓而來，來者不善，殺氣騰騰，名曰平叛。三月八日中午，二十一軍先頭部隊在基隆登陸時遭武力阻攔。臺籍日本退伍軍人成為搶奪武器、攻占軍事要地的主力。其編制一如日本軍隊，帶隊者自封隊長，揮舞東洋刀，高唱日本國歌，甚至叫喊：「皇軍馬上就要回來了！」援臺官兵即開槍掃射，搶灘登陸。

九日，二萬多國民黨主力部隊在血洗基隆後，進駐臺北、高雄、嘉義，與駐守在臺灣南部地區的國民黨「高雄要塞司令」彭孟緝聯手，對抵抗者圍追堵截，大開殺戒。

三月十一日，蔣介石向臺灣民眾廣播。當晚，召見白崇禧談處理臺灣事件方針。十二日，國民政府正式下令：「特派國防部部長白崇禧，前往臺灣宣慰，並著對此次紛擾事件，查明實際情形，權宜處理。」[2]

戒嚴令使迪化社會秩序很快恢復了平靜，張治中返回省城，召集高級幹部做了一次長達四小時的祕密講話。厲聲譴責軍人干政：「軍事一定要服從政治，與政治配合。政治上失掉新疆，不是軍人的責任；軍事上失掉新疆，才是軍人的責任。無論軍事政治都有我負責……」[3]

縱觀歷史經驗，在新疆分裂與反分裂鬥爭中，在事關民族與國家利益的大是大非上，主政者心慈手軟，抱有幻想，稍有猶豫，稍有懈怠，稍有妥協，就可能鑄成歷史大罪，背負歷史譴責！從此意義上講，張治中還真負不起這個政治責任。

臺灣社會在軍事戒嚴令的高壓之下，社會秩序很快好轉。包爾漢回憶說：「一九四七年十月，我率新疆文化藝術團從上海「乘輪船到了臺灣基隆，還到了臺北、臺中、臺南、高雄等城參觀演出。」[4]

蔣介石安排包爾漢一行能到臺灣各地公開演出，說明臺灣治安恢復如常。

---

1 呂方上主編《蔣中正先生年譜長編》第八冊，臺灣國史館，二〇一五年，頁六二五。
2 呂方上主編《蔣中正先生年譜長編》第八冊，臺灣國史館，二〇一五年，頁五四九。
3 張治中：《張治中回憶錄》，北京：華文出版社，二〇一四年，頁三二八。
4 包爾漢：《新疆五十年》，文史資料出版社，一九八三年，頁三二七—三二八。

二月二十八日，被蔣介石視為苦心之日。「本月最後一日，實為軍事、政治、經濟三大問題基本解決之開始，亦為思慮最切、用心最苦之一日也。」[1]

一九四七年，蔣介石的日子堪比黃連，苦不堪言。蘇聯背信棄義，美國朝野指摘，東北戰場失利，城市學運風湧。事後觀察，唯獨在新疆和臺灣兩省，蔣介石不願輸，不能輸，輸不起，亦沒有輸。因為，新疆一旦獨立，他將是千古罪人；臺灣一旦失手，他將死無葬身之地。

蔣介石重兵定天山

新疆聯合政府成立後，三區民族軍並未改編或撤銷。所謂聯合政府，只是討價還價的結果，是政治上暫時達成的妥協。和談雙方均心知肚明，紙上條約靠不住，真正的較量還要靠槍桿子。

蔣介石繼續向新疆調兵遣將。一九四六年二月二十六日（聯合政府一月六日成立），即電第八戰區副司令長官郭寄嶠，略曰：（一）統一南疆軍事指揮，已派楊軍長德亮前往。（二）R7D（部隊番號）限三月中旬可全部到達南疆，該方面防務即可增強。（三）已由五戰區及豫南挺進部抽調共十個補充團，約二萬餘人，限天山雪融前全部入新。（四）至給予杜淑部暫三師番號一節，刻正整編期間，似無必要。等語，希即知照[2]。

張治中亦是血戰沙場的將軍，通曉以武止戈的道理，自知談判桌上的唇槍舌劍，對手的囂張狂悖，均憑真槍重炮做堅強後盾。他對從南疆視察部隊歸來的宋希濂說：「新的省政府成立以來，伊方不斷提出許多不合理的要求，並慫恿青年經常到省府請願，到街上遊行示威，鬧得烏煙瘴氣。看來他們（指伊方）是沒有誠意的，前途很難樂觀。充實在新疆的軍事力量十分重要。」[3]

張治中感到手中兵力有限，說話底氣不足，祕密授意宋希濂到南京請中央增兵。

「一九四六年九月下旬，我帶著張治中寫給蔣介石和陳誠的兩封信及一份請求補充駐新部隊武器器材表飛

1 呂方上主編《蔣中正先生年譜長編》第八冊，臺灣國史館，二〇一五年，頁六一九。
2 呂方上主編《蔣中正先生年譜長編》第八冊，臺灣國史館，二〇一五年，頁三一五。
3 《新疆文史資料選輯》第一輯，新疆人民出版社，一九七九年，頁一〇一。

到南京，並趕往廬山，向蔣介石彙報了新疆的政治形勢和軍事情況，蔣介石用心地聽取了我的報告後，只說了下面幾句話：『你回去告訴各級幹部，在邊疆地區工作要特別警惕，部隊駐地的警戒要嚴密，一點都不可以疏忽。』我遞上補充兵員器材的報表給他看，他立即用桌上的一支紅鉛筆在報告表上批了『交陳總長酌情辦理』幾個字，簽名後遞給我。」[1]

「我返回南京見到陳誠，他對我說：『共軍力量快打到長江邊上來了，首都都感到威脅，刻正調集大軍進行反擊。因此中央目前對新疆還不能大力支援。你們所要求補充的兵員、武器、器材等，國防部當在可能範圍內撥發。』」

宋希濂在南京住了二十多天，整天向國防部要兵，要武器，要器材。主要成果大致如下：

一、允許第一步現成立四個邊卡大隊。

二、允陸續撥給補充兵一萬五千人，大部分由甘肅省的幾個師管區徵撥，一部分由收編的偽軍挑選。

三、允增派一個汽車團入新（約有載重卡車三百餘輛）。

四、允補充軍馬三千匹，就地徵購。

五、無炮兵部隊可派，但允於適當時期派一個重炮兵營駐酒泉，必要時入新。

六、補給一批武器器材彈藥[2]。

對於國民政府新調入疆的一萬五千餘兵員，切不可低估其作用。溯及民國初年，這比楊增新執政時期新疆總兵員還要多。一九三三至一九三四年，盛世才與馬仲英、張培元大戰，交戰各方總兵力亦不過為一萬五千人左右。即使入境參戰的蘇軍機械化旅，總兵員亦未超過一萬五千人。

宋希濂於十月下旬回到迪化，「大約過了四五天，接到蔣介石電令，調我接任新疆警備總司令。十一月三日我接任新職」[3]。

宋希濂終由幕後走上前臺。手握新疆兵權後，迅將國軍駐疆兵力做了重新部署。

1 《鷹犬將軍：宋希濂自述》，頁一〇二—一〇三。
2 《鷹犬將軍：宋希濂自述》，頁一〇二—一〇三。
3 《鷹犬將軍：宋希濂自述》，頁一〇四。

省城駐紮重兵：計有騎五軍、騎一旅（旅長韓榮福）、一百七十九旅（旅長羅恕人）、師管區騎兵團、警備營等。一九四七年冬，為適應冬季嚴寒雪天作戰，宋希濂還以中央軍校第九分校一部分下級軍官為骨幹，組建了一支滑雪部隊。

在前線綏來駐紮了二百二十七旅（旅長朱鳴剛），在呼圖壁駐紮了新二師（師長葉成）以做後援；

在奇臺駐紮了騎二旅（旅長韓有文），以對付阿山區武裝；

在哈密、吐魯番部署了一百七十八旅（旅長莫若我）和二百三十一旅（旅長田子梅）。

南疆既是國防邊境重地，又是新疆糧倉和主要稅源地，宋希濂在南疆也配備了重兵。

喀什是南疆司令部所在地，駐有整編四十二師（南疆警備司令兼師長趙錫光）、七十九旅；

莎車駐有騎四旅（旅長唐井然）；

阿克蘇駐有二百三十五旅（旅長李祖唐）；

焉耆駐有一百二十八旅（旅長鍾祖蔭）；

此外，還有後勤部隊。

「一九四五年，中央和地方部隊總數十萬人左右」，其中不包括「聯勤總部大小單位五十多個，官兵一萬餘名，負擔駐新疆國民黨部隊的後勤保障任務」[1]。加上宋希濂從中央增補的一萬五千人，國民黨駐疆部隊總數已超過十萬人。

國民政府不斷向新疆增兵，引起了三區民族軍的恐慌，他們抱怨說：「中國政府沒有實現減少國軍的承諾，反而從一九四四年國軍數目二萬至二萬五千人增加到九萬人。」[2]

迪化的蘇聯領事反對國民黨駐疆軍隊超過三萬人。司馬昭之心，路人皆知。宋希濂認為，蘇聯自有如意盤算，即加強民族軍勢力，以便與美國支持的國民黨軍事勢力保持平衡[3]。

蔣介石調集重兵入疆，首先要將三區民族軍的人數考慮在內。「聯合省政府成立後，伊犁政府從來沒有向聯

1 《新疆通志・軍事志》，頁四四八。
2 王大剛：〈蘇聯庇護下的伊寧事變〉，《新疆通史》資料，二〇一四年內部版，頁二〇五。
3 宋希濂：《鷹犬將軍：宋希濂自述》，頁二一八。

合政府報告過自己軍隊的總人數。我們所知道的英文、漢文（國民黨和共產黨）和維吾爾文資料，估計三區軍隊人數是一萬二千至六萬九千人。」[1]

兵法云：「有備無患，多算者勝。」蔣介石之所以調集重兵入疆，顯然已將蘇聯再次直接出兵的可能性預估在內。至少在戰略上，他不能重蹈一九三三年蘇軍直接出兵幫助盛世才，打敗馬仲英、張培元，割據新疆的覆轍。

以大歷史眼光看待國軍麇集新疆事件，可以得出什麼結論呢？

縱觀新疆近二百年歷史，清朝中央政府為收復戰略屏障新疆，先後舉國發兵三次。

第一次於乾隆二十年（一七五五）二月，清廷發兵五萬，分西、北兩路進軍，滅了準噶爾汗國，清軍統一天山北路。之後，清朝在惠遠設伊犁將軍府，興築九城，屯田殖民，伊犁遂成為新疆最大的軍事基地。清政府在北疆駐兵三萬餘人，占全疆駐兵的五分之四。伊犁駐防軍約一萬四千人。

第二次於清嘉慶年間，為平定張格爾叛亂，清政府調集黑龍江、吉林、四川等地萬餘人入新，動用部隊三萬餘人，徵軍馬二萬匹、駝一萬峰，清政府撥軍需銀一千一百多萬兩，殲叛軍十數萬[2]。

第三次是光緒二年（一八七六），新疆已被浩罕侵略軍侵占十三年。清廷任命左宗棠為欽差大臣，督辦新疆軍務。各方調集的西征軍總兵力達六七萬人。另在星星峽以東尚有楚軍二十九個營作為戰略預備隊。左宗棠認為「關塞用兵，在精不在多。」在武器配備方面，左宗棠為出關清軍補充了較先進的武器和彈藥（多係德國造），先後撥給西征軍各種火炮二百五十門，其中有最新式的後膛開花大炮，專門組建一支炮隊。各種洋槍四萬餘支[3]。外國軍事評論家說，這是一支可抗擊任何歐洲軍隊的武裝力量。不到兩年時間，清軍先後收復哈密、古城、迪化，遂占領焉耆、阿克蘇、喀什、和田，新疆重回祖國懷抱。一八八一年，沙俄被迫撤出伊犁地區，新疆全境收復。一八八四年，新疆建省。

清軍西征新疆的三次大規模戰爭，均大獲全勝。清軍獲勝至少有三大要點：一是陝甘兩省後方安寧，河西走廊暢通無阻；二是中央派遣精銳馬隊入疆，少則三萬，多則七萬；三是中央財政及各省協餉支持，動輒即達上千

---

1 同上，頁二〇六。
2 《新疆通志・軍事志》，新疆人民出版社，一九九九年，頁五八五—五八六。
3 《新疆通志・軍事志》，新疆人民出版社，一九九九年，頁五九二—五九三。

萬白銀。

新疆雖地大物博，資源豐富，但農牧業發展水平原始低下，現代工業幾乎為零，且交通運輸線長，轉運成本奇高。一句話，單靠地方財力新疆根本養不起十萬兵。況且，麋兵十萬已遠遠超過乾隆平定準格爾叛亂，左宗棠殲滅阿古伯入侵者時的數量。如此一來，不僅中央財政壓力徒增，地方經濟亦陷入困境。

「國民黨黨政軍人員湧入新疆後，其消費所需資金靠新疆印刷廠加大馬力印製新幣。新幣愈多，物價愈漲。一九四四年新疆物價較一九四三年上漲至十數倍。」[1]雖然國民政府也採取措施減輕新疆負擔，如一九四四年新疆財政墊付軍隊剿匪軍費四十億法幣，國民政府補助十二億法幣，其中半數以物資撥付；又如從一九四五年起新疆軍費完全歸由中央政府負擔。但歸根結底國民政府的所謂援助，多半是『徒藉增加紙幣以資應用』，而『本身無物』。」

物價漲落是有週期性的，是可抑制的，但國家領土主權一旦喪失，萬難恢復。領土是一個民族生存的空間。從中國歷史看，開疆拓土者乃千古英雄，失土亡國者，無不成為歷史罪人。作為一國領袖，其責任和重壓皆在於國土得失。

早在一九四一年八月二日，蔣介石就致函國防最高委員會祕書長王寵惠[2]，令國際問題討論會「祕密研究」戰後「收復外蒙、新疆、西藏之計畫」[3]。

然而，二戰尚未落幕，冷戰已然開局。在美蘇私下簽訂的《雅爾塔密約》中，史達林與羅斯福約定，「何時通知中國知曉《雅爾塔密約》內容，由蘇聯決定」。羅斯福希望蘇聯早日對日宣戰，出兵東北，以結束對日作戰。史達林提出，蘇聯加入對日作戰的條件之一，是要維持中國外蒙「獨立」現狀，這是其核心利益。在國際大格局的博弈中，中國是中美競相爭取的對象和操控的棋子。「伊寧事變」後，蔣介石要求強硬應對，期望美國強

1 新疆檔案館藏《吳忠信主新日記》，一九四四年十二月六日。

2 王寵惠（一八八一—一九五八），字亮疇，廣東東莞人，生於香港。耶魯大學法學院博士，近代中國法學的奠基者之一。曾任中華民國北洋政府外交總長，南京政府外交部長。一九四三年隨蔣介石出席美、英、中三國首腦參加的開羅會議。一九五〇年赴臺，再度出任「司法部長」，一九五八年逝世。

3 王建朗、黃克武主編《兩岸新編中國近代史》（下），社會科學文獻出版社，二〇一六年，頁一〇五六。

力介入，試圖通過美國總統羅斯福向蘇聯施壓。而美國則不願涉入太深，更不願被動捲入，羅斯福反致函蔣介石勸其以大局為重，忍耐為上，「避免表現出任何有損於盟國戰爭的行為和態度，不要因為外蒙古、新疆邊疆衝突而損害我們擊敗日本侵略的偉大目標」[1]。

中國國土及主權即將喪失，置身事外的美國總統羅斯福自然能忍，而蔣介石身為中國最高領袖，從國家利益和自身責任出發，如何忍得？

一九四五年一月七日，蔣介石在日記中痛心地寫道：「十五年來，新疆幾乎已等於第二之東三省，完全成為俄國囊中之物……然而該省政權雖已統一於中央，而伊犁、伊寧已為俄匪占領，今後新疆之動亂必多。應對俄速定具體方針也。」[2]

蔣介石在日記中稱盟國蘇聯為「俄匪」，可見對其恨之入骨。既然盟國靠不住，蘇聯不靠譜，只能採取自救之策，在新疆部署十餘萬重兵，非為鎮壓內部，說到底就是要抗擊並遏阻蘇俄東擴圖謀，自保「國防第一重要之地」的戰略安全。

十萬國軍布防新疆，一舉多得：軍隊是新疆各民族心理安全的穩定器，是維護社會安定的堅強柱石，是堅持國家統一原則的和談砝碼，更是圖謀分裂新疆政治勢力（偽「東突厥斯坦」）的剋星。

一九四六年十二月七日，在自記上星期反省錄中，蔣介石寫道：

新疆問題只要能維持現狀，忍辱耐心，因勢利導，乘機待時，如在三五年內不生激變，則必可恢復主權矣。三、近日盛傳史達林病危，未知其究竟如何，但以史年已衰，獨裁已成，此種制度人亡政息，未有不敗也。[3]

蔣介石麇集重兵於新疆，旨在守住現狀，乘機待變。此舉，非亂天山，乃定天山也。

---

1 許建英：《二十世紀四〇年代美國對中國新疆政策研究》，《雲南師範大學學報》二〇一一年七月第四期，頁二七。
2 王建朗、黃克武主編《兩岸新編中國近代史》（下），社會科學文獻出版社，二〇一六年，頁一〇五六。
3 呂方上主編《蔣中正先生年譜長編》第八冊，臺灣國史館，二〇一五年，頁五四九—五五〇。

縱觀歷史經驗，在新疆分裂與反分裂鬥爭中，在事關民族與國家利益的大是大非上，主政者心慈手軟，抱有幻想，稍有猶豫，稍有懈怠，稍有妥協，就可能鑄成歷史大罪，背負歷史罵名！

北塔山之戰

在國民政府陸續增兵新疆之際，一九四七年六月，突然發生了震驚中外的「北塔山事件」。北塔山亦稱拜塔克山、拜山、巴他克山等。其位置約在北緯四十五點三度，東經九十一點一度，海拔一千五百千米左右。北塔山東西長約三十華里，南北寬約二十華里，山上都是原始森林，山坡是草地，山上山下都有泉水。早晚溫差很大，冬季積雪很厚，夏天晚間在山上也要穿皮襖。

六月二日，國軍一個連隊在北塔山安營紮寨三個多月後，外蒙古邊境部隊的兩個代表上了北塔山，聲稱這片由中國軍隊駐守向無領土爭議的山地是蒙古國屬地，並向中國駐軍發出最後通牒：馬希珍[1]部七十二小時之內必須撤出自己的軍隊。這一無理的要求當即遭到連長馬希珍的嚴詞拒絕。

六月五日黎明，蒙古軍隊一個加強營，在炮兵一連和四架塗有紅星標誌的飛機配合下，向馬希珍連駐地、大石頭、烏龍布拉克一帶猛烈進攻。中國駐軍奮起反擊，打退了蒙古軍的多次進攻。

與此同時，以哈薩克頭人烏斯滿為首的軍隊，在宣布脫離三區政府而投誠國民政府後，即遭至三區民族軍（包括蘇軍、蒙古軍）的猛烈圍剿，該部退至北塔山一帶修整，亦遭到蒙古軍隊的攻擊。

新疆警備司令宋希濂接報後，即親臨北塔山前線指揮。守軍士氣高昂打得堅決，打得頑強，打得漂亮。從六月五日爆發戰爭至八日，「我軍共傷亡二十餘人，被炸死戰馬十多匹，外蒙軍遺棄在我陣地前的屍首三十多具，其受傷人數，估計較陣亡人數多二三倍。我軍擄獲蒙軍小炮一門，輕機槍三挺，步槍十餘支，手槍二支，無線電機一部，軍旗數面，以及文件、地圖等。據判斷，向北塔山馬希珍連進攻的外蒙軍，大約是一個加強營」[2]。

---

1 馬希珍（生卒年不詳），回族，甘肅人，早年在馬步芳手下當兵，後在騎兵第五軍暫編第一師第三團騎兵連任連長。因北塔山之戰而出名。

2 宋希濂：《鷹犬將軍：宋希濂自述》，頁二四七。

在戰場上繳獲的文件中，宋希濂發現了外蒙軍的作戰命令。「這份作戰命令的第一條就說：『北塔山是蒙古人民共和國的領土，被華軍侵占，驅逐華軍，鞏固邊防，是我們的神聖任務。』我們才發現這次衝突，還包含有所謂邊疆問題。」[1]

邊疆問題涉及國與國之間的外交紛爭。然而，相比伊犁、塔城等中蘇邊境地帶，新疆中蒙邊境線（含北塔山）一向和平。為什麼在伊犁民族軍占領三區之後，中蒙邊境便開始躁動起來？蒙古軍隊在蘇聯飛機支援下，突襲北塔山中國駐軍和烏斯滿軍隊，難道蘇聯人在此地藏有什麼不可告人的利益嗎？

自奇臺至北塔山之間約二百公里的區域，盡是茫茫戈壁灘，罕見居民。從北塔山向東北行，距離蒙古人民共和國邊境最近的地方——察汗通古，按中國《申報》館出版的地圖比例計算約四百多華里。過去新疆的統治者，在北塔山的布爾根，一直有一個設治局[2]。

新疆當局為何要在北塔山設治局？因為該山地處迪化、阿爾泰、哈密三區間的要隘，北面為蒙新邊界的阿爾泰山，西南臨準噶爾盆地，為奇臺北上青河、富蘊等縣必經之地。一九四一年以後，盛世才為了控制東部阿爾泰山，即向青河、富蘊等地派駐軍隊，又在奇臺北山將軍戈壁以東修了一條汽車路，直通喀喇同克，北塔山便是這條汽車路上的要站。

一九三四至一九四二年期間，在盛世才政府與蘇聯政府的蜜月期間，盛世才私相授受，允許蘇聯在阿山的富蘊地區劃定礦區，開採稀有金屬。盛世才內附國民政府並與蘇聯政府反目後，一九四三年蘇聯公司被迫撤出礦區。一九四五年，三區政府成立後，蘇聯公司重返富蘊礦區，並以前所未有的強度大規模開採礦石。一九四七年富蘊三個礦的日產量達到五百公斤，年產量大概是一百三十二噸。

蘇聯公司在富蘊開採的礦石中，究竟含有什麼稀有元素？五種不同的礦物標本被祕密運至迪化，再轉運南京。經南京國民政府自然資源委員會核查：第一個標本為鈮鐵礦，含鈳和鉭；第二個標本是鈊；第三個標本是綠石，含鈹；第四個是鑽石；第五個是混合的不同礦物。這些礦物特別是鈳、鉭、鈹等放射性元素的礦物，對軍事

1 同上，同頁。
2 宋希濂：《鷹犬將軍：宋希濂自述》，頁二四五。

工業非常重要[1]。

如果說國民政府的調查立足於礦石元素和價值的微觀層面，而美國政府的關注點則放在戰後國際秩序重建這一宏觀領域。在蘇美兩個大國冷戰初期，美國人很想知道蘇聯人在新疆幹了什麼，特別是在新疆三區地區。新疆阿山地區的鈾礦非常豐富，因此，美國所面臨的最大的任務是要找出蘇聯是否在開採鈾礦，蘇聯是否在中亞地區進行原子彈試驗。烏斯滿投靠國民黨的行為，給美國人提供了在阿山地區搜集有關蘇聯情報的機會[2]。

北塔山事件發生後不久，美國駐迪化領事巴懋勳（Paxton）就派自己的副領事馬克南（MakKierman）到北塔山。美國人到了烏斯滿的陣地，要求他派軍隊到北塔山的蘇聯地質考察團的營地，找到鈾礦的所在地[3]。

新史料的不斷發現，讓今人能在更大的格局和複雜的關係中，嗅到了北塔山事件背後美蘇冷戰的氣味。製造原子彈的鈾礦的開採，竟是蘇美在新疆暗中角力的焦點。科技落後，知識貧乏，礦石的主人卻渾然不知。

一九四四年末，蘇聯政府通過策動三區民族革命，使蘇聯勢力重返三區，並重獲獨自探測和開採礦物的權利。蘇聯礦業工程師和技術人員跟隨自己的軍隊到了三區，在柯克托海礦區，他們有一百二十人的衛兵，還有機槍、兩門大炮和無線電發報機。蘇聯政府對烏斯滿投靠國民黨的行為非常憤怒，於是，他們鼓勵蒙古打擊烏斯滿和國民黨軍隊，以至於發生了北塔山事件[4]。

站在蔣介石的角度看待北塔山事件，又比前線將帥更深一層。國共內戰爆發，國軍節節失利，此時又爆發了北塔山戰爭，他深恐伊犁三區與蒙古合兵，東西夾擊，進兵迪化、哈密，那時國軍無力援助，新疆一旦丟掉，他就要背負千古罵名，為千夫所指。蔣介石同時又認為北塔山事件是一個機會，於是，蔣介石決定派國防部長白崇禧專程去新疆，調查北塔山事件並視察駐新國軍，此舉既可擴大國際影響，轉移內戰失利、經濟崩潰的視線，同時在外交上聯美抗蘇，博取美國及國際上反蘇勢力的同情和支援。

1　王大剛：〈蘇聯庇護下的伊寧事變〉，《新疆通史》資料，二〇一四年內部版，頁二三八。
2　同上，頁二〇一。
3　王大剛：〈蘇聯庇護下的伊寧事變〉，《新疆通史》資料，二〇一四年內部版，頁五六。
4　王大剛：〈蘇聯庇護下的伊寧事變〉，《新疆通史》資料，二〇一四年內部版，頁二三九。

白崇禧赴疆軼事

白崇禧在國軍內素有「小諸葛」之稱，是能征善戰的一員驍將，時任中華民國國防部長。蔣介石派白崇禧去新疆的決定，受到了時任新疆省主席張治中的極力阻撓。

蔣介石六月十二日決定派遣白崇禧赴疆，並定於十三日起飛，同時以電報通知了張治中。「張治中於六月十二日深夜收到蔣的來電，深為焦急，立即打電話去南京，但是叫不通，隨即拍發了一個急電給蔣介石和白崇禧，請白千萬不要來，說來了會對新疆局勢極為不利等語。電報發出後，張治中徹夜未眠，等待著南京的消息。」[1]

白崇禧欲來新疆的計畫，可上溯至一九二八年秋。斯時，國民黨完成北伐，國民政府定都南京，名義上完成了中國「統一」，一些軍政要員開始醞釀實際控制新疆的方案。誰去執行方案？很多人不約而同地想到白崇禧。原因之一他是信仰伊斯蘭教的回民。

十月十三日，國民黨元老胡漢民致書白崇禧：「與任潮（李濟深）、真如（陳銘樞）等深談，以為吾黨軍人，宜以目光遠矚，中國國防在北不在南。滿蒙已成為俎上之肉，新疆廣漠，乃復無人置念。赤俄垂涎已久，若我遽失其控馭，則英必起而取藏，爾時屏藩盡失，所謂五族共和國者，滿蒙回藏俱非我有，中華民族何以發展，何以鞏固？且何以做彼此提攜抱負之民族，供持白帝國主義鐵蹄蹂躪而不顧？我人須認新疆為國防第一重要之地。惟此仔肩，誰能任之？我環顧武裝領袖同志，以為惟有健生（白崇禧字）足勝任愉快。」[2]

新疆與蒙藏地理相接，命運相連，鞏固新疆，可挽救蒙藏。

行政院長譚延闓秉持蔣介石旨意亦書勸白崇禧：經營新疆極關重要，我非急起直追，恐落人後。「環顧同志中人選，惟公克膺此艱巨，介石亦有同情，特託真如兄來北平，期公同意。」[3]

1 宋希濂：《鷹犬將軍：宋希濂自述》，頁二五二。
2 吳紹璘：《新疆概觀》，頁三〇三。
3 吳紹璘：《新疆概觀》，頁三〇四。

適時，白崇禧心懷問鼎中原的大志，不甘因主政新疆而被邊緣化。於是便提出一些國民政府難以滿足的先決條件，如先完成包寧鐵路，再延伸至迪化；即刻籌畫設立西北航空站及修築西北公路，以為目下利軍運、便交通的應急之需[1]。

白崇禧與新疆無緣。第一次有機會來，因自設障礙不想來；第二次想來了，又不能如願。

「六月十三日上午八時左右，白崇禧的行李已裝上飛機，隨行人員及送行者亦多到了機場，當白本人正預備乘車前往機場時，收到了張治中的電報，他很不高興，但張既來電阻其行，只得請示蔣介石。蔣亦收到張的電報，遂囑白終止新疆之行[2]。

蔣介石委派白崇禧宣慰地方是有前例的。是年臺灣發生「二二八」事件，軍隊彈壓民眾暴動之後，蔣介石召見國防部長白崇禧談對臺善後方針，繼而國民政府正式下令：「特派國防部部長白崇禧，前往臺灣宣慰，並著對此次紛擾事件，查明實際情形，權宜處理。」[3]白崇禧這趟公幹完成得很出色，亦很風光。

時過數月，巡視新疆竟然難遂心願。如同上了花轎而不能進入洞房，令白崇禧心裡十分不爽，且一直耿耿於懷。據宋希濂回憶：「一九四八年春我到南京，有一天白崇禧約我到他家吃飯，談及這件事，白激憤地對我說：『文白（張治中的別號）說是怕刺激蘇聯，不讓我到新疆去，這真是從未聽說過的怪事，新疆是中國的領土，我作為國家的國防部長，到自己的領土上去旅行，難道也要經過蘇聯的批准才行嗎？……』」

為什麼要阻止白崇禧去新疆呢？張治中曾對宋希濂說：「白健生向以反蘇反共著稱，現在北塔山事件又牽扯到蘇聯，他一來，必然引起蘇方的嚴重不滿，我們都知道阿合買提江等人代表的伊犁勢力，是有其背景的。現在我們和伊方，正處在緊張和微妙的階段，白健生在這個時候來新疆，不啻火上澆油，會使形勢更為不利……』等語。」[4]

白崇禧可以到臺灣宣慰，卻不能到新疆視察。在國民黨內，也許唯有張治中能阻止他。

1 吳紹璘：《新疆概觀》，頁三〇五－三〇六。
2 宋希濂：《鷹犬將軍：宋希濂自述》，頁二五二。
3 呂方上主編《蔣中正先生年譜長編》第八冊，臺灣國史館，二〇一五年，頁五四九。
4 宋希濂：《鷹犬將軍：宋希濂自述》，頁二五二－二五三。

中蘇之間在北塔山的較量，並沒有因國防部長白崇禧未親赴前線而結束。據騎一師師長韓有文回憶，北塔山「前前後後一共有過大小戰鬥二十多次，一直到一九四八年九月以後才未再有戰爭」[1]。軍隊始終是穩定新疆的柱石。宋希濂不僅用鐵腕鎮壓了吐魯番三縣暴動，並指揮國軍與蒙古軍隊激戰北塔山，粉碎了蘇聯政府的分治陰謀，策應了國民黨與民族軍代表的和平談判，忠實履行了鎮西大將軍的職責。

新疆省主席的明讓暗爭

一九四七年五月，張治中一行興沖沖地赴南疆訪問，傳達中央和平德意。然而，在喀什宣慰時，卻被遊行鬧事者數千人團團圍困於行署，受盡羞辱，顏面掃地，幾難脫身。包爾漢回憶說：「阿合買提江支持喀什專員阿不都克日木汗・買合蘇木的這一活動。在聯合政府成立後，張治中還是第一次丟『面子』。」[2]

南疆不辭而別，拂袖而去，張治中自此對新政心灰意冷，萌生退意。

張治中臨危受命，為新疆和平而來，一開始無意擔任新疆省主席。

我到新疆本來是以國民政府主席西北行轅主任兼理新疆省主席，在明令未發表以前，我本來不願兼理主席職務，曾向蔣提出邵力子先生和蔣經國請選擇其一，但未得許可，並從伊方的態度來看，也希望我來充任，所以我不能不暫時兼理。[3]

新疆自一八八四年建立行省制度以來，八位新疆巡撫先後由七名漢族和一名滿族人擔任。民國以降，從楊增新、金樹仁、盛世才、李溶、吳忠信到張治中，新疆省主席無不由漢族人出任。而張治中別出心裁，他要選一位

1 吳紹璘：《新疆概觀》，頁三五三。
2 包爾漢：《新疆五十年》，文史資料出版社，一九八三年，頁三二〇。
3 張治中：《張治中回憶錄》，北京：華文出版社，二〇一四年，頁三二八。

維吾爾族人來擔任新疆省主席。

我始終認為，我是漢人，漢族在新疆省內是少數民族，只占百分之五，以漢人來充當主席是不合適的。以漢人充當主席，將意味著這是殖民統治的做法——總督地位，是與民族主義中民族自治的原則相違背的……維族在新疆人口中占百分之七十五以上，由維族中提出主席人選，是符合民族自治的精神，也迎合新疆人民的意願。[1]

張治中由此開啟了維吾爾族出任新疆省主席的濫觴。

據張治中自述，關於新疆省主席的繼任人選，他的考察對象有三：即阿合買提江、麥斯武德和包爾漢。省主席任命權在中央，特別是要經過元首蔣介石的首肯。他用排除法做如下分析：

首先從阿合買提江和包爾漢兩位研究。阿合買提江是年輕有為的，具有很強的號召力和群眾基礎，但是他同時又是三區革命的領導人，又是省內激進派的領導人物，如果提為繼任人，不僅南京政府通不過，在三區以外的七區也有問題，特別會為保守一派人物所激烈反對。[2]

一九四六年末南京政府召開國民大會時，阿合買提江給蔣介石留下了很壞的印象。蔣介石在是年十二月六日、七日的日記中寫道：

據報新疆國大代表阿合買提江等有改新疆為土耳其斯坦共和國，自立國旗，要求中央軍退出新疆等提案，阿氏完全受俄國操縱，未知能以誠與義動之否？命經兒往勸其勿提，尚冀其能最後挽回也。[3]

1 張治中：《張治中回憶錄》，北京：華文出版社，二〇一四年，頁三二八。
2 張治中：《張治中回憶錄》，北京：華文出版社，二〇一四年，頁三二八。
3 呂方上主編《蔣中正先生年譜長編》第八冊，臺灣國史館，二〇一五年，頁五四九。

蔣經國奉命前往，規勸阿合買提江勿提國軍退出新疆獨立案。在蔣經國等國民黨大員的勸說下，阿合買提江等決定撤回提案，但要求蔣介石接見。據《蔣介石日記》載：「本日急務：一、新疆阿代表等之提案彼等雖已撤回，但仍要求面承其願望。」由蔣經國傳話，翌日，即十二月八日，蔣介石便約見阿合買提江：囑其特別注意新疆與中央間之感情與互信，已建立團結之基礎[1]。

假使提名這位具有聯共背景、思想激進的青年人出任新疆省主席，蔣介石顯然不放心。至於包爾漢，他受過反動統治的迫害、監禁多年，容易得到人們的同情，再加上他在維哈族中素有聲望，他的態度也比較中和，在激進和保守兩派中容易通過。同時他具有祖國觀念，也是親蘇的，應該是比較合理的人選，但是他從來沒到過中央，沒和蔣見過一面，中央各方面的人對他都不熟悉，如提他為繼任主席，也是無法得到通過的[2]。

阿合買提江、包爾漢之短，恰恰是麥斯武德之長。麥斯武德時任中央駐新疆監察使，是維族中負有聲望的人。因反對盛世才逃亡內地，在中央十多年，歷任國民政府委員、國民黨中央監察委員。他常在中央會議上大膽直言，抨擊盛世才，並極力為新疆人民訴苦，代表新疆人民利益說話，大家都認為他是新疆的領袖人物。年初我在南京向蔣報告新疆問題時，蔣曾提到他，並問我：讓他當新疆主席怎樣？我想，如提他為繼任主席，中央一定容易通過。他家在伊寧，伊方和談時三位代表中的賴合木江，就是他的胞侄，在伊寧有眾多的人事關係。我推想提他繼任，可能得到三區同意。至於其餘七區從沒聽說過有反對他的人。[3]

一九四七年五月十九日，南京國民政府正式明令發表，批准張治中辭去新疆省政府主席的兼職，任命原新疆監察使麥斯武德為主席。包爾漢在後來寫的回憶錄中，是這樣描述當時的情景和心情的：

1 呂方上主編《蔣中正先生年譜長編》第八冊，臺灣國史館，二〇一五年，頁五五〇。
2 張治中：《張治中回憶錄》，北京：華文出版社，二〇一四年，頁三二八。
3 張治中：《張治中回憶錄》，北京：華文出版社，二〇一四年，頁三二八。

五月底，麥斯武德舉行就職典禮。這一天，麥斯武德身著軍裝，胸前掛滿勳標和勳章。典禮舉行完畢，我懷著滿腔怒火回到家中。大約一個小時後，阿合買提江和夫人瑪依努爾來到我家。阿合買提江進門時敞開了自己的大衣，露出掛滿勳標、勳章的上身哈哈大笑，帶著蔑視的口吻說：「您看，我們的動標、勳章並不比麥斯武德少，也比他的　貴，我佩帶的是人民給的，他佩戴的則是反動政權給的。」[1]

上述細節表明，阿合買提江與包爾漢，都有問鼎新疆省主席的意願。而他們在背後輕蔑麥斯武德的態度，是張治中看不到也不願看到的。

在包爾漢的回憶錄中，有較多的篇幅寫到麥斯武德。

麥斯武德是個泛土耳其主義者。泛土耳其主義也譯作大土耳其主義，起源於土耳其，由俄國的塔塔爾、烏茲別克民族影響到新疆。泛土耳其主義主張聯合所有操突厥語的民族，成立一個大的「圖蘭國」（Turan）。麥斯武德在土耳其留學，接受了泛土耳其主義思想。回到伊犁時，正是楊增新統治新疆的時期。當時伊犁的土耳其人不少，麥斯武德與他們開了一個學校，傳播泛土耳其思想，唱土耳其歌。逐漸以麥斯武德為中心形成了一個傳播泛土耳其主義的組織。這個組織被伊犁的一個叫雅可甫的阿訇告密，楊增新逮捕了麥斯武德一夥。他被押到烏魯木齊，其餘的人都用囚車送出邊境。後來麥斯武德獲釋，被驅逐出新疆，長期住在關內，受到國民黨的重用。隨著國民黨勢力進入新疆，麥斯武德也回到新疆。[2]

包、阿私下商定聯合反對麥斯武德，卻將自己出任省主席的意願隱藏起來。

我與阿合買提江等人一起研究了這個新情況，認為麥斯武德任主席不是新疆人民的願望，還是堅請張治中

1 包爾漢：《新疆五十年》，文史資料出版社，一九八三年，頁三二七—三二八。
2 包爾漢：《新疆五十年》，文史資料出版社，一九八三年，頁三二七—三二八。

將軍繼續兼任主席。阿合買提江去見了張治中，回來後告訴我說：「我對麥斯武德擔任主席一事表示了堅決的反對，並且提出了請他繼續兼任主席的意見。他說不好變動中央已經做出的決定。」[1]

至於阿合買提江與包爾漢的默契關係，張治中也知之甚少。一九四六年初，新疆聯合政府成立時，包爾漢與阿合買提江同為副主席。包爾漢那時覺得這位目光炯炯的政治家很眼熟，他在回憶錄中寫道：

我記起來了！破爛的衣服，烏黑的鬍子，站在井邊汲水……原來他就是在我監獄生活的後期，留給我強烈印象而又苦於無法互通姓名的「工犯」！我那時常常隔著鐵窗瞅著他，當我們的視線碰在一起時，就會心一笑。[2]

包爾漢認為阿合買提江是天才政治家，彼此互相欣賞，在新疆前途問題上看法一致。阿合買提江內心是如何看待包爾漢的？阿氏因飛機失事，英年早逝，未曾留下紀錄。國軍第四十五師長郭岐被俘後，曾與阿合買提江有過一段對話，議論包爾漢能不能代表其他民族，實錄如下：

「要說包爾漢的為人，我好有一比！」

「比從何來？」

「在我們維族人民間，流傳有這麼一個故事。我說完這個故事，你就可以知道包爾漢是哪一種人了，你明瞭包爾漢的為人，就知道他已不能代表其他民族了！」

「請道其詳。」

「我們民間傳說：有一虎一狼一狐狸三者，共議合力去打獵。因三者同心合力的關係，此次打獵的成績很

1 包爾漢：《新疆五十年》，文史資料出版社，一九八三年，頁三二七—三二八。
2 包爾漢：《新疆五十年》，文史資料出版社，一九八三年，頁二九二—二九三。

好，居然打到一頭牛、一頭驢和一隻兔子。有了獵物以後，三者就要分配享受。老虎就以老大哥的身分，親身主持分配會議。乃首先指著狼說：『此次打獵你出力不少，現在打到了三件獵物，依你的意見，我們如何分配享受？』這個狼就依據他們三者的體重與食量，很公正地說：『老大哥食量大，而牛的體積大，可以分配你吃好了，我的食量比你小，而驢的體重也次之，就分配給我來吃；兔子的體積最小，而小老弟狐狸的食量也小，就分配給他吃好了。』叵料老虎聽畢狼的分配辦法後，竟勃然大怒，乘狼不防之隙，猛一張口就把狼給咬死。然後轉過頭來，再問狐狸：『依你的意見，這些獵物應如何分配呢？』這個狐狸一看狼的下場，就知老虎想獨吞，因有前事之鑑，也就急中生智，接下就說：『兔子體積小，可做你的早點，牛體積大，可供你做午餐；驢的體積不大也不小，正好做你的晚飯了！』那個唯我獨尊的老虎，聽到狐狸分配所得獵物辦法後，就很高興地說：『你的分配方法很好，就饒你不死吧。』」

阿哈買提江說完這個故事後，接下又解釋地說：「包爾漢就是那個狐狸。他多年裡能在漢族人勢力範圍下做官，於今更當上了迪化區的專員，就是因為他善觀漢族人的眼色行事。他只是一個投機取巧者，怎能代表其他民族呢？」[1]

上為郭岐一家之言，阿死無法對證，權當仁智各見吧。

出乎張治中意料的是，他的一番好心好意，卻帶了最不想要的結果。在中央政府明令發表新疆省主席後，第二天烏魯木齊的街上即貼出了反對麥斯武德的傳單。在青年學生中、教師中，開始了反對麥斯武德當主席的簽名運動。張治中緊急約見阿合買提江。

我在二十一日約見阿合買提江副主席，把中央的決定告訴他，他立即表示不同意，並且舉出許多理由，要求我繼續擔任主席職務，一直到省長民選時為止。我當即表示明令已經發表，無法改變……[2]

---

1 郭岐：《黄沙碧血戰新疆》，一九八六年，頁一六八—一六九。

2 張治中：《張治中回憶錄》，北京：華文出版社，二〇一四年，頁三八八。

麥斯武德是張治中向中央舉薦的，不好朝三暮四，自我否定。張治中苦口婆心與阿合買提江談了五小時，阿合買提江表示，他絕不和麥斯武德共事，也絕不到省政府裡去。結果不歡而散。

據包爾漢回憶：

張治中曾於六月十二日約請阿合買提江在西北行轅大樓晤面。張治中說麥斯武德當主席不是中央政府的意見，完全是根據他的要求才任命的。因此，反對麥斯武德當主席就是反對他張治中。「如果這種情形繼續下去，我就在中央政府面前成了罪人了。大家就這樣對麥斯武德反對下去的話，那就是我的失敗，也就是我對新疆所採取的政策的失敗。」[1]

包爾漢認為，此時張治中已經意識到了自己的失敗，所以請阿合買提江出面為他說話，藉以平息怒潮，恢復「寧靜」。不料阿合買提江並不買帳，且放下狠話：「不代表人民說話，人民是不會聽你的。」阿毫不留情，傷了張治中的「面子」。

據張治中說，他辭去省主席的本意有三：一是主觀地認為新疆省主席由維吾爾族人擔任，可增進民族團結；二是超脫新疆民族矛盾的漩渦；三是騰出更多精力參與國共兩黨和談。

不料事與願違，在麥斯武德出任新疆省主席上，阿合買提江竟然與張治中撕破了臉皮。由此可見，新省聯合政府是多麼脆弱。

麥斯武德就職之日，亦即新疆聯合政府的癱瘓之時。張治中未享其間，反受其困，更受其辱。遴選和任命封疆大吏，乃國之大事，豈能朝令夕改，如同兒戲？張治中弄巧成拙，聰明反被聰明誤。

1 包爾漢：《新疆五十年》，文史資料出版社，一九八三年，頁三二七—三二八。

張治中暗下和棋

在激烈的權力爭吵之中，阿氏曾向張治中提出新方案：「我又說：『任命包爾漢當主席怎樣？』他說：『中央對包爾漢還不熟悉，不能一下子就當主席。』」[1]

張治中所言極是，封疆大吏身負重責，應愛國持重，豈可讓與中央作對的輕狂者一蹴而就，禍國、殃民、害己？在新疆省主席遴選上，老道的張治中既有明薦亦留有暗手。他在向中央舉薦麥斯武德的同時，又推舉包爾漢到南京任職。

提出時還附帶要求將包爾漢調到中央，特任國府委員。這是一著準備的工作。「我在給蔣電報中，就說包爾漢是大可培植的人才，現在先使他和中央熟悉，發生關係，作為將來新疆領導人物的準備。」[2]

一九四七年五月五日，亦即新疆省主席明令發表前夕，蔣介石電令張治中查明鮑爾漢是否支持東土耳其斯坦政權：

> 據報新任國府委員包爾漢投入伊犁懷抱，袒護伊方叛亂，並已暗入蘇俄國籍，去年底赴南疆監選之時，公然倡導東土耳其斯坦之獨立等情，此事是否屬實，即希妥密查照。[3]

張治中覆電，極力為包爾漢說好話，願意擔保。其實，國民黨情報部門並非捕風捉影。包爾漢一九三三年即在蘇聯祕密加入聯共。回新疆後，又與聯共派遣新疆工作的俞秀松建立了組織聯繫。包爾漢潛伏待機，已深藏不露多年。

既然查無此事，四個月後，包爾漢被任命為南京國民政府委員。

1 包爾漢：《新疆五十年》，文史資料出版社，一九八三年，頁三二一。
2 張治中：《張治中回憶錄》，北京：華文出版社，二〇一四年，頁三八八。
3 呂方上主編《蔣中正先生年譜長編》第八冊，臺灣國史館，二〇一五年，頁六六四。

離開烏魯木齊之前，我決定去見一見麥斯武德，看看這位老氣橫秋的人，向他「辭行」。我是坐馬車從南梁家中到明園去的。麥斯武德見到我感到有些意外，他聽我說明來意後，對我說：「你到南京去，很好，比這裡好。按照我在南京的經驗，你可以大筆大筆地存錢。我當國府委員時，他們給我的汽油費，我省著不用，不坐汽車而乘三輪車。」後來他還說：「我的身體不好，報紙也看不成。」當時我想，一個老得連報紙都看不成的人，竟然當了新疆的省主席！[1]

包爾漢第一次赴南京政府任職，開始了他親近國家領導人的面試之旅。

一九四七年九月二十日，我坐飛機抵達南京。我被迎進中山門外的「陵園小築」，這裡環境幽雅，林木蔥翠，工作人員也預先安排好了。第二天，張治中帶我和伊敏去見蔣介石。我和蔣介石是第一次見面，蔣介石對我的到來表示歡迎。[2]

國民黨召開國大期間，新疆省政府派了一個文化藝術團到南京演出，為大會渲染氣氛。國府委員包爾漢特邀蔣介石觀賞演出。

蔣介石倒還肯賞光，到劇場觀看了藝術團在南京的首場演出。開演之前由我講了話，當然少不得有幾句讚頌的話，我坐在蔣介石旁邊的座位上，不時地對臺上的節目向他做翻譯和解釋。演出結束，蔣介石沒有登臺接見演員，只是留話讓我轉達他對全體演員的謝意。[3]

如此這般近距離接觸，加深了蔣介石對包爾漢的好印象。後經蔣介石批准，新疆文藝代表團還專程赴上海、

1 包爾漢：《新疆五十年》，文史資料出版社，一九八三年，頁三二六。
2 包爾漢：《新疆五十年》，文史資料出版社，一九八三年，頁三二六。
3 包爾漢：《新疆五十年》，文史資料出版社，一九八三年，頁三二七。

臺灣巡演。

文藝團結束了在南京的演出之後，由我率領全團到上海訪問演出，後來又乘坐輪船到了臺灣的基隆，還到臺北、臺中、臺南、高雄等城參觀演出。我還訪問了山區，詢問了高山族同胞的生活狀況。離開臺灣之前，我發表了廣播講話。講話的主要內容是：新疆地處西北，臺灣雄踞東南，祖國邊疆的兩個省份遙遙相望。兩省人民應該團結一致，親如手足，維護統一，保衛祖國。[1]

包爾漢這番識大體、顧大局，維護國家統一、民族團結的講話，自然令當政者蔣介石滿意，並頒特別嘉獎。

一九四八年五月一日，「行憲國大」閉幕之後，改派我為總統府顧問，並授給我金質獎章一枚。[2]

總統府顧問雖屬閒職，卻有著很高的榮譽。具有諷刺意味的是，蔣介石竟禮聘聯共黨員做其顧問。不過，蔣介石父子對包爾漢始終以禮相待。

此時恰逢我八旬老母身體欠安，於是藉口「回新省母」去向蔣介石請假。他起初還不答應。我就用那幾年他正起勁提倡的「孝悌忠信禮義廉恥」封建道德去反駁他，為人之子也該盡盡孝道。這樣他才不得不放我回新疆。過了幾天，他派他的兒子蔣經國到「陵園小築」代為送行，贈法幣五十萬（大約相當於今天人民幣五百元），並祝我一路平安。[3]

包爾漢正走在通往省主席的路上，這令他的政治對手很不爽。

1 包爾漢：《新疆五十年》，文史資料出版社，一九八三年，頁三二七—三二八。
2 同上，頁三二八。
3 包爾漢：《新疆五十年》，文史資料出版社，一九八三年，頁三二八。

我曾接到過一封極其骯髒下流不堪入目的匿名信。信中除對我大肆侮辱、謾罵外，還恫嚇道：「你是個共產黨人，你還想當新疆的省主席。走著瞧吧，在蘇聯領事館後面會找到你的屍體！……」以後知道，這封信是伊敏族使他的祕書寫的。[1]

五個多月後，國民政府行政院發表明令，包爾漢出任新疆省主席。張治中通過劉澤榮第一時間告訴了包爾漢。

一九四八年底的一天，在從新疆學院回家的路上，我遇到了外交特派員劉澤榮，便一起坐車到我家裡。他說：「剛收到長官（張治中）的電報。今天南京行政院開會，通過您任新疆省主席的決議。」[2]

包爾漢悉知任命後「很激動」，但作為多朝「元老」，亦異常理智。國民政府的體制是政軍分治，經驗告訴他，行政離開軍隊的支持，將一事無成。

聽罷，我覺得很有必要找總司令（陶峙岳）談談。於是我們又到省大樓與陶見了面。我說：「我有信心和決心為安定全省、團結各民族人民實現和平而工作。但是我怕會遇到前些年發生過的障礙（我指的是軍人干政），希望能得到長官、副長官（那時陶峙岳是西北長官公署的副長官兼新疆警備司令部總司令）等有關人員的支持和幫助。」陶峙岳許下了諾言。[3]

張治中以鴿派陶峙岳替換鷹派宋希濂，實際上是他為新疆和平布下的另一枚棋子。一九四九年四月十五日，張治中在北平對時任迪化市長的屈武說：「你還是回新疆去，你告訴陶峙岳，蔣介石要打下去，可是新疆要和

1 同上，頁三二八。
2 同上，頁三三〇。
3 包爾漢：《新疆五十年》，文史資料出版社，一九八三年，頁三三〇。

平，要走和平的道路，新疆不能放第一槍。」[1]

新中國建國前夕，一九四九年九月八日，毛澤東約見張治中，告訴他解放大軍已經決定兵分兩路向新疆進軍，希望他致電新疆軍政負責人起義。並說，他從新疆得到的情況，「只要你去電，陶峙岳、包爾漢是一定照辦的」[2]。

新疆和平解放是張治中的夙願，他欣然應允發電。十日，通過中共在伊寧建立的力群電臺轉陶、包二人：「今全域演進至此，大勢已定」，「兄等為革命大義，為新省和平計，亦即為全省人民及全體官兵利害計，亟應及時表明態度」，「當機立斷，排除一切困難與顧慮，採取嚴密部署、果敢行動」，「歸向人民民主陣營」，「至對各軍師長或有關軍政幹部，如有必要，盼用治名義代擬文電，使皆瞭解接受」[3]。

經過幾次電報往來，九月二十五、二十六日，陶峙岳、包爾漢先後宣布起義。張治中看到起義通電後，心情十分愉快，因為他「一貫保全新疆、保障和平的目的直到今天算是如願以償了，對國家、對新疆人民在責任上、道義上也算是有所交代了……多少次瀕於決裂，瀕於戰爭，真使人驚心動魄，寢食不安……現在，一切問題都成為過去了」[4]！

為了保障新省和平，維護國家統一，張治中下了一盤大棋。在經過一番努力，徵得蔣介石同意後，斷然撤換了麥斯武德和宋希濂，而以包爾漢和陶峙岳分別繼任。這是一個非常重要的措施，因為，「如果不調走宋希濂，陶峙岳不能到新疆，則在頑固反動力量的控制下，策動起義是很困難的。如果不撤換麥斯武德，包爾漢就不能接任主席，麥也不會同意起義的」。歷史已經證明，這一人事安排為扭轉新疆的分裂局面鋪平了道路，為一九四九年新疆的和平解放打下了基礎[5]。

新疆和平解放後，關於新疆省主席人選，毛澤東、周恩來徵求張治中的意見。據張回憶：「毛主席、周總理已和我談過幾次，仍定以包爾漢繼任，我說很好，很妥當。」[6]

---

1 茆永福編著《張治中治疆思想研究》，新疆生產建設兵團出版社，二〇一一年，頁二六。
2 張治中：《張治中回憶錄》，北京：華文出版社，二〇一四年，頁四一六。
3 張治中：《張治中回憶錄》，北京：華文出版社，二〇一四年，頁四一六—四一七。
4 張治中：《張治中回憶錄》，北京：華文出版社，二〇一四年，頁四二一。
5 王朝光：《和談將軍張治中》，河南人民出版社，一九九五年。
6 張治中：《張治中回憶錄》，北京：華文出版社，二〇一四年，頁四二五。

一九四九年十二月，包爾漢成為中共在新疆少數民族中發展的第一批黨員。

一九五四年國慶節時，為了表彰張治中將軍在新疆和平起義中的功績，毛澤東主席授予他一級解放勳章。在張治中的長篇回憶錄中，蘇聯駐迪化總領事薩韋列耶夫轉述史達林的一句話，最令其感銘至深：「一個人要有遠見就不會犯錯誤，我認為張治中將軍是有遠見的一個人。」[1]

薩氏轉述此話時，彭德懷將軍在座。張治中自信自己是有遠見的人。不過，遠見要由時間驗證，正如真理要經過實踐檢驗一樣。

一九四九年四月，當中共就《國內和平協定》定下最後時間表後，張治中發表了一段個人感言：「中國有一句古話，也許恩來先生會覺得有封建意味。就是『兄友弟恭』，我覺得其中有真理存焉。打個比方，國共兩黨之爭，好比兄弟之爭，同是中國人，同是一個民族，今天誰吃了虧、誰討了便宜不必太認真。大哥管家管不好，讓弟弟管，沒有關係，便宜不出外。過去做哥哥的雖有錯誤，自己感到慚愧，但是自己的弟弟能夠擔當起來。把家當好，自己也實在感到光榮……。做大哥的，不但對於弟弟的能幹，能擔當重大責任，表示敬重高興，而且要格外幫助他，使他做好……。以上只是我個人的意見與感想，假使有不對的地方，希望恩來先生和諸位代表先生加以原諒。」[2]

張治中的一席話，出自良心，發自肺腑，後來被批為「階級調和論」。平時稱呼張治中為世兄的周恩來，當即以馬克思主義的階級論做武器反駁了張治中的國共兄弟論的觀點。

張治中生於憂患，死於動亂。可以說，他雖出生軍旅，但除了在抗日戰爭中奮勇抗敵外，他一生都在國共之間扮演勸和、避戰、促談，堅持國家和平統一的角色，無愧於「和平將軍」的稱號。

歷史又前行了五十年。當大陸領導人用「血濃於水，兩岸一家親」重新定位兩岸同胞關係時，正逢二〇〇五年國民黨主席連戰登陸的破冰之旅，一篇〈大哥回來了〉的文章在網上瘋傳。這是來自人民的聲音。「渡盡劫波兄弟在，相逢一笑泯恩仇。」從這點意義上，說張治中是「富有遠見的政治家」，恰如其分。

---

1 同上，頁三二八。
2 汪朝光：《和談將軍張治中》，河南人民出版社，一九九五年。

第十三章 縝思

歷史的車輪駛進二十世紀七〇年代中期，一九七五年四月五日，誓言反攻大陸統一中國的蔣介石走了；一年後的九月九日，未完成解放臺灣宏願的毛澤東亦走了，臺海割據的狀況依然如故。

隨著國共兩黨第一代政治領袖們的相繼離世，曾經針鋒相對、老死不相往來的政治堅冰，漸漸開始冰釋消融。一股反思歷史的潮流在知識界及民間悄然湧動。

我們為什麼打仗？為誰打仗？我們為什麼談而不和？為什麼不能擁抱和平？我們為什麼要持續對立？為什麼要隔海自治？如何結束對立？如何冰釋前嫌？如何走向合作共贏？進而實現國家真正統一？

所謂「我們」，可以是中華民族的某一個體，一個族群，也可以是一個階層或一個政黨。

依法治疆建言書：吳藹宸

自一九三四年離開新疆後，吳藹宸先後出任國民政府駐捷克布拉格總領事、駐海參崴總領事。一九三八年春，吳藹宸辭去職務，赴英國倫敦大學深造，主攻國際公法、國際關係。一九四一年夏，吳藹宸應中央大學邀請，向學生講授中蘇外交史。次年，派任外交部駐川康特派員。

一九四三年，正值國民黨接管新疆之際，他於重慶發表〈新疆建設計畫書〉，向國民政府提出開發建設新疆若干建言。

吳藹宸〈開發新疆計畫書〉，歸納起來共有七條建言。

第一條，只有新疆可稱西北。

第二條，開發新疆應採取開放政策。

第三條，開發新疆應由南疆著手。

第四條，開發新疆，交通第一，水利第二。

第五條，開發新疆中央應有負責機關。

第六條，大規模開發新疆應利用外國資本、人才。

第七條，奠定新疆不拔之基，應有上下共同遵守之法律。

自一九三二年應聘新疆省政府顧問、外交部駐新疆特派員，到一九四三年提出〈建設新疆計畫書〉，十一年間，吳氏既經歷了戰亂、死亡的磨練，又目睹了新疆在蘇聯援助下迅速進步，同時派生出諸多國際商業糾紛，以及專制和暴政製造的不計其數的冤獄，為新的動亂提供了溫床。歐洲遊歷，眼界大開，十年積澱，博採眾長，吳藹宸是最早系統提出依法治疆的政治學者之一。

新疆是一個多民族共居、各種宗教並存的省份，以經世致用的眼光看，依法治疆最為重要，最有現實意義。吳藹宸認為：法律保障人之生命與財產。倘無上下共同遵守之法律，則人生命財產無所依託，何有於開發，即使偶有成就，不待根基穩固，亦被剝削摧殘，哪有光榮美大之日？

以法治代替人治。設有犯罪行為，經審判屬實，自應依法懲治，以免姑息養奸，非然者人民蓋應受有法律保障，無故絕對不能逮捕，即使犯法，亦唯司法機關可以執行，必須養成此種習慣，而後政治始上軌道，人民可以安居樂業，地方可以繁盛。

執政者必須樹立法治精神，對於各界，互相尊重，任何政治權力，不能加諸其身，不以個人喜怒愛憎為轉移，則來者可以安心任事，反動分子亦無從施其伎倆矣。

吳藹宸特別強調，開發新疆，法治尤為基本問題，必須上下共同遵守，而後足以轉移風氣。往者已矣，來猶可追。有地方之責者，其應以身作則，納全省於正軌，為人民造幸福。新疆已屆開發時期，凡阻礙其開發者，皆為時代所不容許。為保持新疆永遠為中同國土，是猶無過無功之消極政策，必也開發新疆，負起大後方之重要使命，方為赫赫功業，垂諸不朽，全國福利，實攸賴之[1]。

實踐是檢驗真理的唯一標準。新疆的實踐反覆證明，新疆要長治久安，非循依法治疆之軌前行，別無出路。

國民黨敗退臺灣後，吳藹宸攜眷前往英國研習學業。一九五〇年由倫敦大學授予國際關係哲學博士。一九五四年，在周恩來總理的邀請下，吳藹宸回到大陸，應聘為北京地質學院高級教授、歐美同學會總幹事、國務院文史研究館館員。

一九六五年八月二十五日，吳藹宸在北京病故。他遺世的主要著作有《華北國際五大問題》、《蘇聯憲法研究》、《新疆變亂記》、《中國與蘇聯》、《歷代西域詩鈔》、《求志廬詩》等。

肝膽相照的諍友：張治中

一九四六年六月二十七日，周恩來當著蘇聯駐華大使彼得羅夫的面肯定張治中：「他是蔣介石手下最正派的人之一。」[2]

一九四九年二月七日，毛澤東在西柏坡與史達林的代表米高揚會談時說：「我們沒有理由把他歸入戰犯名單，雖然他是蔣介石信賴的人。如果他們接受我們的條件，就是說他們背叛了國民黨，可以吸收。譬如，張治中向我們交出部隊，那可以考慮吸收他進入我們的政權機關。」[3]

共產黨歷來宣導論功行賞，獎罰分明。中華人民共和國建立後，張治中不僅出任西北軍政委員會副主席，而且還擔任全國人民代表大會常務委員會副委員長、中華人民共和國國防委員會副主席、中國國民黨革命委員會中央副主席等職，這相當於副國級的政治地位，可以說是國民黨起義人員中在中央任職最高者。

在國民黨中央大員中，尤以張治中與共產黨的關係特殊。正如周恩來的夫人鄧穎超所稱讚的：「文白先生是

1 吳藹宸：《邊城蒙難記》，新疆人民出版社，二〇一〇年，頁一七二—一七九。
2 沈志華編譯《俄國解密檔案：新疆問題》，新疆人民出版社，二〇一三年，頁二五四。
3 同上，頁二九七—二九八。

一位沒有同共產黨打過仗的國民黨軍人。」「是國民黨方面始終堅持國共合作的代表人物。」[1]

一九六一年十二月十二日，在「西安事變」二十五週年的晚宴上，周總理舊事重提，對時任國務院副祕書長的高登榜說：「文白先生是你們的救命恩人！當年釋放在新疆的共產黨人，是文白先生做的一件好事，這在國共關係史上是空前的，絕無僅有的。」[2]

一九五九年，彭德懷在「廬山會議」上被打倒，正在廣州休養的張治中得到消息後，馬上寫了一封上萬字的信給毛澤東。他在信裡講：「彭德懷的生活非常簡樸，對自己非常的嚴，洗臉水都不倒掉，留著接著洗腳。彭德懷非常艱苦樸素，他絕對不會反對您老人家。」這封信被周恩來截收，特派自己的祕書高登榜親自到廣州，轉告張治中：「你寫的信主席收到了，請放心。」[3]繼而劉少奇被打倒，張治中也寫信給毛澤東。這兩封信都被周總理壓了下來。周恩來安慰張治中說：「你寫的信主席收到了，你現在的任務就是好好休息，剩下的事我來辦。」

除了寫信，張治中還敢面諫一句話頂一萬句的毛澤東。據張治中的兒子張一純回憶，有一次他推著坐在輪椅上的父親見到毛主席。父親說：「毛主席啊，您老人家走得太快了，我跟不上……。我黨內的好多老朋友，那些元帥都被打倒了，您老人家怎麼辦吶？」這時，原本是坐著的毛澤東站了起來說：「文白兄啊，你放心吧，我們可以甄別嘛。」[4]

這一席話表明，張治中是襟懷坦蕩的真君子，而非見風使舵的投機政客。也許在某些小人眼中，張治中在政治上很幼稚，太天真了。

「文化大革命」發動時，張治中正在療養。一九六六年八月十八日毛澤東在天安門第一次接見紅衛兵，十九日紅衛兵就上街，以「除四害」為名，到處展開打、砸、搶。在北戴河，張治中聞訊之後，感到萬分驚訝，不可

1 余湛邦：〈鄧穎超和張治中的一些交往〉，金瑞英主編《鄧穎超：一代偉大的女性》[M]，山西人民出版社，一九八九年，頁四一九。
2 王朝光：《和談將軍張治中》，河南人民出版社，一九九五年。
3 《小康》雜誌社編《中國人的家國記憶》，〈張一純追憶父親張治中與周恩來〉[M]，二〇一五年，頁五〇。
4 《小康》雜誌社編《中國人的家國記憶》，〈張一純追憶父親張治中與周恩來〉[M]，二〇一五年，頁五一。

思議，不知所措。直到中央統戰部派人到北戴河，邀集未返京的所有黨外人士傳達中央文件，說明安撫之後，大家才安下心來。

八月二十八日，張治中從北戴河坐專車回京。回到家才兩小時，就接到組織上電話，說紅衛兵要上門破四舊。張治中剛到家站在院子的臺階上，紅衛兵就進大門了。

紅衛兵指著張治中問：「你是誰？」

張治中很生氣：「你要問我是誰，你可以去問毛主席和周總理。」

紅衛兵砸了隻花瓶，拿走了張治中的佩劍，還責問為什麼不掛毛主席像和語錄，出門時把一把切西瓜的小刀也視為武器擄走，揚長而去。紅衛兵走後，張治中對家人和機要祕書余湛邦說：「今後若干年，這將是一個大笑話。」

為了不惹麻煩，張治中讓人買回毛主席像和語錄。我無意中在張治中座椅對面掛了一幅「革命不是請客吃飯，不是做文章，不是繪畫繡花，不能那樣雅致，那樣從容不迫，文質彬彬，那樣溫良恭儉讓。革命是暴動，是一個階級推翻一個階級的暴烈的行動」的語錄。張治中問：「這段話出在哪裡？」我說：「是《湖南農民運動考察報告》中的話。」

張治中問我：「你認為怎麼樣？」

我回答了考察報告的時間、地點和對象。

張治中聽了臉色極不好看，但不做聲。[1]

後來，張治中的祕書給周恩來值班室打了電話。周恩來知道了，就在第二天的一次紅衛兵集會上說：「你們知道張治中三到延安的故事嗎？他是我們的朋友。重慶談判時，他坐專機到延安迎接毛主席，談判完了，他又護

---

[1] 余湛邦：〈毛澤東與張治中〉，編委會編著《肝膽相照見真情：老一輩無產階級革命家與民主人士的交往》[M]，一九九九年，頁一八七。

送毛主席回延安，他那裡你們就可以不去！」[1]

朋友歸朋友，同志歸同志，至少在老一代共產黨人眼中，朋友和同志是有差別的。這一點，毛澤東並不諱言。一九五八年初秋，毛澤東邀張治中視察長江流域。途中，毛澤東說：「你在《六十歲總結》中曾說，自己對階級鬥爭的觀點是模糊的。你對階級鬥爭沒有搞清楚吧？在這方面，我們還是有差距的。」[2]

一九六六年國慶節在天安門城樓，毛澤東笑問張治中：「紅衛兵到你家沒有？」張說：「去了。」毛說：「啊！你既不是當權派，更不是黨內當權派，他們到你家幹什麼？」[3]

紅衛兵以「造反」為名，共來過張治中家五次。對於張治中的安全，周恩來始終掛記在心。一九六七年周恩來安排張治中入住北京三零一醫院，改名林友文，就連親人也不能探視與電話聯繫[4]。

在生命的最後歲月中，張治中常常沉默不語，每天看著報紙，一言不發。但等到張一純下班，張治中會問問兒子今天發生的事情。張一純說，「父親晚年時我和他住在一起，所以可以感受到他的情緒是比較低沉的。其實他身體沒什麼問題，就是心情不好，有些事情想不通。」[5]

一九四九年時，青年蔣經國得知張治中留在北平時曾說：「他太天真了，將死無葬身之地。」這一讖語太極端了，因此並未應驗。

一九六九年四月三日，清明節前兩天，張治中病情突然惡化，急送醫院搶救，延至六日下午溘然長逝，終年七十九歲。

清明時節雨紛紛，路上行人欲斷魂。張治中去世後，統戰部當時的領導提出不搞告別儀式，周恩來則提出，一定要搞個儀式，周說：「我參加，再通知其他張治中的黨內外的老朋友。」四月九日，全國人民代表大會常務

1 余湛邦：〈摯友情深：周恩來與張治中的交往〉，編委會編著《肝膽相照見真情：老一輩無產階級革命家與民主人士的交往》[M]，一九九九年，頁一八七、三七四。
2 王愛枝主編《數風流人物，毛澤東與民主人士的交往》[M]，二〇一四年，頁一六九。
3 《小康》雜誌社編《中國人的家國記憶》，〈張一純追憶父親張治中與周恩來〉[M]，二〇一五年，頁五〇。
4 金依莎、蘇楓：《張治中與周恩來：雖是兄弟，寸步不讓》，《小康》雜誌二〇一一年四月二十六日。
5 《小康》雜誌社編《中國人的家國記憶》，〈張一純追憶父親張治中與周恩來〉[M]，二〇一五年，頁五一。

委員會舉行了張治中遺體告別儀式。周恩來向這位老朋友深深鞠躬告別[1]。張治中的骨灰安放在北京八寶山革命公墓第一室。

周恩來與張治中，是同事，是朋友，又是對手。他曾評價張治中說：「這個人很複雜，又很簡單；但有一點可以肯定：他是一個愛國主義者。」[2]

張治中、周恩來相繼去世後，鄧穎超在《張治中回憶錄》序言中寫道：「我與文白先生自一九二五年在廣州相識以來，一直保持著很好的友誼。他為人正派，襟懷坦蕩，對我黨直言不諱，肝膽相照。」[3]

張治中性格豪爽，快人快語，光明磊落，以誠待友，不計較個人得失。所以，歷史的天秤最後總是倒向他那一邊。

一九八五年，在張治中九十五歲誕辰紀念大會上，習仲勳代表黨中央對他的一生給予了高度的評價：「文白先生是傑出的愛國將領，富有遠見的政治家。是同我們黨有長期歷史關係的親密朋友。」[4]

觀其一生，張治中堅持以國家為念，和平為念，民生為念。他是蔣介石的諫臣，毛澤東的諍友。

政協委員不「批蔣」：翁文灝

一九四八年五月，在蔣介石安排下，翁文灝出任國民政府行憲後第一任行政院長。

國民黨統治的速敗，令曾經充滿政治理想的戴季陶萬念俱灰，他不願到臺灣孤島上了此殘生，百般糾結之下，不堪重負，在獨自服用了大量安眠藥後，死於風雨飄搖中的廣州。

翁文灝沒有選擇走戴季陶之絕路，也沒有追隨國民黨敗退臺灣，他試圖遠離政治，回歸學術，潔身自好，避居巴黎。

---

1 同上，頁五一。
2 《小康》雜誌社編《中國人的家國記憶》，〈張一純追憶父親張治中與周恩來〉[M]，二〇一五年，頁四五。
3 張治中：《張治中回憶錄》，北京：華文出版社，二〇〇七年，序。
4 余湛邦：〈我眼中的習仲勳與張治中的友誼〉，中共中央黨史研究室編《習仲勳紀念文集》[M]，二〇一三年，頁四四七。

若在和平年代，翁氏可以是一位傑出的科學家、教育家，成果豐碩，桃李滿園。就翁文灝的專業背景來說，他是中國近代地學界的開創者，有諸多第一為證：編寫了中國第一本《地質學講義》，編製了中國第一張著色全國地質圖，撰寫了中國第一部礦產志，出版了中國第一部考查地震災害的專著，第一位代表中國出席國際地質會議的地質學者，第一位系統而科學地研究中國山脈的中國學者，第一位對中國煤炭按其化學成分進行分類的學者……

然而，時逢民族、國家危亡關頭，他抱持實業救國之志，卻不幸成為了一位政治家。

一九五一年，經好友孫越崎等人相勸，並受毛澤東、周恩來邀請，翁氏經香港回到大陸，成為第一個回到北京的前國民黨政府的高級官員。回國後，曾任中國人民政協第二屆、第三屆全國委員會委員，中國國民黨革命委員會中央委員、常務委員等職。

回國初期，翁文灝有心遠避政治，主要從事於翻譯及學術研究。然而，在階級鬥爭「年年講、月月講」的年代，極左思潮如空氣，無處不在，無孔不入。你愈是躲避政治，政治愈是登堂入室。

黨組織動員他批蔣，與蔣劃清界線，翁文灝淡然處之，態度始終不積極，因而屢受批判。翁文灝實在有苦難言，蔣介石集團在政治、軍事、經濟上的失利，喪失了民心，作為核心成員之一，他亦難卸其責。批蔣即批自己，罵蔣亦是罵自己。況且，屈從於現實政治的壓力，說違心話，落井下石，明哲保身，為良心道德所不許。就史學而論，凡是憑空捏造顛倒黑白的汙名，總會有撥亂反正之日。君子貴在明辨是非，堅守道德底線。道德若是金，沉默則是護金，無言是最好的表達方式。

抗戰時期，翁文灝的長子翁心源從軍為國，丹心一片，其後成為著名的石油工程師。一九七〇年，翁心源因言獲罪，被打成現行反革命，在湖北潛江「五七幹校」自殺身亡。長子之死對已入暮年的翁文灝打擊極大，白髮人送黑髮人，他一連以〈悲懷〉為題，作詩十餘首，傾訴哀殤。其中如：「我今八一猶偷活，哀動全家哭汝靈」，字字含淚；又如：「深知余日無多少，勉以殘齡答盛時」，哀婉淒涼。

不到一載，即一九七一年元月，在北京蕭瑟的寒風中，這位屢經風霜的智者，在飽經世態炎涼之後，走完了他坎坷的一生。

翁文灝一生儉樸，身無奢華之物，唯喜好藏書。他臨終留下遺囑，將他的所有藏書連同一生積蓄都捐獻給國家。

無論是作為學者，還是作為政治家，死亡並未減損翁文灝的歷史價值。一九八九年，《翁文灝選集》由治金工業出版社出版；一九九九年，《翁文灝詩集》由團結出版社出版；二〇一〇年，《翁文灝日記》（一九三六－一九四二）由中華書局出版。文以載道，是謂不朽。

百歲老人「鬧」平反：孫越崎

一九四八年五月，在以翁文灝為首輔的行政院中，孫越崎出任行政院政務委員兼資源委員會委員長，位列部委首長。翌年秋，「貴人」翁文灝流亡國外，孫越崎則選擇留在大陸。

資源委員會是國民政府中的一個龐大而特殊的機構。該委員會擁有一百二十一個總公司和總機構，職員三萬二千八百多人，其中百分之四十以上是大學畢業的技術和管理人才，國外留學歸來的高級人才達三千多人。其高層領導和各個廠礦的負責人絕大部分受過是西方高等教育，幾乎集中了國家最核心的智力資源。

國內局勢板蕩，勝利的天平漸漸傾向共產黨一邊。孫越崎明白共產黨執政已是大勢所趨。由國民黨談判代表邵力子做內應，孫越崎做出了棄暗投明的政治抉擇。

是年十月，孫越崎利用國民黨社會部在南京召開全國工業總會成立大會之機，召開一次祕密會議。孫越崎說：「我在東北視察了幾個月，感觸頗深，共產黨必勝已是大趨勢，鞍山被解放軍占領以後，我們資源委員會的技術人員一律被留用，受到優待……從華北平津起大家都不要再逃了。資源委員會現有的工礦企業，是中國僅有的一些工業基礎，我們有責任把它們保存下來。大家要堅守崗位，保護財產，要迎接解放，辦理移交。」

孫越崎的冒險決定，順應了時代大勢。那次參加南京會議的人，除一人去了臺灣外，悉數留在了大陸。這對有效保護國家核心資產（設備與人才），對戰後國民經濟的快速恢復以及支持抗美援朝戰爭起到了重要作用。

新中國成立時，孫越崎人在香港，心在祖國。他通電脫離國民政府，遂被中華人民共和國中央政府任命為中央財金委員會計畫局副局長。十一月四日，孫越崎攜家眷乘船北上，國民黨曾派四艘軍艦攔劫，因劫錯船隻，免遇不測。一九五〇年五月，國民黨開除了孫越崎黨籍，並下令通緝。

孫越崎留在大陸，不是為了謀求個人利益，而是要堅守改變國家積貧積弱現狀的那顆初心。國家建設需要翁文灝，在他穿針引線下，二人終於重逢於北京。

與翁文灝一樣，因歷史原因纏繞，孫越崎命運多舛。先遭下放，後被停職，「文革」中再遭摧殘。一九七九年任河北省人大常委會副主任；一九八〇年當選全國政協五屆常委；一九八一年出任煤炭部顧問，同年被選為民革中央副主席。

大難不死，必有後福。十年「文革」結束後，已屆八十三歲的孫越崎迎來了生命的第二春。一九七九年任河北省人大常委會副主任；

一九九一年，孫越崎已年近百歲。他自謙「殘燭尚燃，光熱甚微」。十月二十四日，他給江澤民總書記寫信，申訴平反國民黨原資源委員會人員冤假錯案的遺留問題。一九九二年十月七日，中共中央政治局常委宋平會見了孫越崎等原資源會在京的部分人員，督促糾正冤假錯案。

孫越崎在大陸這邊安度晚年，海峽那端的老朋友亦沒有忘記他。一九九三年百歲之際，九十五歲的國民黨元老陳立夫託人，給這位曾被國民黨開除黨籍並通緝的世紀老人送來祝壽條幅：

志誠自仁，仁者必壽。越崎學兄長，時年九十九，陳立夫敬題。

九十九，祝長久。陳立夫跨越海峽的題詞，時光漸漸沖淡了國共兩黨的政見分歧，回到了生命的本真。

一九九五年十二月，孫越崎走完了他物質生命的最後一程，享年一百零二歲。

經過一百零二年馬拉松式的長跑，孫越崎將精神火炬長留人間，傳承後世，激勵後人。一九九六年，紹興縣人民政府決定將紹興南部山區孫越崎家鄉的兩所普通高中（平水中學、青陶中學）合併，易地新建越崎中學。二〇〇八年，中國礦業大學焦作工學院被命名為孫越崎學院。

人的一生無非是兒童、青年、中年、老年四個階段。就老年人而言，又可分四個段位：即老有所養，老有所樂，老有所學，老有所成。

一般而言，凡老有所成者，無不是童年、青年、中年不曾間斷的專業積累，最終攀上無人企及的知識高崗。老有所成，這座可望不可及的人生峰巒之上，鐫刻有孫越崎這一名字。

我是誰的鷹犬？：宋希濂

一九四九年，國民黨敗退臺灣，宋希濂轉戰四川。抗戰勝利後，舉國厭戰，兵無鬥志，潰敗如潮，昔日抗戰猛將自殺未遂，被俘入獄，成為共產黨的階下囚。

一九五九年十二月四日，經中華人民共和國最高人民法院特赦，宋希濂恢復公民身分，先到北京南郊公社參加勞動，並於一九六一年被安排到全國政協文史資料委員會任文史專員。一九八三年，宋希濂再次當選為全國政協常委。

就宋希濂一生來說，可謂榮辱各半，國共各半。一會兒是抗戰名將，民族英雄，一會兒是蔣家鷹犬，戰爭罪犯……他一時弄不清楚自己究竟是誰，是錯還是對。

年近八十歲時，最讓宋希濂揪心的就是，國家分裂如舊，骨肉相貶依然。斯時，他串聯黃埔諸友，共同呼籲國共合作，實現國家統一。未料，此籲一出，即遭臺灣某些媒體痛罵，稱其為中共鷹犬。

這令宋希濂一頭霧水：共產黨曾說我是蔣介石的鷹犬，故將我關入獄中進行思想改造；如今國民黨又誣我為共產黨的鷹犬。一個沉甸甸的「鷹犬」心結，終難化解。

隨著臺灣社會的民主化進程，一種不同凡響的聲音迴蕩在海峽兩岸：「宋希濂將軍在垂暮之年，身在美國，遠離國共兩黨，但因只出面呼籲祖國統一大業而為人爭議。這裡所爭議的焦點是宋將軍應該效忠於自己的國家民族？還是應該效忠於政黨？甚至於效忠於領袖個人？顯然宋將軍選擇的是前者。這對仍然受著幾千年封建意識影響的人來說，是難以理解的。」[1]發聲者，臺灣的反蔣鬥士李敖也。

李敖這番公道話，在國家民族利益至上的哲學高度上，如醍醐灌頂使宋希濂解脫了半生背負的枷鎖。在耄耋之年，他終於弄清了自己一生的意義。鷹犬是遊牧民族的精神圖騰，一個是空中獵手，一個是地上猛獸剋星，為宋希濂一生所喜愛。站在空中，鷹犬原來可以作褒義解。「我十分感謝這位素未一面之緣的李敖先生為我所寫的

---

1 宋希濂：《鷹犬將軍：宋希濂自述》，自序。

《鷹犬將軍》，並決定用這篇大作作為本書的書名，並以此為榮。」

李敖所說的幾千年封建意識是一處狹隘的文化陷阱，國人眼中只有領袖、宗族、黨派，而唯獨沒有國家概念。因此，國人評判是非標準，局限於對領袖、宗族、黨派的效忠或背叛，褒揚效忠者，鞭撻背叛者，已形成思維定式，根植於文化傳統之中。宋希濂亦深陷之中，難以自拔。

宋希濂晚年生活在美國的兒女家中，享受天倫之樂，使他有機會直接觀察美國公民社會現狀。兒女們心中只有美國，而無美國總統；說到中國，亦不分什麼大陸和臺灣。眼瞧著那些民選總統走馬燈式地輪換，即使效忠，又效忠誰去？民選總統乃人民公僕，如四季花開花落，隨波逐流，哪堪效忠乎？

思想上的徹底解放，使宋希濂獲得了理直氣壯的自信。一九八四年二月一日，他與蔡文治、李默庵及在美國探親的侯鏡如成立了黃埔同學及其家屬聯誼會，並公開發表國家統一〈宣言〉：「國家第一，民族第一，統一至上，建設至上，切盼我全體軍校同學及其家屬奮發參加促進中國統一運動。」[1]六月，宋希濂夫婦回到北京，參加黃埔軍校建校六十週年紀念活動，被推選為黃埔軍校同學會副會長。

一九九三年二月十三日，因患嚴重腎衰竭，宋希濂在紐約病逝，享年八十六歲。兒女們根據其遺願，將其骨灰送回大陸，安葬在長沙唐人永久墓地的「名人區」。中共湖南省委書記熊清泉為其墓碑題寫了「抗日名將宋希濂之墓」。

重新解讀宋希濂將軍的這段歷史，是緣於我們國家主體意志的確立。在國家主體意志之下，國民黨是執政黨，得到了國內民眾與國際外交的認可，而國民黨總裁蔣介石只是國家特定時期統率三軍的軍政領袖，具有執政的合法性。國民黨非蔣的私家黨，國軍亦非蔣的私家軍隊，中華民國更非蔣一手遮天的國家（蔣幾次被逼下野即說明此點），宋希濂更非蔣介石的鷹犬。

在「國家第一，民族第一，統一至上，建設至上」的大義之下，可為宋希濂正名矣。

---

1 宋希濂：《鷹犬將軍：宋希濂自述》，自序。

史學家劫後行醫：曾問吾

一九四九年興寧縣獲得解放，解放軍接管黃陂中學，校長曾問吾被迫離職。

一九五一年一月，創建於一九二八年的平遠縣石正中學校董會，仰慕曾問吾之名，聘其為教務長。是年五月，在轟轟烈烈的鎮反運動中，曾問吾被公安人員逮捕，罪名是歷史反革命。在檢舉揭發的群眾運動中，有檢舉信稱曾問吾在吐魯番執政時犯有血債，而檢舉人根本沒有到過新疆。興寧縣人民法院判處曾問吾死刑。法院辦案人員到吐魯番外調核查，以定讞殺或不殺。外調結果證實，檢舉指證純屬子虛烏有。於是，當地便流傳這樣一個故事：辦案人員到了吐魯番，當地民眾誤以為人民政府要讓曾問吾回來再任縣長，向辦案人員表示感謝。曾問吾不但無血債，而且在吐魯番為民辦了許多好事，至今為民懷念。

不管此傳說的源頭何在，但興寧縣人民法院將死刑改判為有期徒刑四年，卻是事實[1]。

一九五三年，正值國家實施第一個五年計畫期間，尚在監獄服刑的曾問吾給監獄長寫信，要求為其撰寫《新疆經濟地理》一書提供必要條件，為國家科學規劃建設新疆盡一己之力。然而，「犯人」尤其是歷史反革命是沒有著書立說權利的。

一九五六年，曾問吾服刑期滿獲釋，在興寧東溝勞改農場做職工，養雞餵鴨千隻，號稱「鴨司令」。

一九五七年夏，國民黨起義將領、時任廣東省政協副主席羅翼群赴農村考察，親眼目睹了大躍進、浮誇風帶來的民不聊生的慘狀，他在一份報告中直言道：「廣東人民處在被餓死的邊緣。」實話一出口，遂被劃為反黨砍旗的大右派，受到批鬥。曾問吾所在的勞改農場組織討論此事，唯曾問吾對羅翼群表示同情，他說：「羅翼群的餓死邊緣之說，雖言詞過於誇大，但廣東人民處於半飢半餓狀態卻是事實。」[2]此話一出，滿座變色。

在當時不正常的政治氣氛中，一個國民黨少將為一個國民黨中將辯護，很自然被看成是向共產黨猖狂進攻。

---

1 崔保新：〈曾問吾生平事蹟編年述略〉，《伊犁師範學院學報》二〇一四年第一期，頁三〇—三六。

2 崔保新：〈曾問吾生平事蹟編年述略〉，《伊犁師範學院學報》二〇一四年第一期，頁三〇—三六。

曾問吾為他的一句良心話，付出了失去後半生自由的慘重代價。一九五七年十一月，公安部門以反革命造謠汙蔑罪，將曾問吾逮捕羈押。一九五八年六月二十六日，曾問吾被判無期徒刑，押送廣東樂昌監獄服刑。曾問吾時年已滿五十八歲。

一九七五年一月，監獄管理人員向曾問吾宣布：將其無期徒刑減刑為有期徒刑十六年。從一九五八年算起，曾問吾已服刑十七個年頭。

是年十二月，國務院總理周恩來簽署大赦令，對國民黨時期縣團級以上官員、被劃為歷史反革命罪而重判在獄服刑人員，免除罪狀，給予特別寬大赦免釋放。對於願意回家度晚年者，發給路費和一次性安置費。

曾問吾在監獄服刑期間，因年事已高，難以從事重體力勞動。閒暇時間，他開始鑽研醫術，借閱監獄醫務室的醫學書籍，並讓家裡購買有關醫書，重點研究中醫與針灸，在自己身上試扎，積累經驗，因醫術精湛，治癒過一些疑難雜症，聲譽鵲起，被聘為獄醫。

曾問吾再次回到家鄉時，已是七十五歲的老人了。昔日的研究生、高官、教育家、犯人，如今已變身為鄉間醫生。曾問吾在家行醫，因醫術不凡，收費低廉，對貧困者，免費治療，提供食宿，逐漸遠近聞名。

曾問吾白天行醫，晚上伏案撰寫《新編中國針灸學》。這部三十五萬字耗盡曾問吾晚年精力的《新編中國針灸學》手稿，雖獲中山醫科大學教授甚高評價，寄去幾家出版社，均遭退稿[1]。

一九七九年一月一日，中華人民共和國全國人大常委會發表了〈告臺灣同胞書〉。

親愛的臺灣同胞：

今天是一九七九年元旦。我們代表祖國大陸的各族人民，向諸位同胞致以親切的問候和衷心的祝賀。

昔人有言：「每逢佳節倍思親。」在這歡度新年的時刻，我們更加想念自己的親骨肉——臺灣的父老兄弟姊妹。我們知道，你們也無限懷念祖國和大陸上的親人。這種綿延了多少歲月的相互思念之情與日俱增。自從一九四九年臺灣同祖國不幸分離以來，我們之間音訊不通，來往斷絕，祖國不能統一，親人無從團

---

1 崔保新：〈曾問吾生平事蹟編年述略〉，《伊犁師範學院學報》二〇一四年第一期，頁三〇—三六。

聚，民族、國家和人民都受到了巨大的損失。所有中國同胞以及全球華裔，無不盼望早日結束這種令人痛心的局面。

我們中華民族是偉大的民族，占世界人口近四分之一，享有悠久的歷史和優秀的文化，對世界文明和人類發展的卓越貢獻，舉世共認。臺灣自古就是中國不可分割的一部分。中華民族是具有強大的生命力和凝聚力的。儘管歷史上有過多少次外族入侵和內部紛爭，都不曾使我們的民族陷於長久分裂。近三十年臺灣同祖國的分離，是人為的，是違反我們民族的利益和願望的，絕不能再這樣下去了。

曾問吾從廣播中聽到中央人民廣播電臺播音員那渾厚、親切的聲音時，即刻感覺到一個新時代的來臨。儘管他因政治迫害而早已遠離政治，但天下興亡匹夫有責的理念，已扎根於內心深處。播音員的聲音就像鼙鼓，一下下敲擊在他的心尖上：

每一個中國人，不論是生活在臺灣的還是生活在大陸上的，都對中華民族的生存、發展和繁榮負有不容推諉的責任。統一祖國這樣一個關係全民族前途的重大任務，擺在我們大家的面前，誰也不能迴避，誰也不應迴避。如果我們還不儘快結束這種分裂局面，早日實現祖國的統一，我們何以告慰於列祖列宗？何以自解於子孫後代？人同此心，心同此理，凡屬黃帝子孫，誰願成為民族的千古罪人？[1]

〈告臺灣同胞書〉在廣播站一遍遍重複播放，孫子師安察覺到爺爺情緒的異常變化，換言之，他從未見老人這般激動過，竟徹夜無眠。事過多年後，師安還清楚地記得爺爺的話：「我過去與蔣經國很熟悉。如果國家需要，我可以赴臺灣去勸說蔣經國，完成祖國統一大業。」師安驚異地睜大眼睛看著爺爺，但他只能把這句話深鎖在心中。

一九七九年春天，七十九歲的曾問吾要孫子師安給全國政協委員宋希濂寫信，請代找一九三六年出版的《中

1 《人民日報》一九七九年一月一日頭版。

國經營西域史》，因宋希廉已移居美國，故渺無音訊。彌留之際，他最掛念的是他一生中唯一正式出版發行的著作。這部著作改變了他的命運，是他一生價值的唯一證明書，至於是福是禍，是好是壞，是沙中之金，還是恆河之沙，留給後人評說，留給後人鑑別。

一九七九年五月二十六日，曾問吾於家中去世。生前留下遺囑，響應政府號召，並以周恩來總理為例，屍骨火化，喪事從簡。出殯那天，遠近鄉鄰趕來，千餘人擁塞於途，場面感人。

改革開放以後，曾問吾任校長時曾扶掖的門生們，自發地為老校長平反一案四處奔波。一九八六年七月三日，興寧市人民法院下達平反書，為曾問吾澈底恢復名譽[1]。

一個人的一生，總會被其所處的時代塗抹上色彩，或明或暗，或黑或白，人生或悲或喜，部分由自己決定，部分由社會擺布。至於自我與社會影響的比例，將因時代與社會制度而有所不同。

曾問吾，農家子弟——中央大學畢業生——國民政府少將——吐魯番縣長——中學校長——囚犯——民間大醫——平反昭雪，這即是他大起大落的人生軌跡。

曾問吾中年蒙遭不幸，不是個人之錯，而是中國在現代化探索中一度走上歧路。曾問吾有幸安享晚年，壽終正寢，折射出重回正軌的中國社會正在前行。

生死之交終不移：朱紹良與羅家倫

一九四七年，羅家倫卸任新疆監察使，出任中國駐印度大使。一九四九年十二月三十日，已獲獨立的印度政府宣布承認中華人民共和國政府。翌日，羅家倫召集「大使館」全體人員，親自降旗撤館，黯然返回臺灣[2]。

「國民黨兵敗臺灣之後，蔣介石曾準備提名他為考試院副院長，但總有人反對。蔣介石一向對羅家倫印象很好，對人們的批評與攻擊感到不解，向曾任教育部部長的王世杰尋求答案。王世杰回答：『據我所知，羅志希在

---

1 （八六）興法刑復字第一三二號刑事判決書。

2 張曉京：《羅家倫評傳》，人民出版社，二〇〇八年，頁三〇二。

做大學校長之時，政府中和黨中許多人向他推薦教員，倘若資格不合，他不管什麼人，都不接受，因此得罪了不少人。』」

在明哲保身、爾虞我詐的官場上，羅家倫不見風使舵，不怕直言得罪權貴而影響仕途，亦敢於為牆倒眾人推的盛氏說公道話，不怕引火燒身，體現了一個正直學者應有的獨立風骨。

出於信任，蔣介石不改初衷，提名羅家倫出任中華民國總統府國策顧問、國民黨中央評議委員、考試院副院長等職，擔任中國筆會會長，依然在臺灣高層上行走，在國際上為國民黨拓展生存空間。

羅家倫與朱紹良保持了一生的友誼。朱紹良六十歲時作自壽詩，有一句「八面刀光酒杯寬」，唯有羅家倫知其出處。羅家倫讀後回憶說：「事後余在迪化贈一民二絕，字字均係紀實，其中『八面刀光一局棋』句，唯余二人體會最深。」[1]

光陰又度十年，一九六〇年十月三十日，朱紹良七十大壽，蔣介石親寫壽字頒贈。

「一九六三年十二月二十五日，身為『國策顧問』的陸軍上將朱紹良，因腦溢血在臺北中心診所逝世，年七十三歲。二十八日，蔣介石題挽『勳勞永念』。頒令追認一級陸軍上將。三十日大殮及公祭，蔣親臨弔唁。」朱紹良九度天山，安撫邊疆，勛勞之重，令蔣永念於懷。

「朱夫人花德芬女士在丈夫去世後十九天，也駕返瑤池，年六十六歲。一九六四年一月十九日大殮，蔣提挽額『壺範長昭』。人們又重新為朱氏夫妻舉行安葬儀式，二月七日在陽明山舉行合葬典禮。」[2]

朱紹良去世後，周開慶在整理朱紹良年譜時，告訴《新疆風暴七十年》的作者張大軍說：「朱抵迪化住於東花園，夜間有衛兵槍口從窗口伸入正對朱氏臥床，朱氏裹被臥於牆角下，所謂在『死角』（係軍語子彈打不著之地）處避難。周氏又云：朱氏日記無在迪化段，係生前撕去云云。」[3]朱紹良待人情至義盡，為人忠厚由此可鑑。

民國五十三年（一九六四），羅家倫為《朱紹良年譜》作序，追述其經歷，肯定其功績，讚頌他為人處事的品格，並讚美其能詩善交。

1 張大軍：《新疆風暴七十年》，頁六〇〇七。
2 安淑萍、王長生：《蔣介石悼文誄辭密檔》，團結出版社，二〇一〇年，頁三二五。
3 張大軍：《新疆風暴七十年》，頁五九九六。

在朱紹良去世五年後，一九六九年十二月二十五日，羅家倫在臺北逝世，時年七十八歲。著名政論家陶希聖為老友撰寫了兩幅挽聯：

長聯：書生何以報國家？方盡餘年，粟碌同編革命史；
上帝如今閉閭闔！不遺一老，淒涼哭拜寢門前。

短聯：事業實炳然，偏素日文章名世；
鞠躬盡瘁矣，最傷心彩筆先收。

十二月二十九日，臺灣舉行公祭。蔣介石題頒「學淵績懋」挽額。國民黨發布褒獎令，在歷數羅家倫履歷後，為其蓋棺論定：「……綜其生平，才識通敏，述作斐然，勳勞懋著，聲華遠播。」[1]

在學術領域，羅家倫一肩挑起國民黨黨史會主任委員和國史館館長兩職，著作等身。學淵績懋，名至實歸。其未刊手稿現藏於美國哥倫比亞大學東亞圖書館。

一生勤勉為人忙：梁寒操

一九四七年，國共內戰持續，國民黨內再次分裂。是年，梁寒操當選「國大代表」及「立法委員」。是年冬，梁寒操與夫人黎劍虹離開南京到臺灣，以國民黨中常委身分兼任臺灣臺南出版的《中華日報》社社長。

早在重慶時，梁寒操已漸漸疏遠「太子派」，向蔣介石的親信陳誠靠近。一九四九年一月五日，陳誠在臺北市就任臺灣省主席，提出八字治臺方針「人民至上，民生第一」，這即是梁寒操的私下授受。

一九五〇年代初，蔣介石在臺灣重新收拾舊河山，梁寒操避之香港。一九五一年，這位昔日國民黨的鼎鼎高

1 劉維開編著《羅家倫先生年譜》，中國國民黨黨史委員會《近代中國》一九九六年印行，頁三四〇—三四一。

官，轉到香港培正中學教初中二年級國文、歷史課。孫中山先生一生提倡，革命者要立志做大事，不要立志做大官。若念念不忘孫中山教誨者，又何在乎地位的高下貴賤！

梁寒操原是基督教徒，在香港教書期間，重返教會，以心靈寄託於上帝，遠離政治。他給蔣介石與陳誠寫信，坦言：「在黨言為中途脫伍之逃兵，在教言為重歸教會之信徒。」好在蔣介石也虔信基督教，自然能理解梁寒操的心情。

蔣介石在臺灣另起爐灶，力圖浴火重生。他可以裁減、處分、閒置昔日的「異己」分子，但離不開孫中山三民主義這面正統大旗。梁寒操正是黨內公認的三民主義理論家，國民黨離不開梁寒操。

一九五四年五月，梁寒操奉蔣介石之召赴臺，行政院長陳誠安排梁寒操擔任中國臺灣廣播公司董事長。至一九七二年退休，這一幹就是十八年。

一九七五年七十八歲的梁寒操應聘為總統府國策顧問。二月十六日下午，因突發性心肌梗死，梁寒操倒在了辦公室。

梁寒操遽然猝死，未留遺言，更無餘財。他生前僅留下一張銀行存摺，上有存款三千多元新臺幣。三月十四日，臺北殯儀館舉行大殮公祭，親朋好友四千多人及四十多個單位代表參加了公祭。場面之盛，一時無兩。

梁寒操是詩人，一生即興作詩千百首，唯獨喜歡〈驢德頌〉。該詩作於一九四三年春，在赴南疆宣講三民主義途中，見路間遺有驢骨，興發而作：

> 木訥無言貌肅莊，一生服務為人忙。只知盡責無輕重，最恥言酬計短長。絕意人憐情耿介，獻身世用志堅強。不尤不怨行吾素，力竭何妨死道旁。[1]

晚年，向梁寒操索字求對者甚多，他最喜歡將〈驢德頌〉錄成書法作品，贈送眾多親朋好友，彼此相互勉勵。

---

1 《新新疆月刊》一九四三年第一卷，頁四四。

梁寒操以國家、人民之驢自比，為了人民幸福，不惜累死道旁，拋骨荒原。遠溯，可比照武侯諸葛亮〈後出師表〉中那句「鞠躬盡瘁，死而後已」的壯語，近觀又合國父孫中山先生「不要做大官，要做大事」之名言。驢之七德——木訥、忙碌、輕身、耿介、堅強、不怨、盡瘁，正是梁寒操一生的真實寫照。

學術奠基「國統」綱領：吳忠信

自一九二六年起，吳忠信開始寫日記，從無間斷，一直寫到生命的終點。通觀邊疆日記，可以用字帶邊聲、心繫邊情概括。無論是《西藏日記》，還是《撫新日記》，均有著不可替代的史料和學術價值。

一九四九年遷臺後，邊疆已遠，只能隔海眺望，但邊政工作仍使吳忠信「牽腸掛肚，耿耿於懷。他不顧古稀之年，夙興晚寢，伏案筆耕，一九五三年十一月《西藏紀要》一書付梓出版。

一九五四年，吳忠信在臺灣恢復「邊政協會」，繼續出版《邊政公論》月刊，同時還向海內外徵集到大量的歷史資料，並通過臺灣商務印書館搜羅到「舊刊新著」數百種。其後擬出計畫，確訂選題，落實人選，分頭撰寫。寫一部出一部，到一九五九年底，已出版多部著作，包括東北、蒙古、新疆、西藏、雲南等地，這樣，泱泱大國數千年邊疆地理之沿革、民族變遷之歷史、文化演變之軌跡、邊塞風情風光之展現，或古或今，或詳或略，圖文並茂，皆濃縮於方寸之間。

自「一九四九年以後，臺灣省史學界的中國邊疆研究，無論是研究成果，還是資料搜集與整理，在並不理想的客觀環境的制約條件下，沿著前輩學者（魏源、何秋濤、夏燮、梁廷楠、徐繼佘、曹廷傑、顧頡剛等）開創的邊政研究的格局，有所前進，有所創新，他們的眾多成果成為中國邊疆研究總成果的不可分割的組成部分，為人們所關注」[1]。

正是在吳忠信的倡導和垂範下，臺灣學術界分頭開展了地方志編纂工作，除《臺灣省通志稿》、臺灣所有

[1] 丁劍：《吳忠信傳》，人民出版社，二〇〇九年，頁四二八—四三〇。

市、縣志外，還代作代修了大陸沿海諸省、市的志稿。對廣西、雲南、陝西、山西、河南、安徽、江西等內陸省份，也陸續推出「中國現代化的區域研究」成果。有論有述，史志結合，文史粲然，由此形成了一股「回望祖國」的著述熱潮和研究之風。

綜上所著，千篇傾情，萬卷絕唱，結論只有一個：大陸—臺灣，同宗同文，脈同父子，永不可分，分者悖逆，全民共誅。

學術為蔣介石父子堅持「只有一個中國」的原則立場提供了理論自信，亦為後來中國國民黨「國統綱領」（全稱「國家統一綱領」）的形成奠定了基礎，同時也成為那些鬧分裂、搞臺獨者的「緊箍咒」、「照妖鏡」。所以二十世紀中葉，當「臺獨」分子剛一冒頭，國民黨政府就毫不手軟，大肆逮捕，堅決打擊，一律以「叛國罪」論處[1]。

一九五九年十二月十六日下午二時二十分，吳忠信以肝臟硬化症，不治逝世。彌留之際，蔣介石聞訊親臨榮民總醫院探視[2]。對於這位三十七年前結拜的金蘭兄弟，蔣介石親到靈堂敬獻花圈致祭，蔣經國親任治喪委員會總幹事。

蔣介石頒發總統褒獎令：「總統府資政吳忠信，賦性剛正，器識閎通，學裕韜衿，才長幹濟……嗣任蒙藏委員會委員長及新疆省政府主席，安定邊圉，勞徠遠人，厥功尤偉。」[3]

吳忠信生前留下遺言：「余先後追隨總理孫先生、總裁蔣先生，致力革命，五十餘年來服務黨國，無多建樹，良深愧怍；惟一本忠誠，始終無間，差堪自慰。」

與其說吳忠信對蔣介石大半生都忠心耿耿，倒不如說他對民族和國家忠貞不二，這樣就把「愚忠」改寫為「大忠」。

吳忠信長眠於臺灣寶島的陽明山下，生前好友于右任為之題寫了碑文。而文字難以言表的邊疆情懷，或已深刻在青藏高原的瑪尼石上，和於縷縷不絕的禪音之中，或又嵌入西域、蒙古的遼闊草原，化作千家萬帳於嫋嫋

1 丁劍：《吳忠信傳》，人民出版社，二〇〇九年，頁四二八—四三〇。
2 《吳禮卿先生紀念集》，頁七，藏於臺灣東吳大學圖書館。
3 《吳禮卿先生紀念集》，頁一一，藏於臺灣東吳大學圖書館。

炊煙。

將軍暮年西北望：郭寄嶠

一九四六年六月，因戍衛新疆有功，郭寄嶠擢升為國防部參謀次長。同年十一月，郭寄嶠再度回到西北，出任西北行轅副主任兼甘肅省省長，甘肅省保安司令、甘肅省軍管區司令。這幾乎是一九三三年朱紹良奉命坐鎮西北的翻版。

郭寄嶠主政甘肅初期，頗有雄心壯志，他先後頒布了三大建設方案：《甘肅省經濟建設方案》、《甘肅省教育文化建設方案》和《甘肅省衛生建設方案》。

郭寄嶠雖出生軍旅，曾指揮過千軍萬馬，但他對「筆桿子」亦不放鬆。他每到各處講演、視察或發表了什麼談話之後，一定要祕書根據他講的內容寫成新聞稿，經他批閱之後，抄送各報和通訊社。對於有關他本身的新聞，尤其重視。有時，登出來的內容稍有出入，他就會不滿意，甚至於發脾氣。因此，《西北日報》尤其不敢隨便，只能全文照登，編輯和採訪人員不敢稍加變動[1]。

正值壯年的郭寄嶠躊志建設甘省，無奈內戰正酣，國民黨軍隊節節失利，國民政府自顧不暇，哪有心思搞建設？蔣介石雖然賦予了郭寄嶠權力，但歷史沒有給他表現的機會。西北開發一旦離開中央支持，只能成為空中樓閣。一九四九年，帶著建設上一事無成、軍事上一籌莫展的遺憾，郭寄嶠悄然離開主政兩年另八個月的甘肅。

一九五〇年代初，臺灣國民黨軍隊系統進行大改組，老官僚、老軍閥紛紛落馬，新生代脫穎而出。四十三歲的蔣經國出任國防部總政治部上將主任，俞大維以文人、非黨派之身出任「國防部長」，更開民國以來之先河。俞大維不到一年便辭去職務，四十九歲的郭寄嶠接任國防部長兼行政院政務委員，開始與蔣經國一同共事。嗣後，郭寄嶠仕途順遂，先後當選國民黨中央委員、中央評議委員、行政院蒙藏委員會委員長[2]。

---

1 袁第銳：《中華文史資料文庫》。

2 《民國檔案》二〇〇二年第三期，頁六四—六六。

常言道：「官不過二代，富不過三代。」唯有詩書傳道，忠孝傳家，可保家族永昌。詩書傳家，重在修身立德。在臺灣官宦世家中，一家出了兩位國防部長：郭寄嶠、姪女婿郝柏村（亦任過行政院長），一位臺北市市長（亦任國民黨中央副主席）：郝龍斌（郝柏村之子），官繼三代，可謂鳳毛麟角，在臺灣傳為佳話。

一九九三年，薛奕率大陸藝術團訪問臺灣，在臺北拜訪了郭寄嶠。薛奕描寫道：「這是一間很寬敞的客廳，牆上掛滿國民黨顯要書寫的條幅、題詞。廳正中掛著唐代名將郭子儀畫像，郭子儀是郭家先祖。郭老將軍時年雖已九十二高齡，但仍精神矍鑠，腰挺背直，步履自然，保持著軍人的氣概。」[1]

在臺北家中，九十二歲的郭寄嶠遙憶當年，意興闌珊：「抗日戰事起，我被任命為第二戰區副司令長官和前敵總指揮部中將參謀長，總指揮是衛立煌。那時八路軍隸屬第二戰區，因此和朱德、彭德懷等共產黨將領多有接觸。朱德曾說過：郭寄嶠在武器裝備、戰役部署上是很公道的。一九三八年四月十七日，衛立煌與郭寄嶠一同訪問延安，毛澤東會見並設宴招待，讚揚二戰區抗日堅決和八路軍友好。」

郭老將軍感慨地說：「過去共同抗日的十八集團軍將領，現在在世的不多了。國共合作打敗了日本侵略者。現在兩岸應該實現統一，共同建設國家，使中國富強起來，讓外敵再不敢欺侮我們……」[2]

郭寄嶠曾為自己做了一幅自畫像——信仰：「岳武穆文官不貪財、武官不怕死」，「鄉賢包青天（拯）維護正義、明辨是非善惡、不阿不屈、擇善固執」；——性格：「處人坦誠信，重然諾，反貪汙，喜研國學書法，好運動騎射」[3]。

一九九八年，郭寄嶠以九十六歲高齡在臺灣病故。身後遺著有《邊疆政策之研究》、《邊疆與國防》、《我國歷代邊疆地區各民族之遷徙與衍化》、《民國以來中央對蒙藏的施政》、《敉平新疆東土耳其斯坦經過紀實》等，對民族問題、邊疆問題，認知深刻，見解獨到。

1 《統一論壇雜誌》一九九六年第三期，頁二九。
2 《統一論壇雜誌》一九九六年第三期，頁二九。
3 《統一論壇雜誌》一九九六年第三期，頁二九。

夫子的政治遺囑：陳立夫

一九四八年六月，在李宗仁任代總統的廣州國民政府中，陳立夫出任立法院副院長。一九五〇年代初，國民黨在臺灣自上而下地展開了一場失敗反思，陳果夫、陳立夫兄弟受到嚴厲抨擊，眾口一詞要他們為國民黨喪失大陸負責。這時陳果夫已經一病不起，陳立夫知趣地引咎辭職，自我放逐海外，隱居於美國新澤西州湖林城外的萊克塢鎮，開始了他的養雞生涯。臺灣在野黨人士不無感慨地說：「國民黨顯要下臺，以養雞糊口，唯獨陳立夫一人。」[1]

陳立夫在美國養雞，自食其力，韜光養晦，看似遠避政治，但心則常繫中國統一強大問題，念念不忘。自一九五一年離臺，直至一九六六年為賀蔣介石八十大壽，陳立夫才首次返臺。一九六九年，陳立夫終於「應召」返臺定居。

在國民黨內，陳立夫既是教育大師，又是文化巨匠。返回臺灣後，他即出面組織了一項巨大的文化工程——翻譯英國皇家學院院士、世界著名科技史專家李約瑟博士的巨著《中國之科學與文明》（又譯《中國科學技術史》）。這部長達七卷共十二冊計八百五十萬字的集大成之作，通過中西科技成就的比較研究，不僅涵蓋了中國古代的自然科技，且兼及中國古代人文和社會科學，表明中華先祖在數學、天文、地理、物理、化學、生物以及醫學等諸多領域曾領先世界，對人類進步貢獻甚大。推動這項文化工程，旨在提升中華民族的文化自信，架通兩岸中國人的心靈之橋。

早在西安事變前夕，陳立夫即是國共祕密和談的代表之一。一九七三年，陳立夫提出「以三民主義統一中國」的建言被國民黨採納。而此時蔣介石因患病明顯減少了政治活動，陳立夫的心情愈加急迫，他渴望有生之年能看到「一個中國」。

國民黨敗走臺灣，與大陸隔海對峙，然而雙方總有特殊背景的「密使」穿梭其間。明修棧道，暗度陳倉，是

1 陳秀惠：《復興中國文化：陳立夫訪談錄》，北京：新華出版社，二〇〇七年。

中國政治的傳統。例如一九五〇年五月臺灣李次白受蔣經國之命來滬投石問路，一九五七年四月臺灣宋宜山受蔣介石派遣進京摸底探究，一九七三年五月章士釗應毛澤東之請赴港架橋鋪線。然而，所有這些努力都沒有跨越國共之間深深的歷史鴻溝。

暗道不通開闢明路。陳立夫曾以「辜君明」的化名為香港《中華月刊》撰文，希望兩岸化干戈為玉帛。文章指出：「沒有一個帝國主義者願中國統一，要統一只能靠中國人自己的覺悟。」[1]

一九七五年，蔣的病情日趨惡化，故請陳立夫經祕密通道向中共發出邀請毛澤東訪臺的信息。陳和談心切，在沒有信息反饋的情況下，又在香港報紙上公開發表題為〈假如我是毛澤東〉的文章，文中歡迎毛澤東或周恩來訪臺。陳立夫特別呼籲毛澤東能「以大事小」，不計前嫌，兩黨第三次合作，共圖重振中華雄風之大業[2]。

周恩來總理生前曾託人讚許說：「陳立夫是一位值得被尊敬的敵人。」

蔣介石、毛澤東、周恩來相繼去世後，中國統一大業的責任落在國共第二代領導人身上。蔣、陳兩家是兩代世交，蔣經國對長其十歲的陳立夫以兄長待之。其曾在蔣介石靈柩旁下跪哭泣：「我已失去了父親矣，你是我唯一的哥哥，以後務請多多扶助！」平時小蔣對陳執晚輩之禮，時時登門拜訪，有人饋贈食品，必分敬於陳，凡政府重要人事決定，以及重要政策之推行，必先徵求陳的意見。因而晚年蔣經國的「大陸政策」不能不受陳之影響，尤其在兩岸和解的初始階段，陳主張「不妨一談」，與其隔岸喊話，不如會面一談，這和中醫治病的道理一樣，不通則痛，通則不痛。一九八七年十一月，蔣經國做出開放臺灣民眾赴大陸探親的決定，深獲陳的賞識和支持。

對於蔣經國的遽然離世，陳立夫在扼腕歎息之餘，亦迫感時不我待。一九八八年七月十四日，在國民黨十三大閉幕後首次召開的國民黨中央評議委員會議上，陳立夫、蔣緯國等三四位中央評議委員向國民黨當局提出〈以中國文化統一中國〉之提案，主張在一個中國前提下，國共兩黨以談判促進和平統一大業。

但是，蔣氏父子在臺灣政壇的消失，縮小了陳的活動空間，但陳立夫初心依舊，始終認為兩岸和平統一是歷史潮流。二〇〇〇年六月十六日，百歲老人陳立夫與梁肅戎聯署，向國民黨中央全會提交〈國共第三次合作，共

1 陳秀惠：《復興中國文化：陳立夫訪談錄》，北京：新華出版社，二〇〇七年。
2 陳秀惠：《復興中國文化：陳立夫訪談錄》，北京：新華出版社，二〇〇七年。

議和平統一〉的提案。此時，國民黨在臺灣已成為在野黨，民進黨上臺後即推行去中國化政策，百歲老人的政治呼籲自然無人問津。

晚年，陳立夫憑著對中國文化和文化中國的「路徑依賴」，超越了黨派之爭，超越了自己，他站在中華文化的高端，高瞻遠矚，極力在島內打造和培植了中國文化的沃土，成為「臺獨」勢力「去中國化」政策的一個巨大障礙而名垂青史。

一九九二年九月二十九日，他的夫人去世，老人悲痛莫名，表示「內子葬觀音山是暫時的，一旦水路交通恢復，即擬運回湖州與祖墳安葬在一起」，真摯地表達了這位老人的感情。

二〇〇一年二月八日晚上八時五十分，陳立夫於臺北病逝，享壽一百零二歲。實現兩岸和平統一，是這位世紀老人留給後世的政治遺囑

肉體可以腐爛，唯有思想不朽。政權可以更迭，真理卻能長存。陳立夫集一生經驗和思考留下的文典，以及他晚年留下的未竟的政治遺囑，是海峽兩岸中國人共同的精神財富。

附錄

民國新疆軍政大事記

民國十七年　一九二八年

七月七日，新疆省主席、邊防督辦楊增新在承認南京國民政府幾日後被暗殺，蘇聯是涉嫌最大的幕後黑手。

民國二十二年　一九三三年

四月十二日，迪化發生政變，歸化軍叛變是推翻金樹仁政權的發端。在蘇聯扶持下，盛世才獲取權力，擊敗政敵並鞏固了政權。

民國二十六年　一九三八年

一月，蘇聯紅八團進駐哈密。

八月，盛世才在莫斯科秘密加入聯共。

蘇聯通過新疆孔道大力援助中國抗日戰爭。

民國二十九年　一九四〇年

十一月，蘇聯逼迫盛世才秘密簽訂《租借新疆錫礦條約》。

民國三十一年　一九四二年

三月二十九，畢業於蘇聯紅軍大學、新疆機械化旅旅長盛世才四弟盛世騏被槍殺。蘇聯嫁禍於人，意在敲山震虎。

七月二十九日，宋美齡訪問迪化三日。盛世才堅定表示要擺脫蘇聯控制，輸誠中央政府。

民國三十二年　一九四三年

一月，國民黨重建新疆省黨部，軍隊中建立特別黨部。盛世才任省黨部主任委員。

二月十八日，宋美齡在美國國會作聲情並茂的演講。

三月，國民政府設立中央駐新疆監察署，羅家倫首任監察使。

四月十九日，美國在迪化設立領事館。

五月四日，聯共中央政治局召開會議，會議在組織、宣傳、情報、軍事四個方面提出了原則性政治決議十四條，決定「在新疆的非漢民族反對督辦和新疆政府的殖民壓迫政策的鬥爭中，向他們提供支援。」

五月十七日，蘇聯決定單方面撤走獨山聯合油礦的機械設備和專家。

六月以來，蘇聯支持烏斯滿在阿山叛亂，並以中蒙邊境衝突為幌子，出動飛機轟炸掃射中國平叛軍隊。

十一月四日，蘇聯紅八團撤離新疆（實際為一個機械化加強團和一個空軍支隊）。蔣介石明令蘇聯撤銷設在伊犁、迪化、奇台和哈密的電臺和空軍基地，並取消蘇聯飛機以前所享有的進入新疆領空的權力。

十一月二十二日，蔣介石與宋美齡赴開羅出席美英中三國首腦會議。

民國三十三年　一九四四年

六月，蒲犁遊擊隊包圍縣城，其準備工作始於一九四三年中。

六月十八日，美國副總統華萊士到訪問新疆，他向蔣介石轉達「史達林說，只要將盛世才調離新疆，阿山變亂自可平息」。

八月，鞏哈遊擊隊襲擊員警、攻打國民黨駐軍。

八月十一日深夜，盛世才一手炮製了所謂「黃如今、林繼庸共產黨陰謀暴動案」，國民黨中央派往新疆的軍政幹部悉數被捕。因新疆省黨部委員張志智預警在先，蔣介石已有應變預案。

八月二十九日，國民黨中央宣佈將盛世才調離新疆，改任國民政府農林部長，撤銷邊防督辦公署，任命吳忠信為新疆省主席。未到任前由朱紹良暫代。

十月四日，吳忠信飛抵迪化，履職新疆省主席。

十月七日，伊犁民族軍攻佔鞏哈縣城。有效分散了國民黨伊寧守軍。

十一月七日深夜，伊寧事變爆發。

十一月十二日，「東突厥斯坦人民共和國」臨時政府在伊寧成立。

十二月，美方原計劃派五百輛裝滿武器的卡車和一千名美國軍人抵達伊寧。伊寧事變是「史達林給美國的一個完美的藉口。」

十二月底，駐守甘肅武威的國民革命軍暫編五十八師奉調入新作戰。因天寒地凍，交通工具缺乏，至翌年四月初方調集完畢。

民國三十四年　一九四五年

一月，黃如今、林繼庸、張志智等入獄人員由新疆返回重慶。蔣介石召見並慰勉說：「新疆是你們以身受囹圄之苦的代價換回來的」。

一月五日，「東突厥斯坦人民共和國」臨時政府通過新疆獨立宣言。

一月三十一日，伊犁暴亂者全殲伊犁國軍黨守軍，其中繳獲飛機五十四架。行政專員喬根、守城司令陳子良、預七師副師長杜德孚戰死。伊犁漢人幾被殺絕。

四月八日，伊方成立民族軍，在伊寧西公園舉行了隆重集會和閱兵式，決定從北線、中線、南線三路進攻國民黨統治區。

四月十三日，蔣經國訪問迪化。宋希濂出任中央陸軍軍官學校第九分校主任。

五月三十日，蘇軍攻克柏林。

六月十六日，伊犁民族軍由昭蘇、特克斯、鞏留發動，總兵力約五千人，攻佔溫宿、拜城，圍困阿克蘇。

七月二十九日，伊犁民族軍炸開城牆，佔領額敏。三十一日，塔城專員平絨獻城投降，塔城淪陷。

八月八日，蘇聯對日宣戰（是年二月的雅爾達會議上，史達林同意在擊敗德國之後九十天內，加入對日本作戰，以換取美英在外蒙獨立上對蘇聯的支持）。

八月十四日，中蘇簽訂《中蘇友好同盟條約》。

八月十五日，日本宣佈無條件投降。

八月二十二日黃昏，和豐縣國軍守軍棄城突圍，除少數軍人生還外，漢人均被屠殺。
九月四日，國共兩黨舉行重慶談判。
九月五日，國軍精河守軍奉命棄守陣地，馳援烏蘇。七日，烏蘇失守。精河援軍除騎兵團脫險外，其餘三團幾近覆沒，師長郭岐被俘。
九月六日淩晨，承化國民黨守軍突圍，高伯玉、宛淩雲被俘投降。十三日阿山全境失守。
伊犁民族軍中線直逼瑪納斯河，首府迪化危在旦夕，軍民人心浮動。吳忠信堅稱「即使殉難邊陲，且屬光榮之事。」
九月八日，蔣介石急召郭寄嶠，令其即日飛赴新疆，接替朱紹良、吳忠信，全權處理新疆危局。
九月十日，郭寄嶠飛抵迪化，全力部署迪化保衛戰。
青海騎五軍開進迪化布防，民心漸安。
十月七日，伊犁民族軍南路進攻失利，被迫退回伊犁境內。趙漢奇率領阿克蘇軍民贏得保衛戰勝利，成為新疆局勢轉危為安的轉捩點。
十月十日，國共雙方在重慶簽訂《政府與中共代表會談紀要》（雙十紀要）。
十一月中旬，國民黨在奇台、迪化、綏來、呼圖壁一線已集中了十個騎兵團和十個步兵團。中央戍疆部隊幾達十萬。

民國三十五年　一九四六年

一月二日，新疆和平條款十一條和附文一簽字。
一月四日，民族軍攻佔葉城、澤普後，成立兩縣政府。
一月十三日，蔣經國以蔣介石特使名義赴莫斯科與史達林會談，同意蘇聯做新疆問題調停人，是日途徑迪化返渝。
一月三十一日，國民黨增援部隊收複葉城、澤普，民族軍退回蒲犁。
二月二十五日，迪化發生社會騷亂，蔣介石批准實行戒嚴令。
二月二十八日，臺灣發生大規模暴亂，蔣介石派兵鎮壓，並實行戒嚴令。

三月一日，吳忠信離職由疆赴渝。
七月一日，新疆聯合政府成立。張治中兼主席，阿合買提江、包爾漢任副主席。
十一月，郭寄嶠調離新疆，出任西北行轅副主任兼甘肅省省長。
十一月三日，宋希濂出任新疆警備區司令。

民國三十六年　一九四七年

五月七日，張治中被五六千民眾圍困于喀什專員公署，高呼「打到國民黨政權！」「打死張治中！」
五月十九日，國民政府批准張治中辭去新疆省政府主席兼職，任命麥斯武德為主席。即遭三區方面激烈反對，省參議會流產。
六月五日黎明，北塔山戰役爆發，至一九四八年，共發生大小戰役二十餘次。
七月，吐魯番、鄯善、托克遜發生武裝暴亂，遭宋希濂鐵腕鎮壓。
八月，省聯合政府之三區代表返回伊犁，新疆聯合政府破裂。

民國三十七年　一九四八年

八月，國府軍委會明令，宋希濂調離新疆，陶峙岳出任新疆警備區司令。

民國三十八年　一九四九年

一月，國民政府行政院發表明令，免去麥斯武德新疆省主席職務，包爾漢出任新疆省主席。
九月，在蘇聯協助下，陶峙岳、包爾漢通電中共中央，新疆和平解放。

國民黨政要赴新一覽表

姓名	生年	籍貫	中學歷	西學歷	最高職級	赴新時間	時任職	卒年	著作
吳藹宸	一八九一	福建	北京大學學士	倫敦大學》法學博士	國府外交部顧問	一九三二—一九三四	省政府顧問、委員	一九六五北京	《新疆遊記》
黃慕松	一八八三	廣東	廣東武備學堂	日本陸軍大學	廣東省主席追封上將	一九三三.四—一九三三.七	中央新疆宣慰使	一九三七廣州	《新疆概述》
陳立夫	一九〇〇	浙江	北洋大學	美國匹斯堡大學碩士	立法院副院長	一九三七年夏	中央組織部長	二〇〇一臺灣	《陳立夫回憶錄》等
李根源	一八七九	雲南	秀才	日本士官學校	國務總理	一九三八.五—九	軍委會參議官	一九六五江蘇	《雪生年錄》等
盛世才	一八九三	遼寧	上海公學	日本陸軍大學	上將	一九三〇—一九四四	督辦兼新疆省主席	一九七〇臺灣	《回憶錄》等
朱紹良	一八九一	福建	南京陸軍第四中學	日本士官學校	上將	一九四二—一九四六九度天山	第八戰區司令長官	一九六三臺灣	《朱紹良詩集》
宋美齡	一八九七	廣東	皮德蒙特市公立中學	美國韋爾斯利學院	國府特使	一九四二.八	蔣委員長特使	二〇〇三紐約	《宋美齡演講集》
梁寒操	一八九八	廣東	上海滬江大學	—	國民黨中央執行委員會常委	一九四二、一九四三、一九四六	國民黨宣傳部長	一九七五臺灣	《天山亂唱》等
翁文灝	一八八九	浙江	—	比利時魯凡大學博士	行政院長	一九四二夏	國府經濟部長	一九七一北京	《翁文灝日記》等
孫越崎	一八九三	浙江	北洋大學	—	資源委員會主任	一九四二、一九四四	資源委員會礦室主任	一九九五北京	—
羅家倫	一八九七	浙江	北京大學	留學歐美著名大學	臺灣考試院副院長	一九四三—一九四七	中央駐新疆監察使	一九六九臺灣	《羅家倫文集》等
吳忠信	一八八三	安徽	江南將備學校	東京政法學校	蒙藏委員會委員長	一九四四—一九四六	新疆省主席	一九五九臺灣	《吳忠信日記》等
林繼庸	一八九七	廣東	北京大學	美國麻省理工學院	新疆省政府委員	一九四四—一九四六	建設廳長	一九八五臺灣	《林繼庸口述》等

姓名	生年	籍貫	中學歷	西學歷	最高職級	赴新時間	時任職	卒年	著作
曾問吾	一九〇〇	廣東	中央大學	—	少將	一九四四—一九四六	吐魯番縣長	一九七九廣東	《中國經營西域史》
蔣經國	一九一〇	浙江	—	莫斯科中山大學	臺灣總統	一九四五、一九四六	青年政治學校教育長	一九八八臺灣	《蔣經國回憶錄》等
張治中	一八九〇	安徽	保定陸軍軍官學校	曾赴歐美考察	軍委會政治部部長	一九四六—一九四八	西北行政公署長官兼新疆省主席	一九四九年促成新疆和平解放	《張治中回憶錄》等
蔣介石	一八八七	浙江	保定陸軍軍官學校	日本振武學校	中華民國總統	—	軍事委員會委員長	一九七五臺灣	《蔣介石日記》等
張大軍	—	浙江	北京大學	—	臺灣黨史會研究員	一九四四—一九四九	國軍駐疆上校團長		《新疆風暴七十年》

國民革命軍將領入新一覽表

姓名	生卒年	籍貫	畢業院校	部隊番號與入疆職銜	去向	著述
朱紹良	一八九一—一九六三	江蘇武進，生於福州	南京陸軍第四中學堂，日本陸軍士官學校	甘肅省主席，第八戰區司令長官，新疆省代理主席，處理伊寧事變	一九四九年去臺灣，任戰略顧問委員會戰略顧問等職。	《朱紹良詩集》
郭寄嶠	一八九九—一九九八	安徽合肥	保定軍校第九期炮兵科	第一、五、八各戰區副司令長官兼參謀長，西北行營副主任及兼代主任，代理新疆省政府主席	一九四九年赴臺，任「國防部部長」，「蒙藏委員會委員長」	《敉平東土耳其斯坦共和國叛亂》等
宋希濂	一九〇七—一九九三	湖南湘鄉	黃埔一期日本千葉陸軍學校陸大一期	第十一集團軍總司令，新疆警備總司令	解放戰爭中被俘，後特赦，逝於紐約	《鷹犬將軍——宋希濂自述》
王叔銘	一九〇五—一九八八	山東諸城	黃埔軍校、蘇聯將校飛行視察專門學校	空軍副總司令兼參謀長	一九四九年赴臺，空軍副總司令兼參謀長，參謀總長	《赴美考察空軍紀要》
俞飛鵬	一八八四—一九六四	浙江奉化	北京軍需學校，黃埔軍校軍需部副主任	軍政部軍需署署長、交通部長	一九四九年，赴臺，任招商局董事長	—

姓名	生卒年	籍貫	畢業院校	部隊番號與入疆職銜	去向	著述
陶峙岳	一八九二—一九八八	湖南寧鄉	保定三期	西北行政長官公署副長官、新疆警備總司令	一九四九年起義	《陶峙岳自述》
李鐵	一九〇一—二〇〇二	廣東梅縣	黃埔一期、柏林陸軍指揮學院	二十九集團軍總司令兼新編第二軍軍長，新疆警備副總司令	一九四九年赴臺，國防部委員	移居美國加州
謝義峰	一九〇七—一九八七	湖南耒陽	黃埔四期	新編第二軍第四十五師師長，參加伊寧事變平叛，新編第二軍軍長	一九四九年去臺灣，任國民黨國防部中將參謀	—
趙錫光	一九〇一—一九五五	雲南保山	雲南陸軍講武堂	第八戰區政治部主任，南疆警備區司令兼第四二軍軍長	一九四九年起義	—
王根僧	一八九八—一九六五	江西興國	—	第四二軍中將副軍長，南疆警備副司令	一九四九年起義	—
于達	一八九三—一九八五	浙江黃岩	保定三期陸軍大學正規班第九期	軍事委員會委員長侍從室第二組少將組長，新疆保安司令部參謀長	一九四九年赴臺，一九五〇年調任「國防部」中將參議	《于達先生口述歷史》
徐汝誠	一九〇九—一九九五	浙江餘姚	陸大一二期曾赴美國、德國留學	五七師參謀長，一九四五年初參加新疆伊寧事變平叛作戰，第四六師師長，新編第二軍副軍長	一九四九年赴臺，任陸軍總司令部參謀長、國防部作戰次長等職	—
侯聲	一九〇三—一九八九	廣東梅縣	黃埔潮州分校三期陸大特別班四期	第二十九集團軍參謀長，預備第七師師長	一九四九年起義，一九八九年病逝於加拿大	—
葉成	一九〇五	浙江青田	黃埔三期曾任蔣介石侍從室副官	五十八師師長，迪化警備司令，二十九集團軍副軍長，整編第七八師師長	一九四九年去臺灣	—
顧葆裕	一九〇六—一九五九	江蘇松江	黃埔四期、陸大特別班八期	第二二七旅旅長暫編第五八師師長	一九四九年赴臺灣，任陸軍傘兵總隊中將總隊長	—
馬平林	一九〇七—一九八〇	浙江黃岩	黃埔四期	騎兵旅旅長，新疆喀什警備司令	一九四九年起義	—
楊廷英	一九〇四—一九八七	浙江青田	黃埔六期	西北騎兵師副師長、師長，新疆警備司令部少將參謀長	一九四九年起義	—

姓名	生卒年	籍貫	畢業院校	部隊番號與入疆職銜	去向	著述
唐井然	一九〇七－	湖南寧鄉	黃埔長沙分校三期陸大特別班第五期	中央軍校第九分校（新疆分校）副主任	整編騎兵第一師騎兵四旅旅長	一九四九年起義
田子梅	一九〇四－	山西崞縣	黃埔四期	整編第四二師第二三一旅旅長	唐井然	一九四九年起義
韓有文	一九一二－一九九八	青海化隆	一九三一年入馬步芳部當兵	暫編騎兵一師師長，整編騎兵第一師騎兵七旅旅長	一九四九年起義	—
朱鳴剛	一九〇七－一九九七	江西南康	中央軍校第七期、陸軍大學第一五期	軍政部第四四補訓處參謀長，整編第七八師二二七旅少將旅長	一九四九年起義	—
羅恕人	一九〇五－一九六九	湖南益陽	中央陸軍高教班一期，陸大特別班一期	河西警備司令部少將參謀長，整編第一七九旅旅長兼迪化城防司令	一九四九年去臺灣，任澎湖防衛司令部中將副司令	—
韓榮福	一九〇二－一九六八	青海循化	一九二一年，國民黨青海馬家部隊當兵	整編騎兵第一師騎兵六旅少將旅長	一九四九年起義	—
郭岐	一九〇五－	山西山陰	黃埔四期陸軍大學教官	第四十五師師長，精河戰役被俘	後去臺灣，任臺灣大學軍訓總教官	《黃沙碧血戰新疆》
羅戡氖	一八九五－	江西九江	日本陸軍大學、陸軍大學兵學教官	一九三六年執教於新疆陸軍軍官學校，新疆保安司令部代參謀長	軍事著作翻譯家	主編《世界大戰叢編》，著作等身
鐘祖蔭	一九〇三－？	江西修水	黃埔三期、陸軍大學將官訓練班	第一二八師師長	聯勤總部新疆供應總局喀什分局少將局長	一九四九年赴臺，任「國防部」第四軍官團團長
李禹祥	一九〇三－	湖南藍山	黃埔一期，陸大特別班第八期	第四十二軍預備第七師少將師長	一九四九年赴臺灣。	一九七五年撰文《棉湖大捷五十周年紀念》

參考書目

《總統蔣公思想言論總集》卷十九，國民黨中央黨史委員會，一九八四年。
《總統蔣公思想言論總集》，卷三十七，別錄。
《蔣總統祕錄》第十三集，中央日報社出版部，一九七七年。
《蔣中正總統檔案事略稿本》，臺灣國史館，二〇一一年。
蔣介石：《蘇俄在中國》，臺灣中央文物供應社出版，一九五六年。
曾振：《蔣介石總統在中國大陸成敗紀實》，臺灣，一九九三年。
郝柏村：《郝柏村解讀蔣公日記（一九四五－一九四九）》，遠見天下出版股份有限公司，二〇一一年。
郝柏村：《郝柏村解讀蔣公日記（一九三七－一九四五）》，遠見天下出版股份有限公司，二〇一三年。
高惠敏編著《中國第一夫人——蔣夫人的政論文采》。
盛世才：《牧邊瑣憶》，見《五十年政海風雲》，春秋雜誌社，一九六七年。
盛世才：《回憶錄》（英文版）。
盛世才：《共產主義和資本主義時代的過去民生世紀的來臨》，帕米爾書店，一九六九年。
盛世才：《如何順利達成光復大陸的使命》，臺北《政治評論》雜誌，一九六七年。
張大軍：《新疆風暴七十年》第六－十冊，蘭溪出版社有限公司，一九八〇年。
中國邊政協會：《盛世才怎樣統治新疆》，一九五四年。
盛世驥：《蔣介石的封疆大吏：我家大哥盛世才》，萬卷樓圖書有限公司，二〇〇〇年。

張大軍主編《盛世才上史達林報告書（一九四〇）》，中亞出版社，一九九七年。《盛世才先生紀念文集》，一九七〇年，藏於臺灣中央圖書館。
陳紀瀅：〈一代論宗哀榮餘墨〉，載臺灣《傳記文學》第二十一卷第三期。
吳相湘：《孟祿博士與張作霖、閻錫山的談話》，載臺灣《傳記文學》第三四卷第二期。
彭昭賢：〈政海沉浮話當年〉，《五十年政海風雲》，臺北出版，藏於臺灣陽明大學圖書館。
周開慶：《民國上將朱紹良年譜》（羅家倫序），臺灣商務印書館，一九八一年。
陳立夫：《成敗之鑑：陳立夫回憶錄》，臺北：正中書局，一九九四年。
梁寒操：《梁寒操先生文集》，中國國民黨中央委員會黨史委員會，一九八三年。
〈羅家倫先生百年誕辰口述歷史座談會紀實〉，臺北《近代中國》第一百一十六期。
劉維開編著《羅家倫先生年譜》，中國國民黨黨史委員會，《近代中國》，一九九六年。
[俄]德・安・沃爾科戈諾夫：《史達林：勝利與悲劇》，世界知識出版社，二〇〇三年。
王德溥：《宦海遊蹤》，臺灣中華書局，一九七六年六月。
《羅家倫先生文存》第二冊，臺灣國史館，一九七六年。
《吳禮卿先生紀念集》，藏於臺灣陽明大學圖書館。
刁抱石：《民國吳禮卿先生忠信年譜》，臺灣商務印書館，一九八八年。
《林繼庸先生訪問紀錄》，見臺灣中研院歷史研究所口述歷史叢書〇二，一九八三年。
《臺灣國史館現藏民國人物傳記史料彙編》第十一輯，臺灣國史館，一九九四年。
劉紹唐：《民國人物小傳》，臺灣傳記文學出版社，一九七七－一九九二年。
郭風明：《中華民國史事紀要》，臺灣中央文物供應社，一九八四年。
張憲文主編《中華民國史》，南京大學出版社，二〇〇六年。
陳紀瀅：《新疆鳥瞰》，臺灣商務印書館，一九六九年。
郭寄嶠：《民國以來中央對蒙藏的施政》，中央文物供應社，一九八四年。
郭寄嶠：《敉平新疆東土耳其斯坦經過紀實》，國防部編譯局，一九八二年。

林泉：《郭寄嶠先生訪問紀錄》，一九九三年。
高素蘭：《盛世才與國民政府關係之研究》，臺北論文，一九九四年。
廣祿：《廣祿回憶錄》，傳記文學出版社，一九七〇年。
廣祿：《新疆研究》，中國邊疆歷史語言研究會叢書之二。
堯樂博士《回憶錄》，傳記文學出版社，一九六九年。
《朱紹良先生年譜》，陸軍印刷廠，一九六四年。
《梁寒操先生紀念文集》，一九七三年。
梁寒操主編《新疆研究》，中國邊疆歷史語言研究會，一九六四年。
梁黎劍虹：《梁寒操與我》，黎明文化出版社，一九八〇年。
周開慶：《西北剪影》，臺灣商務印書館，一九七二年。
張大軍編著《新疆史》，蒙藏委員會，一九六四年。
張大軍：《新疆近四十年變亂紀略》，中央文物供應處，一九五四年。
金惠：《西北行》，臺灣商務印書館，一九八五年。
朱文原編《國民政府禁煙史料》第二冊，臺灣國史館，二〇一四年。
馬全忠編《中華民國百年紀事》，聯經出版事業有限公司，二〇一一年。
苗普生、馬振犢主編《民國時期新疆檔案彙編（一九二八－一九四九）》，南京：鳳凰出版社，二〇一五年。
呂方上主編《蔣中正先生年譜長編》第八冊，臺灣國史館，二〇一五年。
丁慰慈：〈血淚山河新疆行：張志智因公被盛世才誣陷內幕〉。
新疆社會科學院民族研究所編《新疆簡史》（第三冊）[M]，一九八〇年。
魏莊：《光榮的民族軍，中國人民解放軍第五軍征戰紀實》[M]，二〇一五年。
張憲文，張玉法主編《中華民國專題史・第十三卷・邊疆與少數民族》[M]，二〇一五年。
陳連開等主編《中國近現代民族史》[M]，二〇一一年。
甘肅省圖書館書目參考部，《西北民族宗教史料文摘（新疆分冊）上》[M]，一九八五年

郭岐：《黃沙碧血戰新疆》，臺北：聖文書局，一九八六年。
楊恕、郭黎鵬：〈民國時期中蘇關係的三個層次（一九一七－一九四九）〉，《俄羅斯學刊》二〇一八年第三期。
楊恕：〈蘇聯與「東突厥斯坦共和國」〉，原載於《中央歐亞通訊》二〇一六年六月二十三日。
張治中：《張治中回憶錄》，北京：華文出版社，二〇一四年。
王朝光：《和談將軍張治中》，河南人民出版社，一九九五年。

後記

筆者在新聞媒體單位工作二十餘年後，至知天命之年，邪打歪撞地進入了作家行列。每每追溯往事，常有批判反思之聲在心中撞擊。

譬如，一九八一年筆者曾有教書育人之經歷。用今天的眼光看，與其說教書育人，莫如說學舌「誤人」。所謂誤者有四：一是時代誤我，既受讀書無用論思潮毒害，又被剝奪受教育的權利；二是視野狹窄，知識、語言結構失衡誤我；三是史觀絕對、學術政治化誤我；四是我誤學生，囫圇吞棗，鸚鵡學舌，自無定見。

漸漸學步於學術殿堂，還會發現因偏聽偏信而誤人：此非吾輩無書讀、不讀書之誤，乃濫讀人云亦云的偽書之誤。平心而論，作偽書者，除有意誤人外，大都被史料偏狹所誤。自古以來，史料匱乏雖為邊疆學術一大痛症，但在晚清民國亦有特例：一是王樹楠編纂《西域圖志》，袁大化撰寫《撫新紀程》；二是楊增新編撰《補過齋文牘》；三是吳忠信留下《主新日記》。上述四人，儘管歷史定位因政治干擾一度飄忽不定，但大凡用心留下史料者，青史上總會留下大名。

回到民國新疆史中，最為筆者敬佩的是一個名不見經傳的小人物——張大軍。袁大化、王樹楠、楊增新、吳忠信均獲過科舉功名，權勢政聲顯赫，他們懷玉惜史，護獻如珍，盡到封疆大吏之本責。而張大軍乃十萬青年十萬兵中一員，肄業北京大學歷史系，棄文從戎，以少尉銜戍守新疆，在槍林彈雨中擢升為上校團長，衛戍省垣迪化。

一九四九年國民黨潰敗大陸，在諸多黨國要員、軍官裹銀藏金大逃亡之時，唯有張大軍雇了十幾峰駱駝，馱上省府內最有價值的檔案文獻，穿越塔里木盆地，翻越帕米爾高原，繼而漂洋過海，一直守候至臺灣。這般痴史勝命之怪癖，被時人視為傻子、呆子。直至一九八〇年，當張大軍所著的十二卷、五百萬字皇皇巨著《新疆風暴七十年》面世時，那些視財如命的「慧者」們，相形見愧之際，悔之晚矣！

一九八〇年代之後，大陸開始治史修志，新疆史料匱乏問題便突顯出來。經有關方面特批，新疆黨政部門和重點院校從臺灣購買了一批《新疆風暴七十年》，僅限內部使用。筆者大約是一九九八年前後讀到此書的。二十一世紀以來，新疆各界在日趨複雜棘手的分裂與反分裂鬥爭的現實中，愈來愈認識到《新疆風暴七十年》的資政育人價值，私下流通，爭相傳授。

張書因其史料之豐、內容之詳、架構之巨、人物之多，觀點之新、文筆犀利，如地震引發的海嘯，筆者心裡築起的沙堤在巨浪面前瞬間即土崩瓦解了！從那時起，小人物張大軍便成為筆者心中的一個史學巨人，一位學術楷模。吾輩可以不同意張大軍的某些觀點，但敬重他師承史太公直言不諱、秉筆直書的求真精神。

與張大軍先生相比，吾輩先天不足，營養不良啊！俗話說：「亡羊補牢，猶未為晚。」吾輩所亡之羊，知識也！夫子曰：「知恥而後勇。」知誤者，方能醒悟、補誤，勇改「誤人」之恥。勤能補拙，仁順天意，此乃滋味之一。

在那場關係中華民族生死存亡的中日大決戰中，有多少英雄兒女為守護東西孔道、維護新疆主權和國土安全，倒在了這片廣袤無垠的土地上。這些無名無碑無字的英雄們，猶如冰原上的血花，不能僅僅開在張大軍先生的心中、書中。見賢思齊，忖己之責，此乃滋味之二。

敬畏歷史，敬畏先賢，超越自己，超越黨派，超越恩怨，超越兩岸。筆者學識雖陋，亦應極盡薄力，此乃滋味之三。

筆者後來確定以民國新疆史為主攻方向，多少與反覆誦讀《新疆風暴七十年》有關。當然作為歷史親歷者和國民黨黨史會研究員，張大軍難免有歷史和黨派的局限性。不過，學習張大軍的目的，不是模仿和重複，而是要超越張大軍和他那個時代。這有一條捷徑，即是搜集《新疆風暴七十年》未發現或出版後的新史料。有新材料，方有新觀點，新建樹。筆者自一九九八年讀張書埋下一粒種子，到二〇一九年開出大漠血花（蔣介石重兵定天山），已從不惑之齡越過花甲之年矣。為此，尤要感謝杜國維先生牽線搭橋、親力親為，讓吾願付梓成書。

回溯二〇一三年春季，在臺中張大軍先生寓所，北京大學馬戎教授拜訪了這位精神依然矍鑠的一百零二歲的老人。馬戎教授寫道：「臨別時，老先生送我們送到大門外，一直看著我們離去，遠遠地看著老人佇立在門旁的身影，想到國共內戰和兩岸滄桑，心裡說不出是什麼滋味。」[1]我想，張大軍先生目送馬戎先生時，以及我們閱讀此文時，亦有著同樣的「滋味」吧！

筆者從小就喜歡讀美國人寫的名人傳記，亦讀過美國人為蔣介石、宋美齡、蔣經國撰寫的若干傳記，由此彌補補了張大軍在視野、立場、觀點和資料上的缺陷。《蔣介石日記》手稿珍藏於斯坦福大學胡佛圖書館，宋美齡晚年生活並葬於紐約，本身就耐人尋味。有幸的是，借助女兒智子在紐約哥倫比亞大學讀研究生的便利，二〇一九年七月，我走進了該校的東亞圖書館以及華盛頓D.C的美國國會圖書館查閱資料，到曼哈頓島八十四街東端葛萊西廣場十號宋美齡故居憑弔（女兒租住一一二街五二六號），每日清晨在哈德遜河畔林蔭大道座椅上修訂書稿。置身美國期間，似乎對蔣介石、宋美齡、蔣經國以及他們那個時代的理解更深入了一層。

本書可視為本人另一部書《大漠孤客：蔣介石與盛世才關係揭祕》的姊妹篇。**謹以此書敬獻給那些為戍衛東西孔道灑過熱血、為建設東西孔道獻出青春的守護者們。**

作者謹識

二〇一五年四月烏魯木齊第一稿
二〇一七年六月廣州第二稿
二〇一八年五月臺北第三稿
二〇一九年七月紐約第四稿

[1] 馬戎：〈讀《盛世才上莫斯科史達林報告書（一九四〇）》〉，《民國民族史研究專輯之四》二〇一五年第一百七十七期，頁一一二。

史地傳記類　PC0826　讀歷史109

新疆1945
——蔣介石重兵定天山

作　　者／崔保新
責任編輯／杜國維
圖文排版／楊家齊
封面設計／蔡瑋筠

發 行 人／宋政坤
法律顧問／毛國樑　律師
出版發行／秀威資訊科技股份有限公司
114台北市內湖區瑞光路76巷65號1樓
電話：+886-2-2796-3638　傳真：+886-2-2796-1377
http://www.showwe.com.tw
劃撥帳號／19563868　戶名：秀威資訊科技股份有限公司
讀者服務信箱：service@showwe.com.tw
展售門市／國家書店（松江門市）
104台北市中山區松江路209號1樓
電話：+886-2-2518-0207　傳真：+886-2-2518-0778
網路訂購／秀威網路書店：https://store.showwe.tw
國家網路書店：https://www.govbooks.com.tw

2019年11月　BOD一版
定價：600元

國家圖書館出版品預行編目

新疆1945：蔣介石重兵定天山 / 崔保新著. --
一版. -- 臺北市：秀威資訊科技, 2019.11
面；　公分. -- (史地傳記類；PC0826)(讀歷史；109)
BOD版
ISBN 978-986-326-749-2(平裝)

1. 中華民國史　2. 新疆省

628.58　　108017518

讀者回函卡

感謝您購買本書，為提升服務品質，請填妥以下資料，將讀者回函卡直接寄回或傳真本公司，收到您的寶貴意見後，我們會收藏記錄及檢討，謝謝！

如您需要了解本公司最新出版書目、購書優惠或企劃活動，歡迎您上網查詢或下載相關資料：http:// www.showwe.com.tw

您購買的書名：______________________________

出生日期：________年________月________日

學歷：□高中（含）以下　□大專　□研究所（含）以上

職業：□製造業　□金融業　□資訊業　□軍警　□傳播業　□自由業

□服務業　□公務員　□教職　□學生　□家管　□其它_____

購書地點：□網路書店　□實體書店　□書展　□郵購　□贈閱　□其他

您從何得知本書的消息？

□網路書店　□實體書店　□網路搜尋　□電子報　□書訊　□雜誌

□傳播媒體　□親友推薦　□網站推薦　□部落格　□其他__________

您對本書的評價：（請填代號　1.非常滿意　2.滿意　3.尚可　4.再改進）

封面設計____　版面編排____　內容____　文／譯筆____　價格____

讀完書後您覺得：

□很有收穫　□有收穫　□收穫不多　□沒收穫

對我們的建議：______________________________

____

____

____

請貼
郵票

11466
台北市内湖區瑞光路 76 巷 65 號 1 樓
秀威資訊科技股份有限公司 收
BOD 數位出版事業部

（請沿線對折寄回，謝謝！）

姓　　名：________________ 年齡：________ 性別：□女　□男

郵遞區號：□□□□□

地　　址：____

聯絡電話：(日) ________________ (夜) ________________

E-mail：____